俞吾金哲学随笔 03

哲学随想录

俞吾金 著

北京师范大学出版集团
BEIJING NORMAL UNIVERSITY PUBLISHING GROUP
北京师范大学出版社

前　言

我们十分遗憾地发现，在哲学研究这个最倡导思索和怀疑的领域里，迷信和盲从丝毫不亚于其他学科领域。比如，古希腊哲学家亚里士多德说过的一句名言——哲学源于对自然万物的惊异——就常常是其他第一流的哲学家引证的警句。其实，这句名言不但没有说出真正有价值的东西，反而磨平了哲学思维不同于其他学科思维的那种特异性。

明眼人一看就知道，又有哪门学科不是起源于对自然万物的惊异呢？然而，哲学与其他实证科学不同的地方恰恰在于，它不仅在观察自然万物中直接地产生惊异的感受，更重要的是，它也在反思中对自己和其他实证科学之所以惊异于自然万物的原因感到惊异。也就是说，它不是停留在"惊异"中，而是停留在"对惊异的惊异"中，这正是哲学思维的特异性之所在，即就其本质的含义而言，哲学思维主要不是在感性观察中展开的，而是在理性的反思中进行的。假如古代人对各种天文现象普遍地感到惊异，那么哲学研究者的使命并不是重复地说出这种惊异感，他们真正的惊异对象应该是：为什么古代人会普遍地对各种天文现象发生兴趣？在反思中，他们意识到，古代人的生存在很大的程度上依赖于自然环境和气候的变化，而自然环境和气候的变化又与各种天文现象有关。这种反思表明，古代人之所以对各种天文现象普遍地感到惊异，主要是他们的生存关切所导致的。

正是这种注重反思的特异性决定了哲学思维与其他学科思维之间的根本性差异。要言之，哲学思维乃是一种刨根究底式的思维，它的主要反思对象乃是人类理性的各种创造物。就它的运思方式而言，它具有以下五个重要的特征。

对研究对象的理论预设的检讨

众所周知，任何一个理论体系，甚至任何一种信念都有自己的理论预设。所谓"理论预设"，也就是前提性的、基础性的东西，它是任何一个理论体系或任何一种信念得以成立的条件。在通常的情况下，人们的思索总是在他们所未曾自觉地反思过的"理论预设"的基础上展开的。换言之，只有在理论预设本身是无懈可击的情况下，在它的基础上引申出来的理论体系或信念才是站得住脚的。然而，实际上，许多理论体系或信念所赖以为基础的"理论预设"往往是靠不住的。正如维特根斯坦所说："有牢靠基础的信念的基础是没有基础的信念。"[①] 哥德尔的不完全定理也启示我们，任何一个公理系统都是不完全的，都在其自身之外拥有一些未曾言明的前提，关键是这些前提是否具有合法性。与其他实

---

① M. Munitz, *Contemporary Analytic philosophy*, New York: Macmillan Publishing Co., INC, p. 333.

证科学的运思方式不同,哲学反思的重点并不落在作为研究对象的理论体系或信念所牵涉的具体问题上,而是落到它们赖以存在的"理论预设"上。一旦哲学研究者证明这个"理论预设"是靠不住的,那么,在它的基础上引申出来的理论体系或信念也就不攻自破了,在最好的情况下,它们也必须做出相应的修正。

比如,当一位学者,如一位新康德主义者,随口说出自己的信念——"我确信,历史上的一切都是偶然的"——时,这一信念必定蕴含着如下的"理论预设",即在历史上存在着某种必然性的东西。有人也许会提出这样的反驳:既然这位学者确信历史上的一切都是偶然的,他又怎么可能把历史上存在着某种必然性的东西作为自己的"理论预设"呢?但实际情形恰恰就是这样。事实上,当这位学者断定"历史上的一切都是偶然的"时候,他所做的这一全称肯定判断已经把"偶然"必然化了。既然"历史上的一切都是偶然的",那么偶然就成了绝对的、必然性的东西。所以,这位学者的初始动机也许是要强调偶然性在历史上的重大作用,但他做梦也没有想到,他的信念所赖以成立的"理论预设"却和他希望表达的意思正好相反。

在某种意义上可以说,哲学运思的深刻之处就是直奔研究对象的"理论预设",所以它常常可以在片刻之际把一个理论体系或一种信念拆解为一片废墟。人们常常把哲学误解为一门高高在上的学问,实际上,它从来不在高处,相反,是在最低处。它是通过自己的批判性思维为一切实证科学、理论体系或信念奠定基础的。它的主要功能不是泛泛地指导人们如何进行思维,而是具体地引导人们如何把自己的思维奠基于可靠的"理论预设"之上。

对研究对象自身融贯性的探索

在通常的情况下,人们对任何一个理论体系或信念的叙述,总是通过一组语句或话语来进行的。这些语句或话语之间是相互融贯的，还是相互矛盾的，这是我们判断任何一个理论体系或信念是否有价值的一个重要标志。文德尔班就把"形式逻辑的一贯性"理解为对哲学史上任何一个哲学家的思想进行探讨的一个基本的"原则"。他这样写道："每个哲学家都习惯于自己的一整套观念；他的思维总脱离不了这些观念，而且在发展的过程中总受到心理必然性的限制。批判的研究必须确定：他有多大可能让他思维的各不相同要素相互协调。"① 文德尔班把这样的哲学研究方式称为"内在批判"或"形式批判"。也就是说，不注重对研究对象中的单个语句或话语含义的研究，而是注重对不同的语句或话语在含义上的差异，甚至矛盾进行反思。

比如，历来的研究者很少注意孟子学说，尤其是他的人性理论在形式逻辑上的不融贯性。我在以往的研究中曾经指出，他的人性理论具有三个自相矛盾之处。② 矛盾之一：孟子说："人性之善也，犹水之就下也。"③ 意思是：人性之善和人在其行为上向善乃是自然而然的事情，其蕴含着的另一层含义是：作恶反倒是违反人的自然本性的。然而，既然人就其自然本性而言是善的或向善的，为什么孟子不像道家那样主张"道法自然"，还要喋喋不休地去谈论所谓"教"的作用呢？矛盾之二：孟子说："人之所以异于禽兽者几希。"④ 在另一处，他又说："人之有道也，饱食暖衣，逸居而无教，则近于禽兽。"⑤ 根据前面一句话，既然人性本善，而"人之所以异于禽兽者几希"，则可推论出：禽兽的本性也是善的；然而，按照后一句话，如果人"逸居而无教，则近于禽兽"，在这里似乎又假定人和禽兽的本性都是恶的，只有"教"，即教化才能使人远离恶而趋于善。矛盾之三：一方面，孟子说："恻隐之心，人皆有之；羞

---

① 文德尔班：《哲学史教程》，上卷，29页，北京，商务印书馆，1996。
② 俞吾金：《实践诠释学》，391~410页，昆明，云南人民出版社，2001。
③ 《孟子·告子上》。
④ 《孟子·离娄下》。
⑤ 《孟子·滕文公下》。

恶之心，人皆有之；恭敬之心，人皆有之；是非之心，人皆有之。"① 另一方面，他又强调："无恻隐之心，非人也；无羞恶之心，非人也；无恭敬之心，非人也；无辞让之心，非人也。"② 既然"四心"是"人皆有之"，那就不可能存在"四心"匮乏的"非人"。反之，如果存在着"四心"匮乏的"非人"，那么，"四心"就绝不可能"人皆有之"。

由于中国传统思想文化语境缺乏形式逻辑的背景，所以其哲学思维也不注重对研究对象的逻辑融贯性的探索。在这个意义上可以说，要提升中国人的哲学思维，就需要对任何一个理论体系或信念的内在融贯性进行认真的探索。平心而论，在这方面，金岳霖、沈有鼎、牟宗三等先生做出了很有价值的探讨，然而，遗憾的是，他们的思想遗产并没有引起我们足够的重视。

对以往研究者视角的转换

如果说，我们上面谈到的两点都与研究对象有关，那么，这第三点主要是就研究者的主观方面而言的。事实上，当一个哲学家对其研究对象进行思考时，他是无法回避前人和同时代人先于他而对同一个对象所做出的各种研究结论的。他如何在对同一个对象的研究中做出不同于前人和同时代人的创造性的思考，这在相当的程度上取决于他在视角或切入点上是否做出了创造性的调整或转换。

海德格尔在《尼采》一书中这样写道："在《快乐的科学》第二版（1887）中，尼采写道：'我们不能绕过我们的角落环视四周'（第374节）。在这里，人被把握和称为'角落站立者'。尼采借此清楚地道出了那种把一般可理解的一切事物都纳入由某个角落规定的视野的做法，亦

---

① 《孟子·告子上》。
② 《孟子·公孙丑上》。

即对一切事物的人化,并且承认它是对每一个思想步骤都不可避免的。"① 按照尼采和海德格尔的看法,人总是从一定的视角或立场出发去观察和思考问题的,在这个意义上,所谓"客观地进行观察"或"立场中立"云云,实际上是不可能的。某些问题之所以被发现并被提了出来,是因为人们自觉地或不自觉地先行地进入了蕴含着这些问题的某个视角中。假如人们改变了观察或思考问题的视角,那情形又会如何呢?维特根斯坦告诉我们:"一旦新的思考方式被建立起来,各种老的问题就会自行消失;确实,它们变得无法恢复了。因为它们与我们表达自己想法的方式是一起发展的,如果我们像披上新服装一样采纳了新的表达方式,各种老的问题就会连同旧服装一起被抛弃。"②

也就是说,我们不必像科学哲学家卡尔·波普尔或新黑格尔主义者克洛纳一样,过度地强调问题意识的重要性,事实上,比问题意识更为根本的乃是人们观察和思考问题的视角。问题始终是以视角为基础的,或者换一种说法,要意识到某些问题,就必须先行地进入能唤起这些问题的某个视角中。人们通常说的"视而不见"应该做如下的理解,即如果人们没有采纳某个视角,那么他们就不可能见到唯有从这个视角出发才能见到的问题。

既然人们不可能以无视角的或立场中立的方式去观察并思考问题,那么他们又如何去超越前人或同时代人呢?这里的差异在于,通常的研究者是以自发的或不自觉的方式置身于某个视角之中的,而原创性的研

---

① 海德格尔:《尼采》,上卷,368~369 页,北京,商务印书馆,2002。当然,肯定视角的作用并不只是尼采和海德格尔的见解,它在当代西方哲学中几乎可以说是一种共识。比如,希尔贝克在其哲学史著作中指出:"一部哲学史著作总是带着作者的学术视角、背景知识、研究领域和文化取向的印迹。因此,每一种历史叙述都代表了先前思想的一个视角。不可避免地,人们会强调历史的多样性当中自己觉得相关的、重要的东西。没有人有能力通过中立的眼镜来阅读马基雅维利、马克思和海德格尔。"参见 G. 希尔贝克:《西方哲学史》,4 页,上海,上海译文出版社。

② L. Wittgenstein, *Culture and Value*, translated by P. Winch, The University of Chicago Press, 1984, p. 48e.

究者则在从事任何研究活动之前，都会自觉地对前人、同时代人和自己已然接受的视角进行批判性的反思。一旦他在这种批判性的反思中修正、调整，甚至转换了自己观察和思考问题的视角，他的思维就可能成功地挣脱老问题系列的纠缠，而对同一个研究对象做出与前人和同时代人完全不同的、创造性的阐释。

比如，人们通常把康德的《纯粹理性批判》理解为知识论上的"哥白尼革命"，换言之，人们通常是从知识论研究的视角出发去理解这部伟大著作的历史作用的。然而，海德格尔在考察这部著作时，却力图从本体论研究的新视角出发，对它的历史作用做出新的评价。他写道："《纯粹理性批判》与'知识论'毫无关系。"① 它关涉的是本体论问题，而不是知识论问题，而康德提出的"先天综合判断何以可能？"的问题也不是知识论问题，而是本体论的可能性的问题。在海德格尔看来，必须从本体论出发重新估价康德的"哥白尼革命"："这是对'哥白尼革命'的意义的正确的解释。通过这一革命，康德把本体论问题推到最显著的地位上。"②

从这里我们可以看出，在创造性的哲学思维中，视角转换起着十分重要的作用，然而，视角转换并不是随心所欲的，它基于研究者对哲学本身的原创性理解，也基于研究者清醒的、有效的批判意识和反思意识。

对研究对象的范围和研究者的有限性的考察

我们知道，任何一个理论体系或信念都蕴含着特定的方法论维度，而这一维度在一定的范围内才是合理的和有效的。然而，任何一个理论

---

① M. Heidegger, *Kant and Metaphysical Problem*, Indiana University Press, 1962, p. 21.

② M. Heidegger, *Kant and Metaphysical Problem*, Indiana University Press, 1962, p. 22.

体系或信念在其形成和发展的过程中，就其自然本性而言，必定会把只适合于一定范围的方法论扩展到对一切现象的理解和解释上。这样做的结果必定会使某一理论体系或信念超出自己可能适合的范围，成为荒谬绝伦的东西。哲学的反思常常聚焦在这样的点上，即研究对象所蕴含的方法论是否力图把自己所从属的理论体系或信念推广到自己所能适合的范围之外，换言之，研究对象是否在追求一种普适性的解释权。比如，弗洛伊德的心理分析方法在一定的范围内是卓有成效的，然而，当晚年弗洛伊德和他的一些弟子试图把这种方法引入对一切社会文化现象的解释时，就难免引申出一些牵强附会的结论来。

与此同时，作为哲学研究者，我们也必须清醒地意识到，我们是有限的存在物，我们不但在生存能力上是有限的，而且在认识能力上也是有限的。只有深刻地反思并体认自己的有限性，才能获得第一流的批判意识。比如，康德认为，传统形而上学的许多理论体系都是在知性范畴的超验运用中形成起来的。这充分表明，传统的形而上学家对知性的有限性缺乏基本的认识。康德通过对纯粹理性的批判证明，知性范畴只能在经验的范围内被使用，一旦理性把它们使用到超验的对象——物自体上，就会导致种种虚假的形而上学问题的产生，因为超验的物自体是不可知的。

从上面的论述可以看出，对研究对象的范围和研究主体的有限性的自觉意识，在哲学反思中始终是最活跃的因素之一。

对研究者和研究对象之间的媒介物的思索

如前所述，当我们把哲学思索的主要对象理解为理论体系和信念的时候，语言就成了研究者和研究对象之间的基本媒介物。当然，语言的使用必须符合语法与逻辑，但我们也可以把语法和逻辑看作蕴含在语言中的因素。在哲学史研究中，我们越往前追溯，就越发现，古代的大多数研究者对语言这一媒介物抱着一种天真的信赖。当然，怀疑者也是存在的。比如，据塞克都斯·恩披里克的记载，高尔吉亚在《论非存在或论自然》一书中就提出过三项原则："第一个是：无物存在；第二个是：如果有某物存在，这个东西也是人无法认识的；第三个是：即令这个东西可以被认识，也无法把它说出来告诉别人。"① 其中第三个原则就涉及语言、表达及其可理解性的问题。

在 20 世纪哲学的发展进程中，出现了罗蒂所说的"语言学转向"，语言问题得到了前所未有的重视，甚至它不再单纯地被理解为研究者和研究对象之间的媒介物，而是被理解为基础性的存在物。事实上，维特根斯坦在其早期著作《逻辑哲学论》中早已告诉我们：

> 4.003 ……哲学家们的大多数问题和命题根源于这一事实，即我们不理解语言的逻辑。
>
> 4.0031 全部哲学就是"语言批判"（Sprachkritik）（当然不是毛特纳意义上的）。……②
>
> 5.6 我的语言的界限意味着我的世界的界限。③

在这些言简意赅的论述中，语言已经被放到哲学思索的核心位置上，维特根斯坦甚至已经把哲学理解为"语言批判"。虽然后期维特根斯坦的思想发生了重大的变化，但他对问题的倚重却一如既往，他在《哲学研究》中写道：

> 203 语言是由许多路构成的一座迷宫。当你从一边进来时，你

---

① 北大哲学系外哲史教研室编译：《古希腊罗马哲学》，138 页，北京，商务印书馆，1957。

② L. Wittgenstein, *Tractatus Logico-Philosophicus*, London: Routledge &Kegan Paul LTD, p. 63.

③ L. Wittgenstein, *Tractatus Logico-Philosophicus*, London: Routledge &Kegan Paul LTD, p. 149.

知道该怎么走；而当你从另一边来到同一个地方时，就不知道该怎么走了。①

124　哲学不可能干预语言的实际运用，它最终只能描述它的实际运用。②

如果说，早期维特根斯坦还试图按照图像理论来建立一种严密的理想语言，并把哲学理解为"语言批判"的话，那么，晚期维特根斯坦已经放弃了这样的奢望，强调哲学既不可能创造一种理想语言，也不可能为日常语言提供基础，甚至也可不能去干涉日常语言的实际运用，而至多只能对它的实际运用进行描述。与维特根斯坦同时代的海德格尔也高度重视语言问题，在与日本东京大学手冢富雄教授的一次谈话中，海德格尔表示："早些时候我曾经十分笨拙地把语言称为存在之家（das Haus des Seins）。如若人是通过他的语言才栖居于存在之家之要求（Anspruch）中，那么，我们欧洲人也许就栖居在与东亚人完全不同的一个家中。"③把语言理解为"存在之家"，强调人之言说要服从于语言本身的言说，构成海德格尔思想中的一个重要的维度。我们知道，以新实用主义者自居的罗蒂，追随戴维森的思路，甚至干脆否认了语言的媒介作用，强调语言完全是偶然的，从而进一步给语言问题披上了神秘主义的面纱，这就为哲学的探索提供了新的动力。总之，哲学思维乃是一种刨根究底式的思维，也许这正是它的魅力之所在。

---

① L. Wittgenstein, *Philosophical Investigations*, translated by G. E. M. Anscombe, Oxford，1963，p. 82.
② L. Wittgenstein, *Philosophical Investigations*, translated by G. E. M. Anscombe, Oxford，1963，p. 49.
③ 孙周兴选编：《海德格尔选集》下，1008～1009页，上海，上海三联书店，1996。

目 录

哲学散思

再谈哲学的元问题 / 3
哲学研究与哲学学科分类 / 10
哲学研究中的形式主义倾向 / 13
新世纪与哲学发展的新理念 / 22
20 世纪哲学的回顾与展望 / 31
哲学能够被通俗化吗
　　——读《苏菲的世界》有感 / 38

西哲别解

两种原子论不应混同 / 45
"一切规定都是否定"新解 / 47
如何理解并翻译贝克莱的命题 "esse is percipi" / 52
飞跃是渐进过程的中断吗 / 61
否定之否定规律新释 / 65
探寻康德哲学的当代意义 / 69
论两种不同的自由观 / 76
走出"主奴关系"的哲学神话 / 82

也谈 Der Wille zur Macht 的汉译 / 86
从传统知识论到生存实践论 / 90
"信念是行为的习惯"吗
　　——对罗蒂的一个基本观点的质疑 / 95
杜威的问题意识及其当代意义 / 98

马哲新见

唯物史观的四个里程碑
　　——从马克思到邓小平 / 105
对马克思哲学与西方哲学关系的再认识 / 120
马克思哲学的当代叙述方式 / 127
问题意识的更新
　　——马哲研究三十年回眸 / 130
重视对马克思主义哲学基础理论的研究 / 145
马克思主义基础理论研究的两个维度 / 149
谈谈马克思哲学研究中的方法论问题 / 151
对马克思实践观的当代反思
　　——从抽象认识论到生存论本体论 / 153
论马克思的唯物主义学说的基本特征 / 158
马克思的实践唯物主义及其当代发展趋向 / 170
马克思本体论研究中的一些基本概念 / 181
如何理解马克思的实践概念
　　——兼答杨学功先生 / 190
主体际性、客体际性和主客体际性
　　——马克思实践唯物主义关系理论探要 / 206
马克思本体论的基础和核心：广义生产理论 / 216
马克思政治哲学理论的内在张力 / 218
马克思的权力诠释学及其当代意义 / 230

重视对马克思的价值理论的研究 / 240
经济哲学研究的三个概念 / 250
马克思的意识考古学方法 / 257
马克思如何看待传统
——从《共产党宣言》的一段译文谈起 / 264
《共产党宣言》与西方哲学的发展态势 / 272
马克思究竟从何时何处开始批判"抽象的人"的学说
——从恩格斯记忆上的一个纰漏说起 / 279
"自然历史过程"与主体性的界限 / 286
如何翻译恩格斯文本中的 pragmatisch 一词 / 299
不断地超越自我 / 302
不在场的在场 / 306
对"马克思主义中国化"主体的反思 / 311
马克思主义的中国化和中国马克思主义的国际化
——兼论普遍性与特殊性的辩证关系 / 321

外马—中哲偶得

国外马克思主义研究三十年 / 335
传统重估与思想移位 / 342
西方马克思主义发展中的语言学转向 / 349
简述"分析的马克思主义" / 361
后现代视野中的马克思 / 387
破解詹明信的思想悖论 / 398
走出传统哲学观的藩篱
——重写中国哲学史的前提性反思 / 407
一个虚假而有意义的问题
——对"中国哲学学科合法性问题"的解读 / 415

哲学散思

再谈哲学的元问题

拙文《从哲学的元问题谈起》(原载《光明日报》1988年7月25日)发表以后,引起了同行的一些兴趣。这些年来,笔者虽然重在探讨各种比较具体的哲学问题,但却经常回归并反思哲学的元问题,从而获得了一些新的感受。常常有人因为每一代哲学家都提出哲学的元问题,即什么是哲学的问题,而对哲学采取蔑视的态度:连自己学科的性质都搞不清楚,何言真理之追求。其实,这种蔑视的态度正是缺乏哲学修养的、偏执于知性思维的态度。殊不知,哲学的活力和魅力正是体现在不断地思索哲学的元问题的过程中。哲学思想实质性的发展是不能通过对新思潮、新术语的不断追逐来实现的,这种追逐给人以思考的外观,其实质却是用不断的活动来逃避思考、取代思考;同样地,哲学的发展也是不能通过对所谓"纯学术性"的追求来实现的。诚然,这种追求有其合理之处,学术性乃是哲学不可或缺的特征之一，但对于哲学来说，更重要的乃是一种见识。事实上，"纯学术性"的追求已经预设了对哲学元问题的某种回答，即把哲学理解为知识论或学问，亦即把哲学实证化，使之成为一种求"器"的学问。需要指出的是，哲学所追求的主要不是知识，而是智慧；不是求"器"，而是悟"道"。询问哲学的元问题，正是为了把日益实证化、破碎化的哲学思维重新引回到它的殿堂中。下面，笔者想就此发表一些浅见，以求教于同行专家。

"元哲学"还是"元问题"

常常有人把"什么是哲学"的问题看作元哲学研究的问题。其基本见解是：世界上存在着各种各样的哲学，它们对"什么是哲学"的问题做出了不同的回答，元哲学就是研究它们对这一问题的解答的。这一见解看起来顺理成章，因而普遍地为学术界所接受。在美国甚至有一家名为《元哲学》的杂志，可见这种见解的影响之深。

然而，在笔者看来，"元哲学"的提法是难以成立的。第一，把"什么是哲学"的问题视为"元哲学"研究的问题，也就等于把这个问题提升到哲学之外、哲学之上，而这样做的前提是肯定世界上存在着各种各样的哲学。但是，这个前提恰恰是错误的，是出于对语言的误解和误用。哲学作为一门学科乃是唯一的，世界上不可能存在着各种各样的哲学，而只可能存在着各种各样的哲学类型或体系。叔本华说："哲学是一个长着许多脑袋的怪物，每个脑袋都说着一种不同的语言。"[1] 这个说法形象地肯定了哲学的唯一性和哲学类型的多样性。仔细想来，"中国哲学""德国哲学""法国哲学"这类用语都是有语病的，仿佛哲学这门学科是可以根据国别来划分的。如果我们把上述用语改为"中国类型的哲学"

---

[1] 《叔本华全集》，第1卷，151页，1986年德文版。

"德国类型的哲学""法国类型的哲学",那就不容易引起误解了。如上所述,既然"什么是哲学"的问题是相对于不同的哲学类型而言的,那就是说,这个问题仍然在哲学的内部,而没有凌驾于哲学之上。这样,"元哲学"的提法也就不攻自破了。第二,退一万步讲,假如我们承认"元哲学"的提法是可能的,我们必然会陷入黑格尔所说的"恶无限"的思维方式中。因为哲学家们对"什么是哲学"的回答是迥然各异的,这样势必会形成各种各样的"元哲学",于是,人们不得不再创制"元元哲学"来解答"什么是元哲学"的问题,而各种"元元哲学"的出现又会导致"元元元哲学"的出现,以至于无穷。沿着这样的思路前进,哲学思考必然会变为浅薄的语言游戏。

笔者认为,"什么是哲学"的问题不是"元哲学"的问题,而是哲学的元问题,这个问题不是在哲学之外,而是在哲学之内提出来的。根据对这个问题的不同回答,哲学家们不是创制或选择了不同的哲学,而是创制或选择了不同类型的哲学。正如水果必定要通过各种具体的类型,如苹果、梨、橘子等表现出来一样,哲学也只能存在于各种不同的类型之中。哲学很有点像黑格尔说的"真实的东西"(das Wahre):"真实的东西是所有的参加者都为之酩酊大醉的一席豪饮,因为每个参加者离开酒席就会使其瓦解,所以这席豪饮同样是清醒的和单纯的静止。"[1] 因此,绝不要妄自尊大地去创制哲学,而是要通过对哲学元问题即哲学内部的最高问题的询问和解答来澄清实际上我们已选择的哲学类型,并通过对这种类型的批评性检视,达到新的哲学境界。

"什么是哲学"的元问题是正当的吗

在上面的讨论中,我们假定"什么是哲学"为哲学的元问题,事实

---

[1] 《黑格尔全集》,第3卷,46页,1986年德文版。

上这也是学术界所普遍接受的。但普遍接受并不一定就是真理性的标志。在哲学的思考中，应当像胡塞尔所倡导的那样，杜绝一切自然思维的态度。这样，我们就必须反省一下：把"什么是哲学"的问题作为哲学的元问题是否恰当？

人们通常认为，先有问题，后有答案。但从哲学上推敲起来，实际情形正好相反，人们是先有了答案才去设定问题的。由于不了解这种实际情形，问题在哲学史上的作用常常被夸大，亚里士多德的名言——"哲学起源于惊奇"也一直为哲学家们所传诵。事实上，这句名言比哲学家们所理解的意思要肤浅得多。人所共知，每个小孩都会惊奇，但重要的不是人们对什么东西表示惊奇，而是人们为什么会对这些东西表示惊奇。惊奇什么是实证科学讨论的问题，为什么会惊奇才是哲学讨论的问题。也就是说，人们在表示惊奇之前，先已有了对惊奇的某种理解。所以，维特根斯坦说："神秘的不是世界是怎样的（wie），而是它是这样的（dass）。"①因此，关键不在于人们提出"什么是哲学"的问题，而在于人们为什么以这种方式提问。换言之，当人们以这种方式提问时，已经预设了什么东西。

在这方面，晚年维特根斯坦对日常语言的研究为我们提供了极有益的启示。试以德语为例，Was ist philosophie（什么是哲学）？源于日常语言中最常见的句型：Was ist das（这是什么）？如果我们回答：Das ist Wasser（这是水），那就是对上述句型的一个回答。在日常语言中，"Was ist das?"乃是一种知识型的问句，也就是说，设问者关心的只是设问对象是什么，就设问者与设问对象的关系来说，占主导地位的乃是一种认识关系。在这个句型中，设问者与设问对象的意义关系是避而不明的。从表面上看，设问者关注着设问的对象，而实际上，这种知识型的询问方式表明两者的关系是十分疏远的。

---

① 《维特根斯坦著作》，第 1 卷，84 页，1984 年德文版。

同样，"什么是哲学"这种询问方式也是一种知识型的询问方式，推动询问者去询问的只是一种求知的热情，即使在这种热情之下潜伏着一种更深层的动机，但这种提问方式却阻塞了人们去探索这种动机的道路。所以，设问者在提出"什么是哲学"的问题之前，实际上已解答了这个问题，也就是哲学是关于外部世界的知识或学问，换言之，设问者在设问之前已自觉地或不自觉地选择了一种类型的哲学，即知识论哲学。当亚里士多德随口说出"求知是人类的本性"这句名言时，他已表明他信奉的是一种知识论哲学，他的全部问题和惊奇都是沿着这种类型的哲学的逻辑来展开的。另外，"什么是哲学"的询问方式也容易把哲学像上面提到的"水"一样在者化、在场化，因为这种提问方式把哲学当作已然存在的东西，就像我们周围的桌子、茶杯一样，从而忽略了人们对哲学为什么会产生、为什么需要哲学这样一类问题的思考。

从上面的论述可以看出，"什么是哲学"的问题正是沿着知识论哲学的思路来设定的。这种询问方式表现在伦理学领域里，就转化为"什么是善、恶"的问题；表现在美学领域里，就转化为"什么是美的本质"。所有这些问题支配着我们在哲学、伦理学和美学研究中的思考方向，使我们的思考学院化、实证化、知识化了，从而与哲学所要体悟之道失之交臂。所以，我们必须抛开"什么是哲学"这种传统的询问方式，从新的哲学的视域出发，来设定哲学的元问题。

如何确立新的元问题

如前所述，在哲学中既然答案是先于问题的，所以，重要的不是先去冥思苦想出一个新的元问题，而是先要进入一种新的类型的哲学，从而获得一种新的识见和眼光。

"什么是哲学"的元问题设定了一个前提，即作为提问者的人类已无生存之忧。所以亚里士多德把哲学理解为人已然解决了生存的紧迫问题之后的纯粹的求知热情，从一开始就误导了哲学，剪断了哲学与人的生存活动之间的纽带。其实，人们的一切历史活动，包括他们的哲学思考的第一个前提是他们必须生存在这个世界上。从生存活动的前提出发，人和周围世界的关系首先是意义关系，人的全部求知热情，包括哲学上的探索都是在这种意义关系的地平线上展开的。我们不妨把这种先行澄明人的生存意义的哲学称为生存哲学或生存论的本体论。从这种类型的哲学出发，思考的根本任务乃是领悟生存之道，即理解并显示生存的意义。所以，海德格尔哲学询问的不是存在的本质，而是"存在的意义"（der Sinn von Sein），而询问者又是在本体论上具有优先性的、作为在世界之中存在的"此在"（Dasein）。这样一来，相对于其他一切种类的哲学来说，作为前提的生存论本体论的境域就被显示出来了。虽然海德格尔仍以传统的方式发问：Was ist Metaphysik（什么是形而上学）？Was ist philosophie（什么是哲学）？但实际上，他已经改变了问题的提法。试以哲学的元问题为例，他真正在询问的是 Was ist die Bedeutung der Philosophie（什么是哲学的意义）？事实上，也只有先行地领悟哲学与人的生存活动之间的意义关系，才能准确地解答"什么是哲学"的问题。海德格尔后来说，传统意义上的哲学已经终结了，而"思"（Denken）开始了；他所强调的"思"之首要对象也正是存在的意义或真理的问题。

然而，"什么是哲学的意义"这个问题虽然把人们的注意力引向"哲学的意义"，但其发问方式仍然是"Was ist das"这种句型，其中 Was（什么）这个词总是与发问者有一种疏远的关系。所以，不如把新的哲学的元问题设定为：Warum wird Philosophie gebrauchen?（为什么人们需要哲学？）Warum（为什么）这个词暗示出要先行地探讨哲学与人的生存活动的意义关系。

这样一来，我们似乎进入了一个悖论之中：要回答"为什么人们需要哲学"这个问题似乎先得回答"什么是哲学"的问题，而一旦撇开"人们为什么需要哲学"这个问题，则对"什么是哲学"的问题的解答又可能被误导。这种悖论不应被看作需要加以排除的东西，它是内在于哲学之中的。在哲学之中，所有的问题都是关联在一起的，在这个意义上，哲学的元问题并不具有绝对性，它是相对的。对于已熟悉哲学史上哲学家们关于哲学的种种相互冲突的见解的人来说，"为什么人们需要哲学"这个问题是更为根本的。也正是从生存论本体论的哲学见解出发，笔者主张把这个问题作为新的哲学的元问题。这一元问题的确立，不但会更新我们的哲学视域，而且也会使伦理学和美学的研究出现新的转机。

哲学研究与哲学学科分类

众所周知，在我国的综合性大学的哲学系或社会科学院的哲学所中，教研室或研究室通常是以下述方式来划分的：马克思主义哲学、中国哲学、西方哲学、自然辩证法（或科技哲学，或科学哲学，或自然科学的哲学问题）、逻辑学、伦理学、美学（或艺术哲学）、宗教等。我国哲学专业方面的硕士和博士点也通常是以上述分类方法来设定并命名的。这样的分类方法存在着明显的局限性。

第一，分类的原则不明确。马克思主义哲学是就内容而言的；中国哲学是就国别而言的；西方哲学是就地域而言的；自然辩证法是传统的马克思主义哲学的一个组成部分，是否有充分理由把它单独划分出来尚存疑问，如果把它改为科技哲学或科学哲学，那么，为什么又不分出同样性质的其他分支学科，如政治哲学、法哲学、历史哲学等。在这里，我们看到，没有一个分类原则是贯彻到底的，而当相互矛盾的分类原则混杂在一起的时候，哲学研究又如何顺利地展开呢？

第二，把伦理学、美学、逻辑学、宗教等学科置于哲学之下，实际上默认了一个传统的、错误的观念，即哲学乃是科学之科学。这种哲学观念必然束缚上述学科的发展。把上述学科与马克思主义哲学、中国哲学、西方哲学并列起来，在分类上也是不协调的。

第三，哲学研究的整体图景被破坏了。比如，西方哲学是相对于东方哲学而言的，如果我们在分类中只引入中国哲学，那么，日本哲学、韩国哲学、印度哲学等岂不是都被忽视了吗？又如，中国哲学是对应于外国哲学的，如果光有西方哲学，那么，犹太哲学、阿拉伯哲学、非洲哲学、南美洲哲学等岂不是也被忽略了吗？分类上的混乱必然导致哲学研究的整体图景的破碎，从而导致诸多研究盲点的出现。

既然现行的哲学学科的分类方法是不严格的，那么，我们究竟采用何种新的分类方法才能从这一困境中摆脱出来呢？我认为，应把分类方法与课题导向紧密结合起来。

在哲学学科的分类上，下列两种方法应当是互补的。一种是以地理-时段为参照系的分类方法，即先把哲学按地理板块划分为亚洲哲学、欧洲哲学、非洲哲学、大洋洲哲学、北美洲哲学和南美洲哲学，进而划分出不同国家的哲学；在某一国家的哲学中，再进一步划分出不同的时段（如古代、近代、现代，或以世纪为单位，或以朝代为分类标准等）；在确定的时段内，再划分出不同的哲学家，如孔子哲学的定位是：哲学—亚洲哲学—中国哲学—中国古代哲学—孔子哲学；海德格尔哲学的定位是：哲学—欧洲哲学—德国哲学—20世纪德国哲学（或当代德国哲学）—海德格尔哲学。这种分类方法的优点是简单明了，容易使用；缺点是未显示出哲学与其他学科之间的相互关系。因此，必须引入另一种分类方法，即以哲学和其他学科的结合为参照系的分类方法，即分为政治哲学、社会哲学、逻辑哲学、道德哲学、宗教哲学、教育哲学等。需要说明的是，这种分类方法的优点是，以内容为线索，打破地理和时间上的界限，能对哲学的分支学科进行分门别类的、深入的研究；其缺点是，束缚于传统的学科分类，难以容纳哲学与多学科的关系及对边缘问题的研究。

所以，为了拓展哲学研究的视域，在上述两种分类方法互补的基础上，我们还需引入课题导向的方法。所谓课题，就是生活世界向哲学提出的重大问题，这些问题常常是跨学科的，需要哲学家和其他各学科的专家一起进行研究。所以，必须打破传统的学科分类方法，超越传统的教研室和研究室的功能范围，实施课题导向，如设置社会发展理论、传统文化与现代化的关系、比较现代化等。

哲学研究中的形式主义倾向

在某种意义上，我们这个时代是崇拜形式、轻视内容的时代，因为它正处在从传统社会向市场经济社会转型的交接点上，而这一转型过程不是通过自然的、长期的历史发展来实现的，而是通过强制性的、自上而下的方式来完成的，这就造成了形式与内容之间的巨大脱节和形式主义的泛滥。这种形式主义的病毒也侵入整个思想文化和学术研究的领域，连素以批判意识自居的哲学也难以幸免。所以，在当前的哲学研究中，真正严肃的工作绝不是在沙滩上营造哲学体系的大厦，而是认真地清理思想的地基，特别是通过对形式主义倾向的批判，使哲学研究重新返回到正确的轨道上来。

研究动机中的形式主义倾向

众所周知，对任何哲学问题的研究都是通

过具体的研究者来进行的，而任何研究者都是在一定的研究动机的支配下从事自己的研究活动的。这似乎是老生常谈，然而，以往对哲学研究活动的反思正是因为忽视了这样的老生常谈，才得不到实质性的进展。事实上，哲学研究的秘密深藏于研究者的动机之中。

在当今的哲学研究中，至少存在着以下三种不同的研究动机：第一种动机是出于对所研究的哲学问题的真正的理论兴趣，换言之，出于对真理的热爱和追求。第二种动机是出于对科研经费的渴求。人所共知，在一般的情况下，哲学研究课题的申请总是在先行确定的"课题指南"的范围内进行的，而研究者的理论兴趣与"课题指南"所蕴含的理论兴趣之间总是存在着差异乃至鸿沟。当获得科研经费上升为研究者的第一动机时，研究者不得不牺牲自己的理论兴趣，而去研究那些自己并不感兴趣的课题。我们发现，不少研究者年复一年地申请并研究着那些自己不感兴趣、但能带来科研经费的哲学课题，而和自己真正感兴趣的哲学问题之间永远隔着一条鸿沟。在科研经费使用情况检查的严格制度的约束下，研究者不得不一次又一次地把自己真正感兴趣的研究课题推向将来，却忘记了自己不过是有限的存在物。第三种动机是出于对虚荣心和实际利益的追求。比如，不少研究者撰写论著的直接动因是获得更高的职称。职称晋升既包含着某种虚荣心的满足，又蕴含着种种实际利益的获得。

毋庸讳言，在实际的哲学研究活动中，上面三种动机总是不可分割地交织在一起，从而形成迥然各异的动机结构。然而，不管如何，当第二、三种动机上升为主导性的动机，而第一种动机被边缘化，乃至完全被悬搁起来时，真正使哲学研究获得创造性发展的、实质性的内驱力也就消失了，形式主义的动机支配了整个哲学研究的领域。今天，还有多少哲学研究者是怀着纯粹的理论兴趣和真正敬畏的心情在谈论真理呢？一切都被形式化了，人们不是在追求真理，而只是好像在追求真理，如此而已！这种主观动机上的形式化进一步为哲学研究中的客观上的形式化所强化。所谓"客观上的形式化"是指哲学界近年来出现的、把学术性和思想性分离开来并对立起来的倾向。由于这种分离和对立，缺乏思想性和创新意识、不断在低水平上重复的所谓"哲学论著"大量涌现。它们或许能够使一些研究者走出经费窘迫的困境，并如愿以偿地获得更高的职称，但却无法使哲学真正地向前迈进。哲学宛如一个陀螺，始终在原地旋转。

研究态度上的形式主义倾向

哲学研究活动不光受到研究者的研究动机或出发点的影响，也受到研究者的研究态度的影响。在研究态度中，一个核心的问题是：研究者注重的是研究对象的外观、形式或单纯字面上的含义，还是研究对象的实质、内容或具体的含义。如果研究者注重的只是研究对象的外观、形式或单纯字面上的含义，这种研究态度必定是无根基的、形式主义的，研究者也必定会失去自己的立场，像浮萍一样飘来飘去。这种研究态度上的形式主义倾向主要表现如下。

一方面是研究者对哲学新思潮、新观念和新名词的盲目崇拜。这里有一种形式上的、时间上的崇拜，即哲学上最新出现的东西一定是最好的。我们常常看到一些介绍最新哲学思潮的时髦论著，其文本犹如"T"型舞台，跃入读者眼帘的都是一些新思潮、新观念和新术语。但仔细读下去，就会发现，所谓"新思潮""新观念"和"新术语"不过是给陈词滥调加上的新包装罢了。其实，在哲学上最新的观念未必一定是新的，最旧的观念也未必一定是旧的。正如黑格尔在嘲笑人们对康德哲学的所谓"推进"时所指出的："我们现时许多哲学上的努力，从批判哲学的观点看来，其实除了退回到旧形而上学的窠臼外，并无别的，只不过是照各人的自然倾向，往前做无批判的思考而已。"[①]

[①] 孙周兴选编：《海德格尔选集》下，1008~1009页，上海，上海三联书店，1996。

另一方面是研究者们在研究各种哲学问题时，注重的只是哲学观念的单纯外观上的、学理上的含义，而完全忽视了其具体的、历史的意向性。比如，当代西方哲学家对近代西方哲学的核心观点——"主客两分"进行了深入的批判，并提出了"主体间性"的主张，甚至提出了"消解主体性"的口号。于是，当代中国的一些研究者也不加分析地把这些观念搬到中国理论界，到处卖弄。

诚然，我们也承认，在西方哲学的语境中，当代西方哲学家对近代西方哲学的核心观点——"主客两分"的批判和超越自有它的合理之处。但一来他们提出的观念并不一定是新的，事实上，马克思早在150多年前就提出了"人的本质在其现实性上是一切社会关系的总和"的观念，而这一观念强调的也就是所谓"主体间性"。二来他们的观念并不适合于当代中国社会这一特殊的语境。因为在西方大思想家们的视野中，"主体性"主要不是认识论意义上的概念，而首先是本体论意义上的概念，即道德实践主体和法权人格，而本体论意义上的主体性在当代中国社会中还根本没有被普遍地建立起来。尚未建立，何言"消解"？如果连这样的主体性也被消解了，或被融化在所谓"主体间性"中了，那么谁还需要对自己的行为承担道德和法律责任呢？须知，从时间在先的观点看来，主体间性总是以主体性的确立为前提的，没有主体性，何言主体间性？从逻辑在先的观点看来，主体间性则是主体性的前提，因为在人类社会中，我们绝对找不到一个孤立的、与社会完全绝缘的主体。在这个意义上，我们也可以说，"主体间性"完全是一个多余的概念。有哪一个主体性本质上不是主体间性呢？又有哪一个人在谈论主体性时实质上不在谈论主体间性呢？

即使是认识论意义上的主体性，虽然在科学技术高度发展的今天，人们需要对它进行必要的限制，但也不能"消解"它，因为认识和遏制人类中心主义的无限蔓延仍然要借助于人类的这种主体性。因此，就认识论意义的主体性而言，我们只能对它进行"必要的限制"，而绝不能

"消解"它。

同样地，近几十年来西方盛行的后现代主义思潮对其滥觞于启蒙时期的现代性观念进行了全面的批判和反思。当代中国的一些学者也完全撇开中国社会的具体的、历史的情境，亦步亦趋地追随这一思潮。殊不知，在当代中国的语境下，我们正在追求的正是现代性的观念体系。连现代性的观念都未普遍地被接受，又何言"后现代主义"？当然，后现代主义思潮在一定程度上能够启发我们对现代性的观念做出必要的修正，但如果把后现代主义理解为对现代性观念的全盘否定，那就等于把小孩和洗澡水一起倒掉了。总之，我们绝不能形式主义地照搬西方人的哲学观念，必须从自己的具体的历史情景出发，对这些观念在中国语境中的有效性做出合理的说明。

研究方法上的形式主义倾向

不管一个研究者自己是否意识到，他总是运用一定的研究方法从事自己的研究活动的。在形式主义蔓延之处，研究方法也会不可避免地被形式化。事实上，无论是当今的哲学研究，还是比较哲学的研究，都充斥着形式主义的现象。

在哲学研究中，历史主义的泛滥就是一个明证。当今中国哲学界出版的大部分哲学著作都可以被视为历史主义的杰作。翻开这些著作，至少有四分之三或更大的篇幅是发生学意义上的研究，即对所研究的哲学问题的历史进行无休止的回溯，而真正体现思想创新的逻辑结论却难以找到。也就是说，研究者们的普遍兴趣并不是对自己所研究的哲学问题提出新的见解，他们只是满足于对所研究的哲学问题的历史的追溯。要言之，对问题历史的随心所欲的描述取代了对问题本身的艰苦深入的思考。实际上，研究者真正感兴趣的不是哲学研究，而仅仅是这种研究的外观和形式。这就像克尔凯郭尔笔下的第欧根尼：当第欧根尼所在的科林斯城受到马其顿国王菲立浦的围困,居民们积极地起来进行防御时,"第欧根尼看到这一切,赶忙把斗篷裹在身上,并开始沿着城中的街道起劲地来回滚动他的木桶,免得成为如此众多勤勉市民之中唯一游手好闲的人"。①

在这种历史主义的研究方法中,蕴含着对历史起点、历史过程和历史知识的无限的崇拜。研究者们的大脑里装满了未消化的、历史知识的石块,正如尼采所嘲讽的:"因为我们现代人自身内毫无所有;我们只由于使我们填满了,并且过分地填满了陌生的时代、风格、艺术、哲学、宗教、认识,而成为一些值得注意的东西,就是成为走动的百科全书,一个误入我们时代里的古希腊人也许将要这样称呼我们。"② 事实上,只要一个哲学研究者成了尼采笔下的"走动的百科全书",那么他对任何哲学问题的研究都将被形式化,即成为单纯的历史主义的语言游戏。

在比较哲学的研究中,普遍存在的"无政府主义状态"就是形式主义泛滥的一个明证。本来,比较哲学的研究对研究者的知识结构提出了更高的要求,它要求研究者至少要精通两个以上的不同的研究领域,然后才可以言比较。但实际情况却表明,往往是对任何一个研究领域都不甚了了的人,在比较哲学研究的领域里表现得最活跃。在工厂里,一个学徒要成为师傅,还得经过三年的学习期。然而,在比较哲学研究的领域里,任何人似乎都有权发表自己的见解,有权创造"不清楚+不清楚=清楚"的神话。

进入这个研究领域的人,常常任意地从不同的哲学文化传统中抽取出不同的对象进行比较,如朱熹与黑格尔、海德格尔与老子、德里达与庄子等。在比较研究中,他们注重的只是"形似",即被比较对象在形式

---

① 孙周兴选编:《海德格尔选集》下,1008~1009页,上海,上海三联书店,1996。

② 孙周兴选编:《海德格尔选集》下,1008~1009页,上海,上海三联书店,1996。

上、外观上、学理上的相似之处，而不是"神似"，即被比较对象在内在精神上是否相似。比如，从外观上看，朱熹的"理"和黑格尔的"绝对精神"非常相似，且从学理上看，两位哲学家又都是客观唯心主义者。但从深层精神上来分析，朱熹的"理"蕴含着对中国传统社会"君臣父子"的等级关系的认可，而黑格尔的"绝对精神"则体现了西方的启蒙精神，即追求平等、自由、民主、理性的精神。也就是说，从深层精神上看，朱熹和黑格尔的思想之间存在着重大的差异。同样地，海德格尔与老子在对"道"的本质的理解上，德里达与庄子在对"自由"的深层含义的理解上都存在着根本性的差异。这些差异是与他们各自生活于其中的历史时代的不同的精神状况相关联的。

事实上，比较哲学研究要走出这种由任意性主宰的"无政府主义状态"，真正上升为一门科学，就要抵御形式主义思想病毒的侵入，对比较哲学研究的前提、价值预设、时间观念、概念的学理上的含义和历史上的含义等问题进行深入的研究。[1]

如何克服哲学研究中的形式主义倾向

众所周知，在形式主义倾向泛滥之处，哲学研究至多只能造成外观上的繁荣，就像克雷洛夫笔下的"磨光的金币"。哲学研究要走向真正的繁荣，就必须与种种形式主义的现象进行坚决的斗争。

首先，要确立对哲学真理的真正的敬畏之心。在市场经济的浮躁情绪的支配下，人们谈论得最多的是"价值"和"利益"[2]，而"真理"这个词似乎完全被遗忘了。这从一个侧面反映出人们过去对真理的追求是

---

[1] 孙周兴选编：《海德格尔选集》下，1008～1009 页，上海，上海三联书店，1996。

[2] 孙周兴选编：《海德格尔选集》下，1008～1009 页，上海，上海三联书店，1996。

多么漫不经心。只要读过两本哲学导论，人们就自以为有资格来谈论哲学了；而从未读过哲学书的人们则奢谈所谓"哲理"。殊不知，高深的哲理岂是凡夫俗子有资格谈论的。在我们看来，哲学从来就不是一切人的事业，而只能是少数人的事业。只有对哲学的真理怀着真正的敬畏之心的人，才不会以形式主义的方式去研究哲学。

其次，要坚持哲学论著中思想性和学术性的统一。毋庸讳言，缺乏学术根基的思想性是站不住脚的；反之，缺乏思想创新的单纯的学术研究也只有在非常有限的研究对象上才是有意义的。尤其在哲学研究中，思想创新乃是灵魂。事实上，也只有抓住这一点，对学术规范的倡导才不会流于形式。否则，完全可能出现的情况是：一篇哲学论文在形式上非常完整，它的"关键词""内容提要""文章编号""收稿日期""作者简介"①"参考书目"等一应俱全，但唯一欠缺的是思想或灵魂。这样的作品和纯粹形式化的所谓"学术规范"能够造成哲学的真正繁荣吗？我们的回答是否定的。

最后，要注重对研究对象的具体的历史特征的反思和把握。须知，一般说来，哲学家使用的重要概念（如"人""人性""人的本质""精神""物质""存在""道""理"等）都具有两方面的含义：一方面是抽象的学理上的含义，即抽去不同的文化背景和历史特征都可以谈论；另一方面是具体的、历史性的含义，即生活在一定的文化传统背景和历史时期的哲学家总是自觉地或不自觉地赋予这样的概念以具体的、特定的含义。如果说第一方面的含义是形式化的，那么第二方面的含义则是实质性的。然而，以往的哲学研究总是停留在第一方面的含义上，而没有深入到第二方面的含义中去。当然，要深入到第二方面的含义中去，诉诸历史主义的方法是不行的。重要的是研究者要确立正确的历史意识。历史主义信奉的格言是：只有懂得过去，才能理解现在；而历史意识信

---

① 孙周兴选编：《海德格尔选集》下，1008～1009页，上海，上海三联书店，1996。

奉的格言则是：只有理解现在，才能研究过去。正是在历史意识的意义上，马克思说过："人体解剖对于猴体解剖是一把钥匙。"① 这就告诉我们：在进行研究活动时，不要急急忙忙地扑向对象，也不要急急忙忙地去回溯历史，重要的是先行地反思自己和研究对象的历史性，反思研究活动所涉及的基本概念的历史性，从而带着正确的先入之见进入研究活动，以避免研究活动的形式化。

综上所述，形式主义的泛滥是当前哲学研究的一大障碍。只有清除这一障碍，哲学研究才可能出现真正繁荣的局面。

---

① 孙周兴选编：《海德格尔选集》下，1008~1009页，上海，上海三联书店，1996。

新世纪与哲学发展的新理念

谁都不会否认,差不多半个世纪以来,随着科学技术的飞速发展,人类的生活和观念发生了巨大的变化。在这新旧世纪交替的时候,哲学研究者尤其强烈地感受到这种变化的降临,并发现传统的哲学理念已经陷入困境之中。早在1962年发表的《哲学的终结和思的任务》一文中,德国哲学家海德格尔已经断言:"哲学进入其终结阶段了。无论说人们现在如何努力尝试哲学思维,这种思维也只能达到一种模仿性的复兴及其变种而已。"[①] 其实,海氏在这里宣布的并不是哲学本身的终结,而哲学作为一门学科也是不可能终结的。应该说,海氏宣布的是传统哲学理念的终结和真正的思的开始。在这里,真正的思也就是超越计算理性,抵达价值理性,思须在思一切之前先思存在的真理。

---

① 海德格尔:《面向思的事情》,59~60页,北京,商务印书馆,1996。

实际上，海氏启示我们，面对着外部世界的惊人变化，哲学的理念必须改弦更辙。否则，它就不可能成为时代精神的真正的花朵。

哲学新理念的确立

首先，我们应该确立这样的新理念：哲学不是后出的，即不是黑格尔笔下的"黄昏到来时才起飞的密纳瓦的猫头鹰"，哲学应该是先行的，是为一切实证科学澄明思想前提和价值前提的。为了把握这个新理念，我们必须深入地反思传统哲学理论所拘执的三个观点。

第一个观点是：在意识形态中，哲学是离开生活世界最远的意识形式之一。诚然，我们也不否认，在哲学史上，有些哲学学派，如希腊化时期的斯多葛主义、中世纪的经院哲学、当代学院派的分析哲学等，存在着程度不同的脱离生活世界的倾向，但这种脱离不但不是哲学自身的内在要求，相反，正是哲学试图加以遏制的倾向。黑格尔在批判斯多葛主义时就说过："斯多葛主义所宣扬的一些普遍名词：真与善，智慧与道德，一般讲来，无疑地是很高超的，但是由于它们事实上不能够达到任何广阔的内容，它们不久也就开始令人感到厌倦了。"① 历史和实践一再证明，某些脱离生活世界的哲学思潮总是缺乏持久的生命力的。哲学从来不是生活世界之外的东西，更不是远离生活世界的东西，哲学就是搏动在生活世界胸腔里的心脏。马克思在致卢格的信中这样写道："现在哲学已经变为世俗的东西了，最确凿的证明就是哲学意识本身，不但表面上，而且骨子里都卷入了斗争的旋涡。"② 传统的哲学观念力图把哲学理解为一种远离生活世界的"纯粹的知识"，这与其说给了哲学过多的荣誉，不如说是给了哲学过多的耻辱。

第二个观点是：哲学是对实证科学，即自然科学和社会科学的研究

---

① 黑格尔：《精神现象学》上卷，135页，北京，商务印书馆，1981。
② 《马克思恩格斯全集》，第1卷，416页，北京，人民出版社，1956。

成果的概括与总结。这个观点必然蕴含着这样的意思，即哲学作为"概括者"和"总结者"，总是以"事后管家婆"的方式与自然科学和社会科学发生联系的。这个观点同样包含着对哲学的本质及哲学与实证科学关系的误解。因为它假定：自然科学家和社会科学家在开始自己的研究活动之前和之中可以处于不受任何哲学思想影响的状态下。我们知道，这种状态是根本不可能存在的。一个科学家没有自觉地运用某一种哲学观念开展自己的研究活动，不等于他实际上是不受任何哲学观念的支配的。黑格尔说过："譬如在一个纯是感觉材料的命题里：'这片树叶是绿的'，就已经掺杂有存在和个体性的范畴在其中。"[①] 事实上，任何科学家都不可能摆脱哲学思维方式来从事自己的研究活动和思考活动。在这个意义上，哲学绝不只是"事后的管家婆"。从逻辑上看，哲学总是在先的。

第三个观点是：哲学对实证科学的研究起着指导性的作用。这个观点蕴含着这样的意思，即哲学是高高在上的，是把握普遍性的原则的，而实证科学则是基础性的，涉及对具体问题的探讨。乍看起来，肯定哲学对实证科学的指导作用，已对哲学的功能做了充分的评价，但实际上恰恰在主要之点上贬低了哲学的功能。因为哲学并不在高处，恰恰相反，它应该在最低处。哲学的基本功能之一就是澄明实证科学的思想基础和价值基础。思想基础和价值基础并不悬在实证科学的上空，而是位于实证科学的最低处，是研究实证科学的前提和出发点。一旦我们改变了传统的理解方式，哲学的新理念也就确立起来了。

其次，我们也应该确立这样的新理念：在哲学作为一门学科的整体结构中，本体论起着根本性的作用，而不同的本体论学说又是以生存论的本体论作为共同的基础的。在当今世界上，人类整体的生存比任何其他问题都更紧迫地引起人们的深切的关注。正如戈尔巴乔夫所说的："新思维的核心就是承认全人类的价值观的优先地位，说得更确切些——承认人类的生

[①] 黑格尔：《小逻辑》，41页，北京，商务印书馆，1980。

存。"① 从哲学上看，生存论的本体论正是我们赖以进行一切认识活动和理解活动的前提。当然，要坚持生存论的本体论的立场，就需要对传统哲学研究中占主导地位的知识论哲学的倾向展开批判。传统的知识论哲学主张，求知是人类的本性，而当代的生存论的本体论则强调，人首先必须生存在这个世界上，然后才能去求知。认识不过是作为人之在的此在在世的一种样式。哲学只有建基于生存论的本体论，才不会成为无根的浮萍。

最后，我们也应该确立这样的新理念：哲学再也不能站在传统哲学的确定性和决定论的立场上来思考问题了，哲学必须注重对不确定性和偶然性的研究。众所周知，在经典物理学、相对论和量子力学中，确定性仍然是不可动摇的前提，虽然海森堡和玻尔分别提出了"测不准"和"互补"的理论，但确定性仍然是传统科学和哲学思考一切问题的基点。从20世纪的下半叶起，随着大爆炸宇宙学、耗散结构、遗传工程等新的学科领域的兴起，随着1989年国际政治格局的重组，这种追求确定性的传统理论正在受到全面的挑战。耗散结构理论的奠基者普利高津指出："人类正处于一个转折点上，正处于一种新理性的开端。在这种新理性中，科学不再等同于确定性，概率不再等同于无知。"② 与此相应的是，作为政治家的布热津斯基在考察当今社会的政治生活时也认识到了不确定性的重要性。他这样写道："承认人类历史发展速度的明显加快及其发展轨道的不确定性乃是我立论的必要的出发点。"③ 如果说，新康德主义者强调历史上的一切都是偶然的，那么，作为生物学家的莫诺就走得更远了，他甚至认为，连人类的诞生都是一个完全偶然的事件。④ 总之，

---

① 戈尔巴乔夫：《改革与新思维》，126页，北京，世界知识出版社，1988。
② 普利高津：《确定性的终结》，5页，上海，上海科技教育出版社，1998。
③ 布热津斯基：《失去控制：21世纪前夕的全球混乱》，1页，北京，中国社会科学出版社，1995。
④ 莫诺说："人类至少知道他在宇宙中的冷冰冰的无限窖中是孤独的，他的出现是偶然的。"参见莫诺：《偶然性和必然性》，135页，上海，上海人民出版社，1977。

在经验世界中，绝对决定论乃是传统哲学观念创造的一个神话，概率、不确定性和涨落才是生活的复杂性的真正体现，才是哲学新理念的根本特征。

应用哲学学科群的兴起

随着实证科学的发展，传统哲学丧失了"科学之女皇"的至高无上的地位，哲学活动的空间几乎被分割殆尽。当哲学陷入这种窘迫的境地的时候，它不但没有随之而死亡，反而像凤凰涅槃一样获得了新生。如前所述，新生的哲学不但负担着为一切实证科学澄明思想前提和价值前提的重大的历史使命，而且以更灵活的方式重新确立了与各实证科学之间的密切联系。于是，我们看到，一大批新兴的哲学应用学科应运而生，令人目不暇接。如科学哲学、数学哲学、技术哲学、心理哲学、精神哲学、逻辑哲学、语言哲学、经济哲学、历史哲学、文化哲学、社会哲学、政治哲学、宗教哲学、道德哲学、法哲学、艺术哲学等。这些新兴学科的崛起显示出当今哲学演化的一个重要的方向。

首先，每一个新的实证科学的研究领域形成以后，总会逐渐产生与此研究领域相应的应用哲学的学科。比如，随着科学技术的发展，人类生活的环境，尤其是生态环境，遭到了严重的破坏。环境，尤其是生态环境问题引起了人们的高度重视。与此相应的是，"环境哲学""生态哲学"也就应运而生。又如，随着后现代主义思潮的兴起，一个广阔的研究领域展现出来了，其中也包含着方兴未艾的"后哲学"。再如，在西方的女权主义汇成一股强劲的社会思潮之后，"女权哲学"也随之而诞生。这既表明了哲学在当今世界所具有的强大生命力；也表明了任何具体问题的研究一旦失去了哲学的引导，就会像花瓶的碎片一样，引不起任何人的重视。

其次，虽然应用哲学涉及的都是实证科学或实证科学的某些分支学科，但是从康德对哲学的两分——思辨理性和实践理性出发，我们仍然可以把应用哲学区分为思辨理性意义上的应用哲学和实践理性意义上的应用哲学。比如，科学哲学、数学哲学、技术哲学、心理哲学等就属于思辨理性意义上的应用哲学，而道德哲学、法哲学、宗教哲学、政治哲学等则属于实践哲学意义上的应用哲学。那么，比较起来，那一种类型的应用哲学更为重要呢？康德告诉我们："我们根本不能向纯粹实践理性提出这样的过分要求：隶属于思辨理性，因而颠倒次序，因为一切关切归根到底都是实践的，甚至思辨理性的关切也仅仅是有条件的，只有在实践的应用中才是完整的。"① 在康德看来，归根到底，实践理性居于优先的地位上。这就告诉我们，实践理性意义上的应用哲学具有更为重要的地位。事实上，从伽利略和牛顿的物理学为自然科学的发展奠定基础以来，科学技术的发展已经取得了极其辉煌的成就，从而也使科学主义成了当今世界占支配地位的思维方式。而科学主义蔓延之时，也就是技术拜物教、异化和物化泛滥之处。当思辨理性压倒实践理性的时候，这种局面是必然会产生的。这就启示我们，当今最重要的是遏制科学主义的蔓延，恢复实践理性意义上的应用哲学，以便在精神世界中重建思辨理性与实践理性的平衡。

最后，政治哲学、法哲学、道德哲学和宗教哲学将成为新世纪哲学研究，特别是实践哲学研究的焦点。如果说，在传统观念的视野里，哲学的本质是自然哲学、逻辑学的话，那么，在当代哲学的视野里，哲学的本质则是政治哲学、法哲学、道德哲学和宗教哲学。马克思早就告诫我们："在土地所有制处于支配地位的一切社会形式中，自然联系还占优势。在资本处于支配地位的社会形式中，社会、历史所创造的因素占优势。"② 资本也就是一种特定的社会关系。事实上，政治哲学、法哲学、道德哲学和宗教哲学都涉及作为社会存在物的人的行为规范和行为方式，

---

① 康德：《实践理性批判》，133页，北京，商务印书馆，1999。
② 《马克思恩格斯全集》，第46卷（上），45页，北京，人民出版社，1979。

从而本质上都关涉社会关系。这四门应用哲学之所以在当今哲学的发展中成为焦点,不仅因为它们蕴含着深切的人文关怀,从而具有遏制科学主义蔓延的重要功能,而且在世界政治格局进入"后冷战"时期以来,一些重要的社会关系,如人与人、团体与团体、民族与民族、国家与国家、一个地区与另一个地区、一种文明与其他文明、一种文化与其他文化等,正处于急剧的调整过程中。深入探讨这四门应用哲学乃是新世纪和新时代的需要。

中国的生存、发展问题在哲学研究中的课题化

作为当代中国的哲学研究者,我们深切地关注着中国在新世纪的生存和发展的态势。无须讳言,在新世纪中,中国将遭遇到一系列现实问题的挑战,而这些挑战是无法回避的。下面三个现实问题就是我们在当前的哲学研究中必须加以课题化的重大问题。

一是科学技术的高度发展所引发的伦理问题。从20世纪下半叶以来,科学技术获得了前所未有的成就。这些成就既为人类的生活带来了许多便利,也使人类的命运变得扑朔迷离。正如有的专家所指出的:"今天的世界更像是一架用自动驾驶仪操纵的飞机,速度连续不断地加快,但没有明确的目的地。"[①] 姑且不说核武器的存在对人类生存的威胁,也不说世界上不少国家的军工厂出于赢利的目的,还在日夜不停地生产着各种常规武器,光是人工智能、基因工程、试管婴儿、人体克隆、器官移植、安乐死、电脑网络等技术的发展,就将引发传统伦理观念所无法容纳的许多重大的、新的伦理问题。与此同时,这些新技术也整个地改变了我们对生命、环境、经济、价值、科学(尤其是医学)的看法。在新世纪中,我们既需要借助于哲学的宏观的眼光,在理论伦理学的研究

---

① 布热津斯基:《失去控制:21世纪前夕的全球混乱》,6页,北京,中国社会科学出版社,1995。

中提出原创性的新观念，也需要对应用伦理学及其各个分支学科做出创造性的探索。从中国的实际情况出发，我们的口号应该是：发展科学技术，弘扬科学精神，遏制科学主义，提高人文素质，强化伦理学的研究。

二是全球化浪潮引发的中国传统文化精神的延续问题。在新旧世纪交替的时候，一个全球化的浪潮已经席卷国际社会。一方面，我们应该认识到，全球化是人类历史发展的必然趋势。早在一个半世纪以前，马克思通过对资本主义发展趋势的考察，已经指出了"历史向世界历史的转变"[①] 的趋向。所以，我们必须适应这种趋势，以求得生存和发展的时间和空间。事实上，中国争取加入WTO就是对这种发展趋势的一个适应；但另一方面，我们也应该清醒地认识到，"全球化"是在西方话语霸权的背景下提出来的，所以它绝不是"免费午餐"，它的实质是：西方发达国家通过资本的跨国使用，在经济、政治和文化三个层面上对后发国家进行全面渗透和控制。对于中国这样的后发国家来说，不仅需要在经济和政治上努力维护本国和本地区的利益，从而与全球化的趋势形成一个良性互动而又制衡的关系，而且需要在文化上做出积极的回应。

这个回应包括两个方面：一是批评和化解西方强势文化的入侵。西方强势文化的入侵，不但表现为世俗文化（如好莱坞电影、巴黎时装、苹果电子设备、麦当劳和肯德基餐饮文化等）的渗透上，也表现在理论文化（如后现代主义思潮、新艺术流派、网络文化等）的渗透上。我们必须在肯定文化多元发展的基础上做出批评性的回应。二是弘扬中国传统文化，保持中国文化精神传统之不坠。要做到这一点，也必须从当代中国的历史性出发，批判地继承中国传统文化的优秀遗产。一言以蔽之，只要中国传统文化精神仍然保持其旺盛的生命力，那么中国就将在全球化浪潮中重新获得自己的辉煌。

三是后现代主义思潮引发的中国现代化道路的价值定位问题。作为

---

① 《马克思恩格斯全集》，第3卷，52页，北京，人民出版社，1960。

发展中国家，中国正在追求现代化的价值体系，但传统的，即前现代的价值体系和后现代主义的价值体系又纠缠着人们的心灵。这三大价值体系的冲撞，使人们普遍地处在"价值迷失"的状态下。这个现象具有深刻的哲学含义，因为价值观乃是全部精神生活的核心。这个问题解决不好，中国的现代化就会陷入歧路亡羊的窘境。所以，我们必须从中国的现实生活出发，认真地反思前现代性、现代性和后现代主义之间的关系，我们应该做到：一方面，坚定不移地走现代化的道路，坚定不移地坚持现代性的价值体系；另一方面，我们又要认真汲取前现代的和后现代主义的思潮中蕴含着的合理的价值因素，从而对原先的现代化和现代性的理念做出必要的修正。根据原先的理念，现代化被简单地理解为"四个现代化"（工业、农业、科学技术和国防现代化），而四个现代的关键又是科学技术现代化。这种理解方式不仅忽略了人的素质这一现代化的基本因素，而且也完全忽略了现代化的制度因素，即现代化也是社会、经济、政治等一系列制度的现代化，特别是政治体制的现代化和民主化。而政治体制的现代化和民主化在当前又面临着一个难解的悖论：一方面，要积极地推进政治体制的改革，但又怕失去社会的稳定；另一方面，要维护社会的稳定以求得经济的持续增长，但又不得不一再地延缓政治体制的改革，并承担由于缺乏这种改革而造成的巨大的成本。其实，这不过是一个虚假的悖论。按照我们的看法，只有积极地推进政治体制的改革，才能长久地、从根本上解决社会稳定的问题。无数事实表明，政治体制的改革和政治制度的现代化与民主化正是当前中国现代化面临的最紧迫的课题。

20 世纪哲学的回顾与展望[①]

不管我们如何看待 20 世纪,是热情的赞扬,还是无情的诅咒,是痛苦的怀恋,还是幽默的调侃,反正 20 世纪已经逝去了;也不管我们如何看待 20 世纪的哲学,是盲目崇拜,还是理性的寻思,是无法消除的困惑,还是难以叙述的晦涩,有一点是可以肯定的,即 20 世纪的生活有多么丰富,它的哲学思想也就有多么丰富。

外在现象的观察

当我们从外观上考察整个 20 世纪的哲学所显露出来的种种现象时,发现它具有如下三个特征。

[①] 本文原来的标题为"20 世纪哲学的特征及其未来走向",载《光明日报》,1998-09-25。

一是流派纷呈，迥然各异。表现之一是：多元的思想发展动力取代了单一的思想发展线索。在传统哲学思想的演化中，发展线索常常是单一的。如英国经验论哲学沿着培根、霍布斯、洛克、贝克莱、休谟的思想线索展开；唯理论哲学沿着笛卡尔、马勒伯朗士、斯宾诺莎、莱布尼茨、沃尔夫的思想线索展开；而德国古典哲学则沿着康德、费希特、谢林、黑格尔、费尔巴哈的思想线索展开，等等。但在20世纪西方哲学的演化中，思想动力呈现出多元化的状态。如果我们撇开20世纪的生活背景不说，单是主要思想动力就有以下几个——马克思主义、尼采的权力意志理论、胡塞尔的现象学、克尔凯郭尔的宗教哲学、爱因斯坦的相对论、孔德的实证主义、索绪尔的语言学、弗洛伊德的精神分析学说、弗雷格和罗素肇始的分析哲学等。这不光使20世纪的西方哲学呈现出丰富多彩的哲学流派，甚至同一个哲学家也受到多重思想的影响。表现之二是：在学理上分解为迥然各异的哲学思潮。如20世纪的西方哲学，就其核心部分而言，主要是由以下三大思潮组成的：其一是分析哲学和科学哲学为主线的当代知识论哲学；其二是以现象学、存在主义和诠释学为主线的欧陆人本主义哲学；其三是以马克思主义与其他哲学流派的结合为主线的西方马克思主义。如果说，西方马克思主义者关注的是蕴含在西方社会和文化生活中的现实问题的话，那么，分析哲学孜孜不倦地加以考察的则是像"奶酪放在桌子上"和"扫帚放在墙角里"这样的陈述是否具有正当性；至于存在主义者，虽然注重对"存在的意义"的探究，但像海德格尔这样的哲学家一度又是纳粹运动的参与者。这些迥然各异的哲学兴趣显示出20世纪西方哲学在内涵上的巨大的振幅。正如叔本华早就指出过的那样，哲学是一个长着许多脑袋的怪物，每个脑袋都说着一种不同的语言。表现之三是：同一思想与诸多不同的哲学流派逐一结合，形成了新的派别。这种倾向在西方马克思主义中表现得尤为突出。如黑格尔主义的马克思主义、韦伯主义的马克思主义、结构主义的马克思主义、存在主义的马克思主义、现象学的马克思主义、新实证主义的马克思主义、弗洛伊德主义的马克思主义、解构主义的马克思主义等,既显示出马克思主义的强大生命力,又崭露出当代西方哲学发展的新趋向。

二是此消彼长,演化迅速。表现之一是:一种哲学思潮流行的时间不长就被另一种哲学思潮所取代。20世纪法国哲学的演进就是一个典型的例子。在40年代,法国风行的是存在主义哲学;从50年代中期到60年代,结构主义执法国哲学界的牛耳;从60年代末起,后结构主义又渐渐占据了哲学舞台的中心。表现之二是:同一种哲学思潮由于不断地与新的观念碰撞,从而经常改变自己的存在形式。在20世纪中国哲学的演化中,当代新儒学就是一个典型的例子。在20年代到40年代,当代新儒学的第一代学人梁漱溟、熊十力等力图把儒学与柏格森的生命哲学贯通起来;在50年代到60年代,当代新儒学的第二代学人牟宗三等,试图把儒学与康德哲学融合起来;而在70年代到90年代,当代新儒学的第三代学人杜维明等则强调儒学与存在主义、诠释学、马克思主义和弗洛伊德主义之间的对话,由此而形成了三代学人在理解和发挥儒学学说上的重大的差异。表现之三是:一种新的哲学思想产生后,同时代人或后人发挥其中的一个侧面,很快又形成一种新的学说。如胡塞尔在20世纪初创立了现象学;他的学生海德格尔随即运用现象学方法,在20年代创立了存在主义学说;此后,海德格尔的学生伽达默尔又从他老师的"此在诠释学",即通常所谓"诠释学的本体论转折"出发,在60年代创立了哲学诠释学。

三是融会贯通,取长补短。表现之一是:欧洲哲学内部的交融。试以德国和奥地利哲学对法国哲学的渗透为例。拉康哲学被称为法国的弗洛伊德主义,阿尔都塞哲学被称为法国的马克思主义,福柯哲学被称为法国的尼采主义,德里达哲学被称为法国的海德格尔主义等。表现之二是:欧陆哲学与英美哲学之间的交融。在传统哲学研究的视野里,人们通常认为,英美哲学注重经验,大陆哲学注重理性,从而表现为两种不同的研究思路，甚至表现为"两种不同的文化"。然而，在20世纪哲学的演进中，这两种不同类型的哲学之间的相互渗透也日见频繁。比如，在19世纪末和20世纪初，在一向排斥大陆哲学的英美却率先产生了以布拉德雷、罗伊斯为代表的新黑格尔主义思潮；"二战"期间，德国法兰克福学派移居美国，对美国哲学文化的发展形成了重要的影响；美国哲学家皮尔士、乔姆斯基和罗尔斯等人的思想深受德国哲学家康德的影响，而以保尔·德曼为代表的"耶鲁四人帮"又深受法国哲学家德里达的影响。反之，英美的分析哲学对维也纳学派产生了重大的影响；美国的实用主义对德国哲学家哈贝马斯产生了不可忽视的影响等。表现之三是：西方哲学思潮与发展中国家的哲学思想的融合。比如，20世纪中国的著名哲学家——王国维、梁启超、胡适、冯友兰、金岳霖、熊十力、贺麟、洪谦等，无一不接受了西方哲学中的一种或数种学说，并与自己信奉的中国本位哲学相结合，从而提出了自己的哲学理论。

内在脉络的梳理

如果我们对20世纪的哲学进行更深入的反思，就会发现，在其发展的内在脉络上具有以下三个特征。

一是从近代哲学对认识论、方法论的倚重转向当代哲学对本体论的倚重。众所周知，在近代哲学的著名代表人物，如笛卡尔、休谟、康德那里，思考的中心始终是认识的前提、起源、能力、方法和界限等问题。近代哲学家大多不重视本体论问题，或者对传统的本体论采取非批判的、自然认同的态度，或者干脆把本体论问题弃置一边而不加理会。与此不同的是，当代哲学家则自觉地把自己的主要注意力转向本体论研究，从而出现了形形色色的本体论学说。如海德格尔的基础本体论、萨特的现象学本体论、卢卡奇的社会存在本体论、哈特曼的层次性本体论、英伽尔登的艺术本体论、蒯因的本体论承诺等。对本体论问题的重视实际上也就是对重建思想基础的重视。实际上，近代哲学思想经过19世纪的重要思想家克尔凯郭尔、马克思、叔本华、尼采等人的冲击，其基础已经动摇，20世纪现实生活中出现的一系列新的、重大的问题，也亟待哲学家们从新的思想基础出发，重新进行思考。正是这些情况造成了本体论研究在20世纪哲学研究中的复兴。

二是从近代的"心物二元论"转向当代的一元论哲学。众所周知，笛卡尔的"心物二元论"在近代哲学的发展中始终占据着支配性地位。这种理论既使哲学显得支离破碎，无法统一在严格的体系中，也使一些"心""物"交融的现象得不到合理的解释。有趣的是，仿佛当代哲学家们之间签订了某种秘密协定似的，这种"二元论"在当代哲学中受到了普遍的挑战。当代哲学家们提出了许多新概念，如胡塞尔的"现象"概念、柏格森的"生命"概念、詹姆士的"经验"概念、海德格尔的"存在"概念、怀特海的"过程"概念等，都旨在扬弃这种"二元论"，为建立一以贯之的、严密的哲学体系提供新的出发点。这种对哲学的阿基米德点和统一性的追寻，大大地提高了当代哲学的研究水平。

三是从近代哲学对意识的倚重转向当代哲学对语言和符号的重视。人所共知，近代哲学在探讨意识现象时，总是习惯于把人的意识活动与语言表达分离开来，没有深入探究语言、符号在哲学思维中的基础性作用。如培根提出的"四偶像说"和洛克的《人类理解论》虽然注意到了语言的某些重要的特征，但他们的论述并未引起同时代的或以后世代的哲学家们的充分重视。与近代哲学不同，当代哲学则把研究的重心转移到语言和符号上。卡西尔的《符号形式的哲学》显示出符号，尤其是语言符号在哲学研究中的极端重要性。英美哲学家们，特别是分析哲学家们把许多传统的哲学问题归结为语言的误用。一旦语言的误用被纠正了，哲学上的许多假问题也就随之而消失了。晚年维特根斯坦主张，语词的意义是在语言游戏的上下文中被确定的，奥斯汀的言语行为理论揭示出语言功能的新的维度，而乔姆斯基的转换生成语法则力图展示出语言的结构层次特征。与此相应的是，大陆哲学家们也是20世纪"语言学转折"的积极的推进者。海德格尔把语言看作存在的寓所，并强调不是我们"说语言"，而是语言通过我们进行"道说"；哈贝马斯通过对普通语用学的探索，建立了商谈伦理学，阐明了交往理性的重要性；福柯把尼采的权力意志理论与知识、话语联系起来，积极倡导对"话语霸权"的批判和反思；德里达则以其符号学、语言学和解构主义的理论深化了胡塞尔现象学的重要论题。所有这些都大大地超越了近代意识哲学的视域，把哲学思考的深度推进到一个新的层面上。

未来世纪的展望

在大致考察了20世纪哲学外观上和内在思想发展线索上的基本特征以后，还有必要探索一下它在新世纪的发展趋向。无须讳言，21世纪哲学的发展同样是多元性的、富于活力的，各种潜伏着的可能性都会展示出来。而在这些可能性中，我们认为，以下三种可能性具有某种优先性。

一是康德十分重视的"实践理性"，即政治哲学、法哲学、道德哲学和宗教哲学将上升为21世纪哲学研究的核心课题。这一发展趋向在当代美国哲学的发展中已见端倪。罗尔斯、麦金太尔、诺齐克、桑德尔、德沃金等人的政治哲学、法哲学和道德哲学著作之所以引起国际学术界的广泛反响，正是这种趋势使然。因为西方社会的发展已经进入后工业时代，在这一背景下产生的许多问题都是启蒙时代以来的"实践理性"的规范所无法解决的，这就必然使批评启蒙时期的思想、建立"实践理性"的当代规范成为21世纪哲学研究中的重要生长点。对于发展中国家，尤其是处于经济转型期的中国来说，这方面的研究也必然趋热，因为无论从政治体制的改革、民主和法制的建设和宗教文化的发展来看，"实践理性"都是一个绕不过去的主题。

二是科学技术哲学的研究将上升为21世纪哲学研究的焦点。由于科学技术的迅猛发展，一系列重大的问题，如人工智能、电脑网络、知识经济、安乐死、试管婴儿、克隆、信息处理、可持续发展等，无不涉及人类生活的价值取向和终极关怀，它们都将进入到科学技术哲学研究的范围之中。毋庸讳言，这方面的研究也必然会引起哲学家们对科学精神与人文精神关系的新的思索，而这一思索将成为21世纪人类精神发展的主旋律。

三是随着全球化趋向的加强和人类面临的共同的生存问题的凸显，以全世界的生存状况和全人类的生存意义为研究对象的世界哲学将应运而生，成为人类选择并纠正自己的生存模式的重要指导思想。当然，与这种发展的大趋势互相补充的是，哲学文化发展的区域化特征也会显现出来。正是在全球化和区域化相互摩擦的过程中，哲学研究将呈现出多元化的形态。然而，无论如何，人类在生存中共同面临的重大问题和人类必须坚持的普世性价值必将上升为21世纪哲学中的基本问题。总之，21世纪将为哲学思考展示一个更宽广、更多变和更多元的视域。

哲学能够被通俗化吗

——读《苏菲的世界》有感

众所周知,哲学与实证科学之间的一个重要差别是:实证科学是研究具体问题的,而哲学则是为实证科学澄明思想前提的,哲学作为一门抽象思维程度很高的学科,拥有自己独特的话语世界。要了解哲学的这一特征,也许只要读一读康德的《纯粹理性批判》、黑格尔的《精神现象学》《逻辑学》和海德格尔的《存在与时间》就行了。现在的问题是,我们能否用一种日常的、通俗的语言,把上述哲学著作的基本思想不走样地表达出来呢?我认为,这是不可能的。尽管哲学家应该牢记"奥卡姆剃刀"的原则,用尽可能简明的概念和观念来表达自己的思想,但哲学的话语毕竟不同于日常生活的话语,否则哲学与常识就不会有什么区别了。虽然在哲学史上有过"常识派哲学",虽然20世纪的哲学家维特根斯坦晚年对日常语言做过高度的评价，但哲学的思维方式和叙述方式毕竟与常识的思维方式和叙述方式存在着重大的差异。

尽管哲学与普通人所信奉的常识之间存在着遥远的距离，但使哲学通俗化，争取普通人对哲学的理解和认同，确实是哲学家或哲学研究者们受到的难以抵御的诱惑之一。把文字古老的哲学典籍翻译成白话文，用对话、小说、戏剧、诗歌、散文等多种形式来表达哲学思想，这是在哲学史上经常可以观察到的有趣现象之一。挪威作家乔斯坦·贾德撰写的《苏菲的世界》或许可以看作哲学研究者屈从于上述诱惑的典型例证之一。据说这本书自1991年面世以来，已被译成多种文字，1996年年初在国内出版以来，也好评如潮。

在友人的推荐下，我读了这本书。也许是期望值太高了，我竟然觉得这是一本很平庸的书，它的畅销不但不能证明它的价值，相反倒是表明了当今世界哲学兴趣的普遍匮乏。在古代的哲学典籍必须被翻译成白话文才能被今人所接受、在哲学的话语必须用侦探小说的方式（如《苏菲的世界》）加以叙述才能引发今人对哲学的兴趣的时候，哲学难道还没有陷入捉襟见肘的窘境吗？当今世界是一个崇拜畅销书的世界，但畅销书是否一定是有价值的呢？叔本华的《作为意志和表象的世界》、弗洛伊德的《梦的解释》等著作，刚出版时几乎无人问津，但我们能否证明这些书就是没有价值的呢？当然，这些书后来也成了畅销书，但有一点是肯定的，并不是所有的畅销书都是有价值的。打个比方，当全欧洲的人都相信太阳是围绕着地球转的时候，太阳是否真的就是围绕地球在转的呢？无批判地认同一本书，恰恰表明海德格尔笔下的无处不在而寻觅不到的"常人"始终支配着普通人的生活方式和思维方式，而这正是哲学所要批评的现象。

诚然，我们也承认，《苏菲的世界》在叙述方式上是别具一格的。作者在书中巧妙地安排了两条平行的叙述线索：一条线索是由一连串哲学问题组成的，如"你是谁？""世界从何而来？""哲学是什么？""我们应该如何生活?""你相信命运吗?""是什么力量影响历史的走向?""鸡与鸡蛋的观念何者先有?""植物、动物与人类的差异在哪里?""人需要什么才能过好的生活?"等。这些问题不仅吸引苏菲去思考,也吸引读者去思考;另一条线索则由苏菲和他人的关系及活动编织起来,随着小说情节的展开,一连串的悬念在读者的脑子里形成:艾伯特为什么要教苏菲哲学?席德究竟是谁?为什么席德的父亲给席德的明信片要由苏菲来转?席德的父亲为什么有那么大的权力来控制这一切?艾伯特打算用什么方法来逃避席德父亲的控制?这些悬念同样吸引着读者思考,并驱使着他们去读这本书。作者还试图采用种种形象的方式来叙述艰深的哲学思想。比如,艾伯特在讲希腊哲学时,通过录像带再现了雅典的情景——酒神剧院、雅典娜神殿、高等法院、市区广场等,给苏菲留下了深刻的印象。又如,在讲中世纪哲学时,艾伯特要苏菲在凌晨四点赶到圣玛莉教堂,为的是使苏菲感受到中世纪是一个黑暗的时代。再如,在讲解文艺复兴时期的哲学时,艾伯特不仅本人穿着那个时期的服装,而且把苏菲领到了一间放满历史文物的房间里,使苏菲感受当时的文化氛围。此外,作者还运用丰富的想象力,把书中的故事与各种神话、传说、童话等糅合起来,努力向读者展示出西方哲学的广阔的文化背景。

不用说,作者的用心是十分良苦的,把哲学小说化、情节化的目的是为了激发起读者的哲学兴趣,但当哲学必须抛弃自己独特的表达方式而沦为侦探小说的附庸时,哲学所付出的代价不是过于惨重了吗?在一百本哲学书中,或许可以有一本《苏菲的世界》,但如果九十九本都是《苏菲的世界》,那还会有哲学吗?还须指出的是,与叙述方式上的创意相反,作者对哲学和哲学史的理解却是十分肤浅的,他所做的全部工作不过是把通常的西方哲学史著作中记载下来的东西用形象的语言的叙述出来而已,而且他越是刻意追求叙述的生动性,就越显出他缺乏理论上的批判能力。试举数例:

其一,作者接受了亚里士多德的一个基本观点,认为哲学起源于人们的好奇心。但这个观点并没有揭示出哲学起源的特殊性,请问,又有哪一门实证科学不是起源于人们的好奇心的呢?实际上,哲学关注的是前提性的问题,它关注的不是人们对什么现象感到好奇(这属于实证科学研究的范围),而是人们为什么会对这样的现象感到好奇,后一个问题才真正具有哲学的性质。

其二,作者一开始就给苏菲提出两个哲学问题:"你是谁?"和"世界从何而来?"这种询问方式表明,作者对哲学的理解远未达到当代西方哲学的水平,而是停留在近代西方哲学笛卡尔主义的二元论的思维模式中。因为"你"和"世界"并不是绝缘的,世界是在包括"你"在内的人类生活中展示出来,而人类的生活也就是世界。从语言结构来分析,"你"的称谓只可能在我、你、他、我们、你们、他们的总体称谓结构中才有意义。所以要回答"你是谁?"就必须同时回答"我、他、我们、你们、他们是谁?"在这个意义上可以说,"你是谁"的问题也就是"人类是谁"的问题,而人类的生存和发展是通过与周围环境的互动作用而展示出来的,因此"人类是谁"的问题也就是"世界从何而来"的问题。

其三,作者接受了西方哲学史著作中的一个传统的观念,认为提出"水是万物本原"的泰勒斯是西方哲学史上的第一个哲学家。众所周知,这一观念在西方最早的哲学史著作《形而上学》中就已经形成了,但它并不是不可存疑的。泰勒斯话语中的"世界"已是一个与人的活动分离开来的、抽象的世界,他面对着那个世界,犹如冷漠的外科医生面对着病人。所以,从一个方面看,把泰勒斯作为第一个哲学家,似乎揭示出了哲学作为一门独立学科的开端;但从另一个方面来看,恰恰包含着对哲学的误解:哲学在开端处就已与人的生存活动失之交臂了。因此,我主张把西方哲学的开端前移到希腊神话中。在希腊神话中,关于世界起源的询问始终是与神或人的实际生存活动联系在一起的。所以,西方哲学不是通过苏格拉底才返回到对人本身的思考,而是在它的摇篮——希腊神话中,它就与人的生存活动密切相关了。

总之《苏菲的世界》在叙述方式上是新奇的，但在思想性方面却并没有给我们提供真正有启发的见解。在我看来，把哲学通俗化乃是一种堂吉诃德式的无益举动。或许可以说，在我们这个缺乏哲学兴趣的时代里，最大的不幸在于，人人都认为自己能从事哲学思考。

西哲别解

两种原子论不应混同[1]

艾思奇先生主编的《辩证唯物主义 历史唯物主义》一书在"绪言"部分中论及哲学史上的两军对阵时,这样写道:"希腊古代唯物主义发展的最高形式,是德谟克利特的原子论学说。他认为,万物都是由微小不可分的原子构成的,不同形状和不同重量的原子构成不同的事物。"[2]

按照这段论述,希腊哲学家德谟克利特(约公元前460—公元前370)已经认识到原子在"形状"和"重量"上的差异,事实上,德谟克利特并没有提出原子在"重量"上的差异问题。显然,这段论述犯了一个常识性的错误,即把德谟克利特的原子论和伊壁鸠鲁的原子论

---

[1] 本文原载《学术月刊》1982年第2期第33页,笔名"宇文"。
[2] 艾思奇:《辩证唯物主义 历史唯物主义》,9页,北京,人民出版社,1978年修订版。

简单地混同起来了。众所周知，在哲学史上，特别是在原子论思想的发展史上，德谟克利特的贡献在于，强调了原子在大小和形状上存在的差别，至于原子在重量上的差别，是由德谟克利特的学生、晚期希腊哲学家伊壁鸠鲁（公元前341—公元前270）提出来的。

艾修斯曾经非常明确地区分了这一点："德谟克利特说［原子］有两种［属性］：大小和形状；而伊壁鸠鲁则加了第三种：重量。因为他说，物体在重量的作用下运动，这是一种必然性。"① 众所周知，马克思在他的博士论文中也非常详尽地考察了德谟克利特的原子论和伊壁鸠鲁的原子论的差别。马克思写道："德谟克利特并没有提出把重量当作原子的本质特征。"相反，"极其重要的是伊壁鸠鲁提出了重量作为第三种质"。②

从上面的论述可以看出，强调原子有重量并且在重量上有差异，不仅是伊壁鸠鲁对德谟克利特的原子学说的重大发展，而且也是其全部原子理论的出发点。在他看来，正因为原子有重量，才会做直线下降运动，而在下降过程中，有的原子由于内部的原因而发生偏离，这就使原子相互碰撞而形成万物。

---

① 北大哲学系外哲史教研室编译：《古希腊罗马哲学》，99页，北京，生活·读书·新知三联书店，1957。

② 马克思：《博士论文》，27、29页，北京，人民出版社，1961。

"一切规定都是否定"新解[①]

"一切规定都是否定"（Omnis determinatio est negatio）这一命题，是17世纪的荷兰哲学家斯宾诺莎在写给约翰·胡德的信中提出来的，是他用来论证实体的无限性的著名的命题。黑格尔非常重视这个命题，在《精神现象学》《逻辑学》《哲学史讲演录》等著作中一再提到它，并把它誉为"一个伟大的命题。"[②] 然而，对这样一个重要的哲学命题，我国理论界却没有给予应有的重视。目前国内出版的欧洲哲学史著作，在介绍斯宾诺莎的哲学思想时，很少提到这个命题。之所以出现这种情况，和人们对这个命题的不正确的理解是分不开的。我们认为，应当从辩证逻辑的角度出发重新检视这

[①] 本文原来的标题是"对'一切规定都是否定'命题的一点理解"，载《哲学研究》，1985（5）。

[②] 黑格尔：《哲学史讲演录》，第4卷，100页，北京，商务印书馆，1981。

个命题。

事物自身运动的辩证法

首先,这个命题包含着事物自身运动的辩证法。"一切规定都是否定",也就是说,否定不是外在的,而是内在的,是事物规定性本身引起的。斯宾诺莎认为,这个命题"只意味着那个被认为规定的性质之缺少存在"。① 由此看来,斯宾诺莎的这句话不应该被理解为:当我们说这朵花具有红的规定性的时候,也就是说它"缺少"黄、白、绿等其他规定性了。这样理解,必然会停留在形式逻辑的同一律的范围之内,从而把否定看作规定之外的否定。事实上,"一切规定都是否定"的命题应该做如下的理解:这朵花既具有红的规定性,又"缺少"红的规定性,因为它不可能把红色永远保持下去。它本身在发展过程中不过是存在和非存在、肯定和否定的统一。在周围事物的作用下,它会渐渐枯萎,红颜色也会渐渐消失。这样一来,事物就通过内在的、自身的否定过渡为他物了。因此,只有把否定理解为规定性自身引起的否定,才算真正地掌握了这个命题的实质。当然,斯宾诺莎虽然提出了"自因"的观念,但他关于事物自身运动的思想并不是彻底的。他只承认在个别事物,即"样态"中包含着否定,却不承认实体内部也包含着否定。他认为,"绝对无限者的本质具有一切表现一种本质而不包含任何否定的东西"。② 尽管他肯定实体是自因的,从而排斥了超自然的上帝的干预,但由于他没有把否定的思想贯穿到实体中去,所以在他那里实体仍然是一种僵死的、没有生命力的东西。黑格尔批评了斯宾诺莎的不彻底的否定观,指出:"一切问题的关键在于:不仅把

---

① 转引自黑格尔:《逻辑学》,上卷,106 页译注,北京,商务印书馆,1981。
② 转引自黑格尔:《哲学史讲学录》,第 4 卷,106 页,北京,商务印书馆,1981。

真实的东西或真理理解和表述为实体，而且同样理解和表述为主体。"① 强调实体的能动性，即自身运动，确实是黑格尔比斯宾诺莎高明的地方。但与此同时，斯宾诺莎的实体也被彻底地唯心主义化了。

否定是联系的环节

其次，这个命题还包含着事物通过内在的否定这一联系环节，不断向前发展的辩证思想。这一点，从命题本身就可以看出来。既然"一切规定都是否定"，也就是说，一切否定都是规定。否定并不是虚无主义、怀疑主义，而是保留肯定内容的，因而是作为联系环节、发展环节的否定。黑格尔甚至认为，斯宾诺莎命题的实质就在于"规定性是肯定地建立起来的否定"。② 他明确地告诉我们，斯宾诺莎的否定是包含肯定内容的否定，从而划清了它与形而上学的否定的界限。恩格斯进一步肯定了斯宾诺莎的这一合理的思想："在辩证法中，否定不是简单地说不，或宣布某一事物不存在，或用任何一种方式把它消灭。斯宾诺莎早已说过：Omnis determinatio est negatio，即任何的限制或规定同时就是否定。"③ 显然，在恩格斯看来，否定是发展的、联系的环节的思想，是由斯宾诺莎最早提出来的，是他对辩证法思想的一个卓越的贡献。当然，必须指出的是，斯宾诺莎并没有自觉地意识到自己的命题包含着这一辩证思想，他也没有进一步深入地探讨否定的具体形式，这是他的理论的不足之处，也是我们无法苛求于他的地方。

---

① 黑格尔：《精神现象学》，上卷，10页，北京，商务印书馆，1981。
② 黑格尔：《逻辑学》，上卷，105页，北京，商务印书馆，1981。
③ 《马克思恩格斯选集》，第3卷，484页，北京，人民出版社，1995。

有限与无限的辩证法

最后，这个命题还包含着有限与无限的辩证法。如前所述，斯宾诺莎提出这个命题，目的是论证实体的无限性，但与此同时，他也深刻地论述了有限与无限的辩证关系。他给有限下了这样一个定义："凡是可以为同性质的另一事物所限制的东西，就叫作自类有限。"① 在他那里，有限也就是指事物的规定性，即一事物区别于其他事物的界限。既然一切规定都是否定，也就是说，有限不可能永远保住自己，在发展中，它会被规定内部的否定打破，从而过渡为无限。那么，什么是事物的无限呢？斯宾诺莎指出：某物的无限"就是绝对地肯定其某种性质的存在"。② 他举了两个相互重叠、但不同心的圆来说明这个道理：夹在两个圆中间的那部分空间是无法用数字精确地表达出来的，因而是无限的。但同时，那部分空间又可以用现实的图形表示出来。因而又是有限的，肯定的。斯宾诺莎没有停留在"如此以至无穷"的恶无限性中，而是进一步把握了思维的无限性，即无限是肯定的、现实的东西。黑格尔认为，斯宾诺莎的这一思想"完全正确"。③ 然而，应当指出的是，斯宾诺莎在这个问题上仍然是有局限性的。如前所述，他只承认有限中包含着否定，不承认无限中也包含着否定。他不懂得，无限之所以是肯定的，就是通过内部的否定而达到的。另外，黑格尔认为，斯宾诺莎把"无限者称为绝对的肯定"固然是正确的，不过把它表述成"否定的否定"可以更好一些。④

综上所述，尽管在当时的历史条件的限制下，斯宾诺莎不可能自觉

---

① 斯宾诺莎：《伦理学》，1 页，北京，商务印书馆，1958。
② 斯宾诺莎：《伦理学》，7 页，北京，商务印书馆，1958。
③ 黑格尔：《哲学史讲演录》，第 4 卷，107 页，北京，商务印书馆，1981。
④ 黑格尔：《哲学史讲演录》，第 4 卷，107 页，北京，商务印书馆，1981。

地对"一切规定都是否定"的命题中包含的辩证法思想进行全面的论述，但是，这个命题的辩证属性是无可怀疑的。它不仅是斯宾诺莎建立自己的特殊的实体理论的基本方法，也是欧洲辩证法思想发展史上的一个重要的契机。我们应该打破传统的偏见，本着实事求是的精神，重新对它进行研究，以便对它的实际地位和价值做出合理的评价。

如何理解并翻译贝克莱的命题"esse is percipi"

问题的提出

众所周知,在西方哲学史上,英国经验论哲学家贝克莱以其主观唯心主义哲学而著名。法国哲学家狄德罗在与达朗贝的谈话中提到贝克莱的时候,曾以十分形象的语言描绘了他的哲学思想:"在一个发疯的时刻,有感觉的钢琴曾以为自己是世界上存在的唯一的钢琴,宇宙的全部和谐都发生在它的身上。"[①] 显然,这样的描绘显得过于刻薄。其实,在贝克莱哲学中蕴藏着许多有价值的思想资源,然而,人们对他的哲学思想的根深蒂固的误解却阻碍他们去

---

① 《狄德罗哲学选集》,130 页,北京,生活·读书·新知三联书店,1956。

探索并发现这些资源。

在传统的研究者的视野中，贝克莱哲学思想的核心的命题是：esse is percipi。比如，在贝克莱著作的编辑者塔培纳（C. M. Turbayne）看来，贝克莱对哲学的原创性贡献正体现在这个命题以及他对物质所采取的否定性态度上，而迄今为止，他这方面的思想几乎仍然是哲学争论的中心问题。①只要检索一下中国人撰写的西方哲学史著作或关于贝克莱的研究性论著和译著，就会发现，esse is percipi 这个命题几乎无例外地被译为"存在就是被感知"。事实上，正是这一个流行的译句表明，中国的翻译者和研究者们在多大程度上误解了贝克莱的哲学思想！

我们知道，在 esse is percipi 这个命题中，esse 和 percipi 是拉丁文，而 is 则是英文动词 to be 的单数第三人称表达式。假如把这个命题中的所有的词转都换为拉丁文，它就变成：esse est percipi。Esse 在经院哲学的语境中解释"实际存在者"（actual being），即"实存"（existence）②，而 percipi 作为动词不定式 percipio 的被动态形式，则表示"被感知"。也就是说，在拉丁语的语境中，esse is percipi 的含义是"实存就是被感知"。

然而，令人费解的是，讲英语的学者们几乎无例外地把 esse is percipi 这个命题译为如下的英文表达式：to be is to be perceived③。显然，以 to be perceived 译 percipi 是无可厚非的，但以 to be 译 esse 却容易引起误解，因为在英文中，to be 通常被理解为"存在"。④正如我们在前面已

---

① George Berkeley, *principles, Dialogues, and Philosophical Correspondence*, edited By C. M Turbayne, The Library of Liberal Arts, 1965, p. vii.
② *Weber's Third New International Dictionary*, G. &C. merriam Company, Publishers, 1976, p. 776.
③ S. Blackburn, *Oxford Dictionary of Philosophy*, Oxford University Press, 1994, p. 125; also see S. E. Stumpf and J. Fieser: *A History of Philosophy*, the Mcgraw-Hill Companies, Inc, 2003, p. 262.
④ 在莎士比亚的悲剧《哈姆雷特》中，哈姆雷特的名言就是"to be or not to be"，这句话通常被译为"存在，还是不存在"。

经指出过的那样，Esse 在经院哲学的语境中解释"实际存在者"（actual being），即"实存"（existence），而"实际存在者"（actual being），即"实存"（existence）与"存在"（to be）是有差异的。然而，讲英语的学者们似乎并没有细心地体察这里存在着的差异。也许正是 to be is to be perceived 这个英文表达式误导了中国的翻译者和研究者们，使他们倾向于把贝克莱的这个命题 esse is percipi 译为"存在就是被感知"。

其实，稍有哲学常识的人一看就知道，这样的翻译是有问题的，因为"存在"是抽象的，是看不见、摸不着的，它怎么可能被人的感官所感知？如果贝克莱在这个命题中使用的拉丁文名字 esse 像人们所普遍认定的那样，指的是"存在"，那他确实有理由被视为世界上最大的神秘主义者和主观唯心主义者了，因为他的感官居然能够感知看不见、摸不着的"存在"。然而，事实并不是如此。所以，对我们来说，最重要的是要搞清楚，贝克莱究竟是在什么样的语境中说出这个命题的？他赋予这个命题的确切含义究竟是什么？

贝克莱究竟如何说

在贝克莱的重要著作《人类知识原理》（1710）第一部分的第三小节中，我们可以发现下面这段话：

Their esse is percipi, nor is it possible they should have any existence out of the minds or thinking or thinking which perceive them. [①]

通过对这段话的含义及其语境的认真检索，我们发现，以下三点值得引起我们的重视。

第一，在贝克莱那里，esse is percipi 竟然并不是一个完整命题的表达式，他提出的完整命题的表达式应该是：Their esse is percipi。令人匪

[①] George Berkeley, *principles*, *Dialogues*, *and Philosophical Correspondence*, edited By C. M. Turbayne, The Library of Liberal Arts, 1965, p. 23.

夷所思的是，人们在引述他的思想时，竟然断章取义，把用来限制拉丁名词 esse 含义的英文修饰词 their 撇开了。事实上，人们对 esse 乃至对 esse is percipi 的误解和误译，都与他们撇开 their 这个英文修饰词有着莫大的关系。

第二，贝克莱所说的 their 和 Their esse 究竟是什么意思？众所周知，在英文中，their 是 they 的所有格。也就是说，their 的使用必定蕴含着 they 的存在。那么，贝克莱通过 their 这个词所意指的 they 究竟是什么呢？我们发现，they 是他前面提到的"可感觉的事物"（sensible things）的代词。这样一来，我们就明白了，their esse 应该被译为"它们的实存"，而"它们的实存"意指的正是"可感觉的事物"的实存。于是，贝克莱的整个命题 Their esse is percipi 的含义顿时变得明晰起来，它应该被译为"它们的实存就是被感知。"假如我们用"可感觉的事物的"这个表达式来取代"它们的"这个表达式，上述命题的实际含义便获得了如下的表达形式："可感觉事物的实存就是被感知"。[①] 尽管这样的表达形式看起来显得冗长而重复，但它却准确地传达出贝克莱心中想表达的东西。实际上，在他看来，只有可感觉的"实存"（existence）是可以被感知的，而抽象的"存在"（to be）则是无法被感知的。

第三，为什么 esse 不应该被译为"存在"（to be），而应该被译为"实存"（existence）？我们在前面已经交代过了。Esse 在经院哲学的语境中解释"实际存在者"（actual being），即"实存"（existence）。事实上，把 esse 译为 existence 也正是贝克莱自己的意思。在上面被我们引证的句子中，他自己使用的就是 existence 这个词。值得注意的是，贝克莱在早期撰写的《哲学评论》一书（写于 1707—1708 年，首次出版于 1871 年）

[①] 必须指出，也有的讲英语的学者意识到了这一点。比如，安东尼·弗卢（Antony Flew）在解释贝克莱的这个命题时指出："通常错误地被认为是对贝克莱形而上学的概括。事实上，贝克莱把它仅用于可感觉事物，即感觉材料（sense data）。"参见安东尼·弗卢主编：《新哲学词曲》，160页，上海，上海译文出版社，1992。

中的第 429 条笔记中以另一种方式表达过同一个命题：Existence is percipi or percipere。①

上述命题可以被译为"实存就是被知觉或知觉"。请注意，贝克莱在这里使用的是英语名词 existence，而不是后来在《人类知识原理》一书中使用的拉丁文名词 esse。由此可见，在他的心目中，esse 的确切含义是 existence 而不是 to be。然而，遗憾的是，也许是讲英语的学者们把 esse 理解为 to be（存在）的倾向太根深蒂固了，以至于关琪桐先生仍然把我们前面引证过的贝克莱的这段话译为："所谓它们的存在（esse）就是被感知（percipi）之谓，因而它们离了能知觉它们的人心或能思的东西，便不能有任何的存在。"②

值得注意的是，在 Existence is percipi or percipere 这个命题中，Existence，is, or 这三个词是英文词，而 percipi 和 percipere 则分别是拉丁文原形动词 percipio 的被动态形式和主动态形式。这不仅启示我们，贝克莱所使用的 esse 这个词应该从 existence，即"实存"的含义上去加以理解，而且表明，existence 不仅包含着"可感觉的事物"，而且也包含着具有感觉能力的人。

新的结论及其相关的启示

通过上面的论述，我们可以引申出如下的结论：

第一，在哲学史上广泛流传的贝克莱的命题 esse is percipi 是不完整的。在《人类知识原理》这部代表性著作中，贝克莱关于这个命题的完整表述应该是：Their esse is percipi。这里的 Their 来自 they，而 they 作为复数形式，从当时的语境看，指称的是"可感觉的事物"。

---

① *The Works of George Berkeley*, *Volume One*, London：Thomas Nelson And Sons Ltd, 1948, p. 53.
② 贝克莱：《人类知识原理》，22 页，北京，商务印书馆，1936。

第二，由于贝克莱不仅在 Their esse is percipi 这个命题出现的整个句子中使用了 existence 这个词，而在他更早的时候写下的《哲学评论》第 429 条笔记中也写下了类似的命题 Existence is percipi or percipere。所以，贝克莱命题中的 esse 不应该被理解并翻译为"存在"（to be），而应该被理解并翻译为"实存"（existence）。同样地，esse is percipi 也不应被理解并翻译 to be is to be perceived 这样的英文表达式，更不应该被理解并翻译为"存在就是被感知"这样的中文表达式。如前所述，"存在"是抽象的，是不可能被感知的，只有理性和思维才能把握它。

第三，即使人们在评介贝克莱的哲学思想时，仍然使用 esse is percipi 这一不完整的命题形式，那么，为了不至于曲解贝克莱的原意起见，他们应该把它译为 Existence is to be perceived 这样的英语表达式，并进一步译为"实存就是被感知"这样的中文表达式。

从后贝克莱时期人们对 esse is percipi 这一命题的普遍误解和误译中可以进一步引申出如下的启示：

首先，在《人类知识原理》第 74 节中，贝克莱批评某些具有唯物主义思想倾向的人把"物质"（matter）理解为支撑各种偶性（accidents）的东西，认为这种见解完全是一种"偏见"（prejudice）。在第 80 节中，贝克莱明确地表示，当一个人使用"物质"这个词时，与其他人使用"虚无"（nothing）一词具有同样的意义。① 因而有些哲学史著作在介绍贝克莱哲学时，或者把他这方面的思想概括为 Matter is a fiction, a non-existent entity（物质就是虚构，就是非存在物）②，或者概括为 Matter a meaningless term（物质是一个无意义的术语）③。总之，贝克莱把"物

---

① George Berkeley, *principles, Dialogues, and Philosophical Correspondence*, edited By C. M. Turbayne, The Library of Liberal Arts, 1965, p. 61.

② W. S. Sahakian, *Outline-History of Philosophy*, New York: Barnes & Noble, INC. 1968, p. 158.

③ S. E. Stumpf and J. Fieser, *A History of Philosophy* (seventh edition), the McGraw-Hill Companies, Inc. 2003, p. 264.

质"与"虚无"等同起来,从而形成了"物质就是虚无"(Matter is nothing)的观点,这一观点也遭到人们的普遍指责,然而,必须指出,这种指责也是以普遍的误解为基础的。

众所周知,具有唯物主义思想倾向的人常常把"存在"和"物质"这两个概念理解为同义词。实际上,无论是"存在",还是"物质"都是人们的感觉器官所无法感知的,正是在这个意义上,它们都是抽象概念。如果用贝克莱的话来说,它们都是"虚无"。正如恩格斯所指出的:"物质本身是纯粹的思想创造物和纯粹的抽象。当我们把各种有形地存在着的事物概括在物质这一概念下的时候,我们是把它们的质的差异撇开了。因此,物质本身和各种特定的、实存的物质不同,它不是感性地存在着的东西。"① 显然,当恩格斯说"物质本身是纯粹的思想创造物和纯粹的抽象",并强调"它不是感性地存在着的东西"时,他像贝克莱一样,把物质理解为"虚无"。事实上,人们能够感觉到的只是"存在者"或物质的"样态",却无法感受到抽象的、子虚乌有的"存在"或"物质"。

在深入的考察中我们发现,当人们把贝克莱的命题 esse is percipi 误译为"存在就是被感知"时,他们预设了一个错误的前提,即存在这个抽象的概念是可以被感知的。与此同时,他们又习惯于把"存在"与"物质"等同起来,因此,他们再度误解了贝克莱的另一个重要命题 Matter is nothing,误以为"物质"和"存在"都是可以被感知的。其实,无论是在 esse is percipi 的命题中,还是在 Matter is nothing 的命题中,贝克莱的思想始终是一致的,即他始终坚持只有"可感觉的事物""实存"或"存在者"是可以被我们的感官所感知的,而"存在"或"物质"作为抽象概念只是"虚无",是我们所无法感觉的。

其次,人们对 esse is percipi 和 Matter is nothing 这两个命题的普遍

---

① 恩格斯:《自然辩证法》,233页,北京,人民出版社,1971。

误解启示我们,当代德国哲学家海德格尔提出的"存在论差异"的学说具有十分重要的意义。海氏在谈到这一差异的时候指出:"这个差异涉及存在与存在者之间的区别。存在论差异说的是:存在者的特性总是通过某种存在建制被描述的。这个存在自身并非存在者。然而,那属于存在者之存在的,则仍处晦暗之中。"①把存在(Sein)与存在者(Seiende)区分开来,也就是把"存在"这一抽象的、无法感知的概念与具体的、可感知的"存在者"区分开来。而人们也经常把"存在"称为"物质",把"存在者"称为"实存"(Existenz)或"可感觉事物"。当然,海氏本人不会赞成在"存在"与"物质"之间画等号。在他看来,"存在"的意义不但不应该被归结为"物质",而且必须通过作为特殊"存在者"的"此在"(Dasein)的生存结构显示出来。事实上,人们之所以普遍地误解贝克莱的上述两个重要的命题,正因为"存在论差异"未真正进入他们的意识。令人难以置信的是,即使在后海德格尔时期,这种局面也没有得到根本性的扭转。

最后,从对贝克莱命题 esse is percipi 的反思,我们进一步联想到"思维与存在的关系"(Relationship between Thinking and Being)问题。在西方哲学史上,古希腊哲学家巴门尼德最早论及这一关系,到了黑格尔那里,这一关系被理解为近代哲学的核心,而恩格斯则进一步把它提升到哲学基本问题的高度上。然而,在人们对这一关系的通常理解和解释中,海氏所强调的存在论差异仍然未进入他们的视野。正如我们在前面已经指出过的那样,由于"存在"是一个不可能被感知、但可以被思维的抽象概念,所以"思维与存在的关系"中的"存在"只是思维的产物,而完全不能指涉外部的感性世界,从而这一关系实质上就转化为"思维与思维的关系"或"思维与自身的关系"。正如费尔巴哈在批判黑格尔哲学时所指出过的那样:"思维与存在同一,只是表示思维与自身同

---

① 海德格尔:《现象学之基本问题》,95页,上海,上海译文出版社,2008。

一。"① 这就启示我们，如果要让我们的思维真正有效地指向外部感性世界，就不应该谈论"思维与存在的关系"，而应该谈论"思维与存在者总体的关系"（Relationship between Thinking and totality of all beings），而"存在者总体"也就是一切"存在者"的总和。

综上所述，澄清人们对贝克莱命题 esse is percipi 的普遍误解具有极为重要的理论意义，它将促使我们对哲学史上至今仍然流行，但显然是错误的一些重要观念做出新的理解和阐释。

---

① 《费尔巴哈哲学著作选集》，上卷，154 页，北京，商务印书馆，1984。

飞跃是渐进过程的中断吗[1]

"飞跃"(leap)是哲学理论中的一个基本的概念,目前流行的观点都把它定义为"量的渐进过程的中断"。[2] 我们认为,这一定义不甚妥当,有进一步探讨的必要。

全面理解黑格尔关于飞跃概念的论述

从历史上看,最早是黑格尔把飞跃理解为量的渐进过程的中断的。在《精神现象学》的"序言"中,黑格尔这样写道:"犹如在母亲长期怀胎之后,第一次呼吸才把过去仅仅是逐渐增长的那种渐变性打断——一个质的飞跃——从而生出一个小孩来那样,成长着的精神也是

---

[1] 本文原载《江海学刊》,1982(5),《光明日报》1982年10月25日摘要转载。

[2] 艾思奇主编:《辩证唯物主义 历史唯物主义》,109页,北京,人民出版社,1978年修订版。

慢慢地、静悄悄地向着它新的精神形态发展，一块一块拆除它旧有的世界结构。"① 在这里，黑格尔已经把飞跃理解为"渐变性"的"打断"。在《逻辑学》中，他结合对水的变化的分析，进一步指出："当水改变其温度时，不仅热因而少了，而且经历了固体、液体和气体的状态，这些不同的状态不是逐渐出现的；而正是在交错点上，温度改变的单纯渐进过程突然中断了、遏制了，另一状态的出现就是一个飞跃。一切生和死，不都是连续的渐进，倒是渐进的中断，是从量变到质变的飞跃。"② 这些论述表明，黑格尔不仅肯定了飞跃即渐进过程的中断，而且强调指出，渐进过程的中断是在"交错点"，即"尺度"上发生的。不用说，黑格尔的这些观点也就是我们现在理解飞跃概念的主要依据。

然而，人们却忽略了，黑格尔在之后出版的、晚年又经过多次精心修订的《小逻辑》一书中，已经放弃了上述提法。在该书中，黑格尔在论述感性认识向理性认识的过渡时，使用了飞跃概念。从他的论述可以看出，他保留了以前多次阐述过的飞跃是质变的思想，但不再把飞跃表述为量的渐进过程的中断。显然，这不是出于偶然的疏忽，也不是出于缩减篇幅的需要，而是因为他发现了："量的这种超出自身的倾向，甚至在尺度中也同样保持着。"③ 这一见解与《逻辑学》中提出的渐变在尺度中被中断的思想恰好相反。根据黑格尔晚年的观点，在质变中，即在飞跃中，量变（即渐变）过程并没有完全中断，而是同样地保持着。也就是说，黑格尔在晚年已经意识到，把飞跃理解为渐进过程的中断是不妥当的。遗憾的是，我们的哲学教科书至今仍然固守着他在《逻辑学》一书中提出的旧观点，而未前进一步。

---

① 黑格尔：《精神现象学》上卷，7页，北京，商务印书馆，1979。
② 黑格尔：《逻辑学》上卷，403～404页，北京，商务印书馆，1981。
③ 黑格尔：《小逻辑》，238页，北京，商务印书馆，1980。

流行的飞跃概念的理论偏失

从理论上看，把飞跃理解为渐进过程的中断也具有一定的片面性。第一，强调飞跃在事物发展、变化中的地位和作用是必要的，但把它表述为渐进过程的中断，容易在理论上造成这样的印象：渐进过程和飞跃是绝对对立的。在任何时候、任何条件下，人们只有抛开渐变，抛开改良，只讲飞跃，只讲革命才能奏效。这样一来，渐变过程与飞跃之间的相互依存、互为前提的内在联系便被割裂开来了。第二，用渐进过程的中断来表示飞跃，虽然在一定程度上揭示了量变向质变的转化，但却忽视了量变和质变之间的相互渗透。无数事实表明，渐进过程并不是一个单纯的量变的过程，它也包含、渗透着部分质变。反之，正如黑格尔所指出的，在事物的尺度上发生的飞跃也不是一个单纯的质变过程，而是包含、渗透着量变。这是因为尺度并不是数学中的抽象的、假想的点，而是一个现实的、处在时空中的点。因此，飞跃必然是一个过程，是一个"质的交错"，即旧质的量迅速地衰亡、新质的量迅速地扩张的统一的过程。在飞跃中，旧质的量的变化仍然继续着，直到飞跃过程结束，新质整个地形成的刹那间，旧质的渐进过程才真正地被中断了。所以，不能说飞跃是渐进过程的中断，至多只能说，飞跃的结果是旧质的渐进过程的中断。事实上，也只有这样理解，才能如实地描绘出量变和质变之间相互渗透、相互转化的错综复杂的情况。第三，用渐进过程的中断来解释飞跃，着眼点在于说明新旧事物之间的区别，但却忽视了新旧事物之间的联系。其实，飞跃作为辩证的否定，更需要把它作为联系的环节、发展的环节加以强调。

流行的飞跃概念的实践偏失

从实践的发展来看，也迫切需要对飞跃的概念做出更全面、更合理的表述。众所周知,黑格尔前期提出的飞跃即渐进过程的中断的思想,是在批判莱布尼茨的"自然界是不飞跃的"知性形而上学的观念时阐发出来的。这一论断不仅对自然科学的研究,而且对当时德国的资产阶级革命来说,都有重大的理论影响。而列宁之所以在《黑格尔〈逻辑学〉一书摘要》中着重摘录和发挥了黑格尔的这一思想,目的是反对第二国际的改良主义路线,为暴力革命提供理论依据。正如列宁所写的:"资本主义本身造就了自己的掘墓人,本身创造了新制度的因素,而同时,如果没有'飞跃',这些单个因素便丝毫不能改变总的局面,不能触动资本的统治。"[①] 不用说,列宁当时对黑格尔飞跃思想的阐释是有其现实意义的,然而,随着实践和科学的发展,人们越来越多地观察到量变和质变之间相互渗透的错综复杂的自然现象和社会现象;越来越多地感到,在肯定飞跃作用的前提下,也要充分估计到渐进过程的地位和作用。这样,用渐进过程的中断来解释飞跃就暴露出一定的片面性。

朝着新的飞跃概念

综合上面的论述,我们认为,飞跃应该定义为:旧事物向新事物的过渡,这一过渡是在量的渐进过程发展到度量关系交错点上发生的,是以质变为根本特征的变化形式。这一定义既说明了飞跃和渐进的区别,又肯定了它们之间的联系和转化;既表明了飞跃的本质特征是质变,又不排斥飞跃中包含着量变;既揭示了新旧事物之间的差别,又强调了它们之间的联系和过渡。

[①]《列宁选集》,第 2 卷,274 页,北京,人民出版社,1995。

否定之否定规律新释

否定之否定规律是马克思哲学的基本规律之一，也是目前争论比较集中、比较激烈的一个理论焦点。本文认为，要将这一规律的讨论引向深入，光重复一些旧有的、人所共知的论据是不够的。而在这方面，马克思和恩格斯关于人类社会发展形态的论述，却为我们重新认识这个规律的实质提供了重要的思想资源。

新的探索视角

众所周知，马克思从分析个人和生产资料所有制的关系这一角度出发，把封建主义社会——资本主义社会——共产主义社会作为一个否定之否定的序列。他这样写道："从资本主义生产方式产生的资本主义的占有方式，从而资本主义的私有制，是对个人的、以自己的劳动为基础的私有制的第一个否定。但资本主义生产由于自然过程的必然性,造成了对自身的否定。这是否定的否定。"① 在马克思看来,共产主义社会的目的并不是重建私有制,而是在资本主义社会已经提供的成熟的物质条件的基础上,在生产资料共同占有的基础上,重建个人所有制。

与马克思不同的是,恩格斯从不同的视角出发,对人类社会发展的序列做出了不同的描述。在第一种情况下,他从考察土地所有制的变化入手,把原始共产主义社会——有阶级社会(包括奴隶社会、封建社会和资本主义社会)——共产主义社会作为一个否定之否定的系列。并强调指出:"实现共产主义土地公有制的要求,并不是要恢复原始的公有制,而是要建立高级得多、发达得多的公共占有形式。"② 在第二种情况下,当他从文化艺术发展的角度出发去考察人类社会的发展变化时,他又把奴隶社会(古希腊罗马)——封建社会(欧洲中世纪)——资本主义社会(始于文艺复兴的欧洲社会)作为一个否定之否定的序列。他指出:"随着君士坦丁堡的兴起和罗马的衰弱,古代便完结了。中世纪的终结是和君士坦丁堡的衰弱不可分割地联系着的。新时代是以返回到希腊人而开始的。否定之否定。"③ 在第三种情况下,当他从平等的角度出发去分析人类社会的发展变化时,他又赞同卢梭的意见,把原始社会——奴隶社会和封建社会——资本主义社会看作一个否定之否定的系列,并解释道:"奴隶社会、封建社会中暴君对平民的压迫否定了原始人所拥有的旧的自发的平等,但暴君的压迫又进而转变为更高级的契约的平等。压迫者被压迫。这是否定之否定。"④ 从上而后论述可以发现,在三种不同的情况下,恩格斯借用否定之否定的规律,对人类社会的发展序列做出了不同的阐发。

---

① 马克思:《资本论》,第1卷,832页,北京,人民出版社,1975。
② 恩格斯:《反杜林论》,156页,北京,人民出版社,1970。
③ 恩格斯:《自然辩证法》,170页,北京,人民出版社,1971。
④ 恩格斯:《反杜林论》,138页,北京,人民出版社,1970。

新的理解结果

在马克思和恩格斯关于人类社会发展形态系列的上述说明中，蕴含着他们对否定之否定规律的极其深刻的理解。我们从中至少可以引申出以下三点结论。

其一，否定必然是质变。否定之否定必然是由两次蝉联着的否定构成的。但问题的症结在于，当我们分析比较复杂的事物时，通常所说的质变并不是指事物整个质的变化，而是指事物某一方面的特定的质，即属性的变化。如上所述，当马克思从个人和生产资料所有制的关系这一特定的质上去分析社会发展的系列时，他认为资本主义社会和封建主义社会之间存在着质的不同；而当恩格斯从土地所有制这一特定的质上去看待人类社会发展的序列时，他认为资本主义社会与奴隶主义社会、封建主义社会之间并无质的差别。这就明确地告诉我们，在考察比较复杂的事物时，质变总是具体的，总是指事物的某方面的特定的质的变化。只有牢牢地抓住这一点，才能正确地理解否定和否定之否定规律的实质。有的学者恰好忽略了这一点，他们从不区分简单的事物和复杂的事物，在任何情况下都是笼统地谈论事物整个质的否定和变化。这样一来，就必然对否定是质变这一根本性的思想发生动摇和怀疑，有的学者甚至得出了"否定，只是事物存在形式的变化，不等于事物质变"的结论。[①]由此出发，否定之否定规律的必要性和重要性也就被弱化了。

其二，否定之否定的周期不能抽象地、笼统地加以考察，而必须结合某一特定的视角才能确定。从马克思和恩格斯上面例举的实例可以看出，假如离开个人和生产资料所有制的关系、离开土地所有制、离开平等或压迫、离开文化艺术等社会生活中的特定的视角来抽象地谈论人类

---

① 参见《"否定之否定"新解》一文，原载《光明日报》，1982-10-18。

社会发展的否定之否定的周期,那就是一件没有意义的事。正如列宁早就告诉我们的那样,马克思主义的活的灵魂就是坚持对具体问题做出具体的分析。也有的学者在谈论否定之否定的周期时,常常忽略了这一点,他们喜欢把恩格斯在上面例举的第一个实例,即原始共产主义社会——有阶级社会——共产主义社会的否定之否定的周期绝对化、凝固化,看作任何社会演化的固定不变的周期。实际上,这个周期只有从土地所有制变化的特定的前提下来考察时才是合理的、有效的。

其三,肯定——否定——否定之否定(即正题——反题——合题)这一三段式,绝不像有些学者所认为的那样,是一个表面的、形式主义的公式,而是事物发展变化中必定会遵循的内在规律。诚然,黑格尔在某些情况下曾经形式主义地、牵强附会地运用过三段式,但这绝不等于说,三段式就是形式主义,就是牵强附会。需要加以抛弃的并不是三段式本身,而是形式主义地使用三段式的方法。从马克思和恩格斯关于人类社会发展序列的论述可以看出,他们从来没有以形式主义的方式使用过三段式,从来没有把三段式作为现成的公式套用到外部事物上。相反,他们总是从实际出发,在深入地、细致地分析事物运动的基础上,告诉人们,事物的运动是遵循肯定——否定——否定之否定的三段式的。正如恩格斯在评价马克思所举的实例时曾经说过的那样,"当马克思把这一过程称为否定的否定时,他并没有想到要以此来证明这一过程是历史地必然的。相反地,在他历史地证明了这一过程部分确已实现,部分还一定会实现以后,他才指出,这还是一个按一定的辩证规律完成的过程。这就是一切"。[①] 也正因为如此,马克思和恩格斯才把完全不同的人类社会发展序列展示在我们的面前。

综上所述,只有从实际出发,坚持具体问题具体分析,才可能正确地理解并运用否定之否定规律。事实上,这也正是马克思和恩格斯关于人类社会发展序列的一系列论述给予我们的最深刻的启示。

---

① 恩格斯:《反杜林论》,132 页,北京,人民出版社,1970。

探寻康德哲学的当代意义

2004年2月12日是伟大的德国哲学家康德逝世二百周年纪念日。世界各国都以不同的方式纪念这位大师，据我所知，国内学术界就有好几家单位正在筹备康德哲学的研讨会。事实上，我们这个有着悠久思想文化传统的东方国家对这位哲学大师的敬意一点也不逊于西方国家。有趣的是，有一天，当我把 Immanuel Kant 的名字输入 google 网时，网上显示出来的可供查询的资料竟达170000条；而当我把美国前总统 Bill Cliton 的大名输入 google 网时，网上显示出来的资料却只有1050条！虽然这个一度曾叱咤风云的政治人物早已成为历史上的不朽者，然而与康德这样的人类思想的巨匠比较起来，却渺小得多了。

诗人海涅就以生动的笔触叙述过伟大的思想家和政治上的行动者之间的关系："记住吧，你们这些骄傲的运动者！你们不过是思想家们不自觉的助手而已。这些思想家们往往在最谦逊的宁静之中向你们极其明确地预示了你们的一切行动。马克西米安·罗伯斯庇尔不过是卢梭的手而已，一只从时代的母腹中取出一个躯体的血手，但这个躯体的灵魂却是卢梭创造的。使让·雅克·卢梭潦倒终生的那种焦虑，也许正是由于卢梭在精神里早已预料到他的思想需要怎样一个助产士才能降生到这个世界上来，而产生的吧？"①

康德哲学的历史地位是无与伦比的。梁启超在1903年发表于《新民丛刊》的文章《近世第一大哲康德之学说》中有言："康德者，非德国人，而世界之人也；非18世纪之人，而百世之人也。"又说："以康德比诸东方古哲，则其言空理也似释迦，言实行也似孔子，以空理贯诸实行也似王阳明。以康德比诸希腊古哲，则其立身似苏格拉底，其说理似柏拉图，其博学似亚里士多德。"② 这番评论实际上已经把康德置于西方历史上第一位大思想家的位置上。确实，康德哲学的博大精深和原创性完全无愧于这样的评论！

中国著名的康德研究专家郑昕在《康德学述》中也说过："超过康德，可能有新哲学，掠过康德，只能有坏哲学。"③ 无非是说，在康德之后，试图马马虎虎对待康德，甚至绕过康德的人，绝不能在哲学上有什么大的成就。或许为了强调这一层意思，据说苏联的一位学者曾经说过：唯有通过康德这座桥梁才能抵达哲学（大意如此）。这个"桥梁"的比喻很生动，含义也很清楚，但在逻辑上却有瑕疵。因为除非假定整个西方思想史发端于康德，上面这种说法才具有它的合法性。然而，既然西方思想史发端于康德前20多个世纪的古希腊，所以人们恐怕至多也只能以下述方式表达对康德的仰慕，即在后康德时期，唯有通过康德这座桥梁才能抵达哲学。不管怎么说，康德在西方哲学史，乃至整个人类思想史上的地位是无可置疑的。

---

① 张玉书编选：《海涅选集》，291页，北京，人民文学出版社，1983。
② 中国科学院哲学研究所资料室编：《资产阶级学术思想批判参考资料》，第8集，3页，北京，商务印书馆，1960。
③ 郑昕：《康德学述》，1页，北京，商务印书馆，1984。

然而，在纪念康德逝世二百周年的今天，我们关注的重点并不是如何准确地评价康德的历史地位，事实上，关于这一点，历史上甚至没有出现过真正实质性的争议，因为只有头脑十足愚蠢的人，才可能看不到康德的伟大贡献。我们在这里想要强调的是，我们关注的真正的重心是康德哲学思想的当代意义，或者换一种说法，在当代人的心目中，康德应以何种理论形象出现？我们认为，康德哲学思想中的以下三个维度仍然是照亮当代人思维道路的灯塔。

其一，正是康德的先验哲学所蕴含的"哥白尼革命"从根本上改变了人类的思维方式。众所周知，按照黑格尔在《小逻辑》中的见解，康德以前的哲学乃是朴素的哲学，这种哲学蕴含着以下三个理论预设：一是整个世界都是无条件地可以被认识的；二是人类的认识能力是没有任何界限的；三是作为认识者和认识对象之间的媒介物——语言也是不成问题的，它并没有给人类的认识活动造成任何障碍性的因素。从历史上看，在康德之前，只有个别学者，尤其是休谟，以其深刻的怀疑精神把康德从传统的形而上学的迷梦中惊醒过来。休谟思考问题的切入点是因果性，他从经验主义的立场出发，把传统形而上学所认定的、具有客观必然性的因果性阐释为主观必然性，即人们在心理上形成的习惯，这就从根本上摧毁了奠基于因果性基础之上的传统形而上学大厦。事实上，休谟的怀疑主义危及上面提到的第一、二个理论预设。

康德十分敏锐地意识到，如果自己不能解决这个著名的休谟问题，那么，从任何角度看，都不可能对哲学研究进行实质性的推进。通过十二年的沉默和思考，康德终于独立地形成了自己的先验哲学。康德在提到自己创立的这一新的哲学思想的时候，曾经写道："关于这门科学，以前任何人甚至连想都没有想过，就连它的概念都是前所未闻的，而至今除了休谟的怀疑所能给予的启发以外，没有什么现成的东西能够对它有用；即使休谟也没有料到可能有这样一种正规的科学，而为了安全起见，他是把他的船弄到岸上（弄到怀疑论上）来，让它躺在那里腐朽下去的。

至于我，却不采取这样做驾驶员，这个驾驶员根据从地球的知识里得来的航海术的可靠原理，并具备有一张详细的航海图和一个罗盘针，就可以安全地驾驶这只船随心所欲地到什么地方去。"①

康德的先验哲学所包含的巨大创意在于：把对象区分为现象和物自体，提出先验、经验、超验三个不同的概念，并进而阐明，作为对象，物自体是超验的、不可知的，人们能够认识的，不过是物自体向人们的感官显现出来的现象；人的心灵不是像洛克所描述的那样，是一块白板，而是由先验感性（时空）和先验知性（十二个范畴）组成的；知识是先验的东西和经验的东西相结合的产物，即现象；人的认识能力是有限度的，理性的自然倾向是运用知性范畴去认识超验的物自体，结果就会陷入先验辩证法，传统的形而上学就在先验辩证法中兜圈子。康德提出了知性为自然立法、理性为实践立法的口号，强调理性的真正用武之地是实践领域，是实现先验的自由。康德的伟大贡献是开拓出整个先验的领域，证明先天综合判断是何以可能的，因果性作为先天知性范畴具有普遍必然性，从而从根本上解决了休谟问题。

在这个意义上，康德的"哥白尼革命"的实质是揭示出整个先验领域，并证明全部哲学研究都是围绕着这个领域而展开的。只要哲学还向往严格的思考，那么先验哲学就始终是它的基础和核心的部分。正如胡塞尔所指出的："康德所开创的是一种新的先验主观主义，它转变为德国唯心主义系统中的新形式。"② 在当今西方学术界具有巨大影响的现象学也正是在康德的先验唯心论的基础上发展起来的。实际上，当今任何一个真正的哲学学派都无法回避先验论问题，而当代中国哲学之所以对哲学理论的研究缺乏实质性的推进，因为它始终停留在经验主义和心理主义的范围内，把全部哲学的严格性得以奠基的先验领域拒之门外。因此，我们完全可以说，康德的先验哲学改变了整个人类的思维方式。

---

① 康德：《未来形而上学导论》，12 页，北京，商务印书馆，1982。
② 胡塞尔：《胡塞尔选集（下）》，1072 页，上海，上海三联书店，1997。

其二，正是康德哲学所蕴含的批判精神完全改变了哲学运思的方式。康德在《纯粹理性批判》的第一版序言中就曾以十分坚定的口吻说过："我们的时代在特别程度上是一个批判的时代，一切都必须受到批判。宗教想借口它的神圣立法、想借口它的尊严，企图避免批判，可是，这样一来，它们恰恰就引起别人对它们的正当的怀疑，而不能要求人家真诚的尊敬了，因为只有受得起自由和公开的考查与考验的东西，理性才给以真诚的尊敬。"① 事实上，康德所处的时代正是一个以理性作为法庭重新去看待和判断世界万物的时代，然而，康德的眼光比其他启蒙学者来得更为深刻，因为他要对理性本身进行批判性的考察。也就是说，在康德那里，批判精神主要表现为理性的自我反省，即理性对自己的含义和本质、对自己的活动范围和界限、对自己的不同维度（思辨理性、实践理性和判断力）的解析。事实上，在一个以理性引导一切的时代中，如果人们对理性本身的限度也缺乏充分的认识的话，又何以引导其他东西呢？

在这个意义上可以说，康德哲学之所以拥有如此深远的影响，就在于它所倡导的批判精神。正如海涅十分敏锐地指出过的那样："康德引起这次巨大的精神运动，与其说是通过他的著作的内容，倒不如说是通过在他著作中的那种批判精神，那种现在已经渗入于一切科学之中的批判精神。所有学科都受到了它的侵袭。"② 在康德之后，"批判"这个词成了日常生活和人文社会科学中最频繁地出现的语词之一。就以马克思而言，他的主要著作和手稿的正标题或副标题几乎都有"批判"这个词。比如，马克思驳斥青年黑格尔主义者布·鲍威尔的著作的名称是《神圣家族，或对批判的批判所做的批判》，马克思的《资本论》的副标题则是"政治经济学批判"，而当今仍然活跃在国际学术舞台上的法兰克福学派就以"社会批判理论"著称。在某种意义上，哲学思维成了批判性思维的同名词。

遗憾的是，虽然康德所倡导的批判精神仍然活跃在哲学研究的领域

---

① 康德：《纯粹理性批判》，5 页，武汉，华中师范大学出版社，2000。
② 张玉书编选：《海涅选集》，304～305 页，北京，人民文学出版社，1983。

里，然而，在人们的日常生活中，这种精神正在日益衰退。马尔库塞出版于1964年的《单向度的人》要阐明的正是这样的主题。他认为，在现代工业社会中，人们的思维理应拥有两个不同的维度：一个是对现实生活的认同，另一个则是对现实生活的批判。可是在日益意识形态化的科学技术所蕴含的合理性观念的支配下，人们的思维失去了第二个维度，即批判地考察现实生活的维度，人已经退化为单向度的人。与马尔库塞所批判的现代西方社会类似，当代中国社会也正在蜕变为一个缺乏批判思维的社会。虽然"批判"这个用语成了人们的口头禅，但真正有分量的批判性的著作和批判精神却再也见不到了。在这种情况下，缅怀康德，正是为了重新激活这种久违了的批判精神。

其三，正是康德哲学所蕴含的伟大的人文精神和道德境界，为当代人，尤其是当代哲学研究者确立了难以超越的范本。康德的批判哲学常常遭到后人的误解，以为它的全部哲学都是消极的，只是限制人们不要试图去思考并把握超验的对象，即物自体。康德本人似乎已经预感到这种误解的可能性，所以他在《纯粹理性批判》的第二版序言中这样写道："就我们的批判之划清思辨理性的界限来说，它固然是消极的，可是由于这样，它却清除了危及其存在的一种障碍，实际上它是具有一种积极而且十分重要的作用的。"[1]

康德这里强调的、他的哲学的积极作用主要是指：通过对知识的扬弃，为信仰和道德实践开拓了地盘。简言之，在康德看来，在思辨理性或理论理性的范围之内去证明或反驳上帝这一物自体是否存在都是无意义的，甚至根本上就是谬误的，但在实践领域里，保留对上帝的信仰却是十分必要的，它可以转化为人们的积极的道德行为。这就告诉我们，康德哲学的最高境界不是在理论理性的范围内，不是为了证明纯粹自然科学何以可能，而主要是在道德、宗教的领域里，如何使人具有自己的

---

[1] 康德：《纯粹理性批判》，22页，武汉，华中师范大学出版社，2000。

尊严。在这个意义上可以说，康德哲学的最伟大的贡献是高扬了人文精神，只要我们一想起他的"人是目的"的伟大口号，就感到振奋不已！

康德曾经说过一段含义隽永的话："丰特奈尔曾说，我对贵人鞠躬，但我心灵并不鞠躬。我可以补充说，对于一个我亲见其品节端正而使我自觉不如的素微平民，我的心灵鞠躬，不论我愿意与否，也不论我如何眼高于顶，使他不忽视我的优越性地位。"① 这段话表明，在康德的心目中，实践理性和人的崇高的道德品德具有至高无上的地位。就康德本人来说，他是这么倡导的，也是这么践行的。众所周知，晚年康德出版了《单纯理性范围内的宗教》一书后，曾经引起当时德国皇帝的不满，他下手谕要康德中止这方面的研究，放弃其批判基督教的观点。康德立即做出答复：作为一个臣民，他不得不遵守国王的命令，但作为一位学者，他绝不可能放弃自己的观点。在一张随手写下的小纸片上，他留下了这样的话："放弃自己内心的信念是卑鄙的。"② 事实上，德国皇帝死后，他立即出版了题为《学科间的纷争》的论著，进一步对自己的观点进行申辩。康德启示我们，一个学者的言论和行为应该是一致的。他怎么说，也就应该怎么做。对于我们这个浮躁和人格分裂到处蔓延的时代来说，重新阅读康德，维护自我和他人的尊严，无疑具有特别重要的意义。

毋庸讳言，在康德生活的时代里，我们前面提到过的、传统形而上学的第三个理论预设——作为认识者和认识对象之间的媒介物的语言问题还没有引起哲学家们（包括康德在内）的深入思考。事实上，哲学的所谓"语言学转向"是在20世纪中完成的。当然，我们不能以此而苛求康德，因为他毕竟是哲学发展史上的最伟大的革命者。

最后，我们不妨引证桑木严翼在其著作《康德与现代哲学》中的一句话来结束本文："哲学者之必须研究康德哲学，虽在今日仍无变更。"③

---

① 康德：《实践理性批判》，83页，北京，商务印书馆，1999。
② 阿尔森·古留加：《康德传》，241页，北京，商务印书馆，1981。
③ 桑木严翼：《康德与现代哲学》，2页，北京，商务印书馆，1935。

论两种不同的自由观

自由观历来是我国哲学界讨论的一个重要课题。近年来，随着大量翻译、介绍西方人本主义思潮的学术著作的出版，关于自由问题的讨论更成了一个热点。可是，由于我们没有认真地对自由概念进行语义分析，没有严格地把认识论意义上的自由与人类学本体论意义上的自由区别开来，从而在理论上造成了不少误解和混乱。本文尝试在这方面做一些澄清工作。

认识论意义上的自由

在我国出版的辩证唯物主义教材中，几乎毫无例外地讨论到自由与必然的关系问题。这些讨论所引申出来的共同结论是：自由是对必然的认识和对客观世界的改造，我们可以把这种自由观称之为认识论意义上的自由观。

恩格斯在《反杜林论》一书中对这种自由

观做了最经典的说明:"自由不在于幻想中摆脱自然规律而独立,而在于认识这些规律,从而能够有计划地使自然规律为一定的目的服务……因此,意志自由只是借助于对事物的认识来做出决定的那种能力。因此,人对一定问题的判断愈是自由,这个判断的内容所具有的必然性就愈大;而犹豫不决是以不知为基础的,它看来好像是在许多不同的和相互矛盾的可能的决定中任意进行选择,但恰好由此证明它的不自由,证明它被正好应该由它来支配的对象所支配。"① 在这段话中,恩格斯有两处使用了"认识"概念,一处使用了"不知"的概念。其实,"不知"不过是"认识"的一种否定的表达方式。恩格斯的上述论断表明,他主要不是从人的社会历史存在,如一定的政治观、宗教观、法律观和道德观的角度,而是从认识论的角度来讨论自由问题的。这尤其表现在他关于人对客观事物及其规律的认识愈深入,判断也就愈自由的见解上。

恩格斯认为,黑格尔是第一个正确地叙述了自由与必然之间关系的哲学家。这表明,他的自由观与黑格尔的自由观有直接联系。黑格尔的自由观主要强调以下两个方面:第一,自由并不就是普通人所认为的任性或为所欲为;第二,未被认识的必然性是盲目的。这两方面合起来也就是说,自由是对必然的认识。恩格斯上面的论述实际上是在唯物主义的基础上,对黑格尔的自由观所做的发挥。

毋庸讳言,这种认识论意义上的自由观的形成和提出具有重大意义。它告诉我们,自由并不是在幻想中摆脱必然性的束缚,相反,自由正是以必然性为客观前提的。人们对客观事物的认识愈深入,他们在判断、选择和决定上就愈自由。不遵循客观规律的人迟早会在现实中失败。然而,认识论意义上的自由也有其明确的适用范围,它主要表明的是作为认识者的主体与客观事物及其规律的关系,主要涉及人们在科学的名义下改造外部自然界的实践活动。如果把认识论意义上的自由观认作自由

---

① 《马克思恩格斯选集》,第3卷,455~456页,北京,人民出版社,1995。

的唯一表现形式，把它加以绝对化并运用到其他场合，那就可能引起理论上的混乱。

人类学本体论意义上的自由

本体论有各种各样的形式。传统的本体论以精神或物质为本体。这里说的人类学本体论指的是以人的生存为本体和出发点的哲学学说。这种本体论在当代存在主义思潮中获得了典型的理论表现。人类学本体论意义上的自由观也就是从人的生存的本体论现象出发，对自由概念做出的特殊规定，它主要涉及人们在政治、法律、宗教、道德方面的实践活动，亦即人与人之间的关系。

这种自由观在萨特的学说中表现得最为突出。萨特从"存在先于本质"这一存在主义的第一原理出发，指出："没有决定论——人是自由的，人就是自由（Man is freedom）"①。人的存在的特殊性正表现在人是自由的这一特征上，人是被判处为自由的。他是赤裸裸地被抛掷到这个世界上来的，他既无任何帮助，也无任何借口，他必须在自己的行动中，即一连串的选择中来造就自己，确定自己的本质。

就人类学本体论意义上的自由观的理论渊源而言，一直可以追溯到康德。康德把理性分为纯粹理性和实践理性，前者涉及认识论问题，实际上为认识论和科学实践意义上的自由划定了明确的界限；后者涉及道德和宗教的问题，实际上涉及人类学本体论意义上的自由问题。康德说，"自由即是理性在任何时候都不为感觉世界的原因所决定"②。在这里，他突出的是作为道德实践主体的人的意志的自决性。在康德看来，如果人的意志不是自由自决的，那就不可能对自己的行为承担道德责任。然而，在叔本华看来，康德所强调的意志自由仍然是不彻底的，因为他主

---

① 萨特：《存在主义和人道主义》，34页，伦敦1978年英文版。
② 康德：《道德形而上学原理》，107页，上海，上海人民出版社，1986。

张理性为意志立法，所以，意志仍然是受理性束缚的。叔本华认为，生命意志是本体，是第一性的，人的认识则是第二性的，是服务于生命意志的。这实际上肯定了人类学本体论意义的自由比认识论意义上的自由更为根本。这一思想对海德格尔、萨特等人都产生了重大的影响。

总之，人类学本体论意义上的自由，强调的是主体在社会行为中的自我意识和不可推卸的责任感。离开这种自我意识和责任感，主体的历史性就被消解了，人就成了一个抽象的认识容器。萨特的自由观所要突出的正是这种自我意识和责任感，所以，对他的自由观的得失应当从人类学本体论的角度进行分析批评。

两种自由观的区别

人们常用认识论意义上的自由观去评论，甚至取代人类学本体论意义上的自由观，但由于这两种自由观在含义上的重大区别，这种做法只能引起理论上的混乱。

首先，这两种自由观的客观基础不同。认识论意义上的自由是以自然规律为基础的。恩格斯强调，他说的自然规律，不仅是指外部自然界的规律，而且也指支配人本身的肉体存在和精神存在的规律。但是，一方面，他没有深入讨论这些规律之间的差异，这里涉及的主要是它们的共同点；另一方面，他强调的重点始终是外部自然界的规律。所以，紧接着前面我们引证的那一段论述，恩格斯又写道："因此，自由就在于根据对自然界的必然性的认识来支配我们自己和外部自然界。"[①] 人类学本体论意义上的自由并不否认外部自然界的规律的存在。一个不会游泳的人如果跳到深水里去寻找什么"自由"，这种自由肯定是虚幻的，自然规律会准确无误地起作用，也就是说，他马上会被淹死。包括萨特在内，

---

① 《马克思恩格斯选集》，第3卷，456页，北京，人民出版社，1995。

谁都不会怀疑这一点。然而，人类学本体论意义上的自由主要是以社会生活和人与人之间的关系作为自己的客观基础的。在自然界，自然规律可以脱离人的因素而起作用，在社会生活中，一切活动都是在人这一主体的参与下才得以发生的。所以，一讨论到政治、法律、道德、宗教范围内的实践活动，我们就不得不诉诸本体论意义上的自由。

其次，这两种自由观所对应的主体的内涵不同。认识论意义上的自由所对应的是一个作为纯粹认识者的主体，因为认识论的目的是区分真假（即真理和谬误），要正确无误地揭示客观事物的真相，就必须排除主体的情感因素和价值因素的干扰。与此相反，本体论意义上的自由所对应的是一个寻求生存的社会主体。对于这样的主体而言，世界首先是作为意义的世界呈现在他的眼前的，即这个世界必须对他有用，必须能维持他的生存；只有在满足了这种基本的生存需要以后，他才可能以纯粹认识者的目光去系统地探究这个世界。所以，这样的主体不但不排除情感因素和价值因素，相反，其自由正是以这样的因素为前提的。如果深入分析下去，就会发现，即使是作为纯粹认识者的主体，只要一跨进真实的社会生活中，尽管他研究的仍然是外部自然界的问题，但还是会受到情感因素和价值因素的左右。哥白尼、伽利略、布鲁诺、哈维等人的遭遇就是一个明证。记得列宁还说过，几何公理要是触犯人们的利益，也是会被推翻的。在任何情况下，生存问题都是人类面对的第一个问题。人类所寻求的根本自由是生存上的自由，至于人类所寻求的认识、理性和科学上的自由，归根到底是为生存上的自由服务的。

最后，对外部必然性的认识并不就等于解决了生存上的自由的问题。在单纯认识论意义上的自由的范围之内，我们可以说，人们对外部自然界规律的认识愈深入，他们在改造世界的实践活动中就愈自由。但绝不能轻易地把这一结论推广到人类学本体论的自由所属的范围中，即推广到人们的社会生活中。在实际生活中，自由与选择是含义极为丰富的概念，其中不仅蕴含着科学与认识论的问题，更重要的是蕴含着政治、宗教上的信念问题和道德、法律上的责任感问题。恩格斯说，"犹豫不决是以不知为基础的"，这里的"知"涉及的依然是认识论问题。然而，在许多场合下，当人们处于犹豫不决的状态下时，并不是出于对外在必然性的无知，而是出于一种非常复杂的心理，特别是出于某种道德责任感方面的冲突。无知可以使人犹豫不决，知同样可以使人犹豫不决。假设一个通晓社会发展规律的革命者被捕了，他必须在一个小时内做出下面的选择：或者是变节以求得生存，或者是牺牲自己以维护革命的利益。在这一小时中，如果他的思想出现过犹豫的话，我们能说这是出于他的无知吗？不，他对一切都知道得清清楚楚，他还会犹豫不决。因为这里的自由和选择问题远远超出了科学与认识论的范围，是触及生命、感情、政治信念和道德责任感等重大问题。萨特在谈到克尔凯郭尔的学说时说，"克尔凯郭尔是正确的，人类的悲伤、需要、激情和痛苦是一些原生的实在，是知识既不能克服也不能改变的东西"[①]。这充分表明，仅仅停留在认识论意义上的自由是远远不够的。

　　本文限于题旨，主要论述这两种自由观的差异，至于它们之间的联系及如何在批判萨特的自由观的基础上，形成对马克思主义自由观的完整的理解，只能另文论及了。

---

① 萨特：《方法论探索》，12页，纽约1963年英文版。

走出"主奴关系"的哲学神话

众所周知,德国哲学家黑格尔是哲学史上最有争议的人物之一。崇拜他的人把他誉为历史上最伟大的思想家之一,甚至推崇他为"奥林匹斯山上的宙斯";贬斥他的人说他的哲学几乎全部是错误的,甚至有人嘲笑他的著作四分之三是陈词滥调,四分之一是胡说八道。真可谓见仁见智,迥然各异。如果我们不主张感情用事的话,也许会选择西方人常用的那句谚语来评价黑格尔,即"伟大和贻害是双生子"。这句谚语启示我们:一方面,我们应该看到黑格尔思想的伟大和深刻之处;另一方面,我们也不应该沉湎于黑格尔所制造的那些似是而非的哲学神话中。黑格尔关于"主奴关系"的理论就是一个至今仍然在理论界拥有广泛影响的哲学神话,亟须加以清理。

凡是稍稍熟悉黑格尔哲学的人都知道,黑格尔关于"主奴关系"的理论是在其早期著作

《精神现象学》中提出来的。在黑格尔看来，"主奴关系"不过是自我意识发展中的一个阶段而已。在主人的面前，奴隶对自己的整个存在都怀着恐惧。在恐惧的驱动下，奴隶全身心地投入了陶冶事物的劳动之中。结果，他们从依赖主人的意识渐渐地发展为独立的意识，而主人只是满足和陶醉于奴隶的劳动所提供的种种享受之中，其本来独立的意识却渐渐地转化为对奴隶的依赖意识。这样一来，主人和奴隶的关系就奇迹般地颠倒过来了：主人成了奴隶，而奴隶则成了主人。

黑格尔关于"主奴关系"的理论曾经得到他的同时代人和后人的广泛推崇，几乎可以说，任何评论黑格尔《精神现象学》的人都对这一理论赞不绝口，人们甚至把它看作黑格尔青年时期的最深刻的思想之一。但在我们看来，这完全是黑格尔制造出来的、浅薄的、似是而非的哲学神话之一。为什么这么说呢？

其一，诚然，我们也承认，当奴隶在主人的驱迫下全身心地投入到劳动中去的时候，其体能、技能和性格都会发生相应的变化，但这种变化却不可能自发地导致奴隶的独立意识的确立。事实上，无数历史事实表明，整个奴隶阶级的觉醒和独立意识的获得乃是外在的或从内部成长起来的先知先觉对广大奴隶自觉地进行教育的结果。单纯的劳动绝不可能导致奴隶独立意识的产生和成熟。

其二，黑格尔没有深入地分析奴隶劳动的性质。实际上，主人安排奴隶从事的都是最粗重、最低级、最损害生命和身体健康的劳动。如仆役式的服务性劳动、繁重的开矿或搬运重物的劳动、开荒或种田等。一来，这些劳动都是强制性的、"西绪福斯式的"劳动，不但不可能引起奴隶的兴趣，奴隶还常常通过逃亡、破坏生产工具等方式与主人进行抗争。毋庸讳言，在奴隶缺乏任何兴趣、避之如鼠疫的种种劳动形式中，陶冶事物也好，陶冶奴隶的性格也好，都是不切实际的浪漫主义的幻想。二来，繁重的、惩罚性的、屈辱性的劳动对奴隶的身心健康构成了严重的威胁。奴隶们常常在饥寒交迫的情况下少年早夭，又如何向主人的地位或独立的意识转化？马克思在《1844年经济学哲学手稿》中评论黑格尔的《精神现象学》时，虽然写下了"自我意识的独立性和非独立性，主人和奴隶"的字样，但并没有对他的"主奴关系"的理论表示赞赏和引申，相反，马克思花了相当的篇幅来探讨"异化劳动"的问题，并对黑格尔的唯心主义和浪漫主义的劳动观进行了透彻的批判。马克思指出："黑格尔唯一知道并承认的劳动是抽象的精神劳动。"① 也就是说，黑格尔对现实生活中的真正的劳动缺乏深刻的认识。尽管黑格尔对"主奴关系"这样的问题的分析似乎具有某种批判的意向，但正如马克思所指出的："在《现象学》中，尽管已有一个完全否定的和批判的外表，尽管实际上已包含着那种往往早在后来发展之前就有的批判，黑格尔晚期著作的那种非批判的实证主义和同样非批判的唯心主义——现有经验在哲学上的分解和恢复——已经以一种潜在的方式，作为萌芽、潜能和秘密存在着了。"② 也就是说，与其说黑格尔笔下的"主奴关系"是其批判精神的一个佐证，不如说是其想入非非的浪漫主义的一个标记！

其三，黑格尔在"主奴关系"中对主人的论述也充满了不切实际的浪漫主义情调。黑格尔这样写道："主人把奴隶放在物与他自己之间，这样一来，他就只把他自己与物的非独立性相结合，而予以尽情享受；但是他把对物的独立性一面让给奴隶，让奴隶对物予以加工改造。"③ 这段话的意思无非是：主人故意把加工物，即对付物的独立性（如做蛋糕）的劳动交给奴隶，而让自己去面对已经失去独立性的物（如吃蛋糕），亦即进行尽情的享受。在这里，黑格尔的偏颇之处是把主人仅仅理解为奴隶劳动结果的享受者。实际上，主人的现实生活远比一个单纯的享受者丰富得多。首先，并不是所有的主人都会掉进单纯享受的陷阱中去。我们这里不妨做一个类比。记得马克思在分析资本家的活动时，曾经说过：

---

① 《马克思恩格斯全集》，第42卷，163页，北京，人民出版社，1979。
② 《马克思恩格斯全集》，第42卷，161~162页，北京，人民出版社，1979。
③ 黑格尔：《精神现象学》（上卷），128页，北京，商务印书馆，1981。

在资本家的胸腔里，跳动着两颗相反方向的心。一颗心要追求消费或享受，另一颗心则要维持再生产或扩大再生产。其次，主人把繁重的体力劳动让渡给奴隶后，并不是为了像普希金笔下的叶甫盖尼·奥涅金一样，把"无所事事"作为自己的座右铭，而会用从奴隶那里掠夺过来的时间去创制适合于主人利益的意识形态，以麻痹并消解可能会在奴隶中间慢慢地形成并发展起来的反抗意识和独立意识。换言之，主人绝不会等在那里让奴隶来推翻自己。最后，主人也会用掠夺过来的时间去学习政治、艺术和其他方面的知识来丰富自己，陶冶自己，使自己得到全面的、自由的发展。而这样的学习方式和发展方式是终身都被禁锢在繁重的体力劳动中的奴隶做梦也不敢想的。这里也不妨在资本家和主人之间做一个类比。马克思在谈到资本家的财富时，一针见血地指出："现今财富的基础是盗窃他人的劳动时间。"[①] 又说："节约劳动时间等于增加自由时间，即增加使个人得到充分发展的时间。"[②] 我们实在没有任何理由像黑格尔一样，把主人仅仅设想为纯粹的享受主义者和消费主义者！

综上所述，在黑格尔的"主奴关系"的神话中，主人成了真正的白痴，似乎除了享受以外一无所能，即使得到了充分的自由时间，也不会去学习任何新的、更有价值的东西。同样地，奴隶则成了真正的智者。他们不仅兴高采烈地参与种种繁重的、强制性的劳动，而且其独立意识也会像热带植物一样自发地成长起来。这不是哲学的神话又是什么呢？可怜的中国思想界，被黑格尔的思维方式和似是而非的哲学神话禁锢得实在太深了。必须摘去黑格尔头上的灵光圈，必须义无反顾地告别黑格尔制造的种种神话，中国人才能真正地用脚站在地上，并用自己的大脑进行独立的思考！

---

① 《马克思恩格斯全集》，第46卷（下），218页，北京，人民出版社，1980。
② 《马克思恩格斯全集》，第46卷（下），225页，北京，人民出版社，1980。

也谈 Der Wille zur Macht 的汉译

众所周知，在如何翻译尼采的 Der Wille zur Macht 这个重要的词组的问题上，学术界存在着不同的看法。人们通常把这个词组译为"权力意志"，但"权力"这个词的政治含义太强，容易引起误解。所以，也有人主张把这个词组译为"强力意志"，但"强力"这个生僻的、内容模糊的概念也没有被学术界所普遍接受。笔者也一直在思考这个问题。不久前，看到赖乔先生在《哲学译丛》2001 年第 1 期上发表的短文《关于 Wille zur Macht 的汉译》，终于忍不住了，也想谈点自己的看法，以求教于学界同仁。

赖先生主张，不能在 zur（zu der 的简写方式）中抹去德语介词 zu 的含义，而只考虑 der 的含义。我们知道，在德语中，阴性定冠词 die 的第二格和第三格均为 der。作为第二格的 der 常常充当"的格"的作用，即相当于英语中的 of，而介词 zu 后面则跟第三格，所以这里写成

zu der Macht，简写则为 zur Macht。赖先生主张，我们应当把 der Wille zur Macht 这个词组中的介词 zu 的含义翻译出来，这可以说和笔者的见解正好不谋而合。笔者在数年前撰写的评价卢卡奇晚期哲学的一篇论文中也曾提出要重视对德语介词 zu 的翻译。众所周知，卢卡奇晚年的一部巨著的名称是 *Zur Ontologie des Gesellschaftlichen Seins*，人们通常把它译为《社会存在本体论》，但这一译法同样没有反映出 zu 的含义，为了反映出这方面的含义，笔者曾主张把卢卡奇的这本书译为《向着社会存在本体论》。①

与赖先生一样，笔者虽然也主张重视对 der Wille zur Macht 中的 zu 的含义的翻译，但不同意他把这个词组译为"向往力量的意志"或"追求力量的意志"，甚至简化为所谓"求力意志"，理由如下：

第一，"向往""追求"或"求"都属于理性的自觉的行为，而 Wille 作为意志，属于无意识的范围，它是以非理性的、自发的方式起作用的。所以，不应该把 zu 译为"向往""追求"或"求"，而应该译为"趋于"或"趋向"。之所以这样译，目的是表明意志总体上是以自发的或自然而然的方式起作用的。

第二，赖先生不主张把 Macht 译为"权力"，而是主张译为"力量"，显然没有考虑到德语中的两个词——Macht 和 Kraft 之间的差别。前者通常有 Herrschaft（统治权、支配权）或 Gewalt（权力、权势）的含义，后者通常有 Staerke（力气、力量）、Faehigheit（能力、才智）的含义。② 在笔者看来，这两个字的差别在于：Macht 表示不同意志之间的关系，而 Kraft 则表示某一意志本身的属性或能力。在德语的日常使用中，尽管 Macht 和 Kraft 之间并不存在严格的区分，但一般说来，Macht 大致相当于英语中的 power，法语中的 pouvoir 和汉语中的"权

---

① 俞吾金：《俞吾金集》，225 页，上海，学林出版社，1998。
② G. Wahrig, *Dertsches Woerterbuch*, Mosaik Verlag 1986/1987, s. 853; s. 786.

力";而 Kraft 则大致相当于英语中的 force,法语中的 force 和汉语中的"力量"。由此看来,把尼采所用的 Macht 译为"力量"显然是不妥的,因为这里实际上包含着一种危险,即把 der Wille zur Macht 曲解为 der Wille zur Kraft,仿佛尼采重视的是一个意志自身的属性,而不是不同的意志之间的关系。

鉴于上面的分析,笔者不主张把 der Wille zur Macht 译为"向往力量的意志"或"追求力量的意志",更不能简化为"求力意志"。人所共知,在唯意志主义者的学说中,Kraft,即力或力量本身就是意志的另一种称呼方式。比如,叔本华在《作为意志和表象的世界》一书中指出:"迄今为止,人们总是把意志这一概念归属到力(Kraft)的概念下。与此相反,我则把这种关系颠倒过来,把自然界中的每一种力都设想为意志。"① 既然力本身就是意志,那么,"向往力量的意志""追求力量的意志"或"求力意志"这样的说法便都失去了意义,甚至使 der Wille zur Macht 成了一个自相矛盾的词组。关键在于,我们必须意识到,尼采通过这个词组所要告诉我们的,不是一个意志自身是什么,而是一个意志对其他意志的关系。

这样说来,是不是笔者仍然主张把 der Wille zur Macht 译为"权力意志"呢?并不。在笔者看来,"权力意志"这一译法虽然抓住了 Macht 这个词的本质性的内容,但在表述上仍然有模糊之处,亟待改写。我们不妨综合上面思考的成果,分下面两步对"权力意志"这一译法进行改写:

第一步:重视 zu 的含义在这个词组中的作用,从而把"权力意志"这一译法改写为"趋向权力的意志"。

第二步:重视 Macht 这个词的引申含义,从而对 der Wille zur Macht 这个词组的意义做出新的解释。从语言学上看,一般说来,名词

---

① A. Schopenhauer, *Saemtliche Werke* (*Band 1*), Suhrkamp Verlag 1986, s. 172.

都有两方面含义：一方面是基本的含义；另一方面是引申的含义。如果说，Macht 的基本含义是 Herrschaft 和 Gewalt，即"权力"的话，那么，它的引申义则是 Kontrolle（相当于英语中的 control 或法语中的 controle），在汉语中的含义则是"控制"或"支配"。比较起来，"控制"这个词更接近于自觉地进行谋划的理性，而"支配"这个词则更多地表明，一方统治另一方的过程是在不知不觉中完成的。所以，我们更倾向于用"支配"这个词，以显示自发的 Wille（意志）与自觉的理性（Vernunft）之间的差别。

仔细地推敲起来，如果我们把 Macht 按其基本含义译为"权力"，不但极易与政治上使用的"权力"一词混淆起来，而且也把 Macht 的内涵窄化了。为了避免这样的误解，笔者建议，不要固守 Macht 的基本含义来译介 der Wille zur Macht，而应从其引申含义上来译这个词组，即把 der Wille zur Macht 内蕴的真正的、哲学上的意义传达出来。基于这样的考虑，我们主张把"趋向权力的意志"进一步改写为"趋向支配的意志"。

"趋向支配的意志"的意义是：一个意志总是自发地或自然而然地趋向于对其他意志的支配。事实上，也正是基于意志的这一本质性的特征，不同的意志之间才会发生冲突。笔者认为，这一译法既不会把尼采通过 der Wille zur Macht 这个词组所要传达的不同意志之间的关系的维度遮蔽起来，也不会把一个意志的最本质的特征——自然而然地趋向对其他意志的支配的维度遮蔽起来。

从传统知识论到生存实践论

如果我们把从古希腊哲学家泰勒斯到德国哲学家黑格尔的学说称之为"传统知识论",那么,也可以把以叔本华为代表的唯意志主义、以马克思为代表的历史唯物主义、以詹姆士为代表的实用主义和以海德格尔为代表的存在主义等相关的思潮统称为"生存实践论"。当然,就我们对这两个概念的使用而言,在相当程度上撇开了种种偶然的因素,而着眼于哲学家或哲学流派的主要思想倾向和特征。在我们看来,从传统知识论到生存实践论的发展,乃是西方哲学史发展中的一条根本性的线索。厘清这条发展线索,不但能加深我们对西方哲学史发展的内在规律的认识,而且也能使我们对传统哲学的反思和批判获得新的维度。

众所周知,传统知识论有三个基本的特征:一是直截了当地把求知理解为人类的本性,未深入地反思人类求知的动因究竟是什么;二是把求知理解为人类对外部世界的静观,未深入地探究人类求知的实际过程;三是把真理性的知识理解为主观认识与客观对象相符合的结果,未深入地追问知识的本质及其他何以可能的真实的前提。

亚里士多德在《形而上学》一书中开宗明义地指出:"求知是人类的本性(All men by nature desire to know)。"① 然而有趣的是,亚氏并未对自己的上述断言做出任何具体的论证,仿佛它是一个自明的真理。其实,这里成问题的正是:为什么求知会成为人类的本性?难道人类是为知识而生,为知识而在这个世界上存在和发展的吗?事情的本身是否正好会颠倒过来,即人类的本性是在这个世界上求生存,而为了更好地生存下去,他们才去求知的。不管如何,只要亚氏对人类求知的动因未加深究,他上述断言的真理性就是可疑的。

紧接着上面的断言,亚氏又指出:"我们乐于使用自己的感官就是一个明证;即使没有实用意义,我们也爱使用它们,而在诸感觉中,视觉(the sense of sight)最为重要。无论是我们在按观点行事时,还是在无所事事时,与其他感觉比较起来,我们更喜欢观看(seeing),这是因为,能使我们认识事物并洞见它们之间的差异的绝大部分感觉来自视觉。"② 在这段人们很少注意的重要论述中,亚氏告诉我们:第一,人们经常以非实用或超实用的方式来使用他们的感官;第二,在人类的所有的感觉中,视觉最为重要,而视觉则是以观看的方式,也在很大的程度上是以静观的方式加以使用的。也就是说,亚氏非但没有深入地探究人类的生存实践活动与他们对外部世界的感知之间的内在联系,反而通过对人类的非实用意义的感觉现象地强调,力图遮蔽这两者之间的内在联系。

在下面这段人所共知的论述中,亚氏进一步把求知与生存实践活动

---

① *The Basic Works of Aristotle*, edited by R. McKeon, New York: Random House, 1941, 980a.

② *The Basic Works of Aristotle*, edited by R. McKeon, New York: Random House, 1941, 980a.

必然蕴含的实用性目的分离开来："无论是古代还是今天,人们的哲学思索都起源于他们的惊奇……所以他们从事哲学思索是为了摆脱无知,显然,他们并不是为了任何实用的目的,而是为了求知而追求科学。"① 作为古代知识论观念的集大成者,亚氏的思想对后人产生了深刻的影响,它提供了这样的定见,即真正的知识是与人们的生存实践活动和实用目的相分离的。

在亚氏之后,无论是笛卡尔在火炉边上的沉思,还是康德或黑格尔在书房里的遐想,都不自觉地奠基于亚氏的知识论传统,把知识与知识的基础——人类的生存实践活动分离开来。正如海德格尔所批评的:"通过对笛卡尔的本体论立场的继承,康德耽搁了一件实质性的事情,即一个"此在"的本体论(das einer Ontologie des Daseins)。"② 我们知道,在海氏的话语系统中,"此在"的本质在于它的生存,所以他对康德哲学批判的实质在于,康德从根本上忽视了知识与"此在"的生存活动之间的内在联系。事实上,直到晚年的《逻辑学讲义》中,康德才提出了"人是什么?"的问题,并试图通过其实用人类学加以解答。而在海氏看来,在未澄明人的生存结构之前去讨论知识问题,这一问题必然处于无根的状态下,因为认识或知识并不是其他的东西,它乃是"此在"在世的一种样式。

应该指出,从传统知识论转向生存实践论的第一位哲学家是叔本华。人所共知,在康德那里,物自体既是感性刺激的来源,即感觉知识的来源,又是知性认识无法逾越的界限。换言之,物自体不是知识的对象,而是信仰的对象。正是叔本华揭示了物自体的属人的本质,他写道:"什么是物自体?它就是意志(der Wille)。"③ 尽管叔本华对意志概念有着

---

① *The Basic Works of Aristotle*, edited by R. McKeon, New York: Random House, 1941, 982b.
② M. Heidegger, *Sein und Zeit*, Tuebingen: Max Niemeyer Verlag 1986, s. 24.
③ A. Schopenhauer, *Die Welt als Wille und Vorstellung*, Suhrkamp Verlag 1986, s. 182-183.

十分宽泛的理解,但人的生存意志无论如何是他全部哲学思考的中心。这样一来,叔本华通过自己的理解方式,把传统知识论所讨论的知识问题重新带回到生存意志的根基上。正是这种具有重大历史意义的"带回"从根本上扭转了传统知识论发展的方向,打开了生存实践论的新路径。

显然,马克思哲学在这一转向的过程中也起到了关键性的作用。在《关于费尔巴哈的提纲》一文中,马克思这样写道:"一切社会生活本质上是实践的。所有把理论导向神秘主义方向去的神秘东西,都能在人的实践中以及对这一实践的理解中得到合理的解决。"① 这一重要的论述第一次阐明了知识、理论与人类的生存实践活动之间的内在联系。在马克思看来,社会生活,包括人们的求知活动,并不是以静观的方式表现出来的,它本质上是实践的。知识也好,理论也好,它们并不是闲来无事的诗词,并不是没有任何实用目的的精神形式,即使是神秘主义性质的知识或理论,归根到底也是奠基于人类的生存实践活动,并可以从这一活动中找到其来源的。换言之,生存实践活动也就是人类一切知识为之而旋转的轴心。

在马克思之后,肇始于美国的实用主义思潮也是促成这一根本转向的重要哲学流派。詹姆士指出:"你所需要的哲学是这样一种哲学:它不但要能运用你的智慧的抽象能力,还要能与这有限人生的实际世界有某种肯定的联系。"② 虽然詹姆士强调哲学"烤不出面包",但哲学知识却不能与"这有限人生的实际世界"完全分离。事实上,人类是在与这一实际世界打交道的过程中才产生出求知的需要。人类绝不可能以无所事事的方式去求知,他们总是带着与自己的生存有关的、抽象的或具体的目的去求知的。求知不是生存的前提,相反,生存才是求知的基础。美国当代的新实用主义者罗蒂进一步指出:"在我看来,实用主义的出发点是由贝恩和皮尔士提出的反表象主义主张:信念是行为的习惯而不是表

---

① *Marx Engels Werke*, Band 3, Dietz Verlag 1969, s. 7.
② 詹姆士:《实用主义》,13页,北京,商务印书馆,1981。

象实在的努力。根据这种信念观,一个信念之真,是其使持此信念的人能够应付环境的功用问题,而不是其摹写实在本身的存在方式的问题。"① 这一重要的见解从根本上动摇了传统的、以抽象的方式求知的知识论,特别是其以主客观的符合为前提的真理论,主张知识或信念之为真,其根本的判断标准不是静观中的表象是否与实在相符合,而是"人应付环境的功用问题"。在这里,我们可以发现一个有趣的对照:如果说,亚里士多德竭力把真正的知识与任何实用的目的分离开来的话,那么,罗蒂则把实用的目的理解为真正的知识的必要的前提。

在当代西方哲学中,无论是强调"语言游戏"嵌入"生活形式"的维特根斯坦,还是倡导"以言行事"的奥斯汀;是提出"生活世界"概念的晚年胡塞尔,还是为了交往行动的有效性而创立"普遍语用学"的哈贝马斯;是创建知识社会学的舍勒、曼海姆,还是倡导"当下上手的"海德格尔式的存在主义,其共同的理论旨趣都是把知识奠基于人类的生存实践活动之上。毋庸讳言,充分地认识西方哲学史上这一由传统知识论向生存实践论的根本性的转向,将会大大深化我们对西方哲学史发展规律的认识。

---

① 罗蒂:《后哲学文化》,1页,上海,上海译文出版社,1992。

"信念是行为的习惯"吗

——对罗蒂的一个基本观点的质疑

按照罗蒂的看法,以皮尔士为代表的古典实用主义和以他自己为代表的新实用主义的一个基本的观点是:"信念是行为的习惯。"不用说,这一观点相对于传统的表象主义的观点来说,具有超越性的意义。它奠基于达尔文的演化理论,肯定人的知识和信念都是在人应付环境的过程中形成并发展起来的。这一新观点揭示出知识和信念的一个新的维度,即实用性维度。换言之,人们不应该脱离这一维度,抽象地谈论信念的真假问题。诚然,休谟早就告诉我们,习惯是人生的伟大指南,但却不应该把把信念与行为的习惯简单地等同起来。我们的主要理由如下。

其一,对于具体的人来说,他一生中的大部分信念并不直接源自他自己的行为。从表现方式看,人们的信念可以分为两种:一种是直接的信念，即在人们的行为中直接形成并发展起来的；另一种是间接的信念，即不是这些人的直接的行为方式，而是他们间接地从其他人（包括前人）那里接受过来的。事实上，人们生活中的绝大部分信念是间接的信念。比如，"蛇会咬人"这样的信念，并不需要每个人都被蛇咬一下才能获得。尽管从起点上和归根到底的层面上，实践和行为是人们获得信念的基础，然而，对于具体的人来说，其大部分信念是以间接知识的方式获得的。这就启示我们，把认识论奠基于康德式的表象主义是不妥的，但像罗蒂那样，在认识论中完全否认表象的地位和作用也是不妥的。

其二，信念是观念性的，而行为的习惯则是实践性的。尽管信念指导着人的行为，而人的行为也进一步检验着信念，但这两者却不能被简单地等同起来。正如康德早就告诉我们的那样，观念上的100元钱并不等于实际上拥有100元钱。何况，从存在方式看，信念也可以被划分为以下两种不同的类型：一是超验性的信念，如本体论观念、宗教信仰、道德理想等；二是经验性的信念，如上面提到的"蛇会咬人"。然而，行为的习惯却只能是经验性的、可观察的，即使人们在崇拜上帝时也是如此。

其三，从性质上看，信念也可以被区分为现实的和虚幻的。比如，"蛇会咬人"是一个现实的信念，它在日常生活中一再地被证实。而一个完美的乌托邦社会就是一个虚幻的信念，这个指向将来的、虚幻的信念又怎么与行为的习惯发生联系呢？

其四，所谓行为的习惯，必定蕴含着这样的意思，即同一类行为已经过多次的重复。也就是说，任何信念都是与复数的行为相关的。于是，就产生了如下的问题：一个人只有多次重复其行为时，才可能有相应的信念存在。那么，当他第一次诉诸自己的行为，亦即其行为处于单数状态时，难道他就不受任何信念的约束吗？

总之，"信念""行为"和"习惯"这样的概念在内容上都是无限丰富的，是罗蒂关于"信念是行为的习惯"这样简单的表述所无法包容的。由于休谟早已向我们证明，习惯是与心理倾向联系在一起的，而罗蒂又对以康德为代表的先验论进行了激烈的批判，这样，我们在罗蒂哲学中发现的唯一确定的东西就是：没有任何东西是确定不移的。事实上，按照罗蒂的理论，他就应该像维特根斯坦一样保持沉默，因为他的任何言说都是对他自己所主张的理论的否定。

杜威的问题意识及其当代意义

在1910年,即距今差不多一个世纪前,杜威出版了一部重要著作 *How We Think*(《我们如何思维》),就人作为生物有机体,在与环境打交道的过程中,如何有效地、创造性地进行思维做出了深入的思考。在这部著作中,杜威通过对一些实例的分析,把人们在日常生活中的有效的思考归结为以下五个逻辑上自明的步骤:"1. 一个感受到的困难;2. 困难的症结所在及限定;3. 对可能的解决方式的设想;4. 运用推理对这一设想的结果进行推导;5. 导致接受或拒斥这一设想,即得出可信或不可信结论的进一步的观察和实验。"[①] 众所周知,杜威提出的著名的"五步说"又进一步被他的中国学生胡适概括为"大胆假设,小心求证"的思维方式,并被成功地运用到对中国学术文化中的

---

① John Dewey, *How We Think*, New York: Prometheus Books, p.72.

种种疑难问题的解答中。然而,长期以来,人们偏向于从政治上对杜威和胡适做出低调的,甚至否定性的评价,却忽略了对他们所倡导的这种积极的、有效的思维方式的认真探究。从今天看来,实在有遗珠之憾!

按照笔者的看法,无论是杜威的"五步说",还是胡适的"大胆假设,小心求证",都暗示出他们思维方式中的一个基本点,即强烈的问题意识。其实,杜威思维方式中的第一步"一个感受到的困难"(a felt difficulty)和第二步"困难的症结所在及限定"(its location and definition)都涉及人们在与环境打交道的过程中是否有强烈的问题意识。也正是在这个意义上,杜威对人们在与环境打交道的过程中是否对各种事物具有强烈的"好奇心"(curiosity)这一点做出了极为重要的评价:"毫无疑问,在提供设想可能由以产生的原初的质料方面,好奇心是最富有活力的、最重要的因素。"[1] 乍看起来,胡适所提出的"大胆假设,小心求证"的思维方式似乎并不怎么看重杜威"五步说"中的第一、二步,但实际上,无论是"假设",还是"求证",也都奠基于强烈的问题意识。在这里,问题意识以不在场的方式在场,因为离开了它,"假设"和"求证"都会蜕化为无意义的举动。从胡适在自己的日记中对王云五先生的治学方式的评论上成可见出他对问题意识的重视。他这样写道:"云五先生读书极博,他自己说他的好奇心竟是没有底的,但甚苦没有系统。我昨天劝他提出一个中心问题来做专门的研究(最好是历史的研究),自然会有一个系统出来。有一个研究问题做中心,则一切学问,一切材料都有所附丽。"[2] 在胡适看来,大凡学者治学要做到有成效,必须把一切学问附丽到一个中心问题上。

从上面的论述可以看出,问题意识既是杜威的"五步说"的缘起,也是胡适的"大胆假设,小心求证"的基础。充分地意识到这一点,也就等于阐述了杜威所倡导的思维方式的当代意义,当然,在这一阐述中,

---

[1] John Dewey, *How We Think*, New York: Prometheus Books, p. 30.
[2] 《胡适的日记》,上,158页,北京,中华书局,1985。

也包含着我们对杜威的视野的某种超越：

其一，处于日常生活和日常思维状态中的人们，大致可以被分为两种类型：一是以自然思维的态度与环境打交道，所谓"自然思维的态度"，也就是把周围的一切都理解为想当然的，即使偶尔对外部世界的现象产生好奇，感到困惑，也不愿意深入地追问下去，甚至很快地把它们遗忘了。或许可以说，大部分人在与环境打交道的时候采用的都是这种自然思维的态度。我们知道，胡塞尔对这种思维态度进行了尖锐的批评。二是以创造性思维的态度与环境打交道，亦即从不放过已经感受到的困难、惊奇和问题，从不安于前人或同时代人的思维习惯。显而易见，这部分人在人类中总是少数，他们具有强烈的问题意识，正是问题把他们引入到追问中，正是追问把他们引入到原创性的假设或设想中，正是为了验证假设或设想的正确性，他们又被引入到进一步的观察或实验中。这部分人实际上是人类社会生活和思想文化的真正的推进者。他们从不满足于现状，从不满足于没有得到深入解答的结论，他们体现的正是生命本身的源源不断的创造性的热情。也就是说，杜威说出来的并不仅仅是一种新的思维方式，而是一种新的人生态度。这从胡适对他的下述赞扬中也可见一斑："杜威先生这个人的人格真可做我们的模范！他生平不说一句言不由衷的话，不说一句没有思索过的话。只此一端，我生平未见第二人可比也。"[①]

其二，虽然杜威认识到问题意识的重要性，却未能对这一意识做出进一步明确的思索。事实上，存在着三种不同的问题意识：一是个体的问题意识，是个人在与环境打交道的时候的问题意识，杜威主要是在这个意义上肯定人们的问题意识的；二是作为个体间性的我们或我们通常借用"时代"这个词来表达的问题意识，要言之，即时代的问题意识。众所周知，不同历史时期的时代意识蕴含在它们的社会心理、文化作品

---

① 《胡适的日记》，上，135页，北京，中华书局，1985。

和哲学理论中。任何个体要把握它置身于其中的时代的问题意识，就需要深刻的批判力和洞察力；三是前人遗留下来的问题意识，这一问题意识常常通过前人的文本、言谈和行为表达出来。从某种意义上可以说，任何历史时期的任何个人的问题意识的产生都不可能是前无古人的，即使是以原创性的方式提出问题，也一定有一个对前人的思路历程的反思、批判和借鉴的问题。也就是说，一个人应该像海德格尔所说的，充分地意识到自己的存在（包括思想上的存在）本质上只能是"共在"（Mitsein），从而使自己的个体性的问题意识与时代的和历史上遗留下来的问题意识自觉地沟通起来，从而使自己的问题意识和思想水平达到真正的时代和历史的高度。

当然，我们并不认为，杜威对自己时代所面临的问题或历史上遗留下来的问题是采取冷漠态度的，我们在这里只限于指出，他没有把上面提到的三种不同的问题意识自觉地融贯起来。正是在对问题意识的自觉分类和反思这一点上，我们应该比杜威说出更多的东西！

马哲新见

唯物史观的四个里程碑

——从马克思到邓小平

江泽民同志在党的十四大政治报告中指出：

> 邓小平同志是我国社会主义改革开放和现代化建设的总设计师。他尊重实践，尊重群众，时刻关注最广大人民的利益和愿望，善于概括群众的经验和创造，敏锐地把握时代发展的脉搏和契机，既继承前人又突破陈规，表现出了开辟社会主义建设新道路的巨大政治勇气和开拓马克思主义新境界的巨大理论勇气，对建设有中国特色社会主义理论的创立做出了历史性的重大贡献。①

这段话为我们进一步认识邓小平在马克思

---

① 参见《文汇报》，2版，1992-10-21。

和社会主义发展史上的重要地位提供了一把钥匙。邓小平绝不是某些西方记者所说的"没有理论的务实派"。他在中国革命实践中不仅形成了一套系统化的建设有中国特色的社会主义理论，而且这一理论内蕴着深刻的哲学基础——唯物史观。邓小平不仅继承了马克思、恩格斯、列宁和毛泽东关于唯物史观的基本理论，而且以大无畏的革命气概，在新的历史条件下，对唯物史观做出了重大的发展。如果说，马克思和恩格斯、列宁、毛泽东分别代表了唯物史观发展的第一、第二、第三个里程碑的话，那么，邓小平则代表了唯物史观发展的第四个里程碑。只有充分认识这一点，才能理解邓小平学说的深厚道理基础和系统性，理解它在中国历史乃至世界历史上的划时代的意义。

一

唯物史观这一划时代的新哲学观的诞生是与马克思和恩格斯对黑格尔及青年黑格尔派的批判分不开的。在青年马克思和恩格斯生活时期，黑格尔的客观唯心主义的思想体系正占据着德国哲学的王座。1831年，黑格尔因患霍乱而遽然逝世，于是，以他的名字命名的整个学派陷入了解体和纷争之中。在这一过程中，出现了以施特劳斯和布·鲍威尔为代表的、思想比较激进的青年黑格尔派。这一派的成员虽然都断言自己已经超出了黑格尔哲学，然而，实际上他们从来都没有离开过黑格尔哲学的基地。他们远离当时德国的现实，迷恋于黑格尔的思想世界，以为只要批判并扬弃了某些不合时尚的观念，现实世界也就随之而改观了，马克思辛辣地讽刺了这种荒谬的见解：

> 有一个好汉一天忽然想到，人们之所以溺死，是因为他们被关于重力的思想迷住了。如果他们从头脑中抛弃这个观念，比方说，宣称它是宗教迷信的观念，那么他们就会避免任何溺死的危险。他一生都在同重力的幻想做斗争，统计学给他提供了愈来愈多的有关

这种幻想的有害后果的证明。这位好汉就是现代德国革命哲学家们的标本。①

在马克思看来，不仅观念的转变不等于现实世界的转变，而且只有运用实践的手段转变了现实世界之后，才真正谈得上观念世界的根本转变。易言之，观念不是现实的真理，只有现实才是观念的真理。青年黑格尔派从黑格尔的思想方式出发，还把国家权力看作人们的物质生活、生产方式和交往方式的创造者。马克思驳斥说：

> 这些现实的关系绝不是国家政权创造出来的，相反地，它们本身就是创造国家政权的力量。②

乍看上去，国家政权力是一种独立的、至高无上的力量，实际上，它的形式、内涵和作用的范围归根到底都取决于一定历史时期的物质生活方式。不是意识、观念、法的精神和国家权力决定着现实生活和物质生产，而恰恰是后者从根本上制约着前者的生产、发展和转变。

正是通过对黑格尔和青年黑格尔派的批判，马克思创立了唯物史观，并在《德意志意识形态》(1845—1846)一书中做出了初步的表述：

> 这种历史观就在于：从直接生活的物质生产出发来考察现实的生产过程，并把与该生产方式相联系的、它所产生的交往形式，即各人不同阶段上的市民社会，理解为整个历史的基础；然后必须在国家生活的范围内描述市民社会的活动，同时从市民社会出发来阐明各种不同的理论产物和意识形式，如宗教、哲学、道德等，并在这个基础上追溯它们产生的过程。③

在1859年出版的《政治经济学批判》序言中，马克思从"人们的社会存

---

① 《马克思恩格斯全集》，第3卷，16页，北京，人民出版社，1960。
② 《马克思恩格斯全集》，第3卷，377~378页，北京，人民出版社，1960。
③ 《马克思恩格斯全集》，第3卷，42~43页，北京，人民出版社，1960。

在决定人们的意识"的著名论断出发，全面地阐述了唯物史观的基本理论。在马克思看来，人们在社会生产中必然会形成与一定的社会生产力相适应的生产关系，这些关系的总和构成上层建筑和意识形态赖以存在的经济基础。社会生产力发展到一定阶段，便同现存的生产关系发生冲突，于是，社会革命不可避免地来临了，随着经济基础的变更，全部上层建筑也会或快或慢地发生变革。

众所周知，唯物史观是在马克思批判黑格尔和青年黑格尔派（包括费尔巴哈）、深入研究资本主义社会的基础上提出来的。唯物史观一经形成，马克思又把它运用到对资本主义以前的社会形态的著名理论，这一理论不仅为我们理解西方社会的演化提供了重要的启示，为我们理解西方社会的演化提供了重要的启示，也为我们解开东方社会演化之谜提供了一把钥匙。与此同时，马克思以唯物史观为指南，深入地探讨了资本主义社会的经济关系，发现了剩余价值的秘密，从而奠定了科学社会主义的理论基础，阐明了无产阶级在现代社会阶级斗争中的地位和作用。在《哥达纲领批判》（1875）一书中，马克思把共产主义社会划分为初级阶段和高级阶段，肯定了初级阶段在经济、道德和精神方面还带着从旧社会脱胎出来的痕迹，因而仍将通行商品交换和按劳分配的原则。这些论述也为科学社会主义的实践指明了方向。

马克思还在世的时候，就已经对自己学说的庸俗追随者表示不满，他常常说："我只知道我自己不是马克思主义者。"马克思于1883年逝世后，唯物史观遭到了来自机械唯物主义方面的最严重的曲解，恩格斯在致约·布洛赫的信（1890）中指出：

> 根据唯物史观，历史过程中的决定性因素归根到底是现实生活的生产和再生产。无论马克思和我都没有肯定过比这更多的东西。如果有人在这里加以歪曲，说经济因素是唯一决定性的因素，那么

他就是把这个命题变成毫无内容的、抽象的、荒诞无稽的空话。①

恩格斯不仅捍卫了马克思唯物史观的纯洁性，而且同时阐明，历史唯物主义也就是辩证唯物主义，易言之，唯物史观本质上是辩证的，它是我们研究一切社会历史问题的活生生的指南，而不是一经制定就可以到处搬用的僵死的教条。恩格斯的论述成了马克思创立的唯物史观的重要组成部分。

不管如何，最重要的第一步已经迈出去了，唯物史观的创立是人类思想史上最伟大的革命。从此以后，历史不再是神话了，它已昂首进入了科学的殿堂。

二

在列宁生活的时代，马克思和恩格斯批判黑格尔和青年黑格尔派的唯心史观的最重要、最系统的著作《德意志意识形态》尚未面世，在某种意义上，列宁以一种与马克思和恩格斯相类似的方式独立地批判了当时在俄国思想界广为流行的历史唯心主义见解，并从理论和实践两方面捍卫、丰富和发展了马克思的历史唯物主义学说。

在《什么是"人民之友"以及他们如何攻击社会民主主义者？》（1894）一书中，列宁驳斥了民粹主义者米海洛夫斯基对马克思的唯物史观的种种曲解乃至否定，强调唯物史观在马克思那里最初是作为一种假设出现的，《资本论》问世后，它就由假设上升为科学。唯物史观的基本方法是从社会生活的各个领域中划分出经济领域，从一切社会关系中划分出生产关系，并把它当作决定其余一切关系的基本的原始的关系。这些论述表明，列宁一开始就敏锐地、准确地把握了马克思唯物史观的基本精神。

---

① 《马克思恩格斯选集》，第4卷，695～696页，北京，人民出版社，1995。

在《唯物主义与经验批判主义》(1908，以下简称《唯批》)一书中，列宁不仅从一般唯物主义的立场出发驳斥了马赫主义、新康德主义、内在论、经验批判主义的种种谬论，而且从马克思的唯物史观的基本立场出发，批判了以波格丹诺夫为代表的"社会存在与社会意识相等同"的历史唯心主义观点，列宁指出：

> 社会意识反映社会存在，这就是马克思的学说。反映可能是对被反映者的近似正确的复写，可是如果说它们是等同的，那就太荒谬了。意识总是反映存在的，这是整个唯物主义的一般原理。看不到这个原理与社会意识反映社会存在这一历史唯物主义的原理有着直接的和不可分割的联系，这是不可能的。①

在评价列宁的哲学思想时，人们常常注重他的《哲学笔记》(1914)而忽视他的《唯批》，实际上，《唯批》在列宁哲学思想中的地位远比《哲学笔记》来得重要，《唯批》与马克思和恩格斯的《德意志意识形态》一样，乃是从根本上清理思想路线的著作。所不同的是，马克思清理的是以黑格尔和青年黑格尔派为代表的种种历史唯心主义的谬误见解，列宁清理的则是以经验批判主义为代表的种种唯心主义的，尤其是历史唯心主义的错误观点。清理思想路线好比"去蔽"，不把思想观念中的种种阻碍人们看到现实生活的"遮蔽物"去掉，现实生活就永远在人们的视野之外，坚持历史唯物主义就成了一句空话。正是在这个意义上，马克思把自己的世界观称为"真正批判的世界观"②。这就告诉我们，历史唯物主义并不是一种自然而然可以达到的立场，它是通过批判并清理错误的思想路线而达到的。从哲学上看，清理思想路线乃是属于本体论范围的事情，是基础性的工作，如果撇开这一基础性的工作去谈论方法去谈论方法论问题，尤其是辩证法的问题，辩证法就有可能流于诡辩。由此观

---

① 《列宁选集》，第2卷，219页，北京，人民出版社，1995。
② 《马克思恩格斯全集》，第3卷，261页，北京，人民出版社，1960。

之,最根本的是端正思想路线,真正站到马克思的历史唯物主义的基础上。列宁在哲学研究中抓住的正是这个基本点,所以,避开《唯批》,孤立地研究《哲学笔记》,《哲学笔记》就成了无根的浮萍,换言之,必须依托《唯批》所开拓的唯物主义,特别是历史唯物主义的思想基地来认识《哲学笔记》的价值。在《哲学笔记》中,列宁曾这样评价黑格尔的《逻辑学》:

> 在黑格尔这部最唯心的著作中。唯心主义最少,唯物主义最多。①

在批评黑格尔的《历史哲学讲演录》中关于实践活动的论述时,列宁又写下了这样的批语:

> 黑格尔在这里已经有历史唯物主义的萌芽。②

这充分表明,列宁从不离开唯物主义,尤其是历史唯物主义的基础来讨论方法问题,特别是辩证法的问题。像恩格斯一样,列宁把历史唯物主义同时理解为辩证唯物主义,列宁反复强调马克思主义的活的灵魂是具体问题具体分析,正是为了避免用教条主义的态度对待马克思主义,坚持从当时俄国的社会现实出发来运用并发展马克思主义。

首先,列宁以唯物史观为指南,分析了世界资本主义的发展,认为资本主义已进入帝国主义阶段,由于各帝国主义国家在政治、经济发展上的不平衡,又由于第一次世界大战这一历史的契机,社会主义革命有可能在资本主义发展较弱的俄国率先夺取胜利。其次,列宁着重探讨了俄国革命中面临的最重要的问题——国家问题,从唯物史观的基本立场出发,阐明了国家的实质及无产阶级革命的根本目的。最后,从国家作为阶级统治的暴力机关这一本质特征出发,列宁强调了武装起义的必要

---

① 列宁:《哲学笔记》,253页,北京,人民出版社,1960。
② 列宁:《哲学笔记》,348页,北京,人民出版社,1960。

性。所有这些论述都为俄国十月革命的胜利提供了理论前提。

十月革命以后,在社会主义实践中,列宁从唯物史观的基本理论出发,提供了实行新经济的政策、发展生产力、鼓励商品生产和交换、反对官僚主义等一系列重大问题,然而,列宁的过早逝世使他来不及形成一套关于社会主义建设的总体理论。列宁逝世后,斯大林虽然主观上也想努力搞好苏联社会主义,但由于他没有像列宁那样认真清理思想路线,最终由于个人崇拜、阶级斗争扩大化、政治权利中心论、忽视经济问题,特别是忽视农业经济的发展问题等错误,逐步陷入历史唯心主义的泥淖,从而导致了苏联社会主义发展的巨大挫折。

不管怎样,列宁的伟大贡献是不可磨灭的,正是在列宁那里,社会主义由理论转化为现实。如果说,马克思和恩格斯标志着唯物史观的第一个里程碑的话,那么,列宁当之无愧地标志着唯物史观的第二个里程碑。

三

正如《德意志意识形态》和《唯批》是清理思想基地的重要著作一样,毛泽东的《实践论》(1937)也起着同样的作用。从1921年到1937年,中国共产党已走过了十六年的路程,期间,由于"左"、右倾机会主义的干扰,革命事业遭受了巨大的挫折。在这种情况下,清理思想路线,回到马克思的历史唯物主义的轨道上去,就成了当时面临的一个重大的问题,《实践论》正是为此目的而作。毛泽东写道:

> 我们的结论是主观和客观、理论和实践、知和行的具体的历史的统一。反对一切离开具体历史的"左"的或右的错误思想。①

---

① 《毛泽东选集》,第1卷,296页,北京,人民出版社,1991年。

在毛泽东看来，经验主义与教条主义的错误都是不尊重具体历史，要端正思想路线，就要重新回到马克思的唯物史观的基本立场上，从实际出发，实事求是，发现中国革命的规律并用以指导革命斗争。在《实践论》出版的同年，毛泽东又出版了《矛盾论》，他像列宁一样，认为历史唯物主义也就是辩证唯物主义，历史过程乃是一个活生生的、辩证发展的过程：

> 诚然，生产力、实践、经济基础、一般地表现为主要的决定的作用，谁不承认这一点，谁就不是唯物论者。然而，生产关系、理论、上层建筑这些方面，在一定条件之下，又转过来表现其为主要的决定的作用，这也是必须承认的。①

总之，不能用机械的、僵死的目光去看待社会历史的发展。在这里，特别需要提到的是毛泽东关于主要矛盾和矛盾的主要方面的学说，这一学说丰富了历史辩证法的内涵，创造性地发展了马克思的历史唯物主义的理论，为中国新民主主义革命的胜利奠定了理论基础。新中国的成立是人类历史上最伟大的事件之一，作为新中国的缔造者，毛泽东的历史影响是巨大的，他的哲学思想堪称唯物史发展的第三个里程碑。

毛泽东历来十分重视唯物史观的作用，早在1921年致蔡和森的信中已经指出："唯物史观是吾党哲学的根据。"② 1943年，毛泽东在致胡乔木的信中说："请你就延安能找到的唯物史观社会发展史，不论是翻译的，写作的，搜集若干种给我。"③ 1948年，毛泽东在致吴晗的信中对他写的《朱元璋传》做了高度的评价，并勉励他进一步用历史唯物主义的理论来研究历史问题。1965年，毛泽东在致章士钊的信中写道："大问

---

① 《毛泽东选集》，第1卷，325页，北京，人民出版社，1991。
② 《毛泽东书信选集》，15页，北京，人民出版社，1984。
③ 《毛泽东书信选集》，217页，北京，人民出版社，1984。

题是唯物史观问题,即主要是阶级斗争问题。"① 毛泽东虽然十分重视唯物史观这一思想基础,然而,从20世纪50年代后期起,他对唯物史观的基本精神的理解已出现了偏差,如上所述,他曾把唯物史观主要理解为阶级斗争。诚然,阶级和阶级斗争问题是唯物史观的基本内容之一,但是,比阶级和阶级斗争更为根本的乃是生产问题、经济问题,即使是阶级,也只是与生产发展的一定阶段相联系。由于把唯物史观主要理解为阶级斗争,导致了阶级斗争在实践中的扩大化,导致了"文化大革命"的爆发。历史已经判明,"文化大革命"是一场由领导者错误发动,被反革命集团利用,给党、国家和各族人民带来严重灾难的内乱。这场内乱表明晚年毛泽东已违背了他早年提出的"实事求是"的历史唯物主义的思想路线,因而在实践上必然导致一系列的失误,给社会主义建设事业造成了严重的后果。

总的来看,毛泽东在理论上和实践上的贡献是巨大的,如果没有他出来按照唯物史观制定出一条正确的思想路线,中国革命或许至今仍在黑暗中徘徊,仅就一个统一的新中国的诞生而言,毛泽东的功绩已可彪炳千秋。然而,晚年毛泽东的失误也表明,在完成了第一次创造(新民主主义革命)之后,由于他的思想范式未能超出第一次创造,即仍然坚持"以阶级斗争为纲"的思想模式,从而导致了他在第二次创造(社会主义建设)中的失误。历史不得不把毛泽东未竟的事业交给他的一位伟大的继承者——邓小平。

四

邓小平对唯物史观的基本理论的恢复也是从清理思想路线开始的。"四人帮"被粉碎后,"文化大革命"虽然结束了,然而,极"左"的、

---

① 《毛泽东书信选集》,602页,北京,人民出版社,1984。

教条主义的思想路线仍然拥有很大的市场,其典型的表现是"两个凡是"(即凡是毛主席做出的决策,我们都坚决拥护,凡是毛主席的指示,我们都始终不渝地遵循)的提出。早在1977年5月的一次谈话中,邓小平就从是否坚持唯物史观的高度上批判了这种错误的思潮。他指出:

> 这是个重要的理论问题,是个是否坚持历史唯物主义的问题。彻底的唯物主义者,应该像毛泽东同志说的那样对待这个问题。马克思、恩格斯没有说过"凡是",列宁、斯大林没有说过"凡是",毛泽东同志自己也没有说过"凡是"。①

1978年5月,《光明日报》发表了评论员的文章《实践是检验真理的唯一标准》,从而在全国范围内掀起了一场清理、批判教条主义的思想运动,当这场运动遭受巨大压力时,邓小平又站出来讲话,顶住了压力,使它得以健康地展开。这场大讨论从根本上摧毁了"两个凡是"的错误观念,恢复了实事求是这一历史唯物主义的基本精神。正是在这一基本精神的基础上,邓小平形成了建设有中国特色的社会主义的新理论,从而为胜利地进行中国革命的第二次创造奠定了思想前提。邓小平对唯物史观的新贡献主要表现在以下各个方面。

第一,形成了以经济建设和发展生产力为中心的党在社会主义历史时期的基本路线。

早在1978年,邓小平已经指出:

> 按照历史唯物主义的观点来讲,正确的政治领导的成果,归根到底要表现在社会生产力的发展上,人民物质文化生活的改善上。如果在一个很长的历史时期内,社会主义国家生产力发展的速度比资本主义国家慢,还谈什么优越性?②

---

① 《邓小平文选》(1975—1982年),35~36页,北京,人民出版社,1983。
② 《邓小平文选》(1975—1982年),123页,北京,人民出版社,1983。

在邓小平看来，社会主义、共产主义理应建立在社会生产力的高度发展和物质财富极大丰富的基础上，贫穷不是社会主义，而是社会主义必须加以消灭的一种观象。我们过去的一个严重教训是，在社会主义改造基本完成后，仍然搞"以阶级斗争为纲"这一套，忽视了社会生产力的发展。如果继续沿着这样的老路走下去，社会主义就会站不住。于是，在党的十一届三中全会上，以邓小平为首的党中央果断地做出了把党的工作中心转移到经济建设中来的重大的战略决策。以后，邓小平又多次强调，除了爆发大规模战争外，始终要抓住经济建设、发展生产力这个中心，并在此基础上提出了"一个中心，两个基本点"的基本路线。在不久前的南巡讲话中，邓小平进一步强调坚持党的基本路线要一百年不动摇。只有这样，国家才会长治久安，中国才会大有希望。

第二，提出了改革也是解放生产力的重要思想。

要发展社会生产力，就必须对僵化的、已经不适应生产力发展的经济体制进行改革，除了改革，中国没有别的道路可走。就其意义的深远而言，改革是一场革命，然而它并不是"文化大革命"那样的革命，而是社会主义制度的自我完善。改革作为一场深刻的革命不仅促进了生产力的发展，而且解放了生产力。这样一来，邓小平为在社会主义社会内解决生产力和生产关系、经济基础和上层建筑的矛盾指明了一条新的正确的道路。

第三，确定了判断姓"社"姓"资"的客观标准问题。

在改革开放的过程中必然会出现学习初利用资本主义条件下的某些经济形式、手段和方法的问题，但有的人却说这是走资本主义道路，并尖锐地提出凡事要问一句姓"资"姓"社"的问题，如果不能正确地看待这个问题，改革开放和现代化都无法深入下去。邓小平从唯物史观的基本精神出发，科学地解答了这个问题。早在1980年8月，在回答意大利记者法拉奇关于"你是否认为资本主义并不都是坏的？"这一问题时，邓小平说：

> 要弄清什么是资本主义。资本主义要比封建主义优越，有些东西并不能说是资本主义的。比如说，技术问题是科学，生产管理是科学，在任何社会，对任何国家都是有用的。我们学习先进的技术、先进的科学、先进的管理来为社会主义服务，而这些东西本身并没有阶级性。①

邓小平告诉我们：一是从历史发展的进程来看，资本主义总要优越于封建主义；二是资本主义社会中某些东西，如科学、技术、管理方法等是没有阶级性的，是能够为我们所用的。邓小平也对社会主义做出了新的解释，肯定社会主义的原则，第一是发展生产，第二是共同致富。这就启发我们，一是不能把那些本来姓"社"的东西错误地判定为姓"资"而加以排斥；二是不能把那些本身无所谓姓"社"姓"资"的东西错误地判定为姓"资"而加以否定。在南巡讲话中，邓小平进一步提出，判断姓"社"姓"资"，应该主要看是否有利于发展社会主义的生产力，是否有利于增强社会主义国家的综合国力，是否有利于提高人民的生活水平。邓小平的这些重要的论述从历史唯物主义的高度排除了前进道路上的思想障碍，为中国社会的大发展提供了理论指导。

第四，提出了社会主义市场经济的新概念。

长期以来，我国经济学界存在着一种流行的见解，即认为资本主义是搞市场经济的，社会主义是搞计划经济的，这就把计划经济和市场经济机械地对立起来了。实际上，离开市场导向来搞计划经济，必然导致经济体制的僵化，从而阻碍社会主义生产力的发展。邓小平从唯物史观的基本理论出发，对这一传统观念提出了挑战，早在1979年会见美国《不列颠百科全书》副总编吉布尼时，他就已经指出，说市场经济只限于资本主义社会，肯定是不正确的，社会主义为什么不可以搞市场经济？在20世纪80年代，邓小平又屡屡强调市场经济与计划经济结合起来。

---

① 《邓小平文选》(1975—1982年)，310页，北京，人民出版社，1983。

在南巡讲话中，邓小平又进一步指出，计划经济不等于社会主义，资本主义也有计划；市场经济不等于资本主义，社会主义也有市场，从而形成了"社会主义市场经济"的新概念。邓小平的这些重要的论述，不光是对马克思主义的政治经济学理论的新发展，也是对唯物史观和科学社会主义学说的新发展。

第五，形成了"一国两制"的新构想。

这一新构想是为解决中国大陆和台湾的和平统一问题而设计出来的，后来在解决香港、澳门问题时，产生了广泛的国际影响。它正是邓小平结合中国的具体情况，创造性地运用唯物史观的结果。1984年，邓小平在会见英国首相撒切尔夫人时说：

> 如果"一国两制"的构想是一个对国际上有意义的想法的话，那要归功于马克思主义的辩证唯物主义和历史唯物主义，用毛泽东主席的话来讲就是实事求是。这个构想是在中国实际情况下提出来的。①

中国面临的实际问题是用和平方式还是用非和平方式解决台湾，首先是香港的问题。如用和平方式，在解决香港问题时，就必须兼顾中、英、中国香港三方面的实际情况，允许香港继续实行资本主义，保留自由港和金融中心的地位，否则就会造成许多后遗症，不利于香港的繁荣和发展。无疑地，今后解决台湾问题，也要采用"一国两制"的办法。这一新构想的提出，不仅表明邓小平把唯物史观的原则立场和辩证法的灵活性巧妙地结合起来了，而且表明他以空前的创造性的方式发展了马克思主义的国家学说，为其他社会主义国家解决同类问题提供了范例。

总之，邓小平的理论贡献是巨大的，他的思想作为唯物史观发展的第四个里程碑是当之无愧的。如果说，马克思和恩格斯创立了唯物史观，

---

① 《邓小平文选》，第3卷，101页，北京，人民出版社，1993。

从而提出了科学社会主义的伟大学说，列宁和毛泽东在理论和实践上创造性的丰富并发展了唯物史观，使社会主义由理想变为现实的话，那么，邓小平的划时代的贡献则是在创造性地理解唯物史观的基础上，形成了系统的建设有中国特色的社会主义理论，从而找到了一条有效地建设并发展社会主义社会的新道路。在这方面，邓小平在20世纪的影响是无与伦比的。

历史愈是向前发展，邓小平理论的重要性就愈是显现出来。在他言简意赅而意义深远的种种改革开放的"设计"方案中，我们不仅看到了他的理论素养和理论风格，而且也看到了他的充满创造力的理论体系。随着改革开放的深入发展，中国人民和世界人民将越来越深刻地从这个理论体系中看到社会主义的希望！

对马克思哲学与西方哲学关系的再认识

由于受传统见解的影响，长期以来我国理论界对马克思哲学与西方哲学的关系缺乏认真地反思，而这方面反思的缺席无论是对马克思哲学的研究还是对西方哲学的研究来说都造成了一定的消极影响。今天，重新反思这一关系的紧迫性和必要性已成了越来越多的学者的共识。

一

对马克思哲学与西方哲学关系的误解和误导主要表现为以下五种不同的类型。

第一种类型：片面地强调马克思是经济学家和社会学家，不是哲学家，或至少认为他在西方哲学史上是没有重要地位的。比如，德国著名哲学史家库诺·费舍（Kuno Fischer）在其两卷本的《新哲学史》中只有两行字提到马克思，而在德国另一位著名的哲学史家余柏威（Ueberweg）的《从19世纪初到当代的哲学史纲要》一书中，也只有两页提到马克思和恩格斯的生平及其学说。按理说，在德国著名学者朗格（F. A. Lange）的《唯物主义史》中，马克思的学说应该获得充分的论述和评价了，但实际上也没有。朗格只是在一些历史性的脚注中提到马克思，并称他为"政治经济学发展史上还活着的最伟大的专家"[1]。但他并没有把马克思理解为哲学家。这种对马克思的理解方式在20世纪20年代都还是很典型的。当然，这种理解方式的形成也和当时的历史条件有一定的关系，因为马克思在哲学研究上的一些重要的论著和手稿还没有得到广泛的传播，有的甚至还没有被发现。

第二种类型：片面地强调马克思哲学的科学性和逻辑性，从而在一定程度上忽略了马克思哲学与西方哲学中人文主义传统之间的关系。恩格斯在谈到马克思的历史观时说，"这种历史观结束了历史领域内的哲学，正如辩证的自然观使一切自然哲学都成为不必要的和不可能的一样。这样，对于已经从自然界和历史中被驱逐出去的哲学来说，要是还留下什么的话，那就只留下一个纯粹思想的领域：关于思维过程本身规律的学说，即逻辑和辩证法"[2]。从这段话中可以引申出两个结论：其一，马克思的历史观和恩格斯本人所强调的辩证的自然观都不再是严格意义上的哲学学说。这从恩格斯的另一段话中也可得到印证。他在谈到黑格尔已经使以往所理解的哲学终结时指出，"我们就把沿着这个途径达不到而且任何单个人都无法达到的'绝对真理'撇在一边，而沿着实证科学和利用辩证思维对这些科学成果进行概括的途径去追求可以达到的相对真理"[3]。在这里，辩证的自然观或历史观都不过是对自然科学或社会科学的成果进行概括和总结的理论，哲学丧失了为一切实证科学澄明前提的

---

[1] Karl Korsch, *Marxism and philosophy*, NLB 1970, pp. 29-30.
[2] 《马克思恩格斯选集》，第4卷，257页，北京，人民出版社，1995。
[3] 《马克思恩格斯选集》，第4卷，219~220页，北京，人民出版社，1995。

基础性作用。其二，哲学从自然界和历史中被驱逐出来，只留下了一个纯粹思想的领域，即纯粹逻辑和纯粹辩证法的领域。这个纯粹思想的领域既然与自然和历史都分离了，当然就不可能从根基上去关心并探讨人的问题，特别是异化劳动的问题。后来的列宁及苏联、东欧和中国的哲学教科书之所以把逻辑、辩证法和认识论的一致理解为马克思哲学的核心问题，其源盖出于此。所以萨特指责马克思主义哲学中出现了人学的影子，主张用存在主义的学说来补充马克思主义，并非空穴来风。作为中国的学者，我们也很容易理解，为什么"文革"以后讨论的第一个问题是"人道主义和异化"的问题；为什么从1992年起全国会掀起一个"人文主义寻思热"。马克思哲学的确有其逻辑性和科学性的一面，但更重要的却是它的人文性，它对人的价值、自由、权利和全面发展的执着的追求。只有肯定这一点，马克思哲学与西方哲学的本质联系才能充分地被揭示出来。

第三种类型：片面地强调马克思哲学是对德国哲学遗产的继承。列宁于1913年在《新启蒙》杂志上发表的论文"马克思主义的三个来源和三个组成部分"中提出了一个十分有影响的观点："马克思的学说是人类在19世纪所创造的优秀成果——德国的哲学、英国的政治经济学和法国的社会主义的当然继承者。"[①] 其实，这一见解在恩格斯于1886年出版的《路德维希·费尔巴哈和德国古典哲学的终结》一书中已见端倪。毋庸讳言，这一见解在一定程度上反映了马克思哲学与西方哲学传统的关系。但问题在于，马克思哲学与西方哲学的关系只能被归结为与德国哲学的关系吗？尽管在西方哲学史上德国哲学是比较晚出的，也就是说，它吸纳了以前的西方哲学的重要遗产，但这种吸纳却不能取代对以前的西方哲学发展的不同阶段的研究。事实上，马克思的博士论文就是研究古希腊哲学中德谟克利特和伊壁鸠鲁在自然哲学上的差异的；17、18世

---

① 《列宁选集》，第2卷，309～310页，北京，人民出版社，1995。

纪欧洲的启蒙学者，如洛克、卢梭、休谟等人的思想，特别是他们的社会政治思想曾经对马克思产生过重大的影响。[①] 据卢卡奇的看法，马克思之所以重视对人的有目的的活动，特别是劳动问题的研究，不但受到了康德的影响，而且也受到了古希腊哲学家亚里士多德的启发。由此可见，肯定马克思的哲学思想与德国哲学有着密切的联系是对的，但对马克思哲学与西方哲学的关系的理解仅限于此又是错误的，极易把马克思哲学的来源简单化和抽象化。

第四种类型：强调马克思哲学的独创性和伟大性，以致把它与整个西方哲学传统对立起来，把它们之间的关系仅仅理解为批判者与被批判对象之间的关系。在苏联、东欧和中国的哲学教科书中，这种类型的见解始终是占主导地位的。比如，迄今为止，在哲学二级学科的划分中，中国的哲学研究机构和大学里的哲学系仍然把马克思主义哲学、中国哲学和西方哲学作为最基本的二级学科。这种分类虽然突出了马克思哲学在意识形态领域中的领导作用，但却蕴含着一种危险，即把马克思哲学与西方哲学割裂开来、对立起来。它给人造成的印象是：一方面，马克思哲学成了无源之水、无本之木，它仿佛是横空出世的，从来没有受到过西方哲学传统的滋养；另一方面，马克思哲学仿佛除了对西方哲学传统进行批判和否定外，也没有给西方哲学的发展提供任何积极的因素。这种类型的理解方式由于把马克思哲学与西方哲学完全对立起来，因此既不能准确地理解马克思哲学思想的来源、本质和基本特征，也不能完整地理解西方哲学的发展史。

第五种类型：强调马克思哲学是从属于近代西方哲学的，它与当代西方哲学处于对立的状态中。这种类型的见解主要受到列宁对时代判断

[①] 在谈到17、18世纪的欧洲哲学家对马克思的影响时，人们常常忽视了贝克莱。其实，贝克莱对"抽象的观念"（abstract ideas）的批判通过直接的和间接的方式对马克思产生了重大的影响。马克思对抽象物质观的批判即根源于此。关于这个问题，我们将另文论及。

的影响。列宁认为，从19世纪末20世纪初开始，资本主义的发展进入到帝国主义阶段，帝国主义是腐朽的、垂死的、垄断的资本主义，与帝国主义相应的意识形态，特别是哲学自然也是腐朽的。由于受这种见解的影响，苏联、东欧和中国的不少研究者都把马克思哲学作为批判当代西方哲学的武器。这样一来，马克思哲学与当代西方哲学的关系就处于尖锐的对立中。实际上，正如海德格尔所指出的，马克思和尼采的学说乃是对传统的形而上学，特别是对近代形而上学的颠覆。在马克思哲学中，尽管近代哲学影响的痕迹存在着，但就其本质特征而言，马克思哲学是从属于当代西方哲学的。马克思特别通过对实践及实践的历史性的证明，超越了以笛卡尔作为肇始人的近代西方哲学的心物二元论，达到了当代哲学思维的高度，从而为当代西方哲学的发展提供了重要的推动力。

在当前的研究中，那种认为马克思不是哲学家的错误见解已经随着马克思的不少哲学手稿的发现而不攻自破了。然而，其他几种类型的见解仍然拥有相当的影响，需要我们认真地加以反思和清理。

二

我们上面提到的种种错误的见解在当前的研究中表现为以下三种现象：一是把马克思哲学思想的来源窄化，即把德国古典哲学，特别是黑格尔和费尔巴哈的学说理解为马克思哲学思想的根本来源；二是把马克思的哲学立场简单化，认为马克思和整个西方哲学传统（特别是当代西方哲学）的关系是对立的、批判的关系，而完全忽略了这一关系中继承、融合的一面；三是把马克思哲学思想的内容片面化，即只强调马克思对其学说的科学性（如政治经济学的科学性、科学社会主义等）的追求，忽视了马克思与整个西方人文主义传统的继承关系。下面，我们将对这三种现象进行具体的分析。

一是把马克思哲学思想的来源窄化。在通常的哲学教科书中，马克思哲学思想的来源不但被局限在德国古典哲学的框架内，而且进一步被窄化为黑格尔的辩证法和费尔巴哈的唯物主义。传统的哲学教科书创造出了"合理内核（黑格尔的辩证法）＋基本内核（费尔巴哈的唯物主义）＝辩证唯物主义（即马克思哲学）"的神话，并把逻辑学、认识论和辩证法三者的统一视为马克思哲学关注的最基本的话题之一。由于把马克思哲学思想的来源窄化了，马克思与西方传统中非德国古典哲学部分的联系也就被掩盖起来了。下面我们举两个例子来说明这方面的问题。

第一个例子是马克思的自由观与古希腊哲学，特别是伊壁鸠鲁哲学之间的关系。在马克思看来，古希腊哲学家德谟克利特尤其崇拜的必然性："德谟克利特把必然性看作现实性的反思形式。关于他，亚里士多德说过，他把一切都归结为必然性。"① 显然，在这种对必然性的崇拜中，包含着对自由的完全否定。与德谟克利特不同，伊壁鸠鲁虽然是原子论学说坚定的拥护者，但他并不赞成德谟克利特关于必然性的观念。他针锋相对地指出："被某些人当作万物的主宰的必然性，是不存在的，宁肯说有些事物是偶然的，另一些事物则取决于我们的任意性。必然性是不容劝说的，反之，偶然性是不稳定的。"② 正是基于这种新的见解，伊壁鸠鲁提出了著名的"原子偏斜说"，强调原子并不是直线下落，而是可以做偏斜运动，万物由此而生成。这种新的理论极大地推进了原子说的发展。为此，马克思写道："众所周知，偶然是伊壁鸠鲁派居支配地位的范畴。"③ 伊壁鸠鲁对必然性的否定和对偶然性的赞扬，实际上也就是对命运、天意的否定和对生活中的自由、幸福的肯定。所以马克思评论说："他主张精神的绝对自由。"④ 青年马克思之所以潜心研读伊壁鸠鲁的哲学著作，写下了七个笔记，并把德谟克利特的自然哲学与伊壁鸠鲁的自

---

① 《马克思恩格斯全集》，第40卷，203页，北京，人民出版社，1982。
② 《马克思恩格斯全集》，第40卷，204页，北京，人民出版社，1982。
③ 《马克思恩格斯全集》，第40卷，130页，北京，人民出版社，1982。
④ 《马克思恩格斯全集》，第40卷，46页，北京，人民出版社，1982。

然哲学的差异作为自己的博士论文来撰写，正表明体现在伊壁鸠鲁哲学中的自我意识和自由精神对他的自由观的形成产生了重大的影响。

第二个例子是马克思的平等观和民主观与法国哲学，尤其是与卢梭哲学的密切联系。这一联系也未进入苏联、东欧和中国的哲学教科书的视野。意大利学者德拉-沃尔佩（Galvano Della-Volpe）在《卢梭与马克思》（1957）一书中曾对这一联系做出了深入的探讨。他认为，马克思的政治哲学观念与卢梭有着直接的联系，特别是马克思的《黑格尔法哲学批判》是"一部完全充满了典型的卢梭人民主权思想的著作"。① 此外，马克思在《哥达纲领批判》一书中关于"平等权利"问题的讨论也受惠于卢梭于1755年出版的《论人类不平等的起源和基础》一书。德拉-沃尔佩还认为，卢梭提出的"平等的自由"的概念也对马克思产生了重大的影响。从上面的论述可以看出，马克思对西方哲学传统的解读并没有停留在德国古典哲学的范围之内。马克思是西方哲学传统的全面的继承者。

二是把马克思的哲学立场简单化，即把它与整个西方哲学的传统简单地对立起来。人们之所以引申出这样简单化的结论，这与他们对马克思和恩格斯合著的《共产党宣言》中的一句话的误读不无关系。这句话是："共产主义革命就是同传统的所有制关系实行彻底的决裂；毫不奇怪，它在自己的发展进程中要同传统的观念实行最彻底的决裂。"② 事实上，马克思在这里说的"传统的观念"主要是针对与传统私有制密切相关的政治观念而言，这里说的"决裂"主要也是从政治立场上着眼的，并不意味着把自己的思想同一切传统的观念割裂开来并对立起来。19世纪70年代，当德国理论界把黑格尔看作一条"死狗"时，马克思却发表了如下的见解："我要公开承认我是这位大思想家的学生，并且在关于价值理论的一章中，有些地方我甚至卖弄起黑格尔特有的表达方式。"③

---

① Della-volpe, *Rousseau and Marx*, London 1978, p.144.
② 《马克思恩格斯选集》，第1卷，293页，北京，人民出版社，1995。
③ 马克思：《资本论》，第1卷，24页，北京，人民出版社，1975。

马克思哲学的当代叙述方式

按照我的看法,成熟时期的马克思的哲学就是他所创立的历史唯物主义。换言之,成熟时期的马克思没有提出过历史唯物主义以外的任何其他哲学理论。在这个意义上,马克思哲学也就是历史唯物主义。作为身处 21 世纪初的中国人,将以何种方式来叙述历史唯物主义理论呢?

首先,我们必须阐明历史唯物主义的生态学前提。众所周知,在马克思生活和思考的时代,资本主义还处于自由发展的阶段,这一发展给环境造成的负面影响已经出现,但还没有在总体上产生重大的结果。在这样的情况下,当然可以理解,马克思在叙述其历史唯物主义的理论,尤其是生产力、生产关系和生产方式的学说时,完全没有涉及生态学方面的背景。在马克思对历史唯物主义理论的叙述中,存在着三个不言自明的理论预设:一是人类社会是可以无限地向前发展的；二是社会生产也是可以无限地向前发展的；三是社会生产的环境是不可能被毁坏的，可供利用的资源也是无穷无尽的。然而，马克思未注意到的这些理论预设在当代社会中都成了问题。20世纪六七十年代，罗马俱乐部的报告已经充分表明，人类的生态环境已经被破坏到什么样的程度，从而证明，无论是地球上的资源，还是社会生产，都存在着自己的界限。换言之，地球上的资源是不可能无限再生的，社会生产的规模也是不可能不断地加以扩大的。当代人的生存处境启示我们，今天我们叙述历史唯物主义理论时，再也不能简单地重复马克思当时的叙述方式了，而是必须澄清其生态学的背景。也就是说，应该在肯定资源、环境和生产有限性的背景下来阐述历史唯物主义的基本理论，尤其是生产力和生产关系的学说。

其次，我们必须以经济哲学作为切入点来重构马克思的历史唯物主义体系。在研究马克思思想中，传统的三分法——哲学、政治经济学、科学社会主义——阻断了人们从经济哲学的角度反思历史唯物主义理论的可能性。其实，马克思哲学本质上是经济哲学，这正是它与传统的哲学思想的根本差别之一。因此，在我们看来，只有打破这种传统的三分法，从经济哲学的视角出发，才能真正地建立起符合马克思本意的哲学体系。我们主张，应该通过"物（商品）——价值——时间——自由"这一组核心概念来重构马克思哲学体系。这样一来，我们不仅超越了传统的"辩证唯物主义和历史唯物主义"的二元论叙述方式，而且恢复了马克思哲学体系的革命实践功能，在传统的马克思主义哲学教科书中被边缘化的概念，尤其是"价值""时间"和"自由"概念，在被重构的历史唯物主义理论中都将被置于中心的位置上。

最后，我们必须从当今中国社会的历史性出发来阐述历史唯物主义理论。当今中国社会处于巨大的历史错位之中。20世纪70年代，当我们意识到应该追求现代化的时候，西方已经出现了后现代主义的思潮。在前现代、现代和后现代思潮并存的当代中国社会中，我们将如何进行价值定位，这确定是一个关乎历史性意识的重大问题。我们认为，当代中国人仍然无法超越追求现代性价值的历史任务，但他们又必须认真地汲取前现代和后现代思潮中的合理的因素，从而对现代性价值系统和现代化的道路做出必要的修正。只有充分地明了当代中国人的历史性，才能避免以形式主义的方式去叙述历史唯物主义，而是处处从当代中国社会的具体国情和历史性出发，对历史唯物主义所蕴含的全部理论问题争分夺秒地做出合理的说明。

问题意识的更新

——马哲研究三十年回眸

正如马克思主义哲学研究领域从来就是当代中国理论界的晴雨表一样，1978年以来中国理论界的深刻变化也在马克思主义哲学研究领域中得到了集中的表现。当我们站在21世纪的高度上俯瞰三十年来中国马克思主义哲学研究走过的历程时，会油然而生"会当凌绝顶，一览众山小"的感慨。如果说，在1978年，中国的理论工作者们还在孜孜不倦地争论"实践是否是检验真理的标准""真理究竟有没有阶级性"这类常识性的问题，那么，在2008年，只要我们检索一下国内出版的人文社会科学杂志的目录，就会发现，马克思主义哲学探索的整个问题意识都被更新了。也就是说，整个马哲界不再满足于关起门来自说自话，而是努力在国际理论研究的大背景中确立起自己的问题意识和问题体系。

问题意识更新的动力要素

从1978年到2008年,中国马克思主义哲学探索的整个局面之所以发生了巨大的变化,是与这个时段的社会历史背景和理论背景分不开的。

就社会历史背景而言,对马克思主义哲学研究的问题意识产生有力影响的是以下四大历史事件:一是1978年中国共产党的十一届三中全会的召开,彻底清算了"四人帮"的"以阶级斗争为纲"的错误路线,结束了"文化大革命",确立了"以经济建设为中心"的正确的政治思想路线。政治思想路线上根本转折不仅使当代中国社会发生了翻天覆地的变化,也对马克思主义哲学研究的方向和问题意识产生了无法估量的影响。二是1989年以来苏联的解体和东欧的剧变。众所周知,苏联是人类历史上第一个社会主义国家,它的解体不仅在其他社会主义国家中引起了连锁反应,也迫使每一个有责任心的理论工作者思索如下的问题:导致苏联解体的根本原因是什么?如何正确理解马克思主义和社会主义?三是国外一系列新社会运动的兴起,如女权主义、生态主义、后殖民主义、解放神学等,极大地冲击了马克思主义研究中的传统主题,如阶级斗争。四是2001年发生的"9·11"事件以及后来发生的反对国际恐怖主义、伊拉克战争、阿富汗战争等一系列事件,促使人们对不同文明、不同民族之间的关系做出新的反思,也促使人们结合变化了的社会现实,对马克思主义哲学的传统问题体系做出新的修正。

就理论背景而言,对马克思主义哲学研究的问题意识产生重大影响的是以下四大理论事件:一是1978年在全国范围内展开的"关于实践是检验真理的唯一标准"的大讨论。尽管这一大讨论涉及的只是马克思主义哲学理论中的常识问题,但其在破除"两个凡是"的唯心主义观念、解放全民族思想方面的作用是十分巨大的。事实上,也正是通过这场大讨论,中国共产党恢复了"从实际出发,实事求是,理论联系实践"的正确的思想路线。二是从 20 世纪 70 年代后期起，国内掀起了西方马克思主义研究热潮。刚刚打开国门的理论界迫切希望了解，西方国家中那些信奉马克思主义的学者是如何批判苏联社会主义模式、如何评论资本主义的最新发展态势、如何阐释马克思主义的基本理论的。毋庸讳言，以卢卡奇、葛兰西、阿尔都塞、哈贝马斯等人为代表的西方马克思主义思潮的冲击力是巨大的。目前，理论界的兴趣已扩大至整个国外马克思主义思潮。三是与西方马克思主义研究同步出现的现代西方哲学研究热潮，尤其是萨特、海德格尔、伽达默尔、弗洛伊德、哈贝马斯、德里达、福柯、维特根斯坦、罗尔斯等人的思想在中国理论界得到了迅速的传播。与此相适应的是，在正统的阐释者们的视野中，辩证法是哲学的唯一的方法论，而现在，一系列新的哲学流派和哲学方法，如现象学方法、分析哲学方法、结构主义方法、精神分析方法、诠释学方法、存在主义方法、解构主义方法等，展现在人们的眼前，使他们开始从新的理论视角和方法论视角出发来反思和阐释马克思主义哲学。四是对苏联、东欧和中国以往的马克思主义哲学教科书模式的批判性反思。长期以来，中国的马克思主义哲学研究借鉴了苏联教科书模式，特别是《联共（布）党简明教程》四章二节的基本思路，而随着马克思生前的一系列手稿的发现和发表，随着国际范围内马克思主义哲学研究的深入，这一教科书模式的基本思路早已千疮百孔，到了从根本上进行改写的时候了。

由此可见，正是上面列举的各种要素，促成了当代中国马克思主义哲学研究在问题意识上的全面更新。

问题意识更新的根本路径

三十多年来，当代中国马克思主义哲学的研究们思索的核心问题是：从何种根本性的路径出发，超越正统的阐释者们的阐释框架，对马克思主义哲学的问题意识和问题体系做出新的说明？

由于人们对正统的阐释者们附加在马克思主义哲学上的种种意识形态式的、主观任意的、偶然的因素不满，因而自然而然地形成了一种类似于"原教旨主义"的思想倾向，而这种思想倾向选择的根本路径，通过下面这个耳熟能详的口号——"回到马克思"得到了充分的体现。这个口号本身并没有什么创意，因为从哲学史上看，早已出现过类似的口号，如"回到康德""回到黑格尔"等。假如对马克思主义哲学发展史进行深入的考察，就会发现，每次发生理论上的重大争论时，总会出现"回到马克思"这样的口号。

然而，从当代诠释学的研究成果来看，"回到马克思"的路径实际上是不存在的，因为：第一，"回到马克思"的理论预设是，存在着一个未经任何阐释者"污染"过的"原初的马克思"，应该把"原初的马克思"与"被某种阐释污染或覆盖的马克思"区别开来。尽管这一理论预设的前景是吸引人的，但实际上却是不可能的。当我们从理解和解释的视域出发来谈论马克思时，"原初的马克思"的含义只能是马克思生前未发表或发表过的文本，而要维护这种"原初性"，马克思的文本就只能处于沉默的、未被任何其他人阅读或阐释的孤立状态中。一旦有人把它作为理解的对象加以阅读和阐释，它的原初性就消失在这一对象化的过程中，因为它的沉默的、孤立的状态被破坏了，阅读和阐释主体已经把自己的理解的前结构和前见覆盖到它的身上。事实上，任何人都无法回到"原初的马克思"那里，而只能回到"自己所理解的马克思"那里。第二，"马克思"这个用语的含义是不明晰的，因为在马克思哲学思想的发展史上，存在着"青年马克思"的阶段和"成年马克思"的阶段。这两个阶段的差别是巨大的。比如，对马尔库塞和弗洛姆来说，"回到马克思"，意味着回到青年马克思那里去，特别是回到青年马克思的代表作《巴黎手稿》关于异化和人道主义的观点上去。可是，对阿尔都塞来说，"回到马克思"，却意味着回到成年马克思那里去，尤其是回到成年马克思的代表作《资本论》那里去，因为在他看来，成年马克思的基本立场是"反人道主义的"。由此可见,对于未思索过"青年马克思"和"成年马克思"思想差异的人来说,"回到马克思"并不是一个内涵明晰的用语。第三,当代人是否可能把自己作为当代人的理解的前结构和前见悬搁起来,返回到原初的马克思那里?我们认为,这也是不可能的。事实上,当代人所拥有的这种当代性正是通过其特殊的理解的前结构和前见表现出来的,舍弃这种当代性,当代人也就失去了自己理解一切对象的根基,从而成了与任何历史时代无关的"漂浮的能指",成了莎士比亚笔下的"空的豌豆荚"。

从上面的分析可以看出,如果把"回到马克思"这一口号的含义仅仅理解为认真阅读马克思的原著,那是无可厚非的。但如果要把它作为一个严格的理论用语,或理解为一种新思潮的标志,显然是不妥当的。正如海德格尔在批评马堡学派时所说的:"既然复兴康德开始变得过时,人们现在试图代之以复兴黑格尔。这种复兴甚至以此自得:它保持并偏好对过往之尊崇和敬慕。但归根到底它是过往所能遭受的最大不敬,因为它竟将后者贬低为时尚之工具和仆役。"① 那么,究竟什么是通达马克思主义哲学研究中问题意识更新的根本路径呢?我们认为,这一路径是在认真地思索并接受当代诠释学研究成果的基础上显现出来的。既然当代人的诠释活动是当代人生存在世的样态,所以他们不应该,也不可能悬搁自己的理解的前结构和前见,而应该通过批判的反省来修正自己的理解的前结构和前见,并自觉地把这种修正过的理解的前结构和前见带入对马克思主义经典作家文本的阅读、理解和阐释中。

因此,合理的口号不应该是"回到马克思",而应该是"重新理解马克思"。这句话蕴含着以下三个理论预设:第一,虽然马克思已经逝世一百多年了,但他的思想在当代社会中仍然拥有实质性的意义,因而当代人从当代语境出发重新理解马克思是必要的;第二,"重新理解马克思"

---

① 马丁·海德格尔:《现象学之基本问题》,131页,上海,上海译文出版社,2008。

的重心在"重新理解"上,而"重新理解"的主体则是当代人,当代人之所以选择马克思作为自己"重新理解"的对象,并不是出于对马克思的抽象的崇拜,而是要运用马克思主义的思想资源来解决现实生活中出现的理论问题。也就是说,理解和阐释从来不是为了复兴过去,而是为了铸造未来;第三,"重新理解马克思"也包含着在新发现的马克思的遗著、手稿、书信和其他可靠材料的基础上,对青年马克思和成年马克思、马克思和恩格斯、马克思和他的一切重要的追随者之间的理论关系的重新梳理和探索。

总之,"重新理解马克思"的主旨既不是回过头去"追恋埃及的肉锅",也不是以盲从的心态去修复历史上的马克思的蜡像,而是要从当代人生存境遇中的最重大、最紧迫的理论问题入手,到马克思主义经典作家的文本中去接受启迪,从而把马克思主义的根本思想继承下来,并予以实质性的推进。正如海德格尔所强调的:"我们首先必须在过往所把握的问题的实事内涵中有所推进,这不是为了待在那里不动且以现代的玩意儿文饰它,而是为了推动把握到的问题。我们既不想复兴亚里士多德也不想复兴中世纪的本体论,既不想复兴康德也不想复兴黑格尔,而只想使自己摆脱在一种轻浮时尚下与下一种轻浮之间不断飘荡的这个当代的一切便宜套话。"①

值得注意的是,要使"重新理解马克思"真正成为可能,就一定要超越正统的阐释者们的阐释框架,而这一阐释框架已经通过哲学教科书成为人们心中不可动摇的常识。在这一正统的阐释框架中,必须加以超越的是以下四个教条。

其一,把马克思主义的主要来源解读为英国古典经济学、德国古典哲学和法国空想社会主义。这种定见的失误在于,忽略了马克思晚年对非欧社会所进行的人类学研究,从而把马克思变成了一个欧洲中心主义

---

① 马丁·海德格尔:《现象学之基本问题》,131页,上海,上海译文出版社,2008。文中的"本体论",在原译文中为"存在论",其实,它们在德语中是同一个概念,即Ontologie,考虑到本文在行文上的一致,因而改译为"本体论"。

者。实际上,晚年马克思甚至停止了《资本论》的写作,而致力于对俄国土地制度、中国亚细亚生产方式、斯拉夫公社、印度农村公社等非欧社会的研究。这充分表明,马克思主义是世界主义而不是欧洲中心主义。在这个意义上可以说,马克思主义还有第四个来源和第四个组成部分,即马克思对英、法、德、俄、美等国家的人类学理论的研究,而这种研究通常是以非欧社会作为对象的。

其二,把马克思主义的体系分割为哲学、经济学和科学社会主义三个部分。这种划分方法完全忽视了马克思主义哲学的特性,把它与传统哲学简单地等同起来了。其实,马克思主义哲学的特性在于它本质上是一种经济哲学,即从经济学的视角入手,对哲学问题做出了全新的说明。比如,当马克思谈论"物质"时,他指称的真正对象是物质在资本主义经济方式中的特殊样态——商品;当马克思谈论"实践"时,他首先指称的是作为经济活动的生产劳动;当马克思谈论"异化"时,他首先指称的是经济领域中的"异化劳动",等等。为什么正统的阐释者们撰写的马克思主义哲学教科书从来不指涉"价值"问题?因为价值首先就是一个经济概念。一旦正统的阐释者们把"哲学"和"经济学"分离开来,也就永远不可能理解马克思主义哲学了。必须打破"三分法"这一教条,把马克思主义哲学理解为一种经济哲学,从而为重新理解马克思主义哲学铺平道路。

其三,把马克思主义哲学分割为"辩证唯物主义"和"历史唯物主义",前者研究自然,后者研究社会,这就使马克思主义哲学"二元化"了。其实,早在《巴黎手稿》中马克思已经明确地提出了"人类学的自然"或"人化自然"的概念,并明确地告诉我们:"社会是人同自然界的完成了的本质的统一。"[1] 由此可见,并不需要分离出一个"辩证唯物主义"来研究自然界,马克思主义哲学就是历史唯物主义,而历史唯物主义的研究对象就是人类社会,而人类社会正是人同自然界的完成了的本

---

[1] 《马克思恩格斯全集》,第42卷,122页,北京,人民出版社,1979。

质的统一。

其四，把马克思主义哲学近代化，即从近代西方哲学的视角出发去解读马克思主义哲学。其实，马克思主义哲学不但是从属于当代西方哲学的，而且是当代西方哲学的奠基性理论之一。正是在近代西方哲学思维框架的引导下，正统的阐释者们试图把马克思主义哲学阐释为认识论和方法论。事实上，马克思主义哲学的划时代的革命作用首先体现在本体论的维度上。在马克思主义哲学中，作为核心概念的"实践"的含义首先要从本体论，而不是从认识论和方法论的意义上去加以理解。值得注意的是，把马克思主义哲学近代化的最典型的表现形式是所谓"两个归结"，即把马克思主义哲学的来源归结为德国古典哲学，再把德国古典哲学的遗产归结为黑格尔的辩证法。假如说后一个"归结"是把德国古典哲学的内涵简单化，那么前一个"归结"则是把马克思主义哲学的内涵贫乏化。事实上，马克思以批判的眼光考察了整个人类文明，马克思主义哲学继承了人类文明中一切有价值的东西。

显而易见，只有超越了上述四方面的教条，重新理解马克思、实现马克思主义哲学研究中问题意识的更新才成为可能。于是，一个完全不同于正统的阐释者们所提供的问题体系展现在人们的眼前。

新的问题体系的形成

在马克思主义哲学研究中，新的问题意识形成了新的问题体系。这个新的问题体系与正统的阐释者们通过马克思主义哲学教科书展现出来的老的问题体系之间存在着重大的差别。在某种意义上可以说，三十年来马克思主义哲学研究的发展主要是在领悟并揭示这些差别。这些差别主要体现为如下的问题。

第一，如何看待马克思主义哲学在人类思想史上划时代的革命作用？由于深受近代西方哲学思维框架的影响，正统的阐释者们拒绝谈论本体论,只着眼于从认识论、方法论的视角上来理解马克思主义哲学的革命作用,从而把这种作用大大地缩小了。许多新的研究成果主张,从根本上来说,马克思主义哲学划时代的革命贡献体现在本体论上。众所周知,哲学实质上就是本体论,本体论是关于存在的学说,而马克思主义哲学作为历史唯物主义,也就是社会存在本体论(卢卡奇语)。也就是说,马克思主义哲学划时代的革命作用首先体现在对人类思想基础,尤其是社会存在问题的重新阐释上。只有确立社会本体论视野,才能对这一革命在认识论和方法论发展中激起的回应做出合理的评价。

第二,如何理解马克思主义哲学的本体论?尽管正统的阐释者们拒绝使用"本体论"这个术语,试图用"世界观"概念取而代之。但是,这并不能改变事情的实质。我们知道,在哲学研究上,不谈论本体论并不等于可以回避本体论。事实上,任何一种理论陈述都蕴含着"本体论承诺"(蒯因语)。虽然正统的阐释者们竭力拒斥本体论概念,但他们却把传统的本体论中经常出现的一种形式——物质本体论偷运进来,用以阐释马克思主义哲学。打开正统的阐释者们所编写的马克思主义哲学教科书,第一章的标题通常是"世界统一于物质"。在这里,耳熟能详的观点是:世界是物质的,物质是运动的,运动着的物质是有规律的,时间、空间是运动着的物质的存在方式等。这些关于物质的观点叙述的正是历史上早已存在的物质本体论的主要内涵。其实,青年马克思就已开始批判这种物质本体论,因为它坚持的是一种抽象的物质观,即把物质与人的实践活动、社会历史背景分离开来。成年马克思从不侈谈抽象的物质概念,他关注的是物质在资本主义生产方式中的具体样态——商品,并通过对"商品拜物教""货币拜物教"和"资本拜物教"的批判,展示出其物质观的革命实践功能。许多新的阐释成果表明,马克思主义哲学首先表现为实践本体论,因为实际上马克思也把自己称为"实践唯物主义者"。在马克思的实践概念中,处于基础层面上的是生存实践活动,即生产劳动。在马克思看来,人要生存在这个世界上,首先就要从事物质生活资料的生产劳动,而生产劳动蕴含着两方面的关系,即人与自然的、人与人的关系。马克思更重视的是后一方面的关系。在分析资本主义土地制度的形成原因时,他曾经写道:"一切关系都是由社会决定的,不是由自然决定的。"① 因而马克思的实践本体论实质上就是卢卡奇所说的社会存在本体论。一方面,社会生活本质上是实践的;另一方面,任何实践活动都无例外地是社会活动,因为作为实践活动主体的人就是社会存在物。其实,通过对"社会存在"概念的深入分析,不难发现,社会存在的本质含义乃是社会生产关系。正如马克思所说的:"在一切社会形式中都有一种一定的生产决定其他一切生产的地位和影响,因而它的关系也决定其他一切关系的地位和影响。这是一种普照的光,它掩盖了一切其他色彩,改变着它们的特点。这是一种特殊的以太,它决定着里面显露出来的一切存在的比重。"② 在这个意义上,可以进一步把社会存在本体论解读为社会生产关系本体论。实际上,马克思主义哲学的根本宗旨就是通过对阻碍生产力发展的社会生产关系的革命,为人的自由和全面发展创造新的社会条件。

第三,如何理解马克思主义哲学的认识论?我们发现,正统的阐释者们坚持的认识论乃是抽象的认识论,因为这种认识论与社会历史是相互脱离的。人所共知,认识论被置于辩证唯物主义的框架内,而以自然作为研究对象的辩证唯物主义与以社会历史作为研究对象的历史唯物主义是相互分离的。简言之,正统的阐释者们在马克思主义哲学教科书体系中叙述的认识论是外在于历史唯物主义理论的,因而停留在传统的、抽象认识论的水准上。尽管他们在认识论中也谈论作为认识主体的人的社会性和认识内容的社会性,甚至还谈论真理的阶级性,可是,人的认识活动与其社会生存活动之间的内在联系仍然未被揭示出来。事实上,在任何一个认识过程开始之前,认识者已有自己理解的前结构和前见,

---

① 《马克思恩格斯全集》,第46卷(上),234页,北京,人民出版社,1979。
② 《马克思恩格斯全集》,第46卷(上),44页,北京,人民出版社,1979。

而这种理解的前结构和前见正是认识者在被社会化的过程中，尤其是受教育的过程中形成并发展起来的。所以，不应该说，人如何把社会性输入自己的认识内容中去，而应该说，认识活动本质上就是社会活动，因为全部认识活动都是在社会化过程中形成起来的理解的前结构和前见的基础上展开的。于是，在正统的阐释者们那里处于抽象状态的认识论，在新的阐释者们那里转化为意识形态批判理论。按照这种理论，人的社会化过程，也就是接受意识形态教化的过程，而在马克思看来，"几乎整个意识形态不是曲解人类史，就是完全撇开人类史"。① 于是，意识形态批判就成了获得真理性认识的前提。在这个意义上，抽象的认识论研究转化为具体的意识形态批判，而马克思和恩格斯合著的《德意志意识形态》正是这方面的典范性作品。意识形态批判乃是历史唯物主义的基本内容之一。

第四，如何理解马克思主义哲学的辩证法？同认识论一样，辩证法也被置于辩证唯物主义的领域内，从而也与历史唯物主义领域相脱离。如前所述，辩证唯物主义是以自然作为研究对象的，因此，辩证法实际上成了"自然辩证法"，而自然辩证法又是以与人的实践活动相分离的、抽象的自然界（或物质）作为载体的。所以，与认识论的命运一样，马克思主义的辩证法也被抽象化了。辩证法不但变成了思辨性的概念游戏，甚至也蜕变成诡辩。许多新的研究结论表明，马克思主义哲学所蕴含的辩证法不是抽象的"自然辩证法"，而是具体的"社会历史辩证法"。这种辩证法是以人的实践活动，尤其是生产劳动作为载体的，它包含着劳动辩证法、人化自然辩证法和社会形态辩证法。社会历史辩证法乃是历史唯物主义的基本内容之一。

第五，如何理解马克思主义哲学的价值理论？如前所述，由于正统的阐释者们没有把马克思主义哲学理解为经济哲学，因而他们所编写的马克思主义哲学教科书几乎从来不涉及价值问题。从20世纪80年代后

---

① 《马克思恩格斯全集》，第3卷，20页，北京，人民出版社，1960。

期和 90 年代早期起,马克思主义哲学的价值理论逐渐上升为研究的热点,然而,新的阐释者们大多误解了马克思的价值理论,把马克思所批判的阿·瓦格纳的价值观错误地理解为马克思本人的价值观。如果说,阿·瓦格纳是从使用价值(作为商品的物的自然属性)满足人的需要的意义上来理解价值,即把价值理解为人与自然(物)之间的关系,那么,马克思则是从交换价值(作为商品的物的社会属性)的意义出发去理解价值的,因而把价值理解为人与人之间的社会关系。事实上,也只有在马克思价值观的地平线上,自由、平等、民主、公正这样真正的价值观念才能开启出来,并上升为马克思主义哲学中的重大的理论问题。

第六,如何把握马克思主义哲学关注的重心?在正统的阐释者们看来,马克思主义哲学也就是辩证唯物主义,而辩证唯物主义是以自然作为自己的研究对象的,因此,他们认定,马克思主义哲学关注的重心是自然界,是人对自然界的认识和改造,是人与自然界之间的关系。借用康德的术语来表述,马克思主义哲学实际上是思辨哲学。事实上,正统的阐释者们误解了马克思主义哲学关注的重点。正如马克思自己告诉我们的:"……实际上和对实践的唯物主义者,即共产主义者说来,全部问题都在于使现存世界革命化,实际地反对和改变事物的现状。"① 也就是说,马克思主义哲学关注的重心是社会历史,是人民群众在历史发展中的创造作用和革命作用,是人与人之间的社会关系。借用康德的术语来表述,马克思主义哲学实际上是实践哲学。所以,新的阐释者们都十分重视对马克思主义哲学所蕴含的政治哲学、道德哲学、宗教哲学、法哲学等维度进行探索。

第七,如何领悟马克思主义哲学的中国化?正统的阐释者们主要是从马克思主义哲学的普遍真理与中国新民主主义革命结合的意义上来解答这个问题的,即使触及中国的社会主义阶段,他们仍然沿用了新民主

---

① 《马克思恩格斯全集》,第 3 卷,48 页,北京,人民出版社,1960。

主义革命时期已经形成的"以阶级斗争为纲"的主导性观念。新的阐释者们则注重从十一届三中全会以来中国社会的新发展来探索马克思主义哲学的中国化问题。在他们看来，马克思主义哲学的中国化意味着确立中国特色社会主义的基本路线，那就是从中国的具体国情出发，解放思想，实事求是，以经济建设为中心，坚持改革开放，健全和发展民主政治，为把中国社会建设成为一个全面小康的社会而奋斗。

从上面列举的七个方面可以看出，三十年来，马克思主义哲学研究的格局发生了多大的变化。今天的马克思主义哲学研究已经确立起新的问题体系，而这一新的问题体系无论是从形式上看，还是从内容上看，都大大地超越了正统的阐释者们建立起来的问题体系。这也表明，改革开放三十多年来，我国的马克思主义哲学研究已取得了巨大的成就。

未来研究的新生长点

只要对1978年以来我国马克思主义哲学研究的状况进行全面考察，就会发现，虽然这一研究取得了重大的成果，但也存在着一些阻碍其深入发展的因素：其一，思想不够解放，研究存在禁区。如马克思与恩格斯思想的差异问题，本来是个十分自然的问题。试想，马克思本人的思想还有青年期和成年期的差异，何况他与恩格斯是两个人。但一讨论"差异"，有人就上纲说："差异就是对立"，使讨论无法进行下去。其二，对马克思主义经典作家和国外马克思主义者文本的翻译还相对滞后。一方面，还有不少重要的文本没有被翻译出来；另一方面，即使是翻译过来的文本，也存在着一些问题，亟待被纠正。如马克思在《黑格尔法哲学批判导言》中有一句话，德文原文如下：Mit einem Worte：Ihr Koennt die Philosophie nicht aufheben，ohne sie zu verwirklichen。[1] 中央

---

[1] *Marx Engels Werke*，*Band 1*，Berlin：Dietz Verlag，1970，s.384.

马列编译局的译文如下:"一句话,你们不使哲学成为现实,就不能够消灭哲学。"① 在这里,aufheben这个德语动词竟然被译为"消灭"。于是,理论界有不少人撰文探讨马克思如何"消灭哲学"。其实,在深受黑格尔哲学影响的马克思那里,aufheben无疑应该被译为"扬弃",其含义是既有抛弃又有保留。众所周知,在黑格尔著作中,aufheben是一个基本术语,黑格尔多次阐释过其含义,而精通黑格尔哲学的马克思不可能不了解这一点。纠正了翻译上的问题,所谓"消灭哲学"也就成了一个伪问题。其三,对马克思主义哲学中的基本概念,如"实践""劳动""异化""物质""价值""资本""时空""自由""生产力""辩证法""主体性""生产关系""社会存在""哲学基本问题"等概念的内涵缺乏深入的分析和含义上的澄清。由于这方面研究的匮乏,致使相当一部分研究论著停留在低水平重复中。其四,由于语言方面的障碍,对国外马克思主义者的重要著作的翻译还不成系统,对国外马克思主义发展的前沿信息还了解得不多,也很难就一些重大理论问题进行实质性的、创造性的对话。所有这些问题,都需要在今后的研究中逐步加以克服。

通过对改革开放以来马克思主义哲学的研究历程的反思,我们认为,以下问题将成为未来研究的新的生长点:第一,马克思主义哲学研究的实践哲学转向。如前所述,正统的阐释者们主要是从人与自然关系的视角出发去探索马克思主义哲学的,而今天的新的阐释者们重视的是从人与人关系的视角出发去探索马克思主义哲学,因此,今后的研究焦点会更多地会聚在马克思主义的政治哲学、道德哲学、法哲学、宗教哲学等领域中。第二,马克思主义哲学研究的语言学转向。随着以英国哲学家柯亨(G. A. Cohen)为代表的"分析的马克思主义"学派的兴起,运用语言分析的方式对马克思主义经典作家的文本进行认真的解读,以厘清其基本概念的含义,将成为深入探讨马克思主义哲学的一种重要途径。

---

① 《马克思恩格斯选集》,第1卷,8页,北京,人民出版社,1995。

第三，从经济哲学的视角出发重构马克思主义哲学体系，这一重构将沿着"物（商品）—价值—时间—自由"的思路来进行，从而完全取代正统的阐释者们确立起来的"辩证唯物论和历史唯物主义"体系。第四，晚年马克思关于人类学研究的成果将上升为马克思主义哲学研究中的一个根本性的课题，从而对非欧社会，特别是东方社会的发展提供重要的指导思想。第五，从本体论的视角出发来理解、阐释马克思主义哲学仍然是今后研究中的一个主导性方向，这一研究方向也会进一步把马克思主义哲学融合到西方哲学史，尤其是德国古典哲学的传统中。第六，马克思主义哲学的文化维度受到越来越多的研究者们的关注，这种普遍的关注正在催生马克思主义的文化哲学的诞生和发展，而这一哲学将把生态文明、女权运动、文明的冲突、地区文化的差异等作为自己研究的主题。第七，概括和总结马克思主义哲学中国化的经验教训，今后将成为我国马克思主义哲学研究领域中的一项根本性的工作，借着这一重要的途径，中国的马克思主义哲学将贡献出一系列的原创性论著，并努力在国际马克思主义哲学研究的舞台演奏"第一小提琴"。

重视对马克思主义哲学基础理论的研究

只有解放思想，才能正确地认识马克思主义哲学基础理论的本质；只有从当今时代的实际情况出发，才能对马克思主义哲学的基础理论做出创造性的解释。

从斯大林模式的马克思主义哲学体系中解放出来

迄今为止，我们还是按照斯大林的模式"辩证唯物主义和历史唯物主义"来谈论马克思主义哲学的。其实，这一理解模式包含着斯大林等人对马克思哲学的误解，因为它把历史唯物主义看作是在一般唯物主义的基础上"推广"出来的。事实上，马克思在哲学上的划时代的变革就在于创立了历史唯物主义，而历史唯物主义也就是他的全部哲学。要正确认识马克思主义哲学的本质，就要认真清理苏联模式的马克思哲学教科书对我们的影响，返回到马克思哲学的本真精神上去。

坚持马克思主义哲学和发展马克思主义哲学之间的辩证关系

过去讨论坚持与发展的关系，得出的普遍结论是：马克思主义哲学的个别的、具体的结论可能会过时，但基本原理是必须坚持的。我们不能说这个结论是错误的，但它却以抽象化的态度对待"基本原理"这一概念。实际上，"基本原理"是相对的，是因时代和地域的条件而变化的。比如，当今中国正在从事现代化的建设，我们就必须放弃"以阶级斗争为纲"的提法，但这个提法在中国新民主主义时期却是"基本原理"。所以，不应该抽象地说："坚持马克思主义哲学的基本原理"，而应该说："坚持那些与我们当今的时代和地域条件相适应的马克思主义哲学的基本原理。"一旦达到这样的认识，我们就不会再在这个问题上纠缠不清了。总之，重要的是坚持马克思主义的历史唯物主义的基本立场，坚持从实际出发，具体问题具体分析，而不是以教条主义的方式来对待马克思主义哲学。

从"革命哲学"转变到"建设哲学"

英国历史学家汤因比告诉我们"二次创造"之艰难。在"第一次创造"（如新民主主义革命）中，我们把马克思主义哲学理解为以阶级斗争为核心的"革命哲学"体系，而在"第二次创造"（如社会主义建设）中，情况已经发生根本性的变化，但我们仍然会沿用"第一次创造"中的思想模式，经过近三十年的挫折，邓小平才提出了"建设哲学"的核心命题"以经济建设为中心"。所以，今天，我们必须超越"大众哲学"的理解模式，把马克思主义哲学理解为"建设哲学"，并围绕历史唯物主义和社会主义经济建设这一中心，重新撰写出符合这个时代特征的马克思主义哲学教科书。

马克思主义哲学的根本维度是人文关怀

过去，由于我们没有从"第一次创造"的思想模式中走出来，我们总是片面地强调马克思主义哲学的科学性、党性（阶级斗争性），而完全忽视了它的人文性。实际上，马克思主义是西方人文主义传统的伟大的继承者和批判者，其宗旨是解放全人类，达到以每个人的自由为基础的共产主义社会。但在过去，只要一谈"人性""人道主义""人本主义""人文关怀"，我们就认为是资产阶级的东西，横加批判。事实上，在社会主义建设时期，只有肯定并弘扬马克思主义哲学的人文关怀的功能，才能克服真正的"信仰危机"和"意识形态的危机"。如果从马克思主义哲学中抽掉了这个根本性的维度，要巩固和加强它的指导地位是很困难的。众所周知，在马克思那里，阶级斗争只是手段，全人类的解放才是最终的目的。我们绝不能把目的变成手段，而把手段变成目的。总之，要把马克思主义哲学的科学精神与人文精神统一起来，绝不能用前者去否定后者。

马克思主义哲学如何看待"集体主义"和"个人主义"

通常我们认为，按照马克思主义哲学，集体主义总是好的，个人主义总是坏的。其实这个认识也是有问题的。我们应该从"马克思主义＝集体主义"的神话中走出来。集体主义并不一定就是好的，如整个单位或村庄搞假冒伪劣商品、集体腐败、地方保护主义等。应该区分好的集体主义和坏的集体主义。同时，也应该把个人主义和极端个人主义这两种不同的观念严格地区分开来。毋庸讳言，对极端个人主义应当加以批判，但对个人主义我们却应该采取肯定的态度。随着市场经济和契约交往方式的发展,随着个体经济的合法化,随着民工潮的发展和个人经常游离于某个集体之外,肯定和维护个人权利和义务的个人主义也会发展起来。我们应该看到,在市场经济的背景下,这种个人主义是合理的。肯定其合理性,也有利于巩固和加强马克思主义哲学的指导地位。

加强对马克思的政治哲学、法哲学、道德哲学和宗教哲学的研究

政治、法律、道德、宗教所制定的规则是制约人们的行为方式的,在社会转型、百废待兴的情况下,这些规则尤其重要。所以深入地研究并发掘马克思主义经典作家关于政治哲学、法哲学、道德哲学和宗教哲学的重要论述,用以指导人们的行为,就具有特别重要的意义。如政治哲学中的分权理论是只适合于资本主义社会,还是也适合于社会主义社会,不建立权力制衡的体系,能否最大限度地消除腐败;又如在市场经济的背景下,以德治国和依法治国是否应该双管齐下;再如如何认识宗教在社会主义条件下的地位和作用的问题,等等。

马克思主义基础理论研究的两个维度

拙著《重新理解马克思》由 38 篇论文构成，记录了我在十余年时间里探索马克思哲学基础理论的思路历程。回顾这段历程，我发现自己的研究工作实际上是沿着两个不同的维度展开的。

一个维度我称之为"做加法"。也就是说，通过对马克思文本的深入研究，把前人和同时代人未发现的某些重要的见解阐发出来。比如，从传统的马克思主义哲学教科书中，我们获得了这样一种定见，即马克思主义有三个来源和三个组成部分。这三个来源和三个组成部分是指英国古典经济学、德国古典哲学和法国空想社会主义。其实，这个观点是列宁于 1913 年在《启蒙》杂志上率先提出来的。由于列宁在逝世以前没有读过马克思的人类学笔记，所以他的观点有偏颇之处。众所周知，晚年马克思一度放下《资本论》的写作，阅读并写下了大量人类学笔记。如果说，英国古典经济学、德国古典哲学和法国空想社会主义的研究对象主要是欧洲社会，那么，马克思所阅读的那些人类学著作的考察对象却主要是非欧社会，如俄国的农村公社、斯拉夫公社、印度的农村公社、中国式的亚细亚生产方式、美洲印第安人的生活方式等。正是基于这样的考虑，我提出了把人类学思想理解为马克思主义的"第四个来源和第四个组成部分"的新观点，肯定了以非欧社会作为研究对象的人类学思想在马克思主义基础理论中的不可或缺性。事实上，也只有充分肯定这"第四个来源和第四个组成部分"，才能表明马克思不是一个欧洲中心主义者，而是一个世界主义者，马克思的思想不光对欧洲社会有指导意义，而且对非欧社会，尤其是东方社会具有重要的指导意义。

另一个维度我称之为"做减法"。也就是说，通过自己的研究，去掉那些人们任意地附加在马克思思想上的错误成分。假如我们借用历史上的典故来说明这个维度，那就是用"奥卡姆剃刀"剃掉那些附加在哲学基本理论上的不必要的、虚妄的成分。比如，传统的马克思主义哲学教科书主张，马克思主义哲学就是"辩证唯物主义"。按照这样的理解方式，"历史唯物主义"只是把"辩证唯物主义"应用到历史领域的结果。这样一来，"历史唯物主义"就成了某种类似于实证科学的东西，而马克思划时代的哲学创造的伟大成果也就被大大地缩小了。其实，马克思本人从来没有使用过"辩证唯物主义"的概念，他只用过"实践唯物主义者"这样的概念。因而，把他的学说称为"实践唯物主义"才是有根据的，而实践唯物主义的实质也就是恩格斯视之为马克思的"两大发现"之一的"历史唯物主义"。在这个意义上可以说，成熟时期的马克思哲学就是历史唯物主义，这个时期的马克思没有提出过历史唯物主义之外的任何其他的哲学学说。

通过上述两个维度的研究，我对马克思哲学的实质和基础理论的理解进一步深化了，而《重新理解马克思》正是我在这一研究方式中留下的足迹。

谈谈马克思哲学研究中的方法论问题

正如老黑格尔早就告诉我们的，方法不是某种外在的、可以弃之不顾的东西，它总是内在于整个哲学研究和叙述的过程中。在探讨马克思哲学的当代价值时，我们同样不能忽略方法论问题。我觉得，特别需要注意的是以下两点。

其一，追求概念的明晰性。尽管我们并不像早期维特根斯坦一样，主张在人工的、理想的语言环境中讨论哲学问题，但当我们运用日常语言来讨论哲学问题时，寻求概念上的相对的明晰性还是必要的。比如，"马克思哲学"与"马克思主义哲学"这两个概念之间就存在着重大的差异。这种差异甚至连马克思本人都不加以否认，恩格斯在致康·施米特的信中这样写道："正像马克思关于70年代末的法国'马克思主义者'所曾经说过的：'我只知道我自己不是马克思主义者'。"① 在我们看来,"马克思哲学"指的是蕴含在马克思本人的著作、手稿、书信、谈话等"原始资料"中的马克思的哲学思想,而"马克思主义哲学"在最广泛的意义上指的则是马克思同时代的或以后的研究者在对马克思哲学思想的理解和解释中形成的各种文本,也就是我们通常所称的"第二手资料"。在这样的理解和解释的过程中,由于研究者的先入之见的融入,必然会形成多元的或复数的"马克思主义哲学",如苏联模式的马克思主义哲学、当代中国的马克思主义哲学、西方马克思主义哲学等。所以,我们首先要探讨的应该是以原始资料为基础的"马克思哲学"的当代价值,而不是以第二手的资料为基础的"马克思主义哲学"的当代价值。

其二,避免落入"分析目的论"的窠臼。法国哲学家阿尔都塞在《保卫马克思》一书中曾经批判过这种错误的方法论思想。所谓"分析目的论"指的是人们在研究历史人物时,极易把人们已经掌握的这位历史人物的晚期思想作为目的引入对他的早期思想的分析中。如有的学者批评维克多·法里阿斯在其《海德格尔和纳粹》一书中竟把海氏青年时期的一举一动都写成纳粹的模样,这里显然有"分析目的论"在起作用。同样地,当我们研究马克思的早期哲学思想时,也要避免这样的做法,即把他的晚期哲学思想作为预先悬挂在那里的目的引入对他的早期哲学思想的分析中。这种"分析目的论"的方法不但会使研究者忽略青年马克思的哲学思想与当时的现实生活之间的互动关系,把马克思哲学思想的发展理解为不同文本之间的更替,也会导致对马克思哲学思想理解的简单化。所以在方法论上,我们应该把二种不同的视角综合起来:一是"源",即现实生活与马克思哲学思想之间的关系;二是"流",即传统的或同时代的哲学文本与马克思哲学思想之间的关系。只有运用正确的方法,才能再现出马克思哲学思想的真谛和它的全部丰富性。

---

① 《马克思恩格斯选集》,第4卷,691页,北京,人民出版社,1995。

对马克思实践观的当代反思

——从抽象认识论到生存论本体论

一个有趣的现象出现在当前关于马克思哲学的讨论中：有谁不把马克思哲学理解为实践哲学呢？又有谁在驳斥别人关于马克思哲学的错误观点时，不指责他忽略了实践问题呢？然而，奇怪的是，人们很少对马克思的实践观进行寻根究底的思索，仿佛提到它只是为了回避对它的探究。本文认为，长期以来，马克思的实践观一直被囚禁在抽象认识论的牢笼内，只有当人们自觉地把马克思哲学理解为生存论的本体论，并从这一新的视角出发重新审视其实践观时，马克思实践观的实质和丰富内涵才会清晰地展现出来。

抽象认识论维度中的实践观

众所周知，在传统教科书关于马克思哲学

体系——辩证唯物主义和历史唯物主义——的理解模式中,认识论是放在辩证唯物主义部分中进行论述的。然而,由于社会和作为社会存在物的人要放到历史唯物主义部分中去叙述,所以,与这些社会要素相分离的认识论只能是抽象的认识论。由于这种认识论没有意识到作为自己基础的社会存在的作用,因而是一种无根的认识论。同样地,当人们在抽象认识论的框架内去理解并叙述马克思的实践观时,这一观念的本真意义和丰富内涵也必定会逸出他们的视野。

毋庸讳言,以笛卡尔为肇始人的近代哲学的一个基本特征是注重对认识论(包括认识活动中的方法论)的研究。显然,这一倾向也对马克思哲学的阐释者们产生了巨大的影响。当他们解读马克思的《关于费尔巴哈的提纲》(1845)时,不但没有全面地理解马克思关于实践问题的表述,而且热衷于从抽象认识论的观点出发来理解马克思下面的论述:"人的思维是否具有客观性的[gegenständliche]真理性,这不是一个理论问题,而是一个实践的问题。人应该在实践中证明自己思维的真理性,即自己思维的现实性和力量,自己思维的此岸性。关于思维——离开实践的思维——的现实性或非现实性的争论,是一个纯粹经院哲学的问题。"[①] 人们从马克思的这段论述中引申出如下的结论:第一,实践是一切认识活动的源泉和基础;第二,实践是检验认识真理性的客观标准。在我们看来,问题不在于这些结论有什么不妥之处,而在于人们把马克思的实践观完全理解为认识论的一个组成部分。

事实上,列宁在《哲学笔记》(1895—1911)中就是以这种方式理解马克思的实践观的:"当马克思把实践的标准列入认识论时,他的观点是直接和黑格尔接近的,见'费尔巴哈的提纲'。"[②] 在《唯物主义和经验批判主义》(1908)中,他也以确定无误的口吻指出:"生活、实践的观

---

① 《马克思恩格斯选集》,第1卷,55页,北京,人民出版社,1995。
② 列宁:《哲学笔记》,228页,北京,人民出版社,1974。

点，应该是认识论的首要的和基本的观点。"① 从这些论述可以看出，列宁已经为马克思的实践观划定了一个理解的范围，那就是认识论的范围。从此以后，当人们谈论马克思的实践观时，总是把它置于抽象认识论的范围之内。毛泽东甚至认为："实践、认识、再实践、再认识，这种形式，循环往复以致无穷，而实践和认识之每一循环的内容，都比较地进到了高一级的程度。这就是辩证唯物论的全部认识论，这就是辩证唯物论的知行统一观。"② 显而易见，在这种理解方式中，马克思实践观的本体论维度完全被遮蔽起来了。

抽象认识论维度中的实践概念只关注人与自然的关系，即只关注人如何发现自然规律，从而改造自然界的问题。乍看起来，这种实践观似乎完全撇开了本体论维度，但实际上，本体论维度是撇不开的，于是只能偷偷地借旧唯物主义的抽象的物质本体论作为自己的基础。然而，持有这一见解的人显然忘记了马克思对抽象物质观的批判。

生存论本体论维度中的实践观

我们必须清醒地意识到，尽管马克思的实践观蕴含着一个认识论的维度，但其基础性的、根本性的维度则是本体论维度。如果说，旧唯物主义者坚持的是抽象的物质本体论，那么，马克思坚持的则是生存论的本体论。在马克思看来，实践概念的认识论维度或理论关系是植根于生存论的本体论维度之上的。在《评阿·瓦格纳的"政治经济学教科书"》一文（1879—1880）中，马克思指出："人们绝不是首先'处在这种外界物的理论关系中'。正如任何动物一样，他们首先是要吃、喝等等，也就是说，并不'处在'某一种关系中，而是积极地活动，通过活动来取得

---

① 《列宁选集》，第2卷，103页，北京，人民出版社，1995。
② 《毛泽东选集》合订本，273页，北京，人民出版社，1967。

一定的外界物，从而满足自己的需要。"① 也就是说，生存是一切人类面临的前提性问题，生存绝不是一种静观式的认识论态度，而是一种实践态度，亦即人类是在活动（最基本的活动形式是生产）中解决自己的生存问题的。正是在这个意义上可以说，生存论的本体论维度乃是马克思实践观的第一个维度。

在《德意志意识形态》（1845—1846）中，马克思把这个道理说得更为明确："这种活动、这种连续不断的感性劳动和创造、这种生产，是整个现存感性世界的非常深刻的基础，只要它哪怕只停顿一年，费尔巴哈就会看到，不仅在自然界将发生巨大的变化，而且整个人类世界以及他（费尔巴哈）的直观能力，甚至他本身的存在也就没有了。"② 在马克思看来，只有首先把实践理解为生存论本体论意义上的活动，才能真正地超出旧唯物主义的眼界，把握实践概念的真谛。

假如说，抽象认识论维度内的实践概念关注的是人与自然界之间的关系，那么，生存论本体论维度内的实践概念关注的则是人与人之间的关系。在《雇佣劳动与资本》一文（1847）中，马克思写道："为了进行生产，人们相互之间便发生一定的联系和关系；只有在这些社会联系和社会关系的范围内，才会有他们对自然界的影响，才会有生产。"③ 由此可见，同样是对马克思的生产劳动（实践的基本形式）的考察，存在着两个不同的路向：一个是单纯认识论的路向，即只关心生产劳动中人与自然界之间的关系；另一个是生存论本体论的路向，即首先关心生产劳动中人与人之间的关系。如果说，前一个路向与自然科学、自然规律（laws）和技术的发展联系在一起，那么，后一个路向则与人文社会科学，尤其是政治学、经济学、伦理学、法学和宗教学等学科所阐述的、处理人与人之间关系的规范（norms）或规则（rules）联系在一起；假

---

① 《马克思恩格斯全集》，第19卷，405页，北京，人民出版社，1963。
② 《马克思恩格斯全集》，第3卷，50页，北京，人民出版社，1960。
③ 《马克思恩格斯选集》，第1卷，344页，北京，人民出版社，1995。

如说，前一个路向往往导致"技术决定论"，那么，后一个路向才可能引导人们走出这种决定论，并引起人们对人文精神的普遍重视。

综上所述，只要人们仍然停留在近代哲学所信奉的、单纯的、抽象认识论的维度内看待马克思的实践观，这一实践观的实质和丰富内涵就会处在被遮蔽的状态下。与此相反，只有当人们在当代哲学的启发下，自觉地把生存论的本体论理解为马克思实践观的根本维度，才会相应地重视对政治学、经济学、伦理学、法学和宗教学等学科的研究，从而为人文精神的存在和发展留下一个巨大的空间。与此同时，认识论的研究才能告别"无根的"状态。事实上，认识论研究只有脱离旧唯物主义的抽象的物质本体论的基地，自觉地把自己的立场转换到生存论的本体论的基础上，才能抛弃"抽象性"，使自己获得丰富的内涵和灿烂的发展前景。不用说，知识社会学就是其发展的重要前景之一。

论马克思的唯物主义学说的基本特征

马克思的唯物主义学说,包括马克思所使用的"唯物主义"概念,在内涵上是十分丰富的,但在马克思哲学的某些解释者那里,这一学说却被简单化、标签化了,仿佛谁只要承认"物质(或自然)是第一性的,意识(或精神)是第二性的",谁就是一个唯物主义者;而马克思的唯物主义学说的全部价值也就是在评价不同的哲学观念时,给它们贴上"唯物主义"或"唯心主义"的标签。这种简单化、标签化的做法既是对哲学研究的误解,也是对马克思的唯物主义学说的误解。本文力图通过对马克思的唯物主义学说的主要内涵和基本特征的考察,恢复这一学说的本来面貌,从而从总体上来重新认识马克思哲学的本质、地位和历史作用。

马克思的唯物主义学说的历史性

马克思对自己的唯物主义学说的历史性的

强调，是在批判传统的、抽象的唯物主义的过程中发展起来的。所谓"抽象的唯物主义"也就是把脱离一切感性事物的"抽象的物质"视为人类的全部意识或精神活动的基础。英国哲学家贝克莱在其《哲学对话三篇》中，通过对话者之一菲伦诺明确地提出："哲学家所谓'物质的实体'委实不存在，这是我郑重的信仰。"[①] 因为抽象的物质是无法感知的，因而也是不存在的。不少具有唯物主义倾向的哲学家对贝克莱视物质为虚无的做法表示愤慨，其实，这种愤慨是缺乏理由的，在黑格尔的《小逻辑》中，我们可以找到类似的看法："唯物论认为物质的本身是真实的客观的东西。但物质本身已经是一个抽象的东西，物质之为物质是无法知觉的。所以我们可以说，没有物质这个东西，因为就存在着的物质来说，它永远是一种特定的具体的事物。然而，抽象的物质观念却被认作一切感官事物的基础，——被认作一般的感性的东西，绝对的个体化，亦即互相外在的个体事物的基础。"[②] 与贝克莱一样，黑格尔明确地告诉我们，物质作为抽象的东西，它本身是不存在的，存在着的只是个别的、具体的事物。费尔巴哈虽然从唯物主义的立场出发批判了黑格尔的思辨唯心主义，但他也对"抽象的物质"和"抽象的唯物主义"采取了批判的态度。[③] 马克思对"抽象的物质"和"抽象的唯物主义"也采取了严厉的批判态度，但他的批判却经过了以下两个不同的阶段。

在第一个阶段中，费尔巴哈的唯物主义仍然对马克思具有一定的影响。换言之，当时的马克思是从费尔巴哈式的感性和感性世界出发去抵御并反对抽象的物质和抽象的唯物主义的。在写于1843年的《黑格尔法哲学批判》一书中，马克思这样写道："抽象的唯灵论是抽象的唯物主义（abstrakter materialismus）；抽象的唯物主义是物质的抽象的唯灵论。"[④]

---

① 贝克莱：《哲学对话三篇》，3页，北京，商务印书馆，1935。
② 黑格尔：《小逻辑》，115页，北京，商务印书馆，1980。
③ 《费尔巴哈哲学著作选集》（上卷），111、201页，北京，商务印书馆，1984。
④ 《马克思恩格斯全集》，第1卷，355页，北京，人民出版社，1956。

在这里，马克思把抽象的唯物主义和抽象的唯灵论（亦即抽象的唯心主义）看作同一个东西，这正体现了马克思深邃的理论眼光，因为他解构了传统哲学关于唯物主义和唯心主义的无谓争论，指出这两个极端在本质上是相通的。在写于1844年的《巴黎手稿》中，马克思进一步批判了自然和自然科学研究中出现的抽象物质的或抽象唯物主义的态度。他写道："被抽象地孤立地理解的、被固定为与人分离的自然界，对人说来也是无。"① 在他看来，真正的自然界不是哲学家的大脑中抽象或幻想出来的自然界，而是在人类社会的产生过程中形成起来的、在马克思的时代则以工业这一异化的形式表现出来的自然界。在马克思生活的时代，工业不光是自然界同人之间，也是自然科学同人之间的历史关系，"因此，自然科学将失去它的抽象物质的（abstrakt materielle）或者不如说是唯心主义的方向，并且将成为人的科学的基础，正象现在它已经——尽管以异化的方式——成了真正人的生活的基础一样；至于说生活有它的一种基础，科学有它的另一种基础——这根本就是谎言"②。在马克思看来，真正的唯物主义并不停留在对"抽象的物质"的谈论上，而总是涉及与人的生活密切地联系在一起的具体的、感性的事物。也正是在这个意义上，马克思认为费尔巴哈"创立了真正的唯物主义"（die gruendung des wahren Materialismus）③ 尽管当时的马克思对费尔巴哈的唯物主义做了高度的评价，但由于国民经济学研究的契入，马克思对抽象物质和抽象唯物主义的批判远比费尔巴哈来得深刻。在《巴黎手稿》中，马克思甚至认为，"五官感觉的形成是以往全部世界历史的产物。"④ 人作为社会存在物，他的全部感觉器官的演化也是与人类社会的历史发展联系在一起的，因此，真正的认识不可能停留在抽象的物质的层面上，

---

① 《马克思恩格斯全集》，第42卷，178页，北京，人民出版社，1979。
② 《马克思恩格斯全集》，第42卷，128页，北京，人民出版社，1979。
③ 《马克思恩格斯全集》，第42卷，158页，北京，人民出版社，1979。
④ 《马克思恩格斯全集》，第42卷，126页，北京，人民出版社，1979。

而总是与具体的、历史的事物关联在一起的。

在第二个阶段中，由于马克思确立了自己的唯物主义学说，因而对抽象的物质和抽象的唯物主义的批判跃迁到了一个新的高度。在《德意志意识形态》一书中，虽然马克思肯定了费尔巴哈强调感性作用的唯物主义对传统唯物主义的优越性，但又批评道："费尔巴哈从来没有看到真实存在着的、活动的人，而是停留在抽象的'人'上，并且仅仅限于在感情范围内承认'现实的、单独的、肉体的人'，也就是说，除了爱与友情，而且是理想化了的爱与友情以外，他不知道'人与人之间'还有什么其他的'人的关系'。"①乍看起来，特别是相对于传统的唯物主义学说来说，费尔巴哈的唯物主义具有鲜明的感性的特征，但在马克思看来，这种脱离人的实践活动的感性归根到底也是抽象的唯物主义的一种表现形式。也就是说，与以前的唯物主义者一样，费尔巴哈也是以超历史的方式来谈论感性事物的。正是在这个意义上，马克思写道："当费尔巴哈是一个唯物主义者的时候，历史在他的视野之外；当他去探讨历史的时候，他不是一个唯物主义者。在他那里，唯物主义和历史是彼此完全脱离的。"②

从上面的论述可以看出，唯物主义与历史的合一，或唯物主义的历史特征构成了马克思的唯物主义学说的一个基本特征。正是从这一基本特征出发，马克思既不像旧唯物主义者（包括费尔巴哈在内）那样奢谈抽象的物质或与人的活动相分离的自然，也不像现在的马克思主义哲学教科书那样空谈"世界统一于物质""物质是运动的""运动是有规律的"这类废话，相反，他把自然理解为"人化的自然"或"历史的自然"；同时，马克思从资本主义经济这一历史形态出发，考察了物质的具体的形态——商品，揭示了"商品拜物教"的成因，从而阐明了资本主义经济形态中以物与物之间的关系掩盖着的人与人之间的真实关系。马克思还

---

① 《马克思恩格斯全集》，第3卷，50页，北京，人民出版社，1960。
② 《马克思恩格斯全集》，第3卷，51页，北京，人民出版社，1960。

告诉我们:"每个个人和每一代当作现成的东西承受下来的生产力、资金和社会交往形式的总和,是哲学家们想像为'实体'和'人的本质'的东西的现实基础,是他们神化了的并与之作斗争的东西的现实基础。"①也就是说,马克思的唯物主义学说从不抽象地谈论"物质决定意识"的空话,而是注重从每代人所已然接受的历史遗产——生产力、资金和社会交往形式的总和出发去揭示他们的观念的实质。比如,在某个国家的某个发展时期中,如果王权、贵族和资产阶级分享着统治的权力,那里占统治地位的思想就会是分权的学说,人们甚至会把这种学说当作永恒的规律来谈论。从这个角度出发去透视马克思的唯物主义学说,就会发现,它本质上是历史唯物主义。

马克思的唯物主义学说的实践性

马克思对自己的唯物主义学说的实践特征的强调,是在批判传统的、直观的唯物主义的基础上形成和发展起来的,而马克思之所以具有这样的批判意识,又与他对国民经济学和人的经济活动的研究分不开。那么,究竟什么是"直观的唯物主义"(anschauende Materialismus)呢?马克思认为,"直观的唯物主义,即不是把感性理解为实践活动的唯物主义"。②也就是说,直观的唯物主义不是从人的历史的实践活动出发来考察人的全部观念,而是以静观的、被动接受的、感性的方式来考察人们的观念。这种考察方式暴露出传统的唯物主义学说的致命的弱点。

早在《巴黎手稿》中,马克思已经充分地认识到实践观念在整个哲学立场中的重要性。他在强调异化的实践特征时写道:"在实践的、现实的世界中,自我异化只有通过同其他人的实践的、现实的关系才能表现

---

① 《马克思恩格斯全集》,第3卷,43页,北京,人民出版社,1960。
② 《马克思恩格斯全集》,第3卷,5页,北京,人民出版社,1960。

出来。异化借以实现的手段本身就是实践的。"① 在马克思看来，不应该像黑格尔那样，只是在单纯精神的范围内来谈论人与人之间的关系，特别是异化的关系。不但人与人之间的关系本质上是实践的，而且异化关系借以实现的手段也是实践的。也正是出于对实践问题的高度重视，马克思在《巴黎手稿》中对异化劳动的本质及其扬弃异化的途径进行了深入的探索。

在《关于费尔巴哈的提纲》中，完全可以说，实践成了马克思全部论述中的核心概念。马克思这样写道："从前的一切唯物主义——包括费尔巴哈的唯物主义——的主要缺点是：对事物、现实、感性，只是从客体的或者直观的形式去理解，而不是把它们当作人的感性活动，当作实践去理解，不是从主观方面去理解。"② 按照马克思的看法，由于传统的唯物主义是以"直观"（Anschauung）为特征的，因而既不可能充分地认识和实践主体的能动性，也不可能深刻地认识市民社会中人与人之间关系的本质，而至多只能做到对单个人的行为的直观，更不可能透彻地意识到：人的思维或观念是否具有客观性的问题，不是一个理论问题，而是一个实践的问题。如果说，旧唯物主义的根本特征是以直观的方式认识世界和解释的话，那么，马克思的新唯物主义则是以实践的方式解释世界和改造世界。③

在《德意志意识形态》中，马克思集中地批判了费尔巴哈的唯物主

---

① 《马克思恩格斯全集》，第42卷，99页，北京，人民出版社，1979。
② 《马克思恩格斯全集》，第3卷，3页，北京，人民出版社，1960。
③ 必须指出，《关于费尔巴哈的提纲》的第十一条"哲学家们只是用不同的方式解释世界，而问题在于改变世界"常常引起人们的误解，似乎马克思哲学只是"改变世界"而不"解释世界"的。其实，对于马克思哲学来说，"解释世界"与"改造世界"是统一在一起的。假如它不能"解释世界"，又怎么能动员人们去"改造世界"呢？事实上，《提纲》的第八条就深刻地揭示了实践的"解释世界"的功能。马克思这样写道："社会生活在本质上是实践的。凡是把理论导致神秘主义方面去的神秘的东西，都能在人的实践中以及对这个实践的理解中得到合理的解决。"（《马克思恩格斯全集》，第3卷，5页，北京，人民出版社，1960。）

义的直观性。一方面，费尔巴哈的唯物主义通过直观发现的只是"人自身"，而不是"现实的历史的人"；另一方面，费尔巴哈确信的自然科学的直观所达到的感性世界也不是某种开天辟地以来就存在的、始终如一的东西，而是人的历史的实践活动的产物。在这一批判的基础上，马克思系统地阐述了自己的实践唯物主义的立场。一方面，马克思进一步论证了实践的"解释世界"的功能，强调他的唯物主义学说"不是从观念出发来解释实践，而是从物质实践出发来解释观念的东西"。① 马克思认为，不仅人类所有的观念都是在他们实践活动的基础上产生和发展起来的，而且对旧观念的铲除也必须诉诸实践，不可能通过单纯的批判来达到自己的目的。马克思还令人信服地指出，统治阶级的思想在每一时代都是占统治地位的思想。也就是说，一个阶级以实践的方式支配着物质资料的生产，同时也就一定以理论的方式支配着精神资料的生产。在实践生活中占据着统治地位的人们，"还作为思维着的人，作为思想的生产者进行统治，他们调节着自己时代的思想的生产和分配"。② 马克思的这些论述为我们认识世界和解释世界提供了极为重要的启示。另一方面，马克思也进一步论证了实践的"改造世界"的功能。他指出："……实际上和对实践的唯物主义者（den praktischen Materialisten），即共产主义者说来，全部问题都在于使现存世界革命化，实际地反对和改变世界的现状。"③ 在这里，马克思明确地提出了"实践唯物主义"的新概念，并把改造世界理解为实践唯物主义的根本使命。

目前流行的哲学教科书的一个根本缺陷是仅仅从认识论的意义上来理解马克思的实践唯物主义，换言之，仅仅承认实践概念在认识论中的优先地位和作用。这就完全忽视了马克思的实践唯物主义学说的本体论维度。众所周知，本体论所关注的是存在的真理的问题，而这正是马克

---

① 《马克思恩格斯全集》，第 3 卷，43 页，北京，人民出版社，1960。
② 《马克思恩格斯全集》，第 3 卷，52 页，北京，人民出版社，1960。
③ 《马克思恩格斯全集》，第 3 卷，48 页，北京，人民出版社，1960。

思的实践唯物主义所要阐明的根本之点。马克思在谈到生产劳动时这样写道:"这种活动、这种连续不断的感性劳动和创造、这种生产,是整个现存感性世界的非常深刻的基础,只要它哪怕只停顿一年,费尔巴哈就会看到,不仅在自然界将会发生巨大的变化,而且整个人类世界以及他(费尔巴哈)的直观能力,甚至他本身的存在也就没有了。"① 这段重要的论述告诉我们,马克思一开始就不是从认识论,而是从本体论的角度来确定实践活动的地位和作用的。正是实践的本体论含义决定着它的认识论含义,甚至决定着认识者是否具有自己的认识或直观的能力。这就启示我们:一方面,绝不能只沿着认识论和科学技术的角度谈论实践概念,最根本的是揭示实践概念的本体论含义,并把这方面的含义理解为马克思的实践唯物主义所蕴含的最根本的含义;另一方面,应该把马克思的实践唯物主义与康德所开创的实践理性的学说结合起来,从而凸显政治实践、法律实践、道德实践和宗教实践在人类全部实践形式中的基础性的作用。只有从这样的思路出发,即从本体论而不是从认识论出发,才能真正领悟马克思的唯物主义实践特征的真谛。

马克思的唯物主义学说的人文性

马克思对自己的唯物主义学说人文性的强调,表明他批判地继承了西方人文主义,特别是费尔巴哈的人本主义的重要传统。然而,在目前流行的哲学教科书中,却存在着一个影响深远的神话:"马克思哲学=费尔巴哈哲学的基本内核(即唯物主义)+黑格尔哲学的合理内核(即辩证法)。"其实,马克思从费尔巴哈那里接受的哲学遗产,与其说是唯物主义,不如说是人本主义。

如果我们返回到费尔巴哈那里去的话,就会发现,他对自己的哲学

---

① 《马克思恩格斯全集》,第3卷,50页,北京,人民出版社,1960。

思想的实质常常缺乏明晰的认识。在《未来哲学原理》的一个注中,他写道:"在这本书里,唯物主义,经验论,实在论,人文主义之间的区别,当然是无关紧要的。"① 然而,在稍后出版的《反对身体和灵魂、肉体和精神的二元论》一文中,他却以坚定的口吻写道:"唯物主义、唯心主义、生理学、心理学都不是真理;只有人本学是真理,只有感性、直观的观点是真理,因为只有这个观点给予我整体性和个别性。"② 也就是说,在通常的情况下,费尔巴哈并不在乎人们如何看待他的哲学,但在比较严格的意义上,他更倾向于人们把他的哲学理解为一种人本学。事实上,马克思更多是从费尔巴哈的人本学,而不是从他的唯物主义那里得到灵感的。

在《巴黎手稿》中,马克思思考的一个中心问题就是人道主义与异化,这使他的唯物主义学说一开始就带有浓厚的人文性。马克思不仅指出,"在李嘉图看来,人是微不足道的,而产品是一切"③,而在整个国民经济学的视野中,"甚至连人的存在都是十足的奢侈"④;而且深刻地揭示了异化劳动所造成的人性的沦丧,并指出,共产主义就是对人的自我异化的积极的扬弃:"这种共产主义,作为完成了的自然主义,等于人道主义,作为完成了的人道主义,等于自然主义,它是人和自然界之间、人和人之间的矛盾的真正解决,是存在和本质、对象化和自我确证、自由和必然、个体和类之间的斗争的真正的解决。"⑤ 在这里,马克思强调了共产主义与人道主义之间天然的联系。在《巴黎手稿》的另一处,马克思以更确定的口吻写道:"无神论是以扬弃宗教作为自己的中介的人道主义,共产主义则是以扬弃私有财产作为自己的中介的人道主义。"⑥ 充

---

① 《费尔巴哈哲学著作选集》(上卷),140 页。
② 《费尔巴哈哲学著作选集》(上卷),205 页。
③ 《马克思恩格斯全集》,第 42 卷,72 页,北京,人民出版社,1979。
④ 《马克思恩格斯全集》,第 42 卷,137 页,北京,人民出版社,1979。
⑤ 《马克思恩格斯全集》,第 42 卷,120 页,北京,人民出版社,1979。
⑥ 《马克思恩格斯全集》,第 42 卷,174 页,北京,人民出版社,1979。

分显示出马克思的哲学与人文主义传统之间的内在联系。

在《神圣家族》一书中,马克思简要地论述了近代唯物主义的发展史,强调在培根那里,唯物主义还在朴素的形式下包含着全面发展的萌芽,但在以后的发展中它变得片面了,尤其是在霍布斯那里,"唯物主义变得敌视人了"①。这就告诉我们,唯物主义并不是天然地与人文精神合拍的,既存在着与人文精神一致的唯物主义,也存在着与人文精神敌对的唯物主义。正因为存在着这样的差别,所以马克思又指出:"费尔巴哈在理论方面体现了和人道主义相吻合的唯物主义(den mit dem Humanismus zusammenfallenden Materialismus),而法国和英国的社会主义和共产主义则在实践方面体现了这种唯物主义。"② 在这些重要的论述中,马克思不仅明确地区分了两种不同类型的唯物主义学说,而且公开地表明,社会主义与共产主义在实践上与这种"和人道主义相吻合的唯物主义"是完全一致的。马克思还对费尔巴哈把德国唯心主义哲学归结为"以自然为基础的现实的人"表示赞赏,认为他巧妙地拟定了对黑格尔的思辨以及一切形而上学批判的要点。

在《关于费尔巴哈的提纲》和《德意志意识形态》中,虽然马克思转而批判了费尔巴哈哲学中"人"的概念的抽象性,但这绝不表明马克思抛弃了西方的人文主义传统,抛弃了费尔巴哈人本主义思想的精华,恰恰相反,马克思仍然是这一传统伟大的继承者,马克思不过是把人的问题奠基在历史唯物主义的基础上加以阐明而已。马克思以后思想的发展也一再向我们证明这一点。在《共产党宣言》中,马克思把未来的共产主义社会理解为"一个以各个人自由发展为一切人自由发展的条件的联合体"。③ 在《1857—1858年经济学手稿》中,马克思又指出:"古代的观点和现代世界相比,就显得崇高得多,根据古代的观点,人,不管

---

① 《马克思恩格斯全集》,第2卷,164页,北京,人民出版社,1957。
② 《马克思恩格斯全集》,第42卷,160页,北京,人民出版社,1979。
③ 《马克思恩格斯全集》,第4卷,491页,北京,人民出版社,1958。

是处在怎样狭隘的民族的、宗教的、政治的规定上，毕竟始终表现为生产的目的，在现代世界，生产表现为人的目的，而财富则表现为生产的目的。"① 在《资本论》中，马克思通过其剩余价值的学说，揭露了资本主义社会中人与人之间的真实关系，从而为工人阶级的解放奠定了理论基础。所有这一切都表明，马克思始终是西方人文主义传统的继承者，人文性始终是马克思唯物主义学说的重要特征。

然而，长期以来，我们却夸大了马克思哲学与西方人文主义传统之间的对立，以致竟出现了这样的局面，即人们把人性、人道主义、人本主义、人文精神通通视为资产阶级的东西而加以否定，仿佛马克思哲学是从来不屑于谈论这些东西的，它关心的只是阶级斗争，只是人与人之间的冲突。由于这样的思维定式的形成，马克思的唯物主义学说遭到了严重的曲解，即它被变形为马克思本人批判过的霍布斯式的、"敌视人"的唯物主义。在社会主义历史时期，这种误解对于马克思唯物主义的发展来说是灾难性的。

马克思的唯物主义学说的辩证性

我们在这里提到的马克思的唯物主义学说的辩证性与通常所用的"辩证唯物主义"的概念并不是一回事。众所周知，"辩证唯物主义"是辩证法和一般唯物主义的结合，而我们则认为，在马克思哲学中，并不存在着一般唯物主义，马克思哲学本质上也就是实践唯物主义或历史唯物主义。因而我们这里提到的"辩证性"绝不是以抽象的物质或与人相分离的自然界为载体的，而是以人的历史的实践活动，尤其是人的生产劳动为载体的。一言以蔽之，我们在这里讨论"辩证性"时，强调的不是"辩证性"本身的内涵，而是它究竟是以什么东西作为自己的载体。

---

① 《马克思恩格斯全集》，第46卷（上），486页，北京，人民出版社，1979。

也就是说，我们是从本体论，而不是从认识论的角度来思索唯物主义的辩证法特征的。

在《巴黎手稿》中，马克思写道："黑格尔的现象学及其最后成果——作为推动原则和创造原则的否定性的辩证法——的伟大之处首先在于，黑格尔把人的自我产生看作一个过程，把对象化看作失去对象，看作外化和这种外化的扬弃；因而，他抓住了劳动的本质，把对象性的人、现实的因而是真正的人理解为他自己的劳动的结果。"① 也就是说，马克思的唯物主义的辩证性不在于强调抽象的物质是如何运动的，而在于强调人的本质是如何在劳动的辩证过程中生成并发展起来的。换言之，在马克思那里，辩证法绝不是"物质或自然自身的运动"，而始终是以人与自然之间的关系、人与人之间的关系作为自己的载体的。在《资本论》中，马克思这样写道："在某种意义上，人很像商品。因为人来到世间，既没有带镜子，也不像费希特派的哲学家那样，说什么我就是我，所以人起初是以别人来反映自己的。名叫彼得的人把自己当作人，只是由于他把名叫保罗的人看作是和自己相同的。因此，对彼得来说，这整个保罗以他保罗的肉体成为人这个物种的表现形式。"② 这表明，马克思的唯物主义与那种机械论的唯物主义不同，它始终以辩证的眼光看待人的活动和人类历史的发展。

然而，遗憾的是，目前流行的哲学教科书总是把抽象的物质或抽象的自然作为辩证法的载体，这样一来，人的活动和人类社会这一最重要的基础就被抽掉了，辩证法成了某种类似于诡辩的东西。恢复马克思的唯物主义学说的辩证性，就是要把人的活动和人类社会作为辩证法的真正的载体。

综上所述，马克思的唯物主义学说的历史性、实践性、人文性和辩证性是不可分割地统一在一起的。事实上，也只有充分地认识这些基本特征，才能领悟马克思的唯物主义学说的特殊性，才能理解马克思哲学的划时代的革命的意义之所在。

---

① 《马克思恩格斯全集》，第42卷，163页，北京，人民出版社，1979。
② 马克思：《资本论》，第1卷，67页，北京，人民出版社，1975。

马克思的实践唯物主义及其当代发展趋向

在马克思哲学的研究中,理论界达成的一个共识是:实践概念在马克思哲学中起着基础性的、核心的作用。但究竟如何论定马克思哲学的性质,则存在着不同的看法,如"实践唯物主义""实践本体论""实践一元论""物质—实践论""实践主义"等。可谓见仁见智,迥然各异。本文无意对这些看法之间存在的差异进行深入的探讨,而是强调:马克思哲学的性质既不能以引证马克思的片言只语的方式去论定,也不能以阿尔都塞所批评的、黑格尔式的"分析目的论"的方式去论定,更不能从当代人的某些主观的、随意的倾向出发去论定,而应当从马克思哲学发展的内在逻辑去论定。正是从这一逻辑出发,我们认为,马克思哲学是实践唯物主义。

在本文中,我们将着重讨论以下的问题:马克思的唯物主义的历史渊源是什么?为什么说马克思哲学就是实践唯物主义？在当代哲学的挑战下，实践唯物主义如何发展？

马克思对英、法唯物主义传统的回顾

在《神圣家族》一书中，马克思对英、法唯物主义传统的演化做出了精辟的论述。他提纲挈领地写道："……法国唯物主义有两个派别：一派起源于笛卡儿，一派起源于洛克。后一派主要是法国有教养的分子，它直接导向社会主义。前一派是机械唯物主义，它成为真正的法国自然科学的财产。这两个派别在发展中是相互交错的。"①

按照马克思的看法，笛卡尔的形而上学和物理学是"完全分开"的。他的形而上学从"我思故我在"的命题出发，体现了主观意识的觉醒，但在他的形而上学所展示的世界中，上帝仍然是最重要的实体。与此不同的是，他的物理学却摆脱了超自然的上帝的束缚，把物质视为唯一的实体，视为存在和认识的唯一根据。然而，由于当时的数学（几何学）和自然科学（机械力学）眼界的限制，笛卡尔的唯物主义本质上是一种机械的唯物主义。

在笛卡尔的形而上学的影响下，荷兰学者斯宾诺莎和德国学者莱布尼茨进一步使17世纪的形而上学体系化。与此相反的是，法国学者伽桑狄通过对古代唯物主义者伊壁鸠鲁的思想的恢复来对抗笛卡尔的形而上学，英国学者霍布斯通过对英国唯物主义的始祖培根思想的张扬来批判笛卡尔的形而上学，而法国学者比埃尔·培尔则主要把自己批判的矛头指向斯宾诺莎和莱布尼茨，从而使17世纪的形而上学威信扫地，为欧洲人，尤其是法国人接受笛卡尔物理学中的唯物主义思想创造了条件。

法国学者勒卢阿、卡巴尼斯、拉美特利都继承并发展了笛卡尔的

---

① 《马克思恩格斯全集》，第2卷，160页，北京，人民出版社，1957。

唯物主义。这种唯物主义虽然促进了机械的自然科学的发展,但却与霍布斯的唯物主义一样,带着抽象化、贬低人,甚至敌视人的特点。正如马克思在评论霍布斯的唯物主义时所指出的那样:"唯物主义在以后的发展中变得片面了。霍布斯把培根的唯物主义系统化了。感性失去了他的鲜明的色彩而变成了几何学家的感性。物理运动成为机械运动或数学运动的牺牲品;几何学被宣布为主要的科学。唯物主义变得敌视人了。"[1]

正在这时,洛克的《人类理解研究》在英国出版了。与体现在笛卡尔物理学中的、关于物质和运动的机械唯物主义的倾向不同,洛克提出了一个以人的感觉经验为基础的、完整的唯物主义的认识论体系。它对欧洲,特别是法国的影响是十分巨大的。如果说,法国学者孔狄亚克把洛克的唯物主义发挥成一种极端化的感觉主义的话,那么,另一位法国学者爱尔维修则把洛克的唯物主义学说运用到社会生活中,从而对人的感觉、欲望、利益、幸福、人性、人的环境和教育等问题进行了全面的论述。爱尔维修的唯物主义不但催生了以巴贝夫、傅立叶为代表的法国共产主义学说,而且返回到英国,催生了边沁的功利主义学说,而欧文则从边沁的学说出发去论证英国的共产主义,他"把唯物主义学说当做现实的人道主义学说和共产主义的逻辑基础加以发展"。[2]

从上面的考察中可以引申出下面的结论:第一,马克思之所以对英、法唯物主义的传统怀有特别的兴趣,这是由他对共产主义学说的兴趣引发的。实际上,正通过对英、法唯物主义传统的追溯,马克思考察了欧洲共产主义学说的理论基础。第二,在马克思看来,近代欧洲的唯物主义分为两派:一派源于笛卡尔的物理学,霍布斯虽然反对笛卡尔的形而上学,但却受到了他的唯物主义的影响。这一派促进了自然科学的发展,但却由于把唯物主义与人的感性对立起来而包含着敌视人的倾向;另一

---

[1] 《马克思恩格斯全集》,第2卷,163~164页,北京,人民出版社,1957。
[2] 《马克思恩格斯全集》,第2卷,167~168页,北京,人民出版社,1957。

派源于洛克的认识论，通过爱尔维修而被导入到社会生活中，从而和人的感性、人道主义相贯通，并成了英、法共产主义学说的理论基础。毋庸讳言，马克思关注的是后一派的唯物主义。

马克思的唯物主义与费尔巴哈的唯物主义的关系

无疑地，马克思的《关于费尔巴哈的提纲》是人们探讨马克思的唯物主义与费尔巴哈的唯物主义关系的重要文件，但如果人们的考察仅仅局限在这一孤立的文本上，难免会引申出偏颇的结论。本文认为，应当结合马克思的其他文本，结合他思想发展的自身逻辑来探究这一关系，以便对它做出全面的论述。

众所周知，费尔巴哈虽然不承认德国的唯物主义是来自法国的，认为它是德国宗教改革的产物，但他关于爱、幸福和利己主义的学说明显地带有爱尔维修哲学思想的痕迹。当然，他对唯物主义这个概念抱着一种矛盾的态度。在《未来哲学原理》中，他强调，"在这本书里，唯物主义、经验论、实在论、人文主义之间的区别，当然是无关紧要的"[①]。但在《反对身体和灵魂、肉体和精神的二元论》一文中，他又指出："唯物主义、唯心主义、生理学、心理学都不是真理；只有人本学是真理，只有感性、直观的观点是真理，因为只有这个观点给予我整体性和个别性。"[②] 事实上，费尔巴哈坚决反对那种与人的感性相分离的"抽象的物质"及其在这一基础上形成的"抽象的唯物主义"[③]，而赞成蕴含着人的感性的唯物主义。也正是在这个意义上，马克思指出："费尔巴哈在理论方面体现了和人道主义相吻合的唯物主义，而法国和英国的社会主义和

---

① 《费尔巴哈哲学著作选集》，上卷，140页注，北京，商务印书馆，1984。
② 《费尔巴哈哲学著作选集》，上卷，205页，北京，商务印书馆，1984。
③ 《费尔巴哈哲学著作选集》，上卷，111、201页，北京，商务印书馆，1984。

共产主义则在实践方面体现了这种唯物主义。"①

特别要注意的是"和人道主义相吻合的唯物主义"这个概念。事实上，在费尔巴哈的《基督教的本质》(1841)发表之后到马克思的《关于费尔巴哈的提纲》(1845)撰写之前，马克思坚持的正是这样一种唯物主义。也正是从"和人道主义相吻合的唯物主义"的立场出发，马克思和费尔巴哈一样，对"抽象的唯物主义"进行了深入的批判。在《黑格尔法哲学批判》(1843)中，马克思指出："抽象的唯灵论是抽象的唯物主义；抽象的唯物主义是物质的抽象的唯灵论。"② 这两个极端之所以是相通的，因为它们都把物质与精神割裂开来，并抽象地对立起来。在《巴黎手稿》(1844)中，马克思进一步批判了那种把自然科学与人的生活分离开来，并对立起来的错误观点，强调"自然科学将失去它的抽象物质的或者不如说是唯心主义的方向"③。

事实上，只有明白马克思对"抽象的唯物主义"的批判，才能正确地理解他的《关于费尔巴哈的提纲》。人们通常认为：《提纲》表明，费尔巴哈的唯物主义是"直观的"，而马克思的唯物主义则是"实践的"。诚然，我们不能说这种见解是错误的，但它显然是肤浅的。因为费尔巴哈也是注重实践的，他在《关于哲学改造的临时纲要》一文中写道："从理想到实在的过渡，只有在实践哲学中才有它的地位。"④ 在《未来哲学原理》一书中，他进一步强调，新哲学"本质上具有一种实践倾向，而且是最高意义下的实践倾向"。⑤ 这表明实践概念在他的哲学思想中起着基础性的作用。由此可知，他与马克思的区别不在于讲不讲实践的问题，而在于如何理解实践这一概念的含义问题。所以，重要的是记住马克思在《提纲》第一条最后部分对费尔巴哈的批判，他"对于实践则只是从

---

① 《费尔巴哈哲学著作选集》，上卷，160页，北京，商务印书馆，1984。
② 《马克思恩格斯全集》，第1卷，355页，北京，人民出版社，1956。
③ 《马克思恩格斯全集》，第42卷，128页，北京，人民出版社，1979。
④ 《费尔巴哈全集》，上卷，108页。
⑤ 《费尔巴哈全集》，上卷，186页。

它的卑污的犹太人活动的表现形式去理解和确定。所以,他不了解'革命的''实践批判的'活动的意义"。① 也就是说,马克思并不只是把实践理解为个人生活中的行为,而是理解为社会革命。当然,这仅仅是马克思实践概念的一个维度,而不是它的全部内容。马克思实践概念的另一个重要的维度是生产劳动,这里楔入了一个极为重要的背景,那就是马克思对英国古典经济学的批判性的解读,而在费尔巴哈那里,这个背景并不存在。

人们通常也认为:《提纲》表明,费尔巴哈的唯物主义把人的本质理解为自然的"类",而马克思的唯物主义则把人的本质理解为一切社会关系的总和。这个看法似乎也太简单了。因为马克思在《巴黎手稿》中曾经提到过费尔巴哈的三个伟大功绩,其中之一是:"创立了真正的唯物主义和现实的科学,因为费尔巴哈使'人与人之间的'社会关系成了理论的基本原则。"② 按照这一见解,当时的费尔巴哈不但论述到"类"的问题,更重要的是他注意到了人与人之间的社会关系,并把它作为自己理论的基本原则。尽管《提纲》与《手稿》讨论社会关系的角度不同,但用这一点来表示马克思的唯物主义和费尔巴哈的唯物主义的根本差别显然是过于简单化了。

按照我们的看法,只有回到前面提到的"抽象的唯物主义"这一重要的概念上,马克思的唯物主义与费尔巴哈的唯物主义的差异才会清晰地显现出来。然而,我们必须注意到,在《提纲》写作的前后,马克思对"抽象的唯物主义"这一概念内涵的理解也发生了相应的变化。如前所述,在《提纲》写作之前,马克思把主张精神与物质的分离、自然科学与人的生活的分离的唯物主义称为"抽象的唯物主义",而把费尔巴哈的"和人道主义相吻合的唯物主义"看作真正的唯物主义。因为在当时的情况下,马克思甚至把共产主义也理解为"以扬弃私有财产作为自

---

① 《马克思恩格斯全集》,第3卷,3页,北京,人民出版社,1960。
② 《马克思恩格斯全集》,第42卷,158页,北京,人民出版社,1979。

己的中介的人道主义"。① 可是，在《提纲》写作以后，特别是在《德意志意识形态》（1845—1846）中，马克思开始把当时他自己也赞成的、费尔巴哈式的"和人道主义相吻合的唯物主义"也归入到"抽象的唯物主义"的概念中。

马克思认为，这种唯物主义的抽象性主要表现在：无论是费尔巴哈提到的"人""人与人之间的社会关系"和"人本主义"都是非历史性的，即超越一切历史时代。这样一来，他的唯物主义归根到底仍然是"抽象的唯物主义"。所以马克思写道："当费尔巴哈是一个唯物主义者的时候，历史在他的视野之外；当他去探讨历史的时候，他决不是一个唯物主义者。在他那里，唯物主义和历史是彼此完全脱离的。"② 从《德意志意识形态》的写作起，马克思始终把历史性作为判断一种唯物主义是否抽象的根本标准。也正是在这个意义上，马克思在《资本论》第一卷（1867）中以更明确的口吻告诉我们："那种排除历史过程的、抽象的自然科学的唯物主义的缺点，每当它的代表越出自己的专业范围时，就在他们的抽象的和唯心主义的观念中立刻显露出来。"③

总之，只有从马克思哲学思想发展的内在逻辑出发，而不仅仅局限于《提纲》一文，才能对他的唯物主义与费尔巴哈的唯物主义的差别获得比较深入的理解。

---

① 《马克思恩格斯全集》，第42卷，174页，北京，人民出版社，1979。
② 《马克思恩格斯全集》，第3卷，51页，北京，人民出版社，1960。
③ 马克思：《资本论》，第1卷，410页，北京，人民出版社，1975。遗憾的是，在恩格斯和普列汉诺夫的影响下，列宁在《唯物主义和经验批判主义》一书中完全没有注意到马克思这方面的研究成果，从而磨平了马克思的唯物主义与旧唯物主义之间的根本差别。传统的哲学教科书强调"世界统一于物质"，一开始就把物质或自然同它的一定的历史条件和人的实践活动分离开来，从而陷入马克思屡屡批判的"抽象的唯物主义"的窠臼中。

马克思哲学是实践唯物主义

如前所述,在论定"马克思哲学的性质究竟是什么?"这一问题时,我们要尊重马克思自身思想发展的逻辑。在《德意志意识形态》中,马克思写道:"实际上对实践的唯物主义者,即共产主义者说来,全部问题都在于使现存世界革命化,实际地反对和改变事物的现状。"① 马克思在这里使用的虽然是"实践唯物主义者"的概念,而不是"实践唯物主义"的概念,但前一个概念的使用已经蕴含着对后一概念的认可。

马克思思想自身发展的逻辑也表明,"实践唯物主义"概念的提出是马克思长期思考的一个结晶。在《巴黎手稿》中,马克思把共产主义称为"实践的人道主义",并把它与作为"理论的人道主义"的无神论对立起来。在《神圣家族》中,马克思指出:"费尔巴哈在理论方面体现了和人道主义相吻合的唯物主义,而法国和英国的社会主义和共产主义则在实践方面体现了这种唯物主义。"② 在这里,"实践唯物主义"的概念差不多已经呼之欲出了。在《提纲》中,马克思强调:"哲学家们只是用不同的方式解释世界,而问题在于改变世界。"③ 这里说的"改变世界"当然也就是诉诸实践。由此可知,马克思把自己的新哲学思想称之为"实践唯物主义"并不是偶然的,而是他自己的思想发展的一个必然的结果。

本文认为,马克思的实践唯物主义学说具有以下三个基本的特征。

第一,实践性。如前所述,实践概念的内涵是十分丰富的,而在马克思那里,主要突出了两个维度:一是生产劳动。在马克思看来,人类生存的第一个前提同时也是一切历史的第一个前提,那就是:"人们为了能够'创造历史',必须能够生活。但是为了生活,首先就需要衣、食、

---

① 《马克思恩格斯全集》,第3卷,48页,北京,人民出版社,1960。
② 《马克思恩格斯全集》,第2卷,160页,北京,人民出版社,1957。
③ 《马克思恩格斯全集》,第3卷,6页,北京,人民出版社,1960。

住以及其他东西。因此第一个历史活动就是生产满足这些需要的资料,即生产物质生活本身。"① 众所周知,在马克思那里,"生产"的概念具有其他多种含义,如物质生活资料的生产、人的生产、精神生产、社会的生产和社会关系的生产等,而我们这里讲的"生产劳动"主要指的是物质生活资料的生产,因为正是这方面的生产制约着人类其他所有的活动。二是社会革命。如果说,经过爱尔维修引申的、洛克式的唯物主义是空想社会主义和共产主义的理论基础的话,那么,马克思的实践唯物主义则是科学的社会主义和共产主义的理论基础。这两种理论基础的差别在于,前者只是一个对社会生活的解释性的体系,而后者则是对现存的秩序进行根本性改造的、诉诸社会革命的、实践性的体系。

第二,历史性。旧唯物主义之所以是抽象的唯物主义,其基本特征是超越一切历史条件来奢谈物质、运动、意识、精神、人这类概念,这样的谈论显然是不着边际的,因而也是没有什么意义的。马克思的实践唯物主义则是在资本主义历史条件下形成的一种唯物主义学说。它通过资本主义生产劳动这一特定的历史媒介去看待一切。在它的视野中,并不存在抽象的物质,在资本主义的历史条件下,物质的形态是商品。这样一来,抽象物质的机械运动在马克思那里就成了商品的生产、流通、消费和分配;意识和精神也相应地成了"意识生产"和"精神生产";而抽象的人也成了现实的商品生产者或交换者。正是通过对自己的唯物主义的历史特征的强调,马克思告诉我们:当代哲学本质上是经济哲学、法哲学,而不是自然哲学、逻辑学,这也正是马克思特别重视黑格尔的《法哲学》和《精神现象学》的缘故。

第三,人文性。有人也许会提出:既然马克思放弃了"和人道主义相吻合的唯物主义"的提法,为什么在这里又把人文性视为实践唯物主义的基本特征呢?诚然,我们也承认,马克思后来确实放弃了"和人道

---

① 《马克思恩格斯全集》,第3卷,31页,北京,人民出版社,1960。

主义相吻合的唯物主义"的提法,但马克思放弃的只是以抽象的、超历史的"人"为出发点的人道主义,而并没有放弃人文主义传统的核心内容——独立人格、自由、平等、民主、公正等基本观念,而且在这一传统中融进了新的内容,如对人的异化的扬弃、人的解放等。实际上,马克思所倡导的是以现实的人为基础的新的人道主义,我们不妨把这种新的唯物主义称为实践唯物主义的"人文性"。

当代哲学的挑战和实践唯物主义的发展

马克思的实践唯物主义学说在当代面临着种种挑战。这些挑战主要来自以下三个方面:一是马克思的实践唯物主义是以现实的生产劳动作为出发点的,而这种劳动又是以科学技术为媒介的。正如海德格尔所说:"唯物主义的本质隐藏在技术的本质中;关于技术,果然已写出很多东西,但却被思得很少。"[①] 二是马克思的实践概念,除生产劳动的含义外,主要落实在社会革命的含义上,但社会革命主要涉及人的政治活动,而道德活动、法律活动和宗教活动方面的内涵还没有凸显出来。也正是在这个意义上,韦伯把马克思的哲学划归到"工具理性"的范围内,并提出"价值理性"试图超越马克思。同样地,哈贝马斯则试图用"交往理性"来超越马克思。三是马克思的唯物主义的人文性没有得到充分的强调,所以,虽然萨特承认马克思的思想是不可超越的,但他还是试图用"存在主义"来补充马克思的学说。

面临这样的挑战,实践唯物主义究竟怎么办?我们认为,重要的是返回到康德哲学的基本思想,即理论理性(自然)和实践理性(自由)上。前者涉及认识论、自然科学和技术,后者则涉及本体论,即道德、法律、宗教、政治方面的实践活动。毋庸讳言,马克思哲学研究的一个

---

① 《海德格尔选集》,上,384页,北京,生活·读书·新知三联书店,1996。

重要的弊端是：人们试图用理论理性去吞并实践理性，用认识论意义上的实践概念①取代本体论意义上的实践概念，用"自然"取代"自由"②，用科学技术和工具理性去取代价值理性。这样一来，一些基本的问题被混淆起来了，实践唯物主义的本质性的内涵就被忽略了。

必须充分理解康德研究的成果，并从生存论的本体论的角度出发来理解马克思的实践唯物主义。这样一来，实践概念的根本内涵，人文性，人在道德、法律、宗教和政治方面的实践活动，科学技术在当代唯物主义学说中的作用等问题就会重新凸显出来，实践唯物主义也将获得与当代生活相适应的新的形式。

---

① 在康德哲学中，"实践"概念只能在本体论意义上使用，不能在认识论意义上使用，但后人却随意地在认识论意义上使用这一概念，从而造成了思想上的混乱。

② 这一取代是通过把自由理解为"对必然的认识"的方式来实现的。直到今天，人们还是以这样的方式给自由下定义的，这表明，他们完全是以前康德的方式进行哲学思考的。参见拙文《自由概念两题议》，载《开放时代》，2000（7）。

马克思本体论研究中的一些基本概念

近年来，对马克思本体论思想的探讨已经成为哲学基础理论研究中的一个热点，这确实是一项返本开新式的工作，将对今后的整个哲学研究产生重大的影响。然而，在中国的传统思维方式和语境中讨论问题，一个严重的不足是对所论及的基本概念缺乏深入的分析和严格的界定。在对马克思本体论思想的研究中，同样存在着这种情况。为了实质性地推进这方面的研究，有必要对这一讨论必定会涉及的下面这些基本概念的内涵做出明确的界定。本文尝试在这方面做一些工作，以求教于学界同人。

形而上学，还是知性形而上学的思维方法

有人也许会问：讨论本体论问题，为什么要把形而上学扯进来呢？显然，提问者缺乏基本的哲学素养。因为在传统哲学中，本体论不

过是形而上学的一个组成部分，要弄明白本体论的含义，必须先搞清楚形而上学的含义是什么。

众所周知，"形而上学（Metaphysics）"是亚里士多德的一部哲学著作的名称，后人安德鲁尼科在编撰亚氏著作时，把放在物理学后面的那部分称作"Metaphysics"，即"物理学之后"。亚氏把"物理学"称为"第二哲学"，把讨论"存在者之为存在者"，即探讨事物终极原因的那部分学问称为"第一哲学"。所以，Metaphysics 也就相当于亚氏的"第一哲学"。后来，笛卡尔写《第一哲学沉思录》，他所谓"第一哲学"也就是探讨事物终极原因的形而上学。他在《哲学原理》一书中还强调，哲学就如一棵树，其中形而上学是根，物理学是干，别的一切科学就是干上生出来的枝。在这个比喻中，我们发现，笛卡尔把哲学理解为一门包罗万象的学问，而形而上学则是哲学的基础部分。在以后的发展中，沃尔夫概括了前人和同时代人的研究成果，进一步把形而上学的内容具体化了。正如梯利所指出的："沃尔夫根据灵魂的两种机能，即认识和嗜欲，把科学分成为理论的和应用的两种。前者包括本体论、宇宙论、心理学和神学，这都属于形而上学；后者包括伦理学、政治学和经济学。……逻辑是一切科学的导论。"[①] 沃尔夫这里说的"科学"也就是哲学，他把形而上学视为哲学的理论部分，而这一部分又可进一步细分为本体论、心理学、宇宙论和神学。康德在《纯粹理性批判》和《未来形而上学导论》，黑格尔在《小逻辑》中所批判的形而上学概念基本上都是沃尔夫意义上的。

从上面的论述可以看出，传统意义上的形而上学构成哲学的基础理论，它由本体论、心理学、宇宙论和神学四个部分组成。我们知道，黑格尔在《小逻辑》中把康德以前的形而上学称为"知性形而上学"，并批评其思维方法是机械的、非此即彼的。深受黑格尔思想影响的恩格斯在

---

① 梯利：《西方哲学史》，下册，146页，北京，商务印书馆，1979。

《反杜林论》中进一步演绎了黑格尔的思想："在形而上学者看来，事物及其在思想上的反映即概念，是孤立的、应当逐个地和分别地加以考察的、固定的、僵硬的、一成不变的研究对象。他们在绝对不相容的对立中思维；他们的说法是：'是就是，不是就不是；除此之外，都是鬼话。'"① 在恩格斯看来，与这种形而上学的思维方式不同的是，"辩证法在考察事物及其在观念上的反映时，本质上是从它们的联系、它们的联结、它们的运动、它们的产生和消逝方面去考察的"②。

在这里，形而上学问题的讨论出现了新的转折：第一，恩格斯没有像黑格尔那样，把"康德以前的形而上学"和"康德以来的形而上学"区分开来③；第二，受到近代哲学片面地注重认识论、方法论思想倾向的影响，恩格斯没有深入考察传统形而上学的内容，他着重批判的只是知性形而上学的思维方法，并使之与辩证法对立起来。传统的马克思主义哲学的研究者们深受恩格斯思想的影响，加之他们常常缺乏西方哲学史方面的素养，所以他们完全撇开了传统的形而上学的内容，而仅仅把形而上学理解为一种与辩证法对立的、非此即彼的思维方法。④

所以，要对本体论的问题有一个准确的认识，就有必要先把传统哲学意义上的形而上学概念与恩格斯以来的、作为一种思维方法的形而上学概念严格地区分开来。也就是说，我们必须超越近代西方哲学片面地重视认识论、方法论的思维框架，才不会把形而上学问题仅仅还原为一个思维上的方法问题。记得黑格尔在分析形而上学研究出现的衰微状况

---

① 《马克思恩格斯选集》，第3卷，360页，北京，人民出版社，1995。
② 《马克思恩格斯选集》，第3卷，361页，北京，人民出版社，1995。
③ 实际上，经过康德的批判，特别是康德的"先验辩证论"，康德以来的形而上学不再像以前的知性形而上学一样，用非此即彼的方式看待一切。在黑格尔那里，形而上学和逻辑学直接等同起来了，更是超出了传统的知性形而上学的思维方式。
④ 在理论界，甚至出现了这样的看法，即提倡本体论研究，但又否定形而上学的研究。显然，持这种看法的人并没有从哲学的基础理论这一内涵上去理解形而上学，而仅仅把它看作黑格尔和恩格斯所批评的知性形而上学的错误思维方法。

时曾经说过:"一个有文化的民族竟没有形而上学——就像一座庙,其他各方面都装饰得富丽堂皇,却没有至圣的神那样。"① 由此可见,必须把作为哲学基础理论的形而上学概念与人们在马克思主义哲学研究的语境中通常理解的、作为非此即彼的思维方法的形而上学的概念严格地区分开来。事实上,形而上学不能也不应该被还原为一种单纯的思维方法,只有把它理解为哲学的基础理论,作为形而上学组成部分的本体论研究的重要性和必要性才会显露出来。

本体论,还是世界观

如前所述,在近代哲学片面地注重认识论、方法论的思想倾向的影响下,传统的马克思主义哲学的研究者们通常把形而上学理解为一种单纯的、错误的思维方法并加以抛弃。在这样的背景和语境下思考问题,作为形而上学的组成部分的本体论也就失去了自己的存在价值和意义。全部哲学研究也就在认识论和方法论的视野内展开了。然而,那些不喜欢使用形而上学、本体论概念的马克思主义哲学的研究者们仍然无法回避传统哲学在形而上学的名义下所进行的哲学基础理论的研究。

为了从这个僵局中走出来,他们决定用"世界观"的概念来取代形而上学,特别是本体论的概念。乍看起来,他们与传统的哲学观念似乎已经实行了"彻底的决裂",但他们的主观想象并没有使他们真正地脱离传统哲学研究的地基。事实上,他们使用的世界观的概念相当于形而上学中的"宇宙论"。正如黑格尔在《小逻辑》中所指出的:"形而上学的第三部分是宇宙论,探讨世界,世界的偶然性、必然性、永恒性,在时空中的限制,世界在变化中的形式的规律,以及人类的自由和恶的起源。"②

---

① 黑格尔:《逻辑学》,上卷,2页,北京,商务印书馆,1981。
② 黑格尔:《小逻辑》,104页,北京,商务印书馆,1980。

世界观相当于形而上学中的宇宙论，而宇宙论又不过是形而上学中的一个部分，那么它当然是无法取代形而上学概念的。同样，它也无法取代本体论的概念。因为在传统的形而上学中，本体论是最基础的部分，它探讨的是存在的真理和意义，是为其他三个部分——心理学、宇宙论和神学奠定基础的，也是它们所无法取代的。事实上，以往关于世界观问题的探讨之所以十分肤浅，就是因为这一讨论是以脱离本体论的基础来展开的。

我们再来看看，传统的马克思主义哲学的研究者们谈论世界观的实质和困境究竟是什么。平心而论，他们并没有把"世界"理解为一个基础性的、十分重要的哲学概念，而仅仅是从自然科学的宇宙起源论或自然哲学本原论的角度出发来理解世界概念的。也就是说，他们只是从时间在先的意义上关注世界是如何发生的，而并不重视从逻辑在先的意义上来思考世界的本质是什么。所以在传统的马克思主义哲学教科书中，世界是一个如海德格尔所批评的那样，完全被"跳"过去的现象。换言之，他们关心的并不是世界的本质，而是世界是如何发生的。总之，重大的哲学基础理论在这里被实证化了，被转化为一个轻飘飘的、边缘化的问题。

如果我们真正从哲学上、从逻辑在先的角度出发来思考问题，那么世界观研究的真正困难就会显露出来。首先，传统的马克思主义哲学的研究者们通常把世界理解为一个整体，把世界观理解为关于整体世界的观念。但是，每个人都只是世界的一个部分，部分能够把握整体吗？康德认为，当人们运用知性范畴去把握世界时，必然会陷入二律背反；维特根斯坦认为，世界的意义在世界之外，它是无法说出来的。其次，当传统的马克思主义哲学的研究者们喋喋不休地谈论世界的起源、人的诞生、人和世界之间的关系时，他们谈论的只是自然科学意义上的世界，而不是哲学意义上的世界。因为哲学意义上的世界不但无法与人分离，而且它本身就是人的生存活动的展示方式。也正是在这个意义上，海德格尔的基础本体论强调,作为人之存在的"此在"(Dasein)乃是"在世界之中的存在"(das in-der-Welt-sein)。海氏之所以用连字符号来表达"此在"概念,就是要表明,世界与人是不可分离地关联在一起的。在哲学上,我们既不能离开人来谈论世界,也不能离开世界来谈论人。而传统的马克思主义哲学的研究者们在"辩证唯物主义"的部分谈论"世界",在"历史唯物主义"的部分谈论"人",这就完全把人与世界分离开来了,也就是说,他们与真正的世界概念失之交臂了。

由此可见,一方面,世界观的概念无法取代形而上学,尤其是本体论的概念;另一方面,没有真正的本体论意义上的、对存在意义的先行的领悟,世界观始终只是自然科学意义上的概念,而不是哲学概念。

存在,还是存在者

自从恩格斯在《路德维希·费尔巴哈和德国古典哲学的终结》一书中提出"思维和存在的关系问题",并把它视之为全部哲学,特别是近代哲学的基本问题之后,传统的马克思主义哲学的研究者们对这个问题无不青睐有加。但令人困惑不解的是,存在问题属于本体论研究的领域,既然摒弃了本体论的研究,为什么又要谈论存在问题呢?在这样的思维格局中谈论存在问题,必定会落入认识论的窠臼,事实上也正是如此。所以,传统的马克思主义哲学的研究者们真正关心的问题是:思维和存在究竟有没有同一性,换言之,人的思维究竟是不是能够认识和把握存在。如果能够认识,那就是可知论者;如果不能认识,那就是不可知论者。在这里体现出来的仍然是近代哲学片面地重视认识论和方法论的思想倾向。令人遗憾的是,由于人们只是从认识论的角度出发来思考存在问题,所以,本体论角度的研究就始终被搁置起来了。这一搁置造成的最大后果是存在问题没有得到深入的反思,人们把存在与存在者不加区分地等同起来了。

事实上，在海德格尔之前，传统西方哲学也充斥着把存在与存在者等同起来的倾向。具体地说来，人们在探讨存在问题时，出现了如下的偏差：一是把存在理解为某一个存在者，即用谈论某一个存在者的方式来谈论存在问题。正如海德格尔所说的："存在者的存在本身不'是'一个存在者。"① 二是把存在理解为所有存在者的总和。这种理解方式仍然没有摆脱把存在存在者化的倾向。三是把存在理解为最高的一种概念，从逻辑学上看，这样的概念是无法定义的，所以存在问题本身是无法加以探讨的，只能通过对存在者的探讨来接近存在问题。这里同样存在着误解。正如海德格尔所说的："存在的不可定义性并没有取消存在的意义问题，而是要我们正视这个问题。"② 由于把存在存在者化，哲学研究就被实证科学化了。另外，在对存在者的探讨中，人们也没有把人这种特殊的存在者和人以外的其他存在者区分开来，甚至把人这种特殊的存在者也统一在以物的方式表现出来的存在者中，这就完全抹杀了人与物之间的差异。由于人是存在意义的唯一的询问者，当人们说"世界统一于物质"，从而把人与物之间的差异完全磨平的时候，哲学研究中的本体论维度也就完全被封闭起来了。所以，重要的是认识存在和存在者之间的差异，在存在者中则要认识人这种存在者和人之外的其他存在者之间的差异；重要的是撇开认识论和方法论的维度，进入到本体论的维度中，存在的本质和意义才能真正地被揭示出来。

---

① M. Heidegger, *Sein Und Zeit*, Max Niemeyer Verlag, Tuebingen 1986, s. 6. 有趣的是，我们发现，即使是在海德格尔以后，人们仍然把存在与存在者简单地等同起来。卢卡奇的《社会存在本体论》就是一个典型的例子。他说，人们只能追猎存在着的兔子，采集存在着的草莓，等等。但他忘记了，存在着的兔子、存在着的草莓并不等于兔子的存在和草莓的存在。

② M. Heidegger, *Sein Und Zeit*, Max Niemeyer Verlag, Tuebingen 1986, s. 4.

"自在之物",还是"为我之物"

众所周知,康德所提出的"自在之物"的概念是形而上学,尤其是本体论发展史上的一个关键性的概念。如何理解这个概念呢?恩格斯在《路德维希·费尔巴哈和德国古典哲学的终结》一书中写道:"对这些以及其他一切哲学上的怪论的最令人信服的驳斥是实践,即实验和工业。既然我们自己能够制造出某一自然过程,按照它的条件把它生产出来,并使它为我们的目的服务,从而证明我们对这一过程的理解是正确的,那么康德的不可捉摸的'自在之物'就完结了。动植物体内所产生的化学物质,在有机化学开始把它们一一制造出来以前,一直是这种'自在之物';一旦把它们制造出来,'自在之物'就变成为我之物了,例如茜草的色素——茜素,我们已经不再从地里的茜草根中取得,而是用便宜得多、简单得多的方法从煤焦油里提炼出来了。"①

毋庸讳言,恩格斯的这段论述也是从认识论上着眼的,即人们只要认识了一个对象,并能在实践中把它制造出来,康德的自在之物也就完结了。恩格斯的这一见解对马克思主义哲学的研究者们产生了极为重要的影响。然而,在康德那里,自在之物指的是上帝、自由和灵魂不朽,它们是从属于超验的本体论领域的,它们具有如下三个特征:第一,它们显现出来的现象是感性认识的来源;第二,它们是理论理性认识的界限;第三,它们是实践理性的范导性的假设。这就告诉我们,自在之物是不可能转化为为我之物的,因为为我之物所能达到的只是自在之物显现出来的现象,却达不到自在之物本身,达不到超验的本体论的领域。换言之,自在之物是不可知的,是理论理性越不过去的界限,它们只适合于实践理性。如果认为自在之物可以转化为为我之物,理论理性和认

---

① 《马克思恩格斯选集》,第4卷,225~226页,北京,人民出版社,1995。

识论势必取代实践理性和本体论。长期以来，由于这种不合理的取代，认识论和方法论成了全部哲学研究的中心，而与实践理性相关的政治哲学、法哲学、道德哲学和宗教哲学却长期得不到重视。这正是我们的哲学研究退回到康德以前的一个明证，也是我们从未认真地消化康德哲学的一个明证。① 事实上，为我之物的概念只能在经验的、现象的范围内使用，要探讨自在之物，绝不能借助于理论理性和认识论，而只能诉诸实践理性和本体论。

上面，我们就本体论研究和马克思本体论研究必定会涉及的一些基本概念做出了初步的梳理，希望这样的梳理能够澄清一些基础性的问题和观点，从而为马克思本体论思想的研究提供有益的借鉴。

---

① 另外，在这里，恩格斯也是从认识论的角度出发来使用"实践"概念的，而康德则是从本体论的角度出发来使用"实践"概念的。参见拙文《马克思对西方哲学传统的扬弃》，载《中国社会科学》，2001（3）。

如何理解马克思的实践概念

——兼答杨学功先生

2001年2月6日,我在《光明日报》学术版上发表了《人文关怀:马克思哲学的另一个维度》一文。这篇论文的基本观点是:人文关怀是马克思哲学的一个基本维度,但在马克思哲学的传播过程中,这个维度被遮蔽起来了,甚至当人们把马克思哲学理解为实践哲学(亦可简称为"实践论")时,仍然会发生这样的遮蔽现象。拙文的这一见解引起了一些学界同人的困惑,杨学功先生在《也谈马克思哲学的人文关怀:兼与俞吾金先生商榷》一文(载《哲学研究》2002年第6期)中,虽然肯定拙文"把人在马克思哲学中的地位提到了一个新的高度",但又对我的一些具体的观点存在不同的看法,他写道:"我尤其不能同意《俞文》的这样一种看法,即认为:'实践论'的哲学解释框架也会导致马克思哲学中人文关怀维度的丧失和遮蔽。"在杨文看来,"只有把实践的观点理解为一种哲学解释框架或哲学视界,才能把握到它对于马克思哲学的全局性和根本性意义。而这样的'实践论',不仅不会导致对人的遮蔽,相反,它为马克思哲学中人文关怀维度的凸显提供了根本的哲学前提"。

显然,杨学功先生的文章忽视了两个根本性的问题:第一,马克思本人对实践概念的表述与马克思的追随者对马克思的实践概念的理解和解释是否可能存在差异?第二,在人们把马克思哲学理解为实践哲学的前提下,是否必定会肯定并弘扬马克思哲学所蕴含的人文关怀的维度?在这里,杨文和拙文之间的根本分歧点在于:究竟如何理解马克思的实践概念?毋庸讳言,澄清这个分歧点对于当前的理论界来说具有特别重要的意义。事实上,在今天,又有谁不把马克思的哲学理解为实践哲学呢?又有谁在反驳别人的观点时不声称自己是站在实践哲学一边的呢?正因为马克思的实践概念遭到了普遍的误解和滥用,因而有必要正本清源,恢复其本真含义,从而走出理论上的某些误区。

两种不同的实践概念

在西方哲学史上,古希腊哲学家亚里士多德最早对人的活动的不同类型做出了思考。在《大伦理学》中,他批评了苏格拉底关于"美德就是知识"的著名观点,认为这一观点混淆了人类灵魂的两个不同的部分,从而也混淆了人的两种不同的活动类型。在他看来,人类的灵魂是由两个部分组成的:一个部分是理性,它涉及人的感觉、认识、理智和思辨,关系到人的制作、生产和技术方面的活动;另一个部分是非理性,它涉及人的激情、欲望和意志,关系到人的德性和伦理、正义和政治方面的活动。苏格拉底说的"美德"是属于灵魂的非理性部分的,而"知识"则是属于灵魂的理性部分的,这两者不能等同起来,与它们相对应的也是两种不同的活动类型。

在《尼各马可伦理学》中，亚里士多德明确地区分出人的活动的两种不同的类型：一种是"制作"（making），亦即人们生产、制造所需物品的活动，这种活动是受理智指导的，人们通过自己的理智来确定哪些东西是真的，哪些东西是假的；另一种是"行动"（acting or action），是受"实践的智慧"（practical wisdom）指导的，而"实践智慧关系到行动。"[①] "实践的智慧"告诉我们哪些是善的，哪些是恶的。亚里士多德强调："行动不是制作，制作也不是行动。"[②] 由此可见，亚里士多德已经初步区分出作为生产劳动的活动和作为伦理、政治行动的活动。按照他的看法，只有后一种活动，才是真正意义上的实践活动，因为在这种类型的活动中，活动者的意志是完全自由的，因而他必须承担与自己的活动相应的、伦理的和政治方面的责任。正如《西方哲学辞典》的作者所指出的："按照这种比较，伦理行动（ethical actions）不同于技术上的操作（technological performances），它们是由于自身的缘故而被实施并被评价的。"[③] 当然，在当时的历史条件下，这种区分还没有被亚里士多德用严格的用语表达出来，而这种区分的重要意义也还没有充分地显示出来。

在亚氏之后，康德明确地区分了理性的两种主要的类型：一种是"思辨理性"（die spekulative Vernunft），它关涉自然必然性（我们通常称为自然规律）的概念，是在现象界的范围内展开的，其中起立法作用的是知性；另一种是"实践理性"（die praktische Vernunft），它关涉自由概念，是在本体界的范围内展开的，其中起立法作用的则是善良意志。在康德看来，思辨理性涉及的是人与自然之间的关系，人通过

---

① R. McKeon edited, *The Basic Works of Aristotle*, Random House 1941, 1141b.

② R. McKeon edited, *The Basic Works of Aristotle*, Random House 1941, 1140a.

③ N. Bunnin and Jiyuan Yu edited, *Dictionary of Western Philosophy*, People's Publishing House 2001, p. 19.

自己的认识活动和技术发明活动去把握和利用自然的必然性；而实践理性涉及的则是人与人之间的关系，人通过建立伦理规范来追求并实现自己的自由。与亚里士多德相同的是，在比较严格的意义上，康德也只把后一种活动看作是实践活动；与亚里士多德不同的是，康德以更明确的见解揭示了这两种活动之间的差异，并对与后一种活动直接相关的实践理性做出了高度的评价："人们完全不应该提出使纯粹实践理性隶属于思辨理性这样过分的要求，从而颠倒了两者之间的次序，因为所有的旨趣归根到底都是实践的（alles Interesse zuletzt praktisch ist），甚至思辨理性的旨趣也是有条件的，唯有在实践的应用中才是完满的。"①

然而，康德意识到，在日常生活中，人们并没有按照他关于"思辨理性"和"实践理性"的严格区分来考察人的活动。人们不但像康德一样把以本体论为基础的、与自由相关的伦理、政治方面的活动称为"实践"；而且也把康德所不赞成的、以认识论和技术主义为基础的、利用自然规律以改变和控制外部自然界的活动也称为"实践"。这样一来，就形成了两个不同的实践概念。

在《判断力批判》的导论中，康德这样写道："但是，迄今为止，在不同原理和哲学的分类上应用这些术语时，流行着一种引人注目的误用：人们把遵循自然概念的实践（das Praktische nach Naturbegriffen）和遵循着自由概念的实践（dem Praktische nach dem Freiheitsbegriffe）认作同一个东西……"② 在康德看来，绝不能把"遵循自然概念的实践"与"遵循自由概念的实践"混淆起来，因为这两种实践形式之间存在着根本性的差异，前者属于现象界，是人的认识指导下的实践活动，后者属于本体界，是道德法则指导下的实践活动。正是在这种意义上，康德进一步指出："假如规定因果性的概念是一个自然概念，那么这些原理就是技

---

① I. Kant, *Kritik der praktischen Vernunft*, Suhrkamp Verlag 1989, s. 252.
② I. Kant, *Kritik der Urteilskraft*, Suhrkamp Verlag 1989, s. 78.

术地实践的（technisch-praktisch）；但是如果它是一个自由的概念，那么这些原理就是道德地实践的（moralisch-praktisch）。"① 也就是说，严格意义上的实践概念应当属于实践理性的范围，但流俗的见解把现象界范围内的活动也称为实践，这样一来，就不得不区分出两种不同意义的实践活动：一种是"遵循自然概念的实践"，亦即认识论和技术主义意义上的实践；另一种是"遵循自由概念的实践"，亦即本体论和伦理学意义上的实践。

要言之，我们不妨把前一种实践概念称为"认识论或技术主义解释框架内的实践概念"；把后一种实践概念称为"本体论或伦理学解释框架内的实践概念"。这样，借助于对哲学史的考察，我们发现了两个不同的实践概念，而对这两种不同的实践概念的把握之所以重要，因为它们为我们准确地理解马克思的实践概念奠定了基础。

马克思实践概念的本真含义

与亚里士多德和康德比较起来，马克思具有更宽广的理论视野。他不但深入地研究了哲学、法学、数学、自然科学、政治学、伦理学和宗教学，而且也深入地研究了国民经济学，并试图把所有这些知识的领域综合起来。他不赞成亚里士多德和康德关于实践概念的偏狭的观点，即把实践仅仅理解为伦理、政治等领域中的活动，而主张把经济领域和其他一切领域中的实际活动都理解为实践。在《关于费尔巴哈的提纲》一文中，马克思指出："全部社会生活在本质上是实践的。凡是把理论引到神秘主义方面去的神秘东西，都能在人的实践中以及对这个实践的理解中得到合理的解决。"② 马克思把实践理解为全部社会生活的本质，但这样一来，他是否也像康德所批评的那样，把两种

---

① I. Kant, *Kritik der Urteilskraft*, Suhrkamp Verlag 1989, s. 79.
② Ebd., s. 8.

不同的实践概念混淆起来了呢？其实，马克思这样做是有自己的深意的。

虽然马克思把康德哲学理解为"法国革命的德国理论"。① 但在他看来，"康德只谈'善良意志'，哪怕这个善良意志毫无效果他也心安理得，他把这个善良意志的实现以及它与个人的需要和欲望之间的协调都推到彼岸世界。"② 马克思不赞成康德把此岸世界（现象界）与彼岸世界（本体界）割裂开来；从而也把两种不同的实践活动割裂开来。马克思认为，人的生活世界是统一的，人的实践活动也是统一的。

现在的问题是：在整个实践活动中，构成其统一之基础的究竟是哪一种实践形式呢？显而易见，在马克思看来是生产劳动，因为人们为了创造历史，必须能够生活；而为了生活，就要先解决衣、食、住等问题；"因此第一个历史活动就是生产满足这些需要的资料，即生产物质生活本身。"③ 在批判费尔巴哈的直观唯物主义的时候，马克思进一步指出："这种活动、这种连续不断的感性劳动和创造、这种生产，是整个现存感性世界的非常深刻的基础，只要它哪怕只停顿一年，费尔巴哈就会看到，不仅在自然界将发生巨大的变化，而且整个人类世界以及他（费尔巴哈）的直观能力，甚至他本身的存在也就没有了。"④ 这就告诉我们，马克思是在生存论的本体论的基础上统一全部实践活动的。

如前所述，按照亚里士多德和康德的观点，制作或生产劳动属于"认识论解释框架内的实践概念"，而现在马克思把生产劳动理解为"本体论解释框架内的实践概念"，是不是把两种不同实践活动的内容掺和起来了？我们的回答是否定的。实际上，马克思的生产劳动概念同时蕴含着这两个不同的维度。当人们从人与自然界的关系的角度，即人改造、

---

① 《马克思恩格斯全集》，第1卷，100页，北京，人民出版社，1956。
② 《马克思恩格斯全集》，第3卷，211~212页，北京，人民出版社，1960。
③ 《马克思恩格斯全集》，第3卷，31页，北京，人民出版社，1960。
④ 《马克思恩格斯全集》，第3卷，50页，北京，人民出版社，1960。

控制自然的角度去考察问题时,生产劳动就成了"认识论解释框架内的实践概念";而当人们从人与人之间的生产关系乃至整个社会关系的角度,即人改造社会生活和政治制度的角度去考察问题时,生产劳动又成了"本体论解释框架内的实践概念"。

现在的关键在于,在考察马克思的生产劳动乃至整个实践活动的概念时,究竟认识论维度是根本性的,还是本体论维度是根本性的?马克思下面这段话为我们提供了重要的启示。他这样写道:"……实际上和对实践的唯物主义者,即共产主义者说来,全部问题都在于使现存世界革命化,实际地改变和反对事物的现状。"① 这段话告诉我们,马克思始终是在本体论的意义上谈论实践活动的。也就是说,在马克思的实践概念中,本体论维度是根本性的,认识论维度则是植根于本体论维度的。一旦人们撇开本体论维度,从单纯的认识论维度去理解并解释马克思的实践概念,尤其是他的生产劳动概念,必定会否弃马克思实践概念的本真含义。

从上面的论述出发,我们可以把马克思的实践概念的本真含义归纳为以下四点:第一,马克思实践哲学的本质是生存论的本体论,马克思的实践概念本质上是"本体论解释框架内的实践概念";第二,马克思扬弃了亚里士多德和康德关于两种实践的观念,把实践概念理解为一个涵盖人类全部社会生活的统一的概念。这样一来,人的各种活动就不再处在离散性的状态下;第三,正如斯宾诺莎把笛卡尔学说中的两个实体——思维和广延改造为上帝所具有的两个不同的属性一样,马克思也把亚里士多德和康德的两种实践的观念改造为同一个实践活动,尤其是生产劳动的两个不同的维度;第四,生产劳动构成马克思实践概念中的基础性的层面,"这是一种特殊的以太,它决定着它里面显露出来的一切

---

① 《马克思恩格斯全集》,第3卷,48页,北京,人民出版社,1960。

存在者的比重"。① 因此，对马克思的生产劳动概念首先应该从本体论，而不是从认识论的角度加以把握。如果也需要从认识论的角度来理解马克思的实践概念的话，那么这种理解必须以马克思的生存论的本体论的维度作为自己的前提，否则就会迷失方向。

被误解了的马克思的实践概念

在某种意义上可以说，马克思的实践概念遭到了双重的误解：一种误解来自传统的马克思主义者以及在他们思想的影响下编写出来的哲学教科书；另一种误解来自当代的某些马克思思想的研究者。

我们先来检讨第一种误解。这种误解滥觞于马克思的某些理论上的追随者，而在关于马克思主义哲学的教科书中得到了充分的表现。这些理论上的追随者虽然对马克思哲学与西方传统哲学之间的关系缺乏认真的研究，但在思想方法上却深受西方哲学中两大潮流的影响。一是近代西方哲学中重认识论、方法论的潮流；二是由现代西方哲学家孔德所肇始的、拒斥形而上学（当然也包括形而上学的基础部分本体论）的实证主义潮流。

在这两大潮流的冲击下，一方面，本体论问题被悬置起来了。确切地说，不管这些追随者是否愿意使用"本体论"这一术语，本体论承诺始终是存在的，而他们自觉地或不自觉地承诺的本体论正是亚里士多德、霍尔巴赫、费尔巴哈所主张的抽象物质的本体论。于是，在某些马克思主义哲学的教科书中，我们总是可以找到这样的见解："世界是物质的世界，物质世界永远按照自己固有的规律运动着，发展着。这是辩证唯物

---

① 《马克思恩格斯全集》，第 46 卷（上），44 页，北京，人民出版社，1979。此处译文有更动，参见 K. Marx, *Grundrisse Der Kritik Der Politischen Oekonomie*, Dietz Verlag 1974，s. 27.

主义世界观的出发点。"① 其实,这正是对马克思的物质理论和本体论学说的误解。在《巴黎手稿》中,马克思批评了自然科学研究中存在的那种"抽象物质的(abstract materielle)或者不如说是唯心主义的方向"②,并写道:"只有当物(die Sache)按人的方式同人发生关系时,我才能在实践上(praktisch)按人的方式同物发生关系。"③ 也就是说,马克思从来不像传统哲学家那样去谈论与人的实践活动相分离的抽象物质,马克思关注的是物质的具体样态——物在人的实践活动中与人之间的关系。在《关于费尔巴哈的提纲》一文中,马克思开宗明义地指出:"从前的一切唯物主义——包括费尔巴哈的唯物主义——的主要缺点是:对事物、现实、感性,只是从客体的或者直观的形式去理解,而不是把它们当作人的感性活动,当作实践(Praxis)去理解,不是从主观方面去理解。"④ 在这里,马克思以更明确的口吻指出,应该从实践,而不是从传统哲学家所说的、与人的活动相分离的物质或事物出发看问题。这些论述清楚地表明,马克思的本体论绝不是被他的某些追随者所误解的抽象物质的本体论,而是一种实践唯物主义,即生存论的本体论。事实上,正如我们在前面已经指出过的那样,在《德意志意识形态》一书中,马克思对自己的生存论的本体论做了全面的论述。

另一方面,认识论以及在认识论的地平线上展开的方法论则成了这些追随者理解并解释马克思哲学,尤其是他的实践概念的根本的出发点。他们不但简单化地把整个马克思哲学归结为认识论,而且把其基础的和核心的概念——实践概念也完全纳入认识论解释框架之内。在这个解释框架内,实践成了马克思认识论的首要的、基本的观点。有的学者这样写道:"马克思主义哲学最显著的特点之一,就是它的实践性。认识是从

---

① 艾思奇主编:《辩证唯物主义 历史唯物主义》,29页,北京,人民出版社,1978。
② 《马克思恩格斯全集》,第42卷,128页,北京,人民出版社,1979。
③ 《马克思恩格斯全集》,第42卷,124页注②,北京,人民出版社,1979。
④ 《马克思恩格斯全集》,第3卷,3页,北京,人民出版社,1960。

实践中产生，随着实践的发展而发展的，它又转过来为实践服务，并在实践中得到检验和证明。人的认识一点也离不开实践，一切否认实践的重要性、企图使认识离开实践的观点，都是错误的。把实践作为认识的基础，强调认识对于实践的依赖关系，这是辩证唯物主义认识论同以前的一切认识论相区别的一个根本标志。马克思主义哲学第一次把实践引到认识论中来，从而科学地解决了认识论的一系列问题，克服了旧形而上学认识论的缺陷，彻底驳倒了唯心主义的认识论。"[1] 这段耳熟能详的论述虽然充分肯定了实践概念在马克思哲学中的重要地位，但却把这种重要地位仅仅理解并归结到认识论的领域内。这样一来，马克思哲学革命的本体论维度和实践概念的本体论维度都被遮蔽起来了，马克思的实践概念成了单纯"认识论解释框架内的实践概念"。

同样地，当人们分析实践活动的基本形式——生产劳动时，也忽视了生产劳动所蕴含的根本性的、本体论的维度。事实上，只要本体论的眼光是缺席的，生产劳动和实践活动的其他形式一样，也就只具有认识论的意义。比如，有的学者在谈到生产劳动的作用时指出，它"给认识不断提供新的技术工具，加强了人的感官，帮助人们深入自然，揭示它的秘密"。[2] 可见，在单纯认识论的眼光中，生产劳动只在它如何有利于人们认识自然、改造和控制自然的意义上得到肯定，而人们在生产中结成何种关系，这种关系如何异化，又如何通过政治革命和社会革命来改变这种关系，等等，就完全逸出了人们的视野。

我们再来检讨另一种误解。如果说，马克思的某些理论上的追随者和传统的哲学教科书从肯定意义上把马克思的实践概念误解为"认识论解释框架内的实践概念"；那么，当代的某些马克思思想的研究者则从否

---

[1] 艾思奇主编：《辩证唯物主义 历史唯物主义》，159 页，北京：人民出版社，1978。

[2] 艾思奇主编：《辩证唯物主义 历史唯物主义》，163 页，北京：人民出版社，1978。

定的意义上把它误解为"认识论解释框架内的实践概念"。我们可以借助于汉娜·阿伦特和哈贝马斯这两位学者的观点来剖析这种误解的具体表现形式。

深受海德格尔思想影响的阿伦特，试图通过对古希腊的某些见解，尤其是亚里士多德在《政治学》和《尼各马可伦理学》中关于人的活动的不同类型的见解的复归，对实践概念做出新的诠释。在她的著作《人的境况》中，她把人的活动分为三种基本的类型：一是"劳动"（labor），作为生命本身，它主要涉及人与自然之间的关系；二是"工作"（work），作为文化创造活动，它主要涉及人与人工世界之间的关系；三是"行动"（action），作为人们一个共同体内进行的政治活动，主要涉及公共领域里人与人之间的实践关系。① 在阿伦特看来，在古代城邦社会中，公共领域里的行动乃是最重要的活动形式之一，但是，随着人类社会的发展，特别是现代社会的兴起和发展，劳动作为私人领域里的活动，其作用显得越来越重要，而在劳动这种活动形式逐步受到推崇的过程中，洛克、亚当·斯密，尤其是马克思起着极为重要的作用。她写道："马克思的劳动哲学与19世纪进化与发展理论（个体生命过程从有机体生命的最低形式向高级动物形式——人类的出现进化）的不谋而合令人瞩目。"② 而随着私人领域里的劳动的重要性的凸现，公共领域和行动这一活动方式也就衰弱下去了。按照阿伦特的观点，马克思主要是在劳动的层面上谈论人的活动。言下之意，他对工作和活动都缺乏重视。阿伦特对马克思的误解在于，她只是从人与自然的关系，即"认识论解释框架内的实践概念"的意义上来理解马克思的劳动概念，这就完全忽略了马克思的劳动概念，尤其是异化劳动概念中所蕴含的本体论维度。

阿伦特的见解也对哈贝马斯产生了重要的影响。哈贝马斯主要把人

---

① 汉娜·阿伦特：《人的条件》，1页，上海，上海人民出版社，1999。
② 汉娜·阿伦特：《人的条件》，102页，上海，上海人民出版社，1999。

的活动分为两种类型：一是"劳动"（Arbeit）；二是"相互作用"（Interaktion）。他写道："我的出发点是劳动和相互作用之间的根本区别。"①所谓劳动，也就是按照经验知识和技术规则进行的工具性的活动；所谓相互作用，也就是按照人们共同认可的规范、以符号为媒介的交往活动。哈贝马斯正是从这一根本区别出发去批评马克思的实践概念的。他指出："马克思对相互作用和劳动的联系并没有做出真正的说明，而是在社会实践的一般标题下把相互作用归之劳动，即把交往活动归之为工具活动。"② 显然，哈贝马斯对马克思的实践概念的批评也是站不住脚的。正如我们在前面已经指出过的，在马克思那里，社会实践，包括其基本形式——生产劳动在内，都具有认识论和本体论这两个不同的维度，而后一个维度则是根本性的。事实上，哈贝马斯在相互作用的概念下讨论的内容正体现在马克思的实践概念的本体论维度中。然而，由于哈贝马斯同阿伦特一样，只是从认识论的角度出发去理解马克思实践概念③，必然导致对这一概念的误解。

从上面我们的分析可以看出，上述两种误解方式分别从肯定和否定的不同角度出发，把马克思的实践概念理解为单纯"认识论解释框架内的实践概念"，这样一来，马克思实践概念的本体论维度被严严实实地遮蔽起来了。显而易见，如果人们对这方面的误解听之任之，不认真地加以清除，马克思实践概念的本真含义也就始终在他们的视野之外。

---

① 哈贝马斯：《作为"意识形态"的技术与科学》，48~49页，上海，学林出版社，1999。
② 哈贝马斯：《作为"意识形态"的技术与科学》，上海，学林出版社，1999。
③ 哈贝马斯在论述到马克思《关于费尔巴哈的提纲》的第一条的内容时，甚至评论道，这里"并没有人类学的意义，而是具有认识论的意义。"（参见哈贝马斯：《认识与兴趣》，22页，上海，学林出版社，1999。）实际上，当他从认识论角度出发去理解这第一条提纲时，也就完全丢失了马克思实践要领的本体论维度。

马克思实践概念与人文关怀的内在联系

当人们把马克思哲学理解为实践哲学的时候，它所蕴含的人文关怀维度是不是必定会向理解者敞开呢？我们的回答是并不一定。正如我们在前面已经指出过的那样，人们一旦把马克思的实践概念理解为"认识论解释框架内的实践概念"，马克思哲学中的人文关怀的维度不但不会敞开，反而会被遮蔽起来。何以见得呢？我们不妨做些具体的分析。

其一，当人们把马克思的实践概念"囚禁"在认识论的牢笼中时，在本体论上就会出现空场，而这个空场通常是由抽象物质的本体论来填补。既然抽象物质是与人的活动相分离的物质，那么，以这样的抽象物质为出发点的哲学，怎么可能重视具体的人呢？正如马克思所指出的："非对象性的存在物是非存在物［Unwesen］。"[①] 事实上，当一种哲学见解建筑在与人的活动相分离的抽象物质上时，它是不可能向人文关怀的观念敞开的。马克思在批评崇拜抽象实体的机械运动的唯物主义者霍布斯时就曾说过："唯物主义变得敌视人了。"[②] 所以，人们一旦忽视了马克思实践概念的本体论维度，马克思哲学的人文关怀的意蕴也就会自行闭合起来了。

其二，人们不但把马克思的实践概念"囚禁"在认识论的牢笼内，而且进一步把认识论圈定在辩证唯物主义的范围内。据说，历史唯物主义是研究人和社会的，辩证唯物主义则是研究与人和社会相分离的抽象的自然界的，既然如此，隶属于辩证唯物主义的认识论怎么可能去探讨人的问题，尤其是人与自然的关系呢？马克思说过："被抽象地孤立地理

[①] 《马克思恩格斯全集》，第42卷，168页，北京，人民出版社，1979。

[②] 《马克思恩格斯全集》，第2卷，164页，北京，人民出版社，1957。

解的、被固定为与人分离的自然界，对人说来也是无。"① 这种抽象自然的本体论的渗入同样会把人文关怀的维度封闭起来。

其三，由于整个认识论是研究认识的起源和本质的，所以，实践概念的内涵也势必被这一研究范围所窄化，人们无法通过这个概念把人文关怀的全部内容都安顿到认识论中来。人们曾经以堂吉诃德式的热情做过这样的尝试，即企图把人文关怀中的核心概念——自由引入认识论中来。苏联哲学家罗森塔尔和尤金主编的《简明哲学辞典》曾对自由概念做了如下的论述："自由并不在于想象中的脱离自然规律，而在于认识这些规律，并能够把它们用到实践活动中去……因此，只有在认识必然性的基础上才能有自由的活动。自由是被认识了的必然性。"② 显然，这是一种前康德的哲学观点。其实，康德早就告诉我们，思辨理性和认识论关系到自然规律，而实践理性和本体论才与自由有关。换言之，自由只关系到社会规范及人与人之间的关系，不涉及人与自然之间的关系。如果认为认识了自然规律就进入了自由，那么科学家和技术家就是世界上最自由的人了。而对于康德来说，这种所谓自由"也就是一个旋转的烤肉叉式的自由，一旦人们给它上紧了发条，它就会自动地完成自己的运动"。③

其四，认识论的宗旨是通过实践的概念来凸显人的主体地位，从而达到认识自然、控制自然的目的。然而，当代科学技术的发展和生态环境的破坏表明，蕴含在认识论研究中的这一宗旨恰恰是与人文关怀相冲突的。只有自觉地植入生存论的本体论的视域，认识论才有可能反躬自省，限制主体的无限的欲望，并把自然理解为人的伴侣，而不是千方百计地加以征服的对象。所以，当杨文谈到实践概念和"凸显人的主体地

---

① 《马克思恩格斯全集》，第42卷，178页，北京，人民出版社，1979。参见拙文《抽象自然观的三种表现方式》，见俞吾金：《实践诠释学》，162～176页，昆明，云南人民出版社，2001。
② 罗森塔尔、尤金编：《简明哲学辞典》，171～172页，1973。
③ I. Kant, *Kritik der praktischen Vernunft*, Suhrkamp Verlag 1989, s. 222.

位"时，显然忘记了，对人文关怀的背离很可能已经潜伏在这种无节制的实践活动中。

一言以蔽之，只要人们停留在"认识论解释框架内的实践概念"上，马克思哲学中的人文关怀的维度就会自行闭合起来。事实上，只要看看苏联的哲学纪事和中国"文化大革命"结束前的哲学争论的主题，就会发现，人们把所谓"认识论（或认识论意义上的实践论）、辩证法（方法论）和逻辑的一致性问题"理解为马克思哲学的最根本的问题，而人文关怀的整个问题域，如人的尊严和自由、人的权利和责任、人的关系和异化等则完全被边缘化了，与此相应的是，本体论、政治哲学、伦理哲学、法哲学和宗教哲学方面的研究也被边缘化了。历史教训和理论省思一再启示我们，并不存在着把人们从"认识论解释框架内的实践概念"带向马克思的人文关怀学说的洛西南特。①

这就是说，我们必须把对马克思哲学，尤其是对他的实践概念的考察转移到本体论的立场上。但这种本体论既不是传统哲学中的世界本原论（实际上是宇宙起源论）或理性本体论，也不是抽象物质的本体论或抽象自然的本体论，而是马克思意义上的生存论的本体论。从这样的本体论出发，马克思的实践概念首先就是"本体论解释框架内的实践概念"，说得更确切些，就是"生存论的本体论解释框架内的实践概念"。基于这样的理解，人为了生存在世，必须从事生产，生产劳动乃是实践的基本形式。如果说，认识论引导人们从人与自然的关系（人改造自然、控制自然）的角度去理解生产劳动，那么，本体论则引导人们从人与人之间的关系（生产关系、制度约束、社会规范和人的自由等）的角度去理解生产劳动。正是在生存论的本体论的视域内，人文关怀的全部内容才会向我们敞开。在我们看来，认识论不但不能为本体论奠基，相反，只有生存论的本体论才能为认识论奠基。其实，只有当人们对抽象认识

---

① 洛西南特为堂吉诃德的坐骑。

论进行解构，把全部认识理解为生存活动的展现方式的时候，认识论才不会再处在飘荡无根的状态下。

综上所述，在人人都在谈论实践概念，而马克思的实践概念又遭到普遍误解和滥用的情况下，从马克思的经典文本和历史经验出发，恢复这一概念的本真含义就成了一项刻不容缓的理论任务。事实上，只有当人们走出单纯或抽象的认识论的解释框架，进入生存论的本体论的解释框架时，准确地理解马克思的实践概念才变得可能，而马克思人文关怀的全部内容也会自行向我们展现出来。

主体际性、客体际性和主客体际性

——马克思实践唯物主义关系理论探要

自从晚年胡塞尔使用"主体际性"（inter-subjectivity）概念以来，经萨特、哈贝马斯等人的推广，这一概念在当代哲学研究中起着越来越重要的作用。然而，令人困惑的是，完全可以从这一概念中合法地引申出来的"客体际性"（inter-objectivity）和"主客体际性"（inter-subjectivity-objectivity）这样的概念却从未进入人们的视野，仿佛世界上真的存在着能够与"客体际性"和"主客体际性"完全相分离的"主体际性"，仿佛单独地探讨"主体际性"就能使我们获得关于关系理论的完整知识似的。其实，只有把"主体际性""客体际性"和"主客体际性"综合起来加以研究，才能全面地把握关系理论的真理。而在这方面的研究中，马克思的关系理论提供了极为丰富的思想资源。

尽管马克思从未使用过"主体际性"这样

的概念，但他关于主体之间关系的理论仍然由于其深刻性而引起了研究者们的高度重视。当然，我们也必须清醒地意识到，仅仅从"主体际性"的角度出发去解读马克思的关系理论是不够的。事实上，马克思的实践唯物主义学说蕴含着一个关于"主体际性""主客体际性"和"客体际性"的完整的关系理论。虽然马克思也未使用过"主客体际性"和"客体际性"这样的概念，但这并不影响他对这些后出的概念所指的内容先行地做出系统的、深刻的反思。

马克思关系理论的根本出发点

在传统的哲学家们那里，静态的直观和旁观式的思维构成他们理解一切关系问题的根本出发点。一个认识主体，只是凭借自己的直观和思维，推测出其他认识主体的存在，也推测出与主体不同的客体及客体之间的相互关系的存在。

其实，马克思早在写自1879年下半年至1880年11月的《评阿·瓦格纳的"政治经济学教科书"》中对探讨一切关系问题的根本出发点做出了批判性的澄清。他指出："在一个学究教授看来，人对自然的关系首先并不是实践的即以活动为基础的关系，而是理论的关系。"[①] 马克思在这里所说的"理论的关系"究竟指什么呢？那就是我们在上面已经提到过的、主体对自然所采取的静态的直观的态度，这种态度与杜威所批评的"旁观者式的认识论"是完全一致的。显然，马克思并不赞成这种态度，他赞成的是人对自然所采取的"实践的即以活动为基础的关系"。那么，这种关系究竟是指什么呢？马克思告诉我们："人们决不是首先'处在这种对外界物的理论关系中'。正如任何动物一样，他们首先是要吃、喝等等，也就是说，并不'处在'某一种关系中，而是积极地活动，通过活

[①] 《马克思恩格斯全集》，第19卷，405页，北京，人民出版社，1963。

动来取得一定的外界物,从而满足自己的需要。(因而,他们是从生产开始的。)由于这一过程的重复,这些物能使人们'满足需要'这一属性,就铭记在他们的头脑中了,人和野兽也就学会'从理论上'把能满足他们需要的外界物同一切其他的外界物区别开来。在进一步发展的一定的水平上,在人们的需要和人们借以获得满足的活动形式增加了,同时又进一步发展了以后,人们就对这些根据经验已经同其他外界物区别开来的外界物,按照类别给以各个名称。"[1] 显然,在马克思那里,人类应付环境的全面的实践,即"活动",尤其是其基本活动——"生产"构成了他探索一切关系问题的根本出发点。马克思启示我们,人类并不是现成地处于某种关系之中,而是在实践活动的过程中主动创造出各种各样的丰富关系。在这个意义上可以说,探讨马克思的关系理论,首要的是把这一理论置于实践唯物主义的语境中,而在这一语境中,实践作为基础和核心概念,乃是马克思思索一切关系问题的根本出发点。

马克思关系理论中的主体际性

假如用"主体之间的关系"这样明白易懂的语言来取代"主体际性"这一深奥的表达方式,就会发现,近代西方哲学家们早已开始探索这样的关系,如莱布尼茨关于单子之间的"先定和谐"的学说、黑格尔关于"我"就是"我们"的论述等。尽管这一探索是不自觉的,也是不系统的,但毕竟为这方面的研究提供了重要的启示。而马克思作为当代西方哲学的奠基人之一,以完全不同于近代西方哲学家们的方式,对主体之间的关系做出了深入的反思。

《关于费尔巴哈的提纲》(写于1845年春)表明,马克思已经初步

---

[1] 《马克思恩格斯全集》,第19卷,405页,北京,人民出版社,1963。

形成自己的实践唯物主义学说。在《提纲》中,他尖锐地批评了费尔巴哈把人曲解为抽象的、孤立的个体的错误观点,肯定"人的本质不是单个人所固有的抽象物,在其现实性上,它是一切社会关系的总和"①,强调要从主体际性,即"一切社会关系的总和"中去探索人的本质。在《资本论》第一卷(1867)中,马克思以十分形象的方式阐述了人与人之间的依赖关系:"在某种意义上,人很像商品。因为人来到世间,既没有带着镜子,也不像费希特派的哲学家那样,说什么我就是我,所以人起初是以别人来反映自己的。名叫彼得的人把自己当作人,只是由于他把名叫保罗的人看作是和自己相同的。因此,对彼得来说,这整个保罗以他保罗的肉体成为人这个物种的表现形式。"②所有这些见解都表明,成熟时期的马克思比起青年时期的马克思来说,以更明晰的语言,论述了社会关系对于个人、主体际性对于个别主体的重要性。从总体上看,马克思的主体际性理论蕴含着以下两个方面的内容。

一方面是人与人之间、主体与主体之间的共时性关系。在马克思看来,这种共时性关系首先通过人的基本的实践形式——生产表现出来。在《雇佣劳动与资本》(写于1847年12月)中,马克思写道:"为了进行生产,人们相互之间便发生一定的联系和关系;只有在这些社会联系和社会关系的范围内,才会有他们对自然界的影响,才会有生产。"③也就是说,在任何社会形态中,人们为了生存下去,不得不结成一定的社会关系,而这种客观的关系不但不以任何个人的意志为转移,而且从根本上规定着个体的本质。按照马克思的看法,在所有共时性关系中,居于基础层面的乃是生产关系。有鉴于此,马克思写道:"在一切社会形式中都有一种一定的生产决定其他一切生产的地位和影响,因而它的关系

---

① 《马克思恩格斯选集》,第1卷,56页,北京,人民出版社,1995。
② 马克思:《资本论》,第1卷,67页注(18),北京,人民出版社,1975。
③ 《马克思恩格斯选集》,第1卷,344页,北京,人民出版社,1995。

也决定其他一切关系的地位和影响。这是一种普照的光，它掩盖了其他一切色彩，改变着它们的特点。这是一种特殊的以太，它决定着它里面显露出来的一切存在的比重。"① 而这种生产关系也正是人们在生产中必定要结成的关系，尽管随着生产力的发展，生产关系也会或早或迟地发生相应的变化，但这种关系归根到底制约着主体性和主体际性的内涵和界限。

另一方面是人与人之间、主体与主体之间的历时性关系。这种历时性关系包含着两个不同的侧面：一是前辈与后人、父母与子女在血缘上的关系，亦即家族、家庭关系。马克思认为，"这个家庭起初是唯一的社会关系，后来，当需要的增长产生了新的社会关系，而人口的增多又产生了新的需要的时候，家庭便成为（德国除外）从属的关系了"②。事实上，越往前追溯历史，就会发现，家庭在前后世代的主体之间的关系中就显得越是重要。二是前后世代的主体之间在物质生活和精神生活上的传承关系。正如马克思所指出的："历史的每一阶段都遇到有一定的物质结果、一定数量的生产力总和、人和自然以及人与人之间在历史上形成的关系，都遇到有前一代传给后一代的大量生产力、资金和环境，尽管一方面这些生产力、资金和环境为新的一代所改变，但另一方面，它们也预先规定新的一代的生活条件，使它得到一定的发展和具有特殊的性质。"③ 这一关系表明，在历史发展中后出的主体总是在前面世代的主体已经创造出来的物质环境和条件的基础上开始自己的行动和思考的。如果说，马克思关于生产关系的理论深化了对主体际共时性关系的探索，那么，他关于人的生产、精神生产的理论则深化了对主体际历时性关系的研究。

---

① 《马克思恩格斯全集》，第 46 卷（上），44 页，北京，人民出版社，1979。
② 《马克思恩格斯全集》，第 3 卷，32～33 页，北京，人民出版社，1960。
③ 《马克思恩格斯全集》，第 3 卷，43 页，北京，人民出版社，1960。

马克思关系理论中的客体际性

假如说，本文中的"主体"概念主要是指"个人"这种社会存在物，那么，"客体"概念则主要是指个人在生存活动和其他活动中必定与之打交道的、各种各样的"物"或"事物"。传统的哲学家们认为，"物"作为人们认识、使用或改造的客体或对象，相互之间也是处于普遍联系中的。我们不妨把这种联系称为"客体际性"。事实上，不光是传统的哲学家们朦胧地猜测到这种客体际性的存在，而且自然科学，尤其是物理学、化学、生物学这样的实证科学，对每一个新的自然规律的揭示，实际上都是对内涵无限丰富的客体际性的某个侧面的说明。然而，必须看到，在对客体际性的解读中，无论是传统的哲学家们，还是自然科学家们，都还未能把握住客体际性本质内涵，而这种本质内涵唯有通过对客体际性的社会历史维度的解读才可能开启出来。毋庸讳言，马克思的实践唯物主义正是开启这种本质内涵的一把钥匙。

在《资本论》第一卷中，马克思开宗明义地指出："资本主义生产方式占统治地位的社会财富，表现为'庞大的商品堆积'，单个的商品表现为这种财富的元素的形式。因此，我们的研究就从分析商品开始。商品首先是外界的一个对象，一个靠自己的属性来满足人的某种需要的物。这种需要的性质如何，例如是由胃产生还是由幻想产生，是与问题无关的。这里的问题也不在于物怎样来满足人的需要，是作为生活资料即消费品来直接满足，还是作为生产资料来间接满足。"[①] 从马克思的这段重要的论述中可以引申出下面的结论：第一，在资本主义生产方式占统治地位的现代社会形态中，人们与之打交道的物或客体表现为"庞大的商品堆积"，而只有从分析商品着手，才可能揭示出客体际性的本质内涵；

---

① 马克思：《资本论》，第1卷，47~48页，北京，人民出版社，1975。

第二，不同客体之间的关系奠基于资本主义生产劳动。换言之，现代人谈论的客体际性是以资本主义生产劳动为基础的；第三，在对客体际性或物与物之间关系的理解中，重要的不是物（即商品）的自然属性，而是其社会属性。

按照马克思的看法，作为物或客体，商品具有两个不同的属性：一是自然属性，即商品的使用价值；二是社会属性，即商品的交换价值。商品的交换价值（也可简称为商品的价值）乃是客体际性的本质内涵的体现者。那么，客体际性的这种本质内涵究竟是什么呢？在马克思看来，正是人与人之间的社会关系。在《资本论》第1卷第二版的一个注中，马克思写道："当加利阿尼说价值是人和人之间的一种关系时，他还应当补充一句：这是被物的外壳掩盖着的关系。"① 也就是说，马克思所揭示的客体际性或商品之间的关系的实质乃是资本主义生产方式中人与人之间的真实的社会关系，而这种关系却被商品之间（即物与物之间）的关系所掩盖。马克思把这种普遍存在的社会现象称为"商品拜物教"，而商品拜物教则在货币这个"一般等价物"上得到了充分的体现。马克思告诉我们："正是商品世界的这个完成的形式——货币形式，用物的形式掩盖了私人劳动的社会性质以及私人劳动者的社会关系，而不是把它们揭示出来。"② 这就启示我们，马克思批判商品拜物教的目的就是揭示出现代社会中客体际性的本质内涵。

马克思关系理论中的主客体际性

我们前面对"主体际性"和"客体际性"进行了初步的探讨。其实，在现实生活中，既不存在着纯粹的"主体际性"，也不存在着纯粹的"客体际性"。"主体"（subject）和"客体"（object）这两个概念本来就是相

---

① 马克思：《资本论》，第1卷，91页注（27），北京，人民出版社，1975。
② 马克思：《资本论》，第1卷，92页，北京，人民出版社，1975。

互依存的。没有主体，就不会有客体；同样地，没有客体，也不会有主体。事实上，不但主体与主体、客体与客体是关联在一起的，而且主体与客体也是关联在一起的。当代西方哲学家中普遍存在的一个偏差是，撇开"客体际性"和"主客体际性"来谈"主体际性"。事实上，这样的"主体际性"只能是虚假的、抽象的。

我们这里提出的"主客体际性"，是指主体与客体（物）之间必然形成起来的关系。一方面，"主体际性"必定是以客体作为媒介的。假如人们不通过生产获得生活上的必需物品，即客体，那么不但任何主体都无法生存下去，而且主体之间的共时性关系和历时性关系都不可能被建立起来。正是在这个意义上，马克思指出："这种活动、这种连续不断的感性劳动和创造、这种生产，是整个现存感性世界的非常深刻的基础，只要它哪怕只停顿一年，费尔巴哈就会看到，不仅在自然界将发生巨大的变化，而且整个人类世界以及他（费尔巴哈）的直观能力，甚至他本身的存在也没有了。"① 马克思的这段话表明，无论是主体性，还是主体际性，都是离不开客体的。客体首先不是人静观的、认识的对象，它首先是人为了生存而取用的对象。它不是以与人无关的方式，现成地摆放在那里，而是融贯在人的全部生存活动中，是任何主体与其须臾不可分离的存在物。另一方面，"客体际性"也必定是以主体的活动，尤其是生产劳动作为媒介而组建起来的。马克思在谈到人们的生产劳动时写道："这必然会发生，因为他们在生产过程中，即在占有这些物的过程中，经常相互之间和同这些物之间保持着劳动的联系，并且也很快必须为了这些物而同其他人进行斗争。"② 事实上，抽去主体和主体活动这一根本性的媒介，不但客体概念无法索解，而且"客体际性"，乃至人们心目中的"世界"概念也不可能被组建起来。

马克思关系理论的深刻之处在于，他不但从生存实践活动的视角出

---

① 《马克思恩格斯全集》，第3卷，50页，北京，人民出版社，1960。
② 《马克思恩格斯全集》，第19卷，405页，北京，人民出版社，1963。

发，揭示出主体与客体之间必然会形成起来的本质关系，而且还揭示出这种"主客体际性"在现代资本主义社会中异化的性质。事实上，正是资本主义社会中普遍存在的异化劳动导致了"主客体际性"的异化特征。这一特征主要表现在以下两个方面：一方面是作为客体的物的主体化。这里所说的"物"也就是作为人们劳动产物的商品。本来，商品作为物是主体消费的对象，处于被动的位置上，但现在它却获得了主动性的地位，并成了主体（人）的真正的统治者。这种物（客体）的主体化的实质乃是死劳动对活劳动的支配。另一方面是作为主体的人的客体化。我们这里所说的"客体化"既包含物化，又不止于物化。为什么？因为物化本身乃是一个中性的概念，它只表示人通过劳动把自己的精力转移并凝结到劳动的产品中。显然，马克思关注的并不是一般意义上的物化，只有当物化同时也是异化，即成为压抑主体的巨大的权力时，它才成为马克思深入反思和批判的对象。正是在这个意义上，马克思告诫我们："关键不在于物化，而在于异化，外化，外在化，在于巨大的物的权力不归工人所有，而归人格化的生产条件即资本所有，这种物的权力把社会劳动本身当作自身的一个要素而置于同自己相对立的地位。"① 显然，青年卢卡奇在《历史与阶级意识》一书（1923）中还未能准确地阐明"物化"与"异化"概念的区别和联系。在马克思之后，海德格尔之所以用连字符号把作为"人之存在"的"此在"称为先天的"在世界之中的存在"（das in-der-Welt-sein），其目的正是为了阐明这种"主客体际性"的先在性和必然性。当然，为了表示自己的哲学思想与传统的，尤其是近代的哲学思想之间的根本差异，海德格尔不愿意使用主体、客体、主体际性等概念，他用的是"此在"（Dasein）、"共在"（Mitsein）这样的概念系统。

综上所述，马克思的实践唯物主义学说蕴含着一种内涵极为丰富的

---

① 《马克思恩格斯全集》，第46卷（下），360页，北京，人民出版社，1980。

关系理论。尽管马克思从来没有使用过"主体际性""客体际性"和"主客体际性"这样的表述方式,但他对这些概念所意味的内容却有大量的论述。正是这些论述显示出马克思关系理论的独创性:一方面,马克思的世界观与近代西方哲学家们的世界观之间存在着根本差别:如果说,近代西方哲学家们从静观的理论态度出发去理解关系问题,那么,马克思则从实践唯物主义的立场出发去理解并阐释一切关系问题。实际上,他把社会生产关系理解为"主体际性""客体际性"和"主客体际性"的内在灵魂和秘密。一旦人们把握了这一内在的灵魂和秘密,也就很容易理解现代资本主义社会内部的一切神秘的关系了。另一方面,马克思的世界观也与当代西方哲学家们(如海德格尔)的世界观之间存在着原则性的差别:假如说,当代西方哲学家们只谈论"主体际性",而完全撇开对"客体际性"和"主客体际性"的思索,那么,马克思则全面地反思了这三个方面的关系,从而赋予当代西方哲学家们谈论的"主体际性"以真正的现实性。这就启示我们,要实质性地推进对当代关系理论的研究,就不能不深入地探索马克思在这方面留下的丰富的思想资源。

马克思本体论的基础和核心：广义生产理论

马克思曾经说过："在一切社会形式中，都有一种确定的生产（eine bestimmte Produktion）决定其他一切生产的地位和影响，因而它的关系（deren Verhaeltnisse）也决定其他一切关系的地位和影响。这是一种普照的光（eine allgemeine Bleuchtung），它掩盖了一切其他的色彩，改变着它们的特点。这是一种特殊的以太（ein besondrer Aether），它决定着它里面显露出来的一切存在者（alles in ihm hervorstechenden Daseins）的比重（das spezifische Gewicht）。"[1] 这段话之所以重要，因为它阐述了马克思本体论的最基本的思想。

笔者认为，马克思哲学从属于现代西方哲

---

[1] 《马克思恩格斯全集》，第46卷（上），44页，北京，人民出版社，1979。译文有改动。参见 Karl Marx, *Grundrisse Der Kritik Der Politischen Oekonomie*, Berlin: Dietz Verlag, 1974, s. 27.

学。马克思在哲学上划时代的贡献是创立了历史唯物主义,历史唯物主义乃是本体论革命的产物,换言之,历史唯物主义也就是马克思的新本体论。这种新本体论,就其实质而言,乃是生存论的本体论,而在马克思那里,生存也就是生产。按照马克思的论述,狭义的生产是指物质生活资料的生产,这对于人的基本的生存活动来说是不可缺少的;广义的生产不但包括物质资料的生产,还包括人的生产、精神生产和社会关系的生产。一言以蔽之,广义的生产是指整个社会或全部社会生活的生产和再生产。

在马克思的广义生产理论中,核心的部分是物质生活资料的生产和这种生产在其中得以展开的社会生产关系。正如物质生活资料的生产从根本上制约着其他生产活动一样,社会生产关系也从根本上制约着其他的社会关系。那么,究竟如何理解物质生活资料的生产与社会生产关系的生产之间的关系呢?在这里,正确理解的前提是超越分析理性和抽象观念的影响。也就是说,既不存在与任何社会生产关系相分离的物质生活资料的生产,又不存在与任何物质生活资料的生产相脱离的、空洞的生产关系。事实上,这两者是不可分割地统一在任何物质生活资料的生产的现实过程中的。从传统的哲学观点来看,本体论属于形而上学的领域;而按照康德的观点,整个形而上学都处在超经验的领域里。这正是本体论研究的独特之处。而在物质生活资料生产的现实过程中,生产本身属于经验的领域,而看不见、摸不着的社会生产关系则属于超经验的领域。也就是说,从本体论研究的角度看,马克思的广义生产理论的实质是社会生产关系,而马克思关于实践、异化意识形态、上层建筑和社会革命的理论都是从这种广义生产理论的基础上引申出来的。

马克思政治哲学理论的内在张力

从 20 世纪 70 年代初以来,随着美国哲学家罗尔斯的《正义论》的问世,政治哲学引起越来越多的研究者们的重视。与此同时,对马克思政治理论的研究也出现了复兴。然而,在这一可喜现象的背后,却存在着一种令人担忧的倾向,即研究者们在理解并阐释马克思的政治哲学理论时,总是习惯抓住其理论的某个方面加以发挥,忽略了马克思政治哲学理论中不同的思想要素之间存在的内在张力。事实上,只有充分重视不同的思想要素之间存在的内在张力,才可能全面地、完整地、准确地理解并阐发马克思的政治哲学理论,从而使这方面的研究沿着健康的轨道向前发展。

在作为公共事务管理机构的国家的功能和作为阶级统治的暴力机器的国家的实质之间建立必要的张力

众所周知,马克思在其一系列的政治哲学论著中揭示了国家,尤其是现代国家的实质。从表面上看,国家是凌驾于整个社会之上的公共机构,它一定会一视同仁地、公正地处理它所涉及的一切事务,但实际上,马克思通过自己的研究发现,国家实质上是阶级统治的暴力机器。在与恩格斯合著的《共产党宣言》中,马克思指出,在现时代,阶级对立简单化了,整个社会日益分裂为资产阶级和无产阶级两大阵营,而"现代的国家政权不过是管理整个资产阶级的共同事务的委员会罢了。"① 毋庸讳言,马克思对国家,特别是现代国家的实质的披露,显示出他的政治哲学所蕴含的深刻的批判维度,也表明他在国家理论方面的卓越的洞察力。在后马克思时代,不少人记住了马克思这方面的论述,却把这些论述片面化、极端化了。他们忽略了以下两个表达式——"国家的功能"和"国家的实质"之间的差别。事实上,马克思只是把国家的实质理解为阶级统治的暴力机器,而并没有把国家的功能简单化。

众所周知,在人类的历史上,被霍布斯称之为"利维坦(亦即海中怪兽)"的国家,毕竟是一个最为复杂的社会存在物。即使是现代国家,尽管它最为关注的是"整个资产阶级的共同事务",但它也必须对全社会的共同事务承担其管理职能。这些共同事务包括基础设施的建设、水利工程的实施、公共交通、公共邮政、公共行政、警察和国内秩序的维持、财政税收、军队和对外战争等。所有这些共同事务,都超出了某个统治阶级的范围,而涉及全社会每个成员的利益。事实上,马克思早就肯定了国家在管理全社会共同事务方面的基本功能。在《不列颠在印度的统治》一文中,马克思明确地指出:"在亚洲,从远古的时候起一般说来就

---

① 《马克思恩格斯选集》,第1卷,274页,北京,人民出版社,1995。

只有三个政府部门：财政部门，或者说，对内进行掠夺的部门；战争部门，或者说，对外进行掠夺的部门；最后是公共工程部门……所以亚洲的一切政府都不能不执行一种经济职能，即举办公共工程的职能。这种用人工方法提高土壤肥沃程度的设施靠中央政府办理，中央政府如果忽略灌溉或排水，这种设施立刻就会荒废……"① 就现代国家，即资产阶级国家而言，它也必须执行管理全社会共同事务的职能，也必须维护每个公民应有的权利。也正是在这个意义上，马克思主义的创始人认为，现代资产阶级社会也为无产阶级革命提供了相应的条件。

马克思的上述见解启示我们，运用阶级分析方法去把握国家的实质是必要的，它为我们理解一个社会的错综复杂的政治生活提供了一条指导性的线索，但我们也必须清醒地意识到，对国家的理解绝不能简单化。历史和实践一再证明，国家的功能是多方面的，尤其是它对全社会共同事务的管理，拥有不可推卸的责任。只有全面地思考国家的功能和其实质之间的关系，才能对马克思的国家理论做出全面的理解。事实上，当代"治理"理论的兴起也启发我们，在考察任何形式的国家时，绝不能只满足于指出国家的实质是什么，而完全忽视了对它的错综复杂的实际功能的深入解析。

在对国家的基础与革命的前提的理解上建立必要的张力

在经济基础和上层建筑的结构中去认识国家的地位和作用，常常被人们看作一种老生常谈。其实，恰恰是在人们视之为老生常谈的地方，蕴含着马克思对国家基础问题的卓越见解。遗憾的是，马克思这方面的见解并没有引起研究者们的充分重视。

早在与恩格斯合著的《德意志意识形态》中，马克思已经告诉我们：

---

① 《马克思恩格斯选集》，第1卷，762页，北京，人民出版社，1995。

"那些决不以个人'意志'为转移的个人的物质生活,即他们的相互制约的生产方式和交往方式,是国家的现实基础,而且在一切还必需有分工和私有制的阶段上,都是完全不以个人的意志为转移的。这些现实的关系决不是国家政权创造出来的,相反地,它们本身就是创造国家政权的力量。"① 在《〈政治经济学批判〉序言》中,马克思以更明确的语言告诉我们:"人们在自己生活的社会生产中发生一定的、必然的、不以他们的意志为转移的关系,即同他们的物质生产力的一定的发展阶段相适合的生产关系。这些生产关系的总和构成社会的经济结构,即有法律的和政治的上层建筑竖立在其上并有一定的社会意识形式与之相适应的现实基础。物质生活的生产方式制约着整个社会生活、政治生活和精神生活的过程……社会的物质生产力发展到一定阶段,便同它们一直在其中运动的现存生产关系或财产关系(这只是生产关系的法律用语)发生矛盾。于是这些关系便由生产力的发展形式变成生产力的桎梏。那时社会革命的时代就到来了。"② 这些看起来似乎是老生常谈的论述实际上向我们传递了一个极为重要的信息,即无论是国家的兴亡更替,还是社会革命的是否合理,其共同的基础或前提都是物质生活的生产方式。正是生产方式内部的生产力与生产关系的一致或冲突,从根本上规约着国家的兴衰存亡与革命的正当与否。

其实,马克思下面这段话的重要性也是不容忽视的:"无论哪一个社会形态,在它所能容纳的全部生产力发挥出来以前,是决不会灭亡的;而新的更高的生产关系,在它的物质存在条件在旧社会的胎胞里成熟以前,是决不会出现的。"③ 按照马克思的观点,一个社会形态、一种国家制度,在其生产关系所能容纳的生产力充分发挥出来以前,是绝不会灭亡的。那么,如果一个国家已经自觉地认识并把握了经济运动的规律,

---

① 《马克思恩格斯全集》,第3卷,377~378页,北京,人民出版社,1960。
② 《马克思恩格斯选集》,第2卷,32~33页,北京,人民出版社,1995。
③ 《马克思恩格斯选集》,第2卷,33页,北京,人民出版社,1995。

它能否凌驾于这种规律之上呢？马克思的回答显然是否定的，他在《资本论》第一卷中这样写道："一个国家应该而且可以向其他国家学习。一个社会即使探索到了本身运动的自然规律……它还是既不能跳过也不能用法令取消自然的发展阶段。但是它能缩短和减轻分娩的痛苦。"① 在这段同样重要的论述中，马克思明确地划定了国家在历史发展进程中实际上起作用的限度。同时，它也启示我们，任何一场真正的社会革命都是有其前提的。假如革命赖以发生的物质条件在旧社会的胎胞里还没有成熟，它即使发生了，也是不可能获得成功的。当人们试图以革命的方式推翻某个国家的政权，而这个国家的经济制度所能容纳的生产力还有广阔的发展空间时，这种革命必定会沦于空想和失败。正如马克思所说的：如果革命缺乏相应的生产方式上的前提，"那么一切炸毁的尝试都是唐•吉诃德的荒唐行为。"②

马克思的上述见解深刻地启示我们：一方面，不管人们是否承认，任何国家都扎根于相应的生产方式，而生产方式内部的生产力与生产关系之间的一致或冲突则决定着国家发展的根本命运。尽管任何国家和国家制度一经形成，就具有相对的独立性，并能对生产方式运用一定的调控手段，然而，归根到底，生产方式内部的矛盾运动制约着国家起作用的限度。也正是在这个意义上，马克思强调："我的观点是：社会经济形态的发展是一种自然历史过程，不管个人在主观上怎样超脱各种关系，他在社会意义上总是这些关系的产物。同其他任何观点比起来，我的观点是更不能要个人对这些关系负责的。"③ 另一方面，社会革命也不是单纯的主观意志的产物，它的前提同样深藏于生产方式的现状中。1917年俄国十月革命爆发时，葛兰西曾发表了一篇题为《反对〈资本论〉的革命》的文章，批评了马克思在《资本论》中得出的关于无产阶级革命将

---

① 马克思：《资本论》，第1卷，11页，北京，人民出版社，1975。
② 《马克思恩格斯全集》，第46卷（上），106页，北京，人民出版社，1979。
③ 马克思：《资本论》，第1卷，12页，北京，人民出版社，1975。

在最先进的资本主义国家率先发生的预言。然而，令人震惊的是，苏联在十月革命胜利70周年后，由于各种原因，又重新蜕变为资产阶级性质的国家。难道这不是恰好印证了马克思关于"无论哪一个社会形态，在它所能容纳的全部生产力发挥出来以前，是决不会灭亡的"的结论乃是一个颠扑不破的真理吗？历史和实践一再表明，只有在对国家的基础和革命的前提的认识中形成一种张力，任何行动主体才可能避免堂吉诃德式的命运。

在对宏观政治权力与微观经济权力的批判上建立必要的张力

马克思对"政治解放"和"人类解放"这两个重要概念的区分常常引起研究者们的误解，以至于他们竟把这一区分理解为马克思忽视政治理论的一个依据。其实，马克思所倡导的"人类解放"不但是对"政治解放"成果的巩固，也是对"政治解放"成果的深化。事实上，没有"人类解放"作为后援，"政治解放"就会失去它的彻底性，整个社会甚至很容易退回到"政治解放"前的状态中去。因此，把这两个概念区分开来，正是马克思政治哲学理论的独特之处和深刻之处。

众所周知，马克思对宏观政治权力的反思和批判是极其深刻的。早在与恩格斯合著的《德意志意识形态》中，马克思已经指出："统治阶级的思想在每一时代都是占统治地位的思想。这就是说，一个阶级是社会上占统治地位的物质力量，同时也是社会上占统治地位的精神力量。支配着物质生产资料的阶级，同时也支配着精神生产的资料，因此，那些没有精神生产资料的人的思想，一般地是受统治阶级支配的。"[①] 在这里，马克思区分了两种不同的宏观政治权力：一种是对全社会物质生活资料生产和消费方面的领导权；另一种是对全社会精神生产和思想分配

---

① 《马克思恩格斯全集》，第3卷，52页，北京，人民出版社，1960。

方面的领导权。显然，这两种宏观政治权力是相互支撑的，它们共同维护着统治阶级的统治地位。在1852年致约·魏德曼的信中，马克思在谈到资产阶级历史编纂学家关于阶级斗争的理论时写道："我所加上的新内容就是证明了下列几点：（1）阶级的存在仅仅同生产发展的一定的历史阶段相联系；（2）阶级斗争必然导致无产阶级专政；（3）这个专政不过是达到消灭一切阶级和进入无产阶级社会的过渡……"① 在这里，马克思关于"无产阶级专政"的论述也是以对宏观政治权力的思考作为出发点的。在马克思看来，无产阶级只有使自己上升为统治阶级，通过无产阶级专政，正确地运用宏观政治权力，才能为整个社会向未来共产主义社会的过渡创造必要的条件。后来，马克思又总结了巴黎公社的经验教训，进一步强调了摧毁资产阶级国家机器的必要性。所有这些论述都是围绕着无产阶级的政治解放和夺取资产阶级国家的领导权，即宏观政治权力这一中心思想来展开的。

然而，值得注意的是，马克思已经意识到，对于无产阶级来说，单纯的"政治解放"，即掌握一个国家的宏观政治权力是不够的，还需要通过对整个社会日常生活中隐藏着的、普遍的微观权力的批判，才能巩固"政治解放"的成果，并达到真正意义上的"人类解放"。那么，马克思欲加以批判的"微观经济权力"究竟是指什么呢？在我们看来，它指的是作为现代资产阶级社会宏观政治权力的普遍的、无处不在的后援——资本。② 在现代资产阶级社会中，资本以其无孔不入的方式渗透进商品、货币和全部日常生活中，从而在人们的日常生活中形成了一个巨大的微观权力网。只要这个权力网继续在起作用，那么"人类解放"就始终是一句空话。在《1844年经济学哲学手稿》中，马克思告诉我们："资本

---

① 《马克思恩格斯选集》，第4卷，547页，北京，人民出版社，1995。

② 马克思极其深刻地揭示了现代资产阶级国家的宏观政治权力与微观经济权力之间的内在关系。他在谈到北美的时候写道："而在北美本身，中央政府的权力是和资本的集中一起增长的。"参见《马克思恩格斯全集》，第46卷（上），5页，北京，人民出版社，1979。

是对劳动及其产品的支配权。资本家拥有这种权力并不是由于他的个人的或人的特性，而只是由于他是资本的所有者。他的权力就是他的资本的那种不可抗拒的购买的权力。"① 正因为资本拥有这种不可抗拒的购买能力，所以资本家能够购买劳动力、原料、生产设备和厂房，并使异化劳动得以可能。也正是在这个意义上，马克思告诉我们："资本是资产阶级社会的支配一切的经济权力。"② 由于资本只有通过对活劳动的吸附才能使自己增值，因而在异化劳动中，工人劳动的生产性成了他人的权力，工人反而变得一无所有了。"因为资本是工人的对立面，所以文明的进步只会增大支配劳动的客观权力"。③

如前所述，马克思不仅揭示了资本与宏观政治权力之间的内在联系，也揭示了资本作为微观经济权力在日常生活中的巨大作用。其实，这种无所不在的微观权力首先体现在现代社会的细胞——商品身上。在马克思看来，商品的交换价值"反映个人支配他人的使用价值的权力，反映个人的社会关系"。④ 由于人们在日常生活中错误地把商品的交换价值理解为商品的自然属性，从而形成了现代资产阶级社会日常生活的意识形态，即商品拜物教。进一步的研究表明，蕴含在交换价值中的微观权力以更明显的方式体现在货币这个一般等价物上："货币是'无个性的'财产。我可以用货币的形式把一般社会权力和一般社会联系，社会实体，随身揣在我的口袋里。货币把社会权力当作一件物品交到私人手里，而私人就以私人的身份来运用这种权力。"⑤ 在日常生活中，当货币把资本视为自己的普遍存在方式时，日常生活的意识形态就进一步从商品拜物教扩展为货币拜物教和资本拜物教，从而形成了一个包罗万象的微观权力的网络。

---

① 《马克思恩格斯全集》，第42卷，62页，北京，人民出版社，1979。
② 《马克思恩格斯全集》，第46卷（上），45页，北京，人民出版社，1979。
③ 《马克思恩格斯全集》，第46卷（上），268页，北京，人民出版社，1979。
④ 《马克思恩格斯全集》，第46卷（下），459页，北京，人民出版社，1979。
⑤ 《马克思恩格斯全集》，第46卷（下），431页，北京，人民出版社，1979。

马克思的政治哲学启示我们，未来共产主义社会的诞生不仅要诉诸"政治解放"和对宏观政治权力的批判，而且也要诉诸"人类解放"和对微观经济权力，尤其是资本拜物教的批判。唯有坚持这种双重的批判，新的政治生活的确立才会获得坚实的基础。事实上，当代哲学家卢卡奇、列斐伏尔、福柯、赫勒等人的研究成果已经为我们深入探讨马克思对现代资产阶级社会的微观权力的批判提供了重要的启示。

在资产阶级的（亦即公民的）民主、自由和平等意识与社会主义的民主、自由和平等观念之间建立必要的张力

在当今世界的政治格局中，一个无法回避的事实是：社会主义国家几乎都是从资本主义经济并不怎么发达的国家中脱颖而出的。也就是说，在这些国家里，由于资本主义的经济、社会和政治生活都尚未充分地展开，因此，不但公民的意识是十分淡薄的，而且作为公民应该具有的民主、自由和平等的意识以及与这些意识相对应的权利意识也是十分淡薄的。然而，作为社会主义国家的成员，他们又超前地接受了一整套关于社会主义民主、自由和平等的观念。同时，社会主义国家的意识形态通过各种宣传方式，竭力使下面的观点成为全社会每个成员的常识，即社会主义的民主、自由和平等与资产阶级的（或公民的）民主、自由和平等完全是对立的，前者是正确的，后者则是错误的，是充满欺骗的。正是这种常识造成了社会主义国家中政治观念的混乱：一方面，社会主义国家的成员对资产阶级民主、自由和平等的意识不屑一顾，甚至把这些意识看作完全是错误的，是应该加以抛弃的东西，但在现实生活中，他们甚至连这样的意识及与这些意识相对应的权利也是普遍匮乏的；另一方面，社会主义国家的成员又在高谈社会主义民主、自由和平等的观念，然而，由于这些观念缺乏相应的历史基础和思想基础，大多流于空谈。我们发现，要解决好资产阶级的（公民的）民主、自由和平等意识与社

会主义的民主、自由、平等观念之间的关系，正确地理解并解释马克思的政治哲学理论仍然是一个绕不过去的主题。

毋庸讳言，作为无产阶级的思想代表和精神领袖，马克思对资产阶级民主、自由和平等意识所蕴含的欺骗性进行过深刻的批判。比如，在《评普鲁士最近的书报检查令》一文中，马克思就曾辛辣地嘲讽过当时政府的法令："没有色彩就是这种自由唯一许可的色彩。"[1] 在《第六届莱茵省议会的辩论（第一篇论文）》中，马克思又写道："检查制度的出发点是：疾病是正常状态，而正常状态——自由就是疾病。"[2] 马克思不但揭示了资产阶级自由观念的某种虚假性，而且也阐明了资产阶级的自由和平等观念在现代经济生活中的起源："如果说经济形式，交换，确立了主体之间的全面平等，那么内容，即促使人们去进行交换的个人材料和物质材料，则确立了自由。……作为纯粹观念，平等和自由仅仅是交换价值的交换的一种理想化的表现；作为在法律的、政治的、社会的关系上发展了的东西，平等和自由不过是另一次方的这种基础而已。"[3] 这就表明，现代资产阶级的自由和平等意识归根到底是为资产阶级商品经济的发展服务的。正是这样的阶级属性决定了这些意识本身蕴含着某种欺骗性，因为它们总是试图表明，它们是为全社会的成员服务的。同样地，马克思也指出了资产阶级民主意识，包括其宪法所蕴含的某种虚假性，因为"每一个企图代替旧统治阶级的地位的新阶级，就是为了达到自己的目的而不得不把自己的利益说成是社会全体成员的共同利益"。[4] 事实上，正是资产阶级民主、自由和平等意识表面上的普适性和实际上的阶级归属，决定了它们具有某种欺骗性。

然而，我们必须清醒地意识到，尽管马克思对资产阶级民主、自由

---

[1] 《马克思恩格斯全集》，第1卷，7页，北京，人民出版社，1956。
[2] 《马克思恩格斯全集》，第1卷，73页，北京，人民出版社，1956。
[3] 《马克思恩格斯全集》，第46卷（上），197页，北京，人民出版社，1979。
[4] 《马克思恩格斯全集》，第3卷，54页，北京，人民出版社，1960。

和平等意识做过深刻地批判,但无论如何我们不能用非历史的观念去看待马克思的观点。因为资产阶级民主、自由和平等的意识与以前时代的社会意识比较起来,毕竟是一个巨大的进步。同时,马克思也发现,无产阶级革命不但不应该与这些意识对立起来,而且应该充分利用这些意识提供的思想空间,利用它们在与传统观念比较时所显现出来的那种历史的合理性。在《黑格尔法哲学批判》一书中,马克思在批判君主制的时候指出:"民主制是国家制度一切形式的猜破了的哑谜。在这里,国家制度不仅就其本质说来是自在的,而且就其存在、就其现实性说来也日益趋向于自己的现实的基础、现实的人、现实的人民,并确定为人民自己的事情。"① 在这里,马克思不仅对(以资产阶级为统治阶级的)民主制作了高度的评价,甚至断言:"在真正的民主制中政治国家就消失了。"② 因为在他看来,民主制在弥合国家与社会的分裂方面迈出了至关重要的一步。在《哥达纲领批判》中,马克思谈到,共产主义社会是从资本主义社会中脱胎出来的,"所以,在这里平等的权利按照原则仍然是资产阶级权利"③。在马克思看来,共产主义(社会主义)的平等要比资产阶级的平等高一个层次,是"各尽所能,按需分配"意义上的平等,但这种平等观并不是凭空产生的,而是在资产阶级平等观的基础上发展出来的。同样地,虽然社会主义的自由和民主也要比资产阶级的自由和民主高一个层次,但前者也是从后者的基础上发展出来的。假如人们把社会主义的民主、自由和平等的观念与资产阶级民主、自由和平等的意识简单地割裂开来并对立起来,那就必定会把社会主义民主、自由和平等的观念变成纯粹的空谈。在这方面,德拉-沃尔佩、科莱蒂等人的研究成果实际上已经触及这个重大的问题,而对于社会主义国家来说,这个问题是无法回避的。

① 《马克思恩格斯全集》,第1卷,281页,北京,人民出版社,1956。
② 《马克思恩格斯全集》,第1卷,282页,北京,人民出版社,1956。
③ 《马克思恩格斯选集》,第3卷,304页,北京,人民出版社,1995。

总之，马克思的政治哲学奠基于历史唯物主义，而历史唯物主义则要求我们运用历史分析的眼光来考察一切社会现象，尤其是精神现象。在马克思的政治哲学理论中，既有对资产阶级民主、自由和平等意识的历史作用的肯定，又有对它们所蕴含的某种虚假性的批判；既有对社会主义民主、自由和平等观念与资产阶级民主、自由和平等意识之间的差异的论述，又有对它们之间的历史连贯性的阐明。我们绝不能抓住马克思政治哲学中的某个思想要素，随意地加以发挥，甚至无限地加以夸大，我们必须看到这些不同的思想要素之间的内在关联以及它们在历史唯物主义学说基础上的一致性。

马克思的权力诠释学及其当代意义

在通常人，甚至正统的诠释学史家的眼光中，马克思哲学与诠释学似乎是风马牛不相及的。在当代学者，特别是在弗雷德里克·詹姆逊等人的研究中，这种传统的眼光才被打破，人们开始思考马克思对诠释学理论的重大贡献。然而，即使像詹姆逊这样的学者，也未能真正把握马克思的诠释学的实质及其丰富的内涵。本文认为，马克思的诠释学实质上是一种权力诠释学，它滥觞于马克思的实践诠释学思想，但又进一步强调，实践活动的最本质的维度是政治维度，而政治维度的核心则是无所不在的权力。如果我们不抽象地谈论人的理解活动和解释活动，就会发现，它们总是在政治意识（或无意识）和权力磁场的背景下展开的。由于马克思敏锐地领悟到这一点，所以他对资本主义社会及其文化理论的解读是无比深刻的。同时，他也启发我们，革命必然蕴含着新的政治权力和文化—意识形态领导权的确立。由此可见，马克思的诠释学才是真正现实的诠释学，它不是从抽象的、价值中立的理论态度出发去探索人的理解和解释活动，而是把实践活动，特别是政治活动（有意识的或无意识的）的具体意向看作人的一切理解和解释活动的本质。事实上，马克思揭示了一切理解和解释活动的真正的秘密。当代哲学的发展趋向表明，马克思的权力诠释学必将引起人们的广泛重视，并在诠释学发展史上获得无可争议的位置。

马克思的权力诠释学的理论基础

上面提到的那种根深蒂固的见解，即认为马克思的哲学与诠释学是风马牛不相及的见解，在相当程度上来源于人们对马克思的《关于费尔巴哈的提纲》一书中第十一条（"哲学家们只是用不同的方式解释世界，问题在于改变世界"①）的误读。粗心的人们以为，马克思并不重视"解释世界"，他关心的仅仅是"改变世界"。其实，这里存在着双重的误解。一方面，马克思在前半句话——"哲学家们只是用不同的方式解释世界"中使用的"只是"（nur）这个词表明，马克思并不反对哲学家们"解释世界"，他反对的是哲学家们"只是"满足于"解释世界"的那种纯粹的理论态度；另一方面，马克思的后半句话——"问题在于改变世界"也不表明马克思不关注"解释世界"而只重视"改变世界"。不难发现，马克思的整句话的意图是：哲学家们不但应该从理论上解释世界，而且应该以实践的方式改变世界，马克思从来没有把"改变世界"与"解释世界"尖锐地对立起来。事实上，撇开"解释世界"，"改变世界"根本上就是不可能的。因为人们要"改变世界"，就要预先设定"改变"的方向，而要设定"改变"的方向，就要先行地对世界本身做出合理的理解

---

① 《马克思恩格斯选集》，第1卷，57页，北京，人民出版社，1995。

和解释。换言之，人是有目的的存在物，当人不能对世界做出新的理解和解释的时候，也就不可能有相应的改变世界的行动。由此看来，人们不应该轻易地从这段话中引申出马克思并不重视人的理解和解释活动的结论来。

我们对马克思的文本的解读越深入，就越会发现，马克思不但十分重视对人的理解和解释活动的研究，而且从自己的理论立场——历史唯物主义出发，形成了一套崭新的诠释学的理论。我们不妨把马克思这方面的研究成果称之为"实践诠释学"①，而实践诠释学也正是其权力诠释学的理论基础。马克思的实践诠释学确定了如下的原则。

首先，应当从人的物质实践活动出发去理解和解释人的观念和文本。马克思在谈到自己的历史唯物主义的立场时指出："这种历史观和唯心主义历史观不同，它不是在每个时代中寻找某种范畴，而是始终站在现实历史的基础上，不是从观念出发来解释实践，而是从物质实践出发来解释观念的东西，由此还可得出下述结论：意识的一切形式和产物不是可以用精神的批判来消灭的，也不是可以通过把它们消融在'自我意识'中或化为'幽灵''怪影''怪想'等来消灭的，而只有实际地推翻这一切唯心主义谬论所由产生的现实的社会关系，才能把它们消灭；历史的动力以及宗教、哲学和任何其他理论的动力是革命，而不是批判。"② 这段重要的论述从正反两个不同的角度告诉我们，人类的物质实践活动不仅决定着观念和文本的内涵和实质，而且也决定着观念和文本的演化、更替和被扬弃的命运。绝不可能存在与人们的物质实践活动相分离的、独立的观念和文本的运动。所以，尽管青年黑格尔派的思想家满口讲的都是震撼世界的词句，而实际上他们却是最大的保守主义者，因为他们永远停留在抽象的理论态度上，永远只满足于与现实的影子，而不是现

---

① 参见拙文《马克思实践诠释学初探》，见《俞吾金集》，536～554 页，黑龙江，黑龙江教育出版社，1995；另参见拙著《实践诠释学：对马克思哲学和一般哲学理论的重新解读》，昆明，云南人民出版社，2001。

② 《马克思恩格斯全集》，第 3 卷，43 页，北京，人民出版社，1960。

实本身做斗争。

其次，即使是模糊的、荒谬的、神秘主义的观念和文本归根到底也源于人的实践活动。马克思这样写道："全部社会生活在本质上是实践的。凡是把理论引向神秘主义的神秘东西，都能在人的实践中以及对这个实践的理解中得到合理的解决。"① 与马克思同时代的、以布·鲍威尔、施蒂纳和费尔巴哈为代表的青年黑格尔主义者之所以在宗教批判中迷失了方向，是因为他们的理论批判和诠释活动始终是在观念之间和文本之间展开的，他们从来没有注意过观念、文本与物质实践活动之间的内在联系。正如马克思所指出的："甚至人们头脑中模糊的东西也是他们的可以通过经验来确定的、与物质前提相联系的物质生活过程的必然升华物。因此，道德、宗教、形而上学和其他意识形态，以及与它们相适应的意识形态便失去独立性的外观。它们没有历史，没有发展；那些发展着自己的物质生产和物质交往的人们，在改变自己的这个现实的同时也改变着自己的思维和思维的产物。"② 在马克思看来，一旦人们迷惑于观念和文本发展的"独立性的外观"，他们的全部理解、解释和诠释活动必然会误入歧途。

最后，确定人们的理解和解释活动是否正确的标准仍然是实践活动。正如马克思所指出的："人的思维是否具有客观的［gegenstaendliche］真理性，这不是一个理论的问题，而是一个实践的问题。人应该在实践中证明自己思维的真理性，即自己思维的现实性和力量，自己思维和此岸性。关于离开实践的思维的现实性或非现实性的争论，是一个纯粹经院哲学的问题。"③ 在马克思看来，人们关于理解和解释活动、关于观念和文本的任何争论，一旦离开了实践活动这一现实的标准，就成了无意义的事情。

---

① 《马克思恩格斯选集》，第1卷，56页，北京，人民出版社，1995。
② 《马克思恩格斯全集》，第3卷，30页，北京，人民出版社，1960。
③ 《马克思恩格斯选集》，第1卷，58~59页，北京，人民出版社，1995。

正是实践诠释学的上述基本观点为权力诠释学的提出奠定了理论基础。当我们的考察进一步深入的时候，就会发现，在任何存在着阶级利益冲突的社会中，统治阶级总是从整体上掌握着物质实践活动的领导权，从而也掌握着精神生产领域的领导权。而这种权力场的影响是无处不在的，它渗透到人们的全部理解和解释活动中，在冥冥中决定着人们理解和解释活动的内涵、实质和界限。马克思的权力诠释学理论的提出从根本上解构了语言、观念和文本的独立性和中立性的外观，使诠释学的发展走上了一条真正的现实性的道路。

马克思的权力诠释学的基本内容

马克思本人从来没有使用过"权力诠释学"的概念，但只要我们对马克思的文本的理解不拘泥于字面的话，就会发现，在马克思的著作中确实存在着一种权力诠释学，它为我们解读错综复杂的社会现象、观念和文本提供了一把钥匙。

为了准确地理解马克思的权力诠释学，我们有必要先弄清"权力"概念在马克思的语言中的含义。在马克思看来，无论是国家还是权力都不是第一性的、基础性的东西，"那些决不依个人'意志'为转移的个人的物质生活，即他们的相互制约的生产方式和交往方式，是国家的现实基础，而且在一切还必需有分工和私有制的阶段上，都是完全不依个人的意志为转移的。这些现实的关系决不是国家政权创造出来的，相反地，它们本身就是创造国家政权的力量"。[①] 这就是说，马克思是从历史唯物主义的理论出发来论定权力，特别是政治权力起作用的范围的。从这里也可看出，权力诠释学始终是以实践诠释学为基础的。正是人们的生存实践活动的状况决定着权力的分布和分配，从而也决定着权力诠释学的

---

① 《马克思恩格斯全集》，第3卷，377~378页，北京，人民出版社，1960。

内涵和本质。马克思的权力诠释学主要包含如下的内容。

第一，统治阶级的思想在每一时代都是占统治地位的思想。马克思这样写道："一个阶级是社会上占统治地位的物质力量，同时也是社会上占统治地位的精神力量。支配着物质生产资料的阶级，同时也支配着精神生产的资料，因此，那些没有精神生产资料的人的思想，一般地是受统治阶级的支配的。"① 在这里，马克思通过自己的研究向我们揭示了一个重要的真理，即在物质生产资料的生产上占支配地位的阶级，也必定会在相应的精神生产资料的生产上支配地位，而在一般情况下，正是这一点决定着这一历史时期人们的一切理解和解释活动的基本内容和方向。易言之，人们的理解和解释活动并不是随心所欲的，而是在一个先定的权力的磁场中进行的。如果他们不具有占有物质生产资料和精神生产资料的权力或不认同这种权力，那么他们的理解和解释活动就不可能成为那个历史时期的主导性的活动，至多只具有依附性和边缘性的特征。

第二，占统治地位的思想不过是占统治地位的物质关系在观念上的表现。马克思举例谈到，在某一个国家里，某个时期，王权、贵族和资产阶级争夺统治，因而在那里统治是以分享的方式存在的。于是在那里占统治地位的思想就会是关于分权的学说，人们甚至会把分权当作"永恒的真理"来谈论。这样一来，传统诠释学所主张的中立的理论态度的神话也就被解构了。实际上，马克思告诉我们，一切理解和解释活动本质上都是一种实践态度，都从属于一定的政治维度，或者说，一切诠释学都是政治诠释学。② 一旦我们接受这样的观念，传统诠释学理论的抽象性便暴露无遗了。

---

① 《马克思恩格斯全集》，第3卷，52页，北京，人民出版社，1960。
② 正如詹明信在谈到政治解释的优越性时所说的："它不把政治视角想象为某种补充性的方法，也不把它想象为当今流行的其他方法——心理分析或神话批评的、文体的、伦理的、结构的方法——的选择性的辅助方法，而是把它理解为一切阅读和一切解释的绝对视界。"参见 Fridric Jameson, *The Political Unconscious*, New Yor: Cornell University Press, 1985, p.17.

第三，统治阶级通过权力调节着自己时代的思想的生产和分配。马克思强调，构成统治阶级的个人，"作为思维着的人，作为思想的生产者而进行统治，他们调节着自己时代的思想的生产和分配。"① 有时候，统治阶级内部的不同成员和不同权力之间也可能发生冲突，但一旦整个阶级的统治受到威胁，这种冲突的假象就会消失。统治阶级内部的大部分成员都会联合起来、一致对外，以维护本阶级的利益。马克思对普鲁士书报检查制度的批判就是一个典型的例子。他这样写道："书报检查制度是为政府所垄断的批评。但是，当批评不是公开的而是秘密的，不是理论上的而是实践上的时候，当它不是超越党派而是本身变成一个党派的时候，当它不是带着理智的利刃而是带着任性的钝剪出现的时候，当它只想进行批评而不想受到批评的时候，当它由于自己的实现而否定了自己的时候，最后，当它如此缺乏批判能力，以致错误地把个人当作普遍智慧的化身，把权力的要求当作理性的要求，把墨渍当作太阳上的黑子，把书报检查官涂改时画的叉叉杠杠当作数学作图，而把耍弄拳脚当作强有力的论据的时候，——在这种情况下，难道批评不是已失掉它的合乎理性的性质了吗？"② 统治阶级对思想的生产和分配最集中地反映在他们所制定的新闻检查制度中。他们通过手中的权力，排斥不同的见解，贯彻自己的意志，从而牢牢地维护着与本阶级的根本利益一致的、占统治地位的思想。

第四，革命阶级为了使自己获得统治地位，必须夺取政权，确立自己的诠释权。马克思这样写道："每一个力图取得自己统治的阶级，如果它的统治就像无产阶级的统治那样，预定要消灭整个旧的社会形态和一切统治，都必须首先夺取政权，以便把自己的利益说成是普遍的利益，而这是它在初期不得不如此做的。"③ 革命阶级在其初期的行动中之所以不得不把自己的利益说成是普遍利益，换言之，之所以赋予自己的思想

---

① 《马克思恩格斯全集》，第3卷，52页，北京，人民出版社，1956。
② 《马克思恩格斯全集》，第1卷，172页，北京，人民出版社，1995。
③ 《马克思恩格斯全集》，第3卷，38页，北京，人民出版社，1995。

以普遍性的形式，目的是为了动员更多人起来参与革命；而革命阶级之所以把夺取政权理解为最重要的历史使命之一，也正是为了使自己的全部诠释活动，乃至全部新的统治活动获得合法性。必须指出，正是马克思向我们揭示出这一任何其他的诠释学家都没有告诉过我们的、有趣的现象——诠释的错位，即一个阶级通常会把自己的利益诠释成适合于全社会绝大多数成员的普遍利益。只有充分地认识到权力诠释学的语境及"诠释的错位"现象的存在，才能在诠释学的研究中真正地获得批判性的眼光。

综上所述，马克思的权力诠释学深刻地揭示了人类的诠释活动与无所不在的政治权力之间的内在联系，即每一历史时期的、现实的诠释活动总是不可避免地在一定的权力的阴影下展开的；还阐明了每个历史时期占统治地位的思想就是统治阶级的思想的伟大真理，从而为一切真正批判的诠释活动的展开澄明了理论前提。

马克思的权力诠释学的当代意义

马克思的权力诠释学以独特的视角展示出现实的诠释活动所无法规避的真理，而在正统的诠释学发展史上，这些真理却是避而不明的。在当今理论界，正统的诠释学已经获得巨大的影响，然而在正统的诠释学家那里，马克思仍然是一个讳莫如深的"他者"。在这种情况下，阐发马克思的权力诠释学的当代意义就成了刻不容缓的事情。

其一，正是马克思的权力诠释学使我们摆脱了正统诠释学的抽象的理论态度。众所周知，以施莱尔马赫、狄尔泰等人为代表的传统的诠释学主要把诠释活动理解为准确地解读文本的方法。自从海德格尔把诠释活动理解为"此在"在世的样式，传统的诠释理论发生了重大的转折。在海德格尔的基础上，伽达默尔进一步系统化了海德格尔的思想，从而使当代诠释学得以确立。然而，无论是传统的诠释学，还是当代的诠释学，本质上都是抽象的，因为它们没有揭示出现实的诠释活动得以展开的真实的境况和实际的界限。

这里所谓"真实的境况"是指每一个历史时期统治阶级政治权力对一切诠释活动的渗透。正统的诠释学理论,不管是它的传统形式,还是当代形式,由于抽去了政治权力这一根本性的维度来探索诠释活动的基础,这一基础始终是不完整的、抽象的。虽然海德格尔把诠释活动理解为"此在"在世的样式,并进而把"此在"划分为"本真的此在"和"非本真的此在",但这种划分不但没有澄清"此在"的政治维度,反而模糊了这一维度。海德格尔对纳粹的认同就是他的诠释活动的出发点模糊不清的一个明证。① 其实,按照马克思的看法,我们只能在统治者和被统治者、权力和话语的互动关系中来理解一切诠释活动。撇开这种真实的、历史的境遇,诠释活动的基础和出发点就显得模糊不清了。

这里所谓"实际的界限"是指一定历史时期的统治阶级对一切诠释活动的合法性界限的规定。对于统治阶级来说,活跃于一切诠释活动中的理性不应当是漫无边际的,它的实际的边际亦即它的合法性,而所谓"合法性",也就是对统治阶级的权力的认同,换一种说法,就是不危及统治阶级的统治。这样一来,任何诠释活动是否得到认可的一个潜在的、根本性的标志开始进入我们的视野,它就是:合法的(legal),还是非法的(illegal)?这里关系到的正是权力诠释学的核心。在这个意义上甚至可以说,一切现实的诠释学都是权力诠释学。② 这就启示我们,只有返

---

① 有趣的是,美国哲学家罗蒂认为,"海德格尔是一个偶然的纳粹主义者"。在他看来,海氏之所以加入纳粹,乃是"政治上无知"的结果。(参见罗蒂:《后哲学文化》,38~39页,上海,上海译文出版社,1992。)但另一些学者,如勒维特却表达了另一种见解。勒维特在谈到海氏时指出:"他对国家社会主义的忠诚就存在于他的哲学精髓之中。"(参见理查德·沃林:《存在的政治》,21页,北京,商务印书馆,2000。)

② 我们往往发现这样的现象:在现代社会中,几乎任何一个机构在公布某一个与一些人的利益关系相关的文本时,总不会忘记写上这样一句话——"本文的解释权属于本机构。"这里关涉的正是诠释的权力和合法性的问题,同时也泄露了如下的秘密,即一切诠释学本质上都是权力诠释学。

回到马克思那里，诠释学的发展才能从抽象走向具体。

其二，正是马克思的权力诠释学使我们确立了一种实质性的批判态度。由于一切诠释活动都是在政治权力的背景下展开的，所以在人们对一定历史时期的政治权力状况获得正确的认识之前，是不可能在文本解读中真正地确立起批判意识的。海德格尔虽然强调诠释者应当确立追寻存在的意义的视角，从而正确地进入诠释学活动，但只要诠释者对自己置身于其中的政治权力结构不甚了了，那么，不管他如何侈谈"存在的意义"，他都难以正确地进入诠释活动，也难以揭示出被诠释对象的实质。正如我们在前面已经指出的，如果人们不了解某一个国家在某个历史时期王权、贵族和资产阶级争夺统治地位这一背景，人们也就很难对当时流行的、关于分权理论的文本的来龙去脉和实质做出合理的诠释。

其三，正是马克思的权力诠释学使我们认识到文化—意识形态领导权的重要性。一方面，在物质资料的生产上占统治地位的阶级也必定会牢牢地把握文化—意识形态的领导权，以巩固自己的统治地位；另一方面，任何革命阶级为了使自己上升为统治阶级，也必定会高度重视文化—意识形态领域里争夺领导权的斗争。列宁的《国家与革命》、卢卡奇的《历史与阶级意识》、葛兰西的《狱中札记》等著作都蕴含着对马克思这一思想的敏锐的领悟。在某种意义上，文化—意识形态领导权的问题也就是谁把握文化诠释权的问题，也就是谁具有合法性的问题，而这正是我们一进入权力诠释学的视域必定会遭遇到的问题。反之，也只有确立起批判的权力诠释学的标尺，文化—意识形态领导权的重要性才会真正地显露出来。

总之，唯有马克思的奠基于实践诠释学的权力诠释学理论才为诠释学的发展铺就了一条真正通向现实生活的、批判的道路。

重视对马克思的价值理论的研究

长期以来,在正统阐释者所撰写的关于马克思主义哲学的论著中,几乎找不到马克思的价值理论。近年来,马克思的价值理论开始引起研究者们的关注,但这一关注又是以他们对这一理论的普遍误解为基础的。在这样的情况下,重视对马克思价值理论的探索,恢复其本来面目,就成了理论界必须面对的一项迫切任务。

被遮蔽的价值理论

假如说,在正统的阐释者那里,马克思关于人道主义与异化的学说在相当程度上被边缘化了,那么,比较起来,马克思价值理论的处境是更为糟糕的。这一理论似乎完全超出了正统的阐释者的视野。举例来说,无论是苏联的费多谢也夫等人撰写的《唯物主义辩证法理论概要》，还是康士坦丁诺夫主编的《历史唯物主义》；无论是东德学者弗朗克·菲德勒等人编写的《辩证唯物主义与历史唯物主义》，还是中国学者艾思奇主编的《辩证唯物主义》和《历史唯物主义》或肖前等人主编的《辩证唯物主义原理》和《历史唯物主义原理》，都没有专门的章节来讨论价值问题。这些著作至多只是在涉及经济理论时偶尔提及"价值"概念，而在哲学的语境中几乎从来不涉及这一主题。

正统的阐释者之所以忽略马克思的价值理论，根本的原因在于，他们从来也没有认真地思考过马克思从事哲学研究的特殊思路。事实上，以恩格斯、普列汉诺夫和列宁为代表的正统的阐释者都倾向于把马克思的思想分解为以下三个部分，即哲学、政治经济学和科学社会主义。事实上，在马克思的思想中，这三个部分的内容是不可分割地交织在一起的。在这个意义上，正是这种"分解"方式，使正统的阐释者根本不可能重视马克思的价值理论。为什么会发生这样的情形呢？因为就哲学研究的思路来说，马克思完全不同于传统哲学家。如果说，传统哲学家主要是在单纯哲学的范围内思考问题、提出问题的话，那么，马克思则始终是把哲学和经济学贯通起来进行思考的。换言之，马克思哲学思考的思路乃是经济哲学的思路。马克思的《巴黎手稿》为什么也被称为"经济学哲学手稿"呢？因为在马克思那里，经济学的探索和哲学的反思是不可分离地交织在一起的。虽然马克思的《资本论》是在政治经济学批判的框架内展开的，但其中处处闪烁着马克思的哲学思想。举例来说，马克思在谈到商品之间的关系时写道："在某种意义上，人很像商品。因为人来到世间，既没有带镜子，也不像费希特派的哲学家那样，说什么我就是我，所以人最初是以别人来反映自己的。名叫彼得的人把自己当作人，只是因为他把名叫保罗的人看作是和自己相同的。因此，对彼得说来，这整个保罗以他保罗的肉体成为人这个物种的表现形式。"[1] 从马

---

[1] 马克思：《资本论》，第1卷，67页注（18），北京，人民出版社，1975。

克思的整个研究思路也可以看出，他始终是从经济哲学的视野出发来谈论哲学问题的。

比如，传统哲学家们热衷于谈论抽象的物质，而马克思则从经济哲学的视野出发，把注意力转移到物质的具体形态——（事）物上，而（事）物在现代资本主义的经济方式中则表现为商品、货币和资本。正是从这样的思路出发，马克思还探讨了"商品拜物教"的起源和本质，其目的是揭示出现代资本主义经济方式中物与物关系背后的人与人之间的真实关系。又如，传统哲学家们满足于泛泛地谈论"实践"概念，而马克思则从经济哲学的视角出发，一开始关注的就是作为实践基本形式的生产劳动。再如，传统哲学家们热衷于以抽象的方式谈论"关系"概念，马克思则从经济哲学的视野出发，深入地探索了"关系"概念中最基本的层面——"社会生产关系"。从上面的分析可以看出，马克思的哲学始终是沿着经济哲学的思路向前展开的。事实上，也只有充分地了解并把握这一点，最早源自经济学研究的"价值"概念才可能进入阐释者的视野。其实，马克思本人也告诉我们："价值这个经济学概念在古代人那里没有出现过。价值只是在揭露欺诈行为等等时才在法律上区别于价格。价值概念完全属于现代经济学，因为它是资本本身的和以资本为基础的生产的最抽象的表现。价值概念揭露了资本的秘密。"[1]

马克思的上述论述深刻地启示我们，只有在现代经济学中才出现价值概念，而价值概念是十分重要的，因为资本的秘密正隐藏于价值概念中。正统的阐释者完全是在传统哲学的框架内去理解马克思哲学主义哲学的，因而他们根本意识不到价值理论在马克思主义哲学中的核心地位。这就启示我们，只有充分认识马克思主义哲学的特殊性，即它不是传统意义上的纯粹哲学，而是经济哲学，才会引起对马克思的价值理论的高度重视。

---

[1] 《马克思恩格斯全集》，第46卷（下），299页，北京，人民出版社，1980。

被误解的价值理论

当苏联、东欧,尤其是中国的理论界意识到价值问题在马克思主义哲学中的核心地位和作用时,20世纪差不多已经过去了。然而,遗憾的是,即使当今的阐释者已经意识到这个问题的重要性,但是,当他们开始研究这个问题的时候,他们对这个问题的误解也就开始了。试以李连科先生的《价值哲学引论》(1999)为例。该书认为:

> 正是成熟时期的马克思,从哲学的意义上谈到了价值问题,并且为价值做了哲学上的解说。《资本论》主要是从政治经济学的角度谈价值问题。但就是在这里,也不乏从哲学意义对价值的阐释。这里曾把劳动过程称为制造使用价值的活动,是为了人类的需要而占有自然物。这里马克思把价值当作了自然物与人的需要在实践基础上的统一。马克思是怎样给价值做了哲学解说呢?马克思说:"'价值'这个普遍的概念是从人们对待满足他们需要的外界物的关系中产生的";"是人们所利用的并表现了对人的需要的关系的物的属性";"表示物的对人有用或使人愉快等的属性";"实际上是表示物为人而存在。"[①]

显然,这段话包含着对马克思价值理论的根本性误读和误解。

首先,马克思并不像李连科说的那样,是在其思想成熟时期才从经济学和哲学的双重含义上来谈价值问题的。事实上,马克思从青年时期开始研究经济学时,已经关注价值问题,并从经济学和哲学的双重含义上(简言之,也就是从经济哲学上)论述了价值问题。在写于1844年上半年的《詹姆斯·穆勒〈政治经济学原理〉一书摘要》中,马克思就已

---

① 李连科:《价值哲学引论》,63页,北京,商务印书馆,1999。

经谈到了价值概念形成的必然性："其实，进行交换活动的人的中介运动，不是社会的、人的运动，不是人的关系，它是私有财产对私有财产的关系，而这种抽象的关系是价值。货币才是作为价值的现实存在。"① 众所周知，货币乃是一般的等价物，货币的产生是以商品交换活动的发展为前提的。这就表明，价值始终是与以交换为目的的经济活动联系在一起的。马克思在谈到商品的价值时还告诉我们："物的真实的价值仍然是它的交换价值；后者归根到底存在于货币之中，而货币又存在于贵金属之中；可见，货币是物的真正的价值，所以货币是最希望获得的物。"② 其实，这段话是对上面那段话的进一步补充和发挥，它充分肯定了价值概念与商品交换活动之间的内在联系。尽管当时马克思关于价值问题的见解远没有他在写作《资本论》的时候那么明晰，但其基本意向已经表达出来了，即商品的价值关系到商品的交换，关系到商品的社会属性，而不是商品的自然属性。

其次，李连科在谈到马克思的《资本论》时说，"这里曾把劳动过程称为制造使用价值的活动，是为了人类的需要而占有自然物。这里马克思把价值当作了自然物与人的需要在实践基础上的统一"。这段话之所以可笑，因为它完全曲解了马克思写作《资本论》的初衷。众所周知，资本主义雇佣劳动的根本动机绝不可能是"制造使用价值"，而是生产交换价值，是让资本通过对雇用工人的活劳动的吸附而不断增值。事实上，马克思早已批判过与李连科类似的错误观点："人们忘记了，交换价值作为整个生产制度的客观基础这一前提，从一开始就已经包含着对个人的强制，个人的直接产品不是为个人的产品，只有在社会过程中它才成为这样的产品，因而必须采取这种一般的并且是表面的形式；个人只有作为交换价值的生产者才能存在，而这种情况就已经包含着对个人的自然

---

① 《马克思恩格斯全集》，第 42 卷，20 页，北京，人民出版社，1979。
② 《马克思恩格斯全集》，第 42 卷，20 页，北京，人民出版社，1979。

存在的完全否定，因而个人完全是由社会决定的。"① 显然，在马克思所说的"个人只有作为交换价值的生产者才能存在"的现代资本主义社会中，李连科竟沿着"制造使用价值"的思路去理解马克思的价值概念，岂不是南辕北辙？

实际上，马克思在《资本论》中对"使用价值""交换价值"和"价值"这样的概念都做过明确的规定：物作为商品具有以下两个基本属性：一方面，"物的有用性使物成为使用价值（Gebrauchswert）"②。也就是说，物作为商品必须满足人们的某种需要，而其使用价值正是在人们消费或使用它的过程中得以实现的。人们通常说的"财富"（Reichtums）实际上也就是作为商品的物的堆积。也正是在这个意义上，马克思认为，不论财富的社会形式如何，使用价值总是构成财富的物质内容；另一方面，"交换价值（Tauschwert）首先表现为一种使用价值同另一种使用价值相交换的量的关系或比例，这个比例随着时间和地点的不同而不断改变"③。显然，在马克思看来，使用价值是交换价值的物质承担者。但如果我们从商品中抽掉其使用价值，那么剩下来的只是人类劳动的无差别的凝结："这些物现在只是表示，在它们的生产上耗费了人类劳动力，积累了人类劳动。这些物，作为它们共有的这个社会实体的结晶，就是价值——商品价值。"④ 不用说，商品的价值作为其交换价值的基础，乃是"它们共有的社会实体的结晶"，它体现的是人与人之间的关系，而不是物对人的关系。在马克思看来，使用价值和价值之间存在着以下两个根本性的区别：第一，使用价值是商品的自然属性或自然存在，而价值则是商品的社会属性或社会存在；第二，作为使用价值，不同的商品之间具有质的差别，而作为价值，不同的商品之间只有量的差别。

---

① 《马克思恩格斯全集》，第46卷（下），200页，北京，人民出版社，1980。
② 马克思：《资本论》，第1卷，48页，北京，人民出版社，1975。
③ 马克思：《资本论》，第1卷，49页，北京，人民出版社，1975。
④ 马克思：《资本论》，第1卷，51页，北京，人民出版社，1975。

最后，李连科完全没有弄清楚他所引证的马克思关于价值问题的论述的实质性含义是什么。他完全误读并误解了马克思在写于1879年下半年到1880年11月的《评阿·瓦格纳的"政治经济学教科书"》一文中关于价值问题的论述，以至于竟然把马克思所批判的瓦格纳关于价值问题的错误理论理解为马克思本人的价值理论。由于李连科先生的这一误读和误解牵涉马克思价值理论的实质，所以我们将在下面这一节里集中地加以澄清。

真正的价值理论在批判中显现出来

正如马克思所说的，真理是由争论确立的，历史的事实是在矛盾的清理中被陈述出来的。马克思的价值理论也是在批判形形色色关于价值问题的错误见解中阐发出来的，而马克思价值理论的实质正是在批判阿·瓦格纳的错误的价值观的基础上阐发出来的。

在我们上面所引证的、李连科的《价值哲学引论》中的那段话中，他援引的马克思的第一句话——"'价值'这个普遍的概念是从人们对待满足他们需要的外界物的关系中产生的"——恰恰不是马克思本人的观点，而是马克思所批评的瓦格纳的错误观点。李连科完全搞混了。

事实上，只要认真阅读马克思的这篇论文，就会发现，马克思十分尖锐地批评了瓦格纳的价值观，指责他热衷于谈论一般价值理论，并总是在"价值"这个词上卖弄聪明："这就使他同样有可能像德国教授们那样传统地把'使用价值'和'价值'混淆在一起，因为它们两者都有'价值'这一共同的词。"[1] 在马克思看来，"使用价值不起其对立物'价值'的作用，除了'价值'一词在'使用价值'这一名称里出现以外，价值同使用价值毫无共同之点"[2]。在这里，马克思以十分明确的口吻告

---

[1] 《马克思恩格斯全集》，第19卷，400页，北京，人民出版社，1963。
[2] 《马克思恩格斯全集》，第19卷，413页，北京，人民出版社，1963。

诉我们，不能因为在"使用价值"这个名称中包含着"价值"这个词，就断言"使用价值"就是"价值"。"使用价值"的概念和马克思视之为"交换价值"的基础的"价值"概念之间存在着根本性的差异。

其实，当瓦格纳试图从人们的需要与外界物之间的关系中去理解并谈论马克思的价值理论时，他就已经把这两个概念混淆在一起了。马克思毫不留情地揭露了瓦格纳玩弄的语言游戏："他采取的办法是，把政治经济学中俗语叫做'使用价值'的东西，'按照德语的用法'改称为'价值'。而一经用这种办法找到'价值'后，又利用它从'价值一般'中得出'使用价值'。做到这一点，只要在'价值'这个词的前面重新加上原先被省略的'使用'这个词就行了。"① 为了彻底揭露瓦格纳的《政治经济学教科书》可能造成的思想混乱，尤其是在价值问题上的思想混乱，马克思不厌其烦地指出："这个德国人的全部蠢话的唯一的明显根据是，价值（Wert）或值（Wuerde）这两个词最初用于有用物本身，这种有用物在它们成为商品以前早就存在，甚至作为'劳动产品'而存在。但是这同商品'价值'的科学定义毫无共同之点。"②

至于李连科援引的马克思的其他论述，即价值"是人们所利用的并表现了对人的需要的关系的物的属性"，"表示物的对人有用或使人愉快等的属性"，"实际上是表示物为人而存在"，等等，也完全是沿着同一个方向，即以"使用价值"取代"价值"的方向，来曲解马克思的价值理论的。其实，马克思一直努力地与这种理论上的误解展开不懈的斗争。比如，在《剩余价值学说史》的第三卷中，马克思对这种把"价值"概念与"使用价值"概念混淆起来的倾向进行了严厉的批评："'名词观察者'，培利等人认为'value''valeur'，表示物品所有的属性。事实上，这些名词原来不过表示物品对于人的使用价值，表示物品对人有用或使人快适等的性质。按照事物的性质来说，'value''valeur''Wert'从语

---

① 《马克思恩格斯全集》，第19卷，406~407页，北京，人民出版社，1963。
② 《马克思恩格斯全集》，第19卷，416页，北京，人民出版社，1963。

源学方面考察，也不能有任何别的起源。使用价值表示物和人之间的自然关系，实际上就是物和人相对来说的存在。交换价值是一个在那种把它创造出来的社会发展中后来才加到与使用价值同义的价值这个词中去的意义。它是物的社会性质的存在。"① 在这段重要的论述中，马克思明确地告诉我们，从词源上看，"价值"这个词最先源于物品对人的有用性，但人们却不应该根据词源而做出推断，即把物对人的有用性——"使用价值"理解为"价值"。在马克思看来，"使用价值"涉及的是人和物之间的自然关系，而作为交换价值基础的"价值"涉及的则是"物的社会性质的存在"，即人与人之间的社会关系。马克思前面提到的"价值概念揭露了资本的秘密"，这个所谓的"秘密"也就是人与人之间的社会关系。

事实上，马克思早已告诉我们："资本也是一种社会生产关系。这是资产阶级的生产关系，是资产阶级社会的生产关系。"② 在马克思看来，价值体现的不是人与物的自然关系，这种自然关系在资本主义社会以前的生产方式中早已存在了，自给自足的原始生产方式也涉及人对物有用性的关系，但在商品交换活动尚未展开的地方，还谈不上价值。马克思在前面提到"价值这个经济学概念在古代人那里没有出现过"，这就已经表明，价值涉及的根本不是物对人的有用性，即根本不是商品的"使用价值"，而是交换价值，人与人之间的社会关系。

显然，李连科完全没有注意到，马克思关于价值问题还做过许多明确的论述。比如，马克思在驳斥森牟尔·培利竭力把"价值"曲解为"使用价值"时，曾经指出："所以，单个商品本身，当作价值，当作这个统一体的存在，是和那种当作使用价值，当作物品的它不同的——且不说它的价值在其他商品上面取得的表现了。当作劳动时间的存在，它

---

① 马克思：《剩余价值学说史》，第3卷，329页，北京，人民出版社，1978。
② 《马克思恩格斯选集》，第1卷，345页，北京，人民出版社，1995。

是价值一般，当作一个数量已定的劳动时间的存在，它是一定的价值量。"① 在这段论述中，马克思以十分明确的口吻告诉我们，"价值"完全不同于"使用价值"。前者是从抽象劳动和量的差异上去考察的，后者则是从具体劳动和质的差异上去考察的。如果着眼于制造"使用价值"的具体的、特殊的劳动形式，又如何来谈论"价值一般"和"价值量"呢？显然，这样的曲解是不可思议的。

在另一处，马克思说得更为直白："当作价值，商品是社会的量，所以是一种和它们当作'物品'所有的'属性'绝对不同的东西。当作价值，它们不过代表人在他们的生产活动中的关系。价值确实'包含着交换'，但这个交换，是人与人之间的物的交换，而与物本身绝对无关。"② 马克思的观点是那样明确，我想，我无须再做更多的引证了。毋庸讳言，李连科的《价值哲学引论》奠基于他对马克思的价值观的根本性误读和误解之上。更令人不安的是，只要我们认真地审读一下近年来出版的、有关探讨马克思价值理论的论著，就会发现，这种误读和误解并不是偶尔出现的，而是普遍性的。

综上所述，正是在对瓦格纳等人的错误价值观的批判中，马克思阐述了其价值观中最根本的含义，即价值不是使用价值，不是物的自然属性对人的需求的满足，作为交换价值的基础，价值涉及的是人与人之间的社会关系。正是基于对经济学中的价值概念的如此这般的理解，人文社会科学领域中的其他价值观念，如平等、自由、民主、公正等才可能进入我们的视野。事实上，当我们意识到这一点的时候，马克思价值理论的丰富内涵就开始向我们显现出来。③

---

① 马克思：《剩余价值学说史》，第3卷，139页，北京，人民出版社，1978。
② 马克思：《剩余价值学说史》，第3卷，141页，北京，人民出版社，1978。
③ 俞吾金：《物、价值、时间和自由：马克思哲学体系新探》，载《哲学研究》，2004（11）。

经济哲学研究的三个概念

一

近年来，关于经济哲学的讨论方兴未艾，但每一个有识之士都能发现，这些讨论并没有取得实质性的进展。究其原因，是因为人们对"经济哲学"这一概念没有经过深入的反思而获得明晰的理解。本文认为，只有提出并厘清以下三个概念的含义与关系，关于经济哲学的讨论才能避免原地踏步的现象。

第一，广义经济哲学（philosophy of economy in a broad sense）。凡是探讨经济、经济学（关于经济问题的系统的理论表述）与哲学关系的一切学问都从属于广义经济哲学。人们在讨论中自发地、未经反思地使用的经济哲学的概念实际上就是指广义经济哲学的概念。虽然这个概念具有很大的包容性，但它只是向人们显示出一个各种素材和见解纷然杂陈的研究领域。只要人们停留在这个概念上，他们就很难在经济哲学的研究上获得真知灼见。

第二，狭义经济哲学（philosophy of economy in a narrow sense）。它像历史哲学、道德哲学、社会哲学、政治哲学等学科一样，是从属于理论哲学的。它强调的不是哲学在经济和经济学领域中的应用，而是经济事实和经济学的观念在哲学领域里的引申。易言之，它的特点是运用现代经济和经济学的眼光重新审视哲学的基本概念。在这里，作为确定性的前提出现的是经济和经济学中的基本事实和概念，作为变数出现的则是哲学中的一些基本概念和观念。当然，这一联姻的结果是，经济事实和经济学中的一些重要观念也在哲学上获得了普遍的意义。狭义经济哲学的出发点是经济和经济学，落脚点是哲学。也就是说，狭义经济哲学关注的重点不是落在经济或经济学上，而是落在哲学上。作为理论哲学的一个分支，狭义经济哲学追求的是理论上的系统性和完整性。

第三，经济的哲学（economic philosophy）。它像历史的哲学、道德的哲学、政治的哲学等学科一样，是应用哲学的一个组成部分。与狭义经济哲学相反，它强调的不是经济事实和经济学的观念在哲学领域里的引申，而是哲学理论在经济现象和经济学领域中的应用。在这里，作为确定性的前提出现的是某种哲学理论，作为变数出现的则是经济和经济学中的一些基本事实和观念。也就是说，当人们自觉地运用一定的哲学观念、哲学方法和价值观念去理解并解释经济现象或经济学中出现的基本概念及其相互关系时，他们从事的正是经济的哲学的研究。为什么我们加进了"自觉地"这个修饰词？因为任何人在研究经济现象和经济学问题时，都不可能处在不受任何哲学理论影响的状态下。换言之，任何经济学的研究本质上都蕴含着一定的哲学维度。差别只在于，人们是自发地跟着某种哲学理论走，还是自觉地运用某种哲学理论来研究经济现象和经济问题。与狭义经济哲学不同，经济的哲学的出发点是哲学，落脚点则是经济和经济学。作为应用哲学的一个组成部分，它注重的不是哲学理论本身，而是这一理论对经济现象和经济学问题的说明。它注重的是经济领域里的实效，是一个个有效的解释结果，而不是去构建哲学上的理论体系。

在厘清了上述三个概念的基本含义后，我们再来考察它们之间的关系。显而易见，广义经济哲学的概念是最宽泛的，它既包含了狭义经济哲学的概念，也包含了经济的哲学的概念。在通常的情况下，人们对经济哲学的理解不是停留在广义经济哲学这个混沌的概念上，就是下降到经济的哲学这个单向度的概念上，很少有人对我们上面提到的狭义经济哲学发生兴趣。同时，人们对经济的哲学的理解也存在着一些误解，有必要加以澄清。

二

如前所述，狭义经济哲学是运用现代经济和经济学的眼光重新审视哲学的基本概念。在这方面，马克思的研究起着开创性的作用，他的《1844年经济学哲学手稿》《1857—1858年经济学手稿》《资本论》等都是狭义经济哲学的典范之作。正是由于把经济事实和经济关系作为人类生存的根本性的维度引入到哲学思考之中，马克思扬弃了传统哲学，创立了历史唯物主义学说。在马克思墓前的演说中，恩格斯以经典的方式表述了这种学说的基本特征："人们首先必须吃、喝、住、穿，然后才能从事政治、科学、艺术、宗教等等；所以，直接的物质的生活资料的生产，从而一个民族或一个时代的一定的经济发展阶段，便构成为基础，人们的国家设施、法的观点、艺术以至宗教观念，就是从这个基础上发展起来的，因而，也必须由这个基础来解释，而不是像过去那样做得相反。"[①] 从恩格斯的论述可以看出，正是最基本的经济事实和经济学观念

---

① 《马克思恩格斯选集》，第3卷，776页，北京，人民出版社，1995。

的引入，导致了哲学领域里的一场划时代的革命。事实上，马克思所开创的狭义经济哲学的研究从根本上改变了我们对传统哲学及其基本概念的理解。下面，我们不妨做一些具体的分析。

首先，我们来看实践概念。尽管古希腊哲学家亚里士多德在《尼各马可伦理学》中已谈论到实践的知识，并把人们的生产活动理解为一种实践，但长期以来，哲学家们更多的是从道德修养的角度去理解实践活动的。正是马克思，通过对国民经济学的深入研究，对实践概念做出了新的理解，肯定了生产劳动在人类全部实践活动中的基础的和核心的作用。这看起来是对亚里士多德思想的一种复归，然而却是一种深刻得多的复归和超越。马克思这样写道："这种活动、这种连续不断的感性劳动和创造、这种生产，是整个现存感性世界的非常深刻的基础，只要它哪怕只停顿一年，费尔巴哈就会看到，不仅在自然界将发生巨大的变化，而且整个人类世界以及他（费尔巴哈）的直观能力，甚至他本身的存在也就没有了。"① 正是通过生产劳动的概念，马克思形成了一种独特的生存哲学理论。按照这种理论，人类的生存活动是通过生产劳动而得以实现的。在这个意义上，生存也就是生产，而生产的最基本的形式是物质生活资料的生产，其他的形式则是人的生产、精神生产和社会关系的生产。所以我们不妨说，马克思的生存哲学实质上是一种广义生产理论。马克思还通过对异化劳动的具体表现形式的分析和批判，更新了对传统哲学的历史观的理解，并由此而形成了以扬弃私有制（异化劳动的根源）为宗旨的社会革命理论。

其次，我们来看物质和物的概念。按照传统哲学的观念，世界是由物质组成的，而物质的具体样态则是物，物存在于人们的意识之外，是不以他们的意识或意志为转移的。马克思把这样的物质观称之为"抽象的物质观"，认为它的谬误在于：它是离开人们须臾不可分离的经济生活

---

① 《马克思恩格斯全集》，第 3 卷，50 页，北京，人民出版社，1956。

来观察物质世界的。如果从经济生活,特别是商品经济生活的视角出发,我们就会发现,物质和物的抽象的形而上学的光芒突然消失了,它们表现为与我们的生存需要息息相关的商品世界。比如,从传统哲学的眼光看来,一只桌子只是存在于人们意识之外的一个物体,它以抽象的方式与人的意志对峙着。但从马克思的狭义经济哲学的眼光看来,这个桌子乃是人类劳动的物化,是商品。马克思写道:"最初一看,商品好像是一种很简单很平凡的东西。对商品的分析表明,它却是一种很古怪的东西,充满形而上学的微妙和神学的怪诞。……桌子一旦作为商品出现,就变成一个可感觉而又超感觉的物了。它不仅用它的脚站在地上,而且在对其他一切商品的关系上用头倒立着,从它的木脑袋里生出比它自动跳舞还奇特得多的狂想。"① 商品的奇特之处不在于它的使用价值(商品的自然属性),而在于它的交换价值(商品的社会属性),在于它以物与物之间的关系掩盖了人与人之间的关系。所以,马克思从来不以传统哲学的方式抽象地谈论物质和物,由于狭义经济哲学眼光的切入,他的物质观的核心是通过对商品拜物教的批判,揭示出物与物关系掩盖下的人与人之间的关系。

最后,我们来看哲学基本问题。从传统哲学的眼光看来,哲学基本问题就是思维与存在的关系问题。其实,把思维与存在对立起来乃是以静观的方式思考外部世界的结果。从马克思狭义经济哲学的眼光看来,人首先得通过生产劳动生存在这个世界上,然后才可能把世界作为沉思的对象。所以,哲学基本问题不是思维与存在的关系问题,而是实践问题,它表现为两个方面:一是人与自然(物)的关系,二是人与人的关系。只有把握住这两个方面,我们的哲学研究才不会陷入经院哲学式的争论中。

上面的论述表明,当马克思把基本的经济事实和现代经济学的重要

---

① 马克思:《资本论》,第1卷,106页,北京,人民出版社,2004。

观念引入到哲学领域里的时候，人们关于哲学的传统的理念将发生多么大的变化。所有这些都是狭义经济哲学所要探索的问题。由此可见，狭义经济哲学是理论哲学的最有发展前景的研究领域之一。

三

现在我们再来考察经济的哲学的概念。我们认为，经济的哲学主要包含以下三个方面的内容：一是运用一定的哲学观念来反思经济学的理论前提和基本概念；二是运用一定的哲学方法来分析经济现象和经济学中概念之间的关系；三是运用一定的价值观念，特别是伦理观念来阐释社会经济活动和人们的经济行为规范。众所周知，第二个方面的研究已经铺展得很开了，特别是人们运用辩证法来说明各种经济现象和经济学中的问题，写下了大量论著，需要的倒是引入一些新方法，如现象学的方法、语言分析的方法、结构的方法、诠释学的方法等来解释经济现象和经济学中的一些基本观念。第三个方面的研究如果涉及的只是普遍性的价值观念，人们探讨的还是经济学与哲学的关系问题；如果涉及伦理价值观念，那实际上就是在经济伦理学的领域里进行耕耘了。当然，按照传统的学科分类方法，伦理学仍然是哲学的一个分支学科，所以关于经济伦理问题的讨论还是从属于经济的哲学的。这个方面的研究属于比较具体的层面，而且也铺展得很开了。这类研究的关键在于不要以主观主义或自然主义的方式引入某些伦理观念去规范人们的经济活动，而是要先行地澄明市场经济本身所蕴含的客观价值观念，从而引申出与之相适应的伦理观念。

在经济的哲学的研究中，重要的是把我们的注意力集中到第一个方面，因为这方面的研究涉及对经济学的理论前提和基本概念的反思。下面，我们不妨做些具体分析。

第一，当人们谈到"经济学""经济学史"这些概念时，常常会陷入一种幻觉,似乎存在着与这些概念相对应的、独立的研究领域,存在着纯粹的关于经济问题的学问。实际上,这样的研究领域和学问根本上是不存在的。世界(蕴含着作为观察者和思考者的我们)不过是一个流动着的整体,人们是借助于人为的学科分类(如确定物理学、生物学、化学、社会学、经济学等概念)把活生生的世界切割开来的,由此而形成了所谓各自独立的研究领域和学问。其实,它们都不过是一些幻觉,当代大量边缘学科的产生已证明了这一点。所以,经济学的研究一定要摆脱上述幻觉,返回到对未被学科分类肢解的、活生生的整体世界上去。换言之,要借用哲学的眼光,深入地反思经济学与政治、伦理、法律等学科的关系。不把握这种普遍联系,人们必然会在所谓纯粹经济学的研究中迷失方向。

第二,经济学家常把理性的个人解释为全部经济生活的起点。其实,个人有理性,也有情感和意志,不能说他所有的经济行为都处在理性的制约下。第一,即使假定个人的经济行为都是理性的,但这些行为的总和并不一定就是理性的。当相互毗连的国家都理智地考虑到要保护本国的经济资源时,结果却导致了一场非理性的战争。第二,这类理性的个人在现实生活中并不存在,他们不过是经济学家虚构出来的鲁滨孙式的人物。马克思早就指出:"我们越往前追溯历史,个人,从而也是进行生产的个人,就越表现为不独立,从属于一个较大的整体:最初还是十分自然地在家庭和扩大成为氏族的家庭中;后来是在由氏族间的冲突和融合而产生的各种形式的公社中。"① 可见,传统经济学赖以为出发点的这类理性的个人实际上是不存在的。这就告诉我们,只有从哲学上深入反思这些基本的概念和问题,经济学的发展才能达到新的境界。

综上所述,经济哲学的研究要想取得实质性的进展,既不能停留在广义经济哲学的概念上,也不能局限在经济的哲学的概念上,而应当同时开展经济的哲学和狭义经济哲学这两个维度的研究。

---

① 《马克思恩格斯全集》,第46卷(上),21页,北京,人民出版社,1979。

马克思的意识考古学方法

我们这里说的"考古学",并不是人们通常所理解的以古代文物为考察和研究对象的学问,而是指"意识考古学",即以资本主义社会以前各种社会意识形式为分析、考察对象的学问。所以,马克思的意识考古学也不同于当代法国哲学家福柯提出的知识考古学,后者主要研究各门科学的话语之间的内在联系。

马克思本人并未使用过"意识考古学"这样的提法,但他从历史唯物主义的基本立场出发,不仅对一般意识的起源和本质做了科学的说明,而且提出了一整套研究资本主义以前的社会存在及其意识的理论和方法。我们之所以创制"意识考古学"这个新词,目的是把马克思这方面的理论和方法系统地阐述出来,用以指导我们对文化,尤其是传统文化的研究。

在《德意志意识形态》这部划时代的哲学著作中,马克思写道:"意识在任何时候都只能是被意识到了的存在,而人们的存在就是他们的实际生活过程。"① 这段话可以看作是马克思的意识考古学的最基本的原理。只有从这一基本原理出发,人们才能正确地理解并运用马克思的意识考古学的方法。马克思的意识考古学方法主要包括以下四方面的内容。

逆溯法

人们常常从达尔文的进化论或自然发生论的角度出发去理解马克思的历史方法,似乎马克思的历史方法就是对事物(如人类社会)从低级到高级、从简单到复杂的发展形态的描述和说明。实际上,马克思的历史方法作为研究方法,不是"顺序法",而是"逆溯法"。

马克思指出:"人体解剖对于猴体解剖是一把钥匙。反过来说,低等动物身上表露的高等动物的征兆,只有在高等动物已被认识之后才能理解。因此,资产阶级经济为古代经济等等提供了钥匙。"② 也就是说,马克思对社会存在、意识,尤其是经济观念和范畴的研究,并不是按照从古至今的自然发展顺序来进行的,而是从今溯古逆向进行的。马克思并没有说"猴体解剖是人体解剖的钥匙",而是说"人体解剖是猴体解剖的钥匙"。为什么呢?因为在低等动物身上表露出来的某些征兆,只有在高等动物那里才充分展现出来,才能为人们所理解。同样,资本主义社会是历史上最发达的和最复杂的生产组织,通过对它的结构、关系及对这一复杂结构、关系在观念、范畴上的表现的考察,同样可以透视一切已经覆灭的社会形式的结构、关系及其在观念、范畴上的表现。因此,从研究方法上来看,从对资本主义社会的剖析入手,逆过去考察古代社会反而是更容易的。比如,两千多年来,人们关于"价值"这一简单范畴的研究并没有得到什么结果,"而对更有内容和更复杂的形式的分析,却

---

① 《马克思恩格斯全集》,第3卷,29页,北京,人民出版社,1960。
② 《马克思恩格斯全集》,第46卷(上),43页,北京,人民出版社,1979。

至少已接近于成功。为什么会这样呢？因为已经发育的身体比身体的细胞容易研究些"。①

那么，马克思的意识考古学的逆溯法的实施是否受一定条件制约呢？那是毫无疑问的。这个条件就是要先行地获得对资本主义社会和意识批判的识见。马克思认为，"基督教只有在它的自我批判在一定程度上，可说是在可能范围内准备好时，才有助于对早期神话作客观的理解。同样，资产阶级经济只有在资产阶级社会的自我批判已经开始时，才能理解封建的、古代的和东方的经济"②。这就是说，对资本主义社会及其意识的批判的识见乃是理解古代社会（包括东方社会）及其意识的必不可少的钥匙。以马克思看来，如果一个学者还没有以批判的方式理解资本主义社会及其意识，还把资本主义生产方式理解为永恒的、自然的生产方式，他是不可能正确地理解资本主义以前的社会形式和意识的。马克思本人就是先以批判的眼光透彻地研究了资本主义社会后，才逆过去研究资本主义以前的社会形式的。这就告诉我们，意识考古学的出发点是"考今"。在这个意义上，我们不能泛泛地说，不懂得历史，就不懂得今天；而应当说，不懂得今天，就不会懂得历史。

归化法

所谓"归化法"，也就是意识向生活的还原。既然意识在任何时候只能是被意识到了的存在，而存在也就是人们的生活过程，因此就可以通过归化法，揭示出古代各种意识形式背后的真实生活。

众所周知，生活每天都在变化，向前发展，而意识作为对生活的反映，总是相对保守和落后，这可以理解为意识的滞后性。黑格尔在分析哲学这种意识形式的特点时就说过："密纳瓦的猫头鹰要等黄昏到来，才

---

① 马克思：《资本论》，第1卷，7~8页，北京，人民出版社，1975。
② 《马克思恩格斯全集》，第46卷（上），44页，北京，人民出版社，1979。

会起飞。"① 也就是说,哲学作为关于世界的抽象的意识,要到现实结束其形成过程时才会出现。摩尔根在分析古代社会时,也强调说,家庭是一个能动的、不断变化的因素,亲属制度和称谓则是被动的、保守的、滞后的。马克思在阅读这段话时写下了这样的评语:"同样,政治的、宗教的、法律的以至一般哲学的体系,都是如此。"②

由于意识的这种滞后性,先前的生活形式虽然已经灭亡,但反映这种生活形式的意识仍然作为遗迹而残留着,比如神话、传说、原始宗教等,就是通过口头或文本的形式保留下来的先前生活的遗迹。不少学者由于不懂得意识的这一特征,常常在对古代文化的研究中迷失了方向。比如,英国学者托马斯·斯托兰奇在研究印度法时,发现印度妇女结婚时的聘金在她死后是按她本人的特殊的继承方式相传的。斯托兰奇称这种现象是"反常现象",并对它的存在感到迷惑不解。马克思批评说,"这种'反常现象'不过是以氏族女系继承制即原始继承制为基础的古代正常规则的片断的、仅限于一部分财产的残迹"③。因为所有印度的法律文献和注疏都是在由女性世系过渡到男性世系之后很久才写成的,所以,斯托兰奇对印度妇女在聘金继承上的某种自主性感到迷惑。承认意识的这种滞后性并运用归化法,上述"残迹"就成了印度古代存在女系社会的重要证据。由此一斑即可见归化法在古代文化研究中的重要意义。

在论述马克思的意识考古学的归化法时,尚须说明,这种意识向现实的归化是指意识向以前曾经存在过的现实的归化,而不是指意识向将来的现实的归化。比如,英国历史学家格鲁特不但不把神话看作对已经湮没的先前的现实的一种反映,反而认为,正是神话创造了现实。马克思驳斥道:"由于血族联系(尤其是专偶婚制发生后)已经湮远,而过去的现实看来是反映在神话的幻想中,于是老实的庸人们便做出了而且还

---

① 黑格尔:《法哲学原理》,14页,北京,商务印书馆,1979。
② 《马克思恩格斯全集》,第45卷,354页,北京,人民出版社,1985。
③ 《马克思恩格斯全集》,第45卷,637页,北京,人民出版社,1985。

在继续作着一种结论,即幻想的系谱制造了现实的氏族!"① 这充分表明,没有历史唯物主义的立场,就不可能正确地运用意识考古学的归化法。

去蔽法

马克思认为,意识是在人们的生产劳动中形成并发展起来的。意识并不是那种风花雪月的闲诗,它的基本特征是实践的。在有阶级存在的社会中,意识则成了包含许多具体形式的意识形态。意识形态主要是由统治阶级中的一部分人——意识形态家根据统治阶级的根本利益编造出来的。所以,以私有制为基础的社会形式的意识形态的根本特征是用幻想的联系来歪曲、掩蔽现实生活中的真实的联系。在马克思看来,历史可以从自然史和人类史这两个方面加以考察,"我们所需要研究的是人类史,因为几乎整个意识形态不是曲解人类史,就是完全撇开人类史"②。既然意识形态总是掩蔽真实的东西,去蔽就成了意识考古学的一项基本任务。恩格斯认为,马克思之所以发现了人类历史发展的规律,因为他先行地完成了去意识形态之蔽的工作。

所以,在研究古代文化时,必须努力做好去蔽的工作。比如,原始宗教对自然力的无限夸大,对所有事物的神秘化;古代政治史、法律史对王权起源的神秘的解释;古代史学对土地所有权问题的回避等,都表明了在对古代文化和意识的研究中去蔽的极端重要性。那么,意识考古学中去蔽的基本方法是什么呢?那就是历史唯物主义的方法,在对有阶级存在的社会的意识的研究中,这一方法表现为阶级分析的方法。正如列宁指出的:"马克思主义提供了一条指导性的线索,使我们能在这种看来扑朔迷离、一团混乱的状态中发现规律性。这条线索就是阶级斗争的

---

① 《马克思恩格斯全集》,第3卷,20页,北京,人民出版社,1960。
② 《马克思恩格斯全集》,第3卷,20页,北京,人民出版社,1960。

理论。"① 既然意识对实践的扭曲和掩蔽以统治阶级的根本利益为出发点，那么，意识考古学中的去蔽法实质上就是阶级分析法。

在意识和意识形态的研究中，去蔽的必要性和先行性表明，马克思的意识考古学本质上是批判的考古学，其核心则表现为意识形态批判。没有这种奠基于历史唯物主义基础上的批判的识见，意识考古必然会迷失方向。

差异法

马克思意识考古学中的差异法有两方面的含义。

第一方面的含义是：虽然人体解剖是猴体解剖的先导，但必须看到人体和猴体的差异，不能把它们简单地等同起来。马克思把意识考古学中这种抹杀差异的方法称之为"逆序法"。比如，拉伯克像麦克伦南和巴霍芬一样，"把群婚和淫婚等同起来；实际上清楚得很，淫婚是一种以卖淫为前提的形式（卖淫只是作为婚姻——不论是群婚之类的婚姻还是一夫一妻制的婚姻——之对立物而存在的）。因此这是逆序法"②。这就是说，必须看到文明社会淫婚和原始社会群婚的根本差异，不能戴着文明社会妓院的眼镜去看待古代社会。正如恩格斯所说的，"只要戴着妓院眼镜去观察原始状态，便永远不可能对它有任何理解"③。同样，在政治经济学研究中，也不能把现代意义上的地租和以前的代役租、什一税简单地等同起来。强调现代社会及其意识与古代社会及其意识的差异，还要排除那种把现在视为过去目的的"未来完成式"的研究方法，这种方法只满足于从过去去寻找现在的萌芽。正如马克思所批评的："好像后一个时期历史乃是前一个时期历史的目的，例如，好像美洲的发现的根本目

---

① 《列宁选集》，第 2 卷，426 页，北京，人民出版社，1995。
② 《马克思恩格斯全集》，第 45 卷，661 页，北京，人民出版社，1985。
③ 《马克思恩格斯选集》，第 4 卷，76 页，北京，人民出版社，1995。

的就是要引起法国革命。"① 独立的发展史，正是强调要从不同历史时期的物质资料的生产方式出发去解释意识，从而也充分肯定了不同历史时期的意识的差异性。

另一方面的含义是：必须看到东方、西方社会演化的不同路向，从而充分认识东方、西方文化和意识的差异。这方面的见解也构成了马克思意识考古学的一个重要内容。在马克思看来，东方、西方社会的发展一般都要经过三大形态，但从原生形态到次生形态的演化却经历了不同的路向："在现实的历史上，雇佣劳动是从奴隶制和农奴制的解体中产生的，或者象在东方和斯拉夫各民族中那样是从公有制的崩溃中产生的。"② 马克思对亚细亚的、古代的和日耳曼的生产方式的差异的分析，乃是我们在意识考古中必须遵循的重要方法。看不到这些差异，就不可能对古代东方、西方文化的异同做出合理的说明。

综上所述，马克思的意识考古学方法乃是他的人类学方法的一个重要的侧面，也是唯物史观的方法论的一个组成部分，通过对它的了解和把握，势必丰富并深化我们对整个马克思主义哲学的理解，并对传统文化的研究产生积极的影响。

---

① 《马克思恩格斯全集》，第3卷，51页，北京，人民出版社，1960。
② 《马克思恩格斯全集》，第46卷（上），14页，北京，人民出版社，1979。

马克思如何看待传统

——从《共产党宣言》的一段译文谈起

不少东方学者由于受到传统社会的压抑，常常对自己的文化传统采取激进主义乃至虚无主义的态度。他们在译介、理解和解释马克思思想的过程中，总是自觉地或不自觉地融入自己的文化态度，从而把马克思思想魔化为一种全盘反传统的文化虚无主义理论。这种魔化在理论上和实践上都产生了严重的后果。

在《共产党宣言》中，马克思有一段关于"两个决裂"的著名论述。中文版的《马克思恩格斯选集》第一卷把这段话译为："共产主义革命就是同传统的所有制关系实行最彻底的决裂；毫不奇怪，它在自己的发展进程中要同传统的观念实行最彻底的决裂。"值得注意的是，马克思原文中的两个形容词 ueberlieferten 均被译为"传统的"。这样一来，这段话就很容易被人们理解为全盘反传统的文化虚无主义观点。

本文认为，这种译法是不妥当的，因为 ueberlieferten 的基本含义应当是"流传下来的"，它的引申含义才是"传统的"。所以在翻译 ueberlieferten 这个词时，不应当取其引申含义，把它译为"传统的"，而应当取其基本含义，把它译为"流传下来的"。所以，特别是马克思这段话的后半句应译为"同流传下来的观念实行最彻底的决裂"；而从这段话的上下文来看，"流传下来的观念"实际上指的是对共产主义进行非难的种种观念。也就是说，马克思要与之决裂的正是这些具体的观念，而不是一般的传统观念。本文试图通过对这段话的重新翻译，遏制那种把马克思思想魔化为全盘反传统的文化虚无主义的倾向。

在东方社会，尤其是中国社会中，传统文化和习俗对人们思想、行为的束缚是十分严重的。有感于此，一部分现、当代的中国学者自然而然地形成了一种全盘反传统的文化激进主义乃至文化虚无主义的态度。当他们对马克思的著作和思想进行译介时，常常会自觉地或不自觉地把这种态度掺和进去，从而在一定程度上魔化了马克思思想，尤其是马克思关于传统的观点，把马克思曲解为一个全盘反传统的文化虚无主义者。而这种魔化倒过来又强化了东方社会，特别是中国社会中的文化激进主义和文化虚无主义的倾向。这两个方面的相互摩擦和强化，对马克思思想的传播和东方社会、文化的发展都带来了灾难性的影响。所以，要准确地理解和传播马克思的思想，积极地推进东方社会和文化的发展，就需要先行在马克思与传统的关系上做好消除魔化的工作。

一

在《共产党宣言》的第二部分"无产者和共产党人"中，马克思和恩格斯有一段十分重要的论述，其德文原文如下：

Die kommunistische Revolution ist das radikalste Brechen mit den ueberlieferten Eigentumsverhaeltnissen; kein Wunder, dass in ihrem Entwicklungsgange am radikalsten mit den <u>ueberlieferten</u> Ideen gebrochen wird. ①

在这段话中，引人注目的是，ueberlieferten 这一由过去分词转化而成的形容词出现了两次。显然，这两个词的翻译对于我们准确地理解马克思这段话的本意是极为关键的。我们先来看看，英国著名的马克思主义者大卫·麦克莱伦主编的《卡尔·马克思选集》是如何把这段话译成英文的：

> The Communist revolution is the most radical rupture with <u>traditional</u> property relations; no wonder that its development involves the most radical rupture with <u>traditional</u> ideas. ②

在这段译文中，ueberliefterten 被译为 traditional，即"传统的"。《卡尔·马克思选集》的第一版出版于 1977 年，第二版出版于 2000 年。这一译法凸显出英国人在理解马克思思想时独特的视角。我们这里姑且先不做评论，再来看看中文版《马克思恩格斯选集》第一卷是如何翻译这段话的："共产主义革命就是同<u>传统</u>的所有制关系实行最彻底的决裂；毫不奇怪，它在自己的发展进程中要同<u>传统</u>的观念实行最彻底的决裂。"③

显然，中文的译法和英文是一致的，都把 ueberliefertern 这个词译为"传统的"。我们认为，这样的译文是不妥当的。在德文中，ueberliefertern 这个分词化的形容词来自动词 ueberliefern，而 ueberliefern 的基本含义是"递交""使流传"，与它相应的名词 ueberlieferung 的基本含义是"递交""流传""传说"，其引申义才解释"传统"；同样地，ueberlief-

---

① K. Marx F. Engels, *Ausgewaehlte Werke*（Band 1），Dietz Verlag, Berlin: Dietz Verlag, 1989, s. 437.

② David. McLellan edited, *Karl Marx Selected Writings*（Second Edition），Oxford University Press, 2000, p. 261.

③《马克思恩格斯选集》，第 1 卷，293 页，北京，人民出版社，1995。

erten 的基本含义是"流传（下来）的""传递（下来）的"，其引申义才解释"传统的"。所以，在这段话的翻译中，不用 ueberlieferten 这个词的基本含义，而用其引申含义显然是不妥的。有趣的是，我们发现，中文版《马克思恩格斯全集》第 4 卷的译文倒是按照 ueberlieferten 的基本含义译出来的："共产主义革命就是要最坚决地打破<u>过去传下来的</u>所有制关系；所以，毫不奇怪，它在自己的发展进程中要最坚决地打破<u>过去传下来的</u>各种观念。"①

这里把 ueberlieferten 译为"过去传下来的"是切合其基本含义的，但"过去传下来的"这一表达方式稍嫌冗长，不如改为"流传下来的"。综合上面各种译法，我们主张把马克思的这段话译为："共产主义革命就是同<u>流传下来的</u>所有制关系实行最彻底的决裂；毫不奇怪，它在自己的发展进程中要同<u>流传下来的</u>观念实行最彻底的决裂。"

二

现在，我们进一步从学理上来考察，为什么 ueberlieferten 这个分词化的形容词应当译为其基本含义"流传下来的"，而不应当译为其引申含义"传统的"。

首先，马克思是在驳斥流传下来的、对共产主义的各种非难时写下这段话的。如果说，这段话中的前一个 ueberlieferten 在基本含义和引申含义之间存在的差别还不算太大的话，那么，后一个 ueberlieferten 的基本含义和引申含义之间就存在着重大的差异。也就是说，马克思这里并不是泛指"传统的观念"，而是专指那些流传下来的、非难共产主义的各种观念。所以，紧接着那段话，马克思写道：Doch lassen wir die Einwuerfe der Bourgeoisie gegen den Kommunismus。② 中文版的《马克思

---

① 《马克思恩格斯全集》，第 4 卷，489 页，北京，人民出版社，1958。
② Marx Engels, *Ausgewaehlte Werke*（Band 1），s. 437.

恩格斯选集》第一卷把这段话译为："不过，我们还是把资产阶级对共产主义的种种责难撇开吧。"① 所以，马克思这里提到的后一个"决裂"，并不是泛指同传统观念的决裂，而是专指同流传下来的、对共产主义的种种责难的决裂。

其次，马克思本人在用语上也把严格意义上的"传统"（Tradition）概念与"流传下来的观念"（ueberlieferten Ideen）区别开来。在《路易·波拿巴的雾月十八日》一书中，马克思这样写道："所有已死先辈的传统（Tradition）像梦魇一样纠缠着活人的头脑。"② 在另一处，马克思又指出："通过传统（Tradition）和教育接受了这些思想方式和人生观的个人，会以为它们就是他的行为的真实动机和出发点。"③ 这两段话表明，人们生活在传统之中，人们可以对传统获得批判性的认识，但却不可能与传统进行彻底的决裂或完全从传统中摆脱出来；即使是传统的观念，人们要与之实行彻底的、完全的决裂也是不可能的。一方面是因为人们通常把通过教育接受下来的传统观念理解为自己的观念，而普通人要否定和超越自己的观念是异常困难的；另一方面是因为如果每一代人都对传统观念加以全面抛弃的话，那根本就不可能有人类文化史！然而，在马克思看来，与流传下来的所有制关系和对共产主义的种种责难进行决裂，却是可能的。所以，人们在翻译《共产党宣言》中的这段话时，应当尊重马克思本人的用语习惯，而不应当以自己理解的前结构去改变马克思本人的观点。

再次，如果《共产党宣言》这段话中的 ueberlieferten 被译为"传统的"话，那么，马克思的思想就被魔化为"同传统的观念实行最彻底的决裂"的文化虚无主义了。事实上，只要我们深入研究一下马克思思想，特别是《共产党宣言》的基本观念在东方国家的传播史的话，就会发现，

---

① 《马克思恩格斯选集》，第1卷，293页，北京，人民出版社，1995。
② Marx Engels, *Ausgewaehlte Werke* (Band 1), s. 308.
③ Marx Engels, *Ausgewaehlte Werke* (Band 1), s. 337.

"两个决裂",尤其是后一个决裂,即"同传统的观念实行最彻底的决裂"总是在传播的过程中不断地被强化,从而把马克思对传统和传统观念的态度改铸为赤裸裸的、全盘反传统的文化虚无主义态度。而这种被魔化、被扭曲的马克思思想又倒过来强化了东方国家的文化激进主义和文化虚无主义倾向。苏联的所谓"无产阶级文化派"、现当代中国社会中出现的、一波接一波的文化激进主义和文化虚无主义的思潮,一方面魔化了马克思的"两个决裂"的思想;另一方面又用魔化了的马克思思想倒过来魔化了现实生活,从而给东方社会和文化的发展造成了极为严重的后果。

值得注意的是,把 ueberlieferten 译为"过去传下来的",这是中文版《马克思恩格斯全集》第3卷所采纳的译法,这一卷出版于1958年;而把 ueberlieferten 译为"传统的",则是中文版《马克思恩格斯选集》第一卷所采纳的译法,而这一卷却是在1972年出版的。众所周知,1972年正处在"文革"之中,所以这种译法自然而然地带上了"文革"中到处泛滥的文化虚无主义的特征。因此,《马克思恩格斯选集》第一卷虽然把马克思的这段话译得比较简洁,但同时也在某种程度上把马克思的思想魔化了。

综上所述,把马克思这段话中的 ueberlieferten 译为"流传下来的",还是译为"传统的",绝不仅仅是一个翻译上的技巧问题,而是一个如何准确地理解马克思和传统关系的重大理论问题。

三

为了消除这种对马克思思想的魔化,我们有必要来考察一下马克思本人是如何对待传统和传统观念的。无数事实表明,马克思虽然继承了康德的批判哲学的传统,主张对以前的和同时代的社会生活及思想观念进行批判性的考察,但马克思从不对传统和传统观念取轻易否定的文化虚无主义态度。

比如，在《巴黎手稿》中，马克思曾对费尔巴哈做出了高度的评价。他这样写道："费尔巴哈是唯一对黑格尔的辩证法采取严肃的、批判的态度的人；只有他在这个领域内作出了真正的发现，总之他真正克服了旧哲学。"① 后来，当马克思认识到费尔巴哈哲学的局限性时，又在《关于费尔巴哈的提纲》和《德意志意识形态》第一章中对他的思想进行了实事求是的批判。又如，在19世纪40年代，当黑格尔的辩证法十分流行时，马克思对其辩证法的神秘方面进行了深入的批判，但在六七十年代，当德国理论界把黑格尔当作一条"死狗"来对待时，马克思立即写道："我要公开承认我是这位大思想家的学生，并且在关于价值理论的一章中，有些地方我甚至卖弄起黑格尔特有的表达方式。"② 这样的例子还可以举出许多。

事实上，无论是博士论文的写作，还是《哲学的贫困》的撰写，无论是对国民经济学著作的解读，还是对人类学著作的评论，马克思对前人的研究成果、对传统的观念都进行了认真的研究，尤其是《资本论》的写作，前后花了40多年心血，研读了1000多种相关的著作，充分表明马克思是人类整个文化传统的自觉的继承者和批判者。列宁在批判所谓"无产阶级文化派"时曾经指出："马克思主义这一革命无产阶级的思想体系赢得了世界历史性的意义，是因为它并没有抛弃资产阶级时代最宝贵的成就，相反却吸收和改造了两千多年来人类思想和文化发展中一切有价值的东西。"③ 正是列宁，准确地理解了马克思思想与传统之间的批判继承关系，坚决反对把马克思魔化为一个全盘反传统的文化虚无主义者。

当然，限于当时的历史条件，列宁还不可能把这个问题作为全局性

---

① 《马克思恩格斯全集》，第42卷，157～158页，北京，人民出版社，1979。
② 马克思：《资本论》，第1卷，24页，北京，人民出版社，1975。
③ 《列宁选集》，第4卷，299页，北京，人民出版社，1995。

的、重大的理论问题提出来，以期引起全社会的重视。在列宁逝世后，这种对马克思思想的魔化又重新抬头，对苏联的整个社会生活和文化事业的发展都造成了灾难性的影响。同样地，在中国，毛泽东虽然在延安时和新中国成立初期注意到了马克思和传统之间的关系问题，但一波又一波的文化激进主义思潮，总是不断地以极"左"的方式来解读马克思，把马克思的思想魔化为全盘反传统的文化虚无主义。

在现实生活中，虽然人们发现，文化激进主义和文化虚无主义思潮的泛滥已经造成了巨大的灾难，因而意识到必须对它们的种种表现进行深入的反思和批判，但遗憾的是，人们仅仅满足于对它们本身进行批判，如对"五四"以来的文化激进主义和文化虚无主义的种种现象、观念进行梳理和分析，对文化保守主义的思想资源重新进行开掘和张扬等，但却忽略了一个极为重要的现象，即文化激进主义和文化虚无主义总是试图通过对马克思思想的误读和魔化，使自己获得公开的、合法的表现形式，而许多人对这样的表现形式又难以识别。于是，一次次思想文化的批判和清理都没能有效地遏制文化激进主义和文化虚无主义的蔓延。由此可见，在今天，密切注意马克思思想传播过程中被魔化的现象，努力消除这种魔化，恢复对马克思思想的准确理解，正是理论界面临的刻不容缓的艰巨任务之一。

《共产党宣言》与西方哲学的发展态势

马克思和恩格斯合著的《共产党宣言》（以下简称《宣言》）1848年2月问世。《宣言》是划时代的伟大文献，它不仅宣告马克思主义的共产主义学说已经作为一种崭新的政治学说登上了世界历史舞台，而且也宣告了马克思主义的新哲学观、新历史观和新世界观的诞生。从哲学上认真地回顾《宣言》发表前西方哲学的状况和《宣言》发表150多年来西方哲学的演化，深入地反思现、当代西方哲学的发展态势并制定马克思主义的回应策略，具有不可忽视的现实意义和理论意义。

《宣言》发表前西方哲学的状况

在19世纪三四十年代，对马克思和恩格斯的哲学思想产生重大影响的主要是德国古典哲学、法国哲学和英国哲学。

一是德国古典哲学。在从康德、费希特、谢林到黑格尔、费尔巴哈的德国古典哲学家中，对马克思思想影响最大的是康德、黑格尔和费尔巴哈。康德的批判哲学和批判精神对马克思产生了巨大的影响。几乎可以说，马克思主要著作的正标题或副标题都离不开"批判"一词，如《黑格尔法哲学批判》《神圣家族，或对批判的批判所做的批判》《德意志意识形态：对费尔巴哈、布·鲍威尔和施蒂纳所代表的现代德国哲学以及各式各样先知所代表的德国社会主义的批判》《资本论：政治经济学批判》等。这充分表明，马克思继承了德国古典哲学的批判哲学的传统。

黑格尔对马克思思想的最大的影响是他的历史辩证法及他对自由的向往和追求。在1837年11月寄自柏林的、给父亲的信中，马克思写道："在患病期间，我从头至尾读了黑格尔的著作，也读了他大部分弟子的著作。"马克思在信中还谈到他当时如何参加青年黑格尔派的"博士俱乐部"，和他的朋友一起探讨共同关心的理论问题。马克思的博士论文之所以写《德谟克利特的自然哲学和伊壁鸠鲁的自然哲学的差别》，因为黑格尔在《哲学史讲演录》中强调，伊壁鸠鲁哲学象征着自由和自我意识的觉醒。应当看到，对马克思思想产生最大影响的是黑格尔哲学。马克思写于1843年的《黑格尔法哲学批判》和1844年的《巴黎手稿》表明，在黑格尔哲学体系中，他最关注的是《法哲学》和《精神现象学》。应当指出，马克思从黑格尔哲学中汲取的从来就不是抽象的辩证法，而是历史辩证法（蕴含着市民社会运动的辩证法和劳动辩证法）；同时，马克思在《资本论》中谈论的"自由王国"的概念也来自黑格尔的《法哲学》。

费尔巴哈的人本主义和异化、唯物主义和感性活动的学说也对马克思产生过重大的影响。《巴黎手稿》、《神圣家族》(1844)、《关于费尔巴哈的提纲》(1845)和《德意志意识形态》(1845—1846)等著作表明了马克思和费尔巴哈之间的思想联系。恩格斯在《路德维希·费尔巴哈和德国古典哲学的终结》一书中谈到费尔巴哈的《基督教的本质》(1841)时写道："它直截了当地使唯物主义重新登上王座……这部书的解放作用，只有亲身体验过的人才能想象得到。那时大家都很兴奋：我们一时都成为费尔巴哈派了。马克思曾经怎样热烈地欢迎这种新观点，而这种新观点又是如何强烈地影响了他（尽管还有种种批判性的保留意见），这可以从《神圣家族》中看出来。"当然，马克思很快就超越了费尔巴哈，但费氏对他的影响仍然构成他思想发展中的一个重要环节。

在当时的德国哲学家中，后期谢林的天启哲学显露出明显的非理性主义的倾向，青年恩格斯曾对谢林进行过尖锐的批判。另一位非理性主义的哲学家叔本华虽然在1819年就出版了他的代表作《作为意志和表象的世界》，但在《宣言》发表前的德国，他的影响还是微弱的。

二是法国哲学。在近代以来的法国哲学家中，对马克思影响最大的是比埃尔·培尔和卢梭。培尔的怀疑主义精神给马克思留下了极为深刻的印象，以至当马克思的女儿问他的座右铭是什么时，马克思回答道："怀疑一切。"马克思认为，培尔的作用还不止于此。他写道："比埃尔·培尔不仅用怀疑论摧毁了形而上学，从而为在法国掌握唯物主义和健全理智的哲学打下了基础，他还证明，由清一色的无神论者所组成的社会是可能存在的，无神论者能够成为可敬的人，玷辱人的尊严的不是无神论，而是迷信和偶像崇拜，并从而宣告了注定要立即开始存在的无神论社会的来临。"

卢梭在《论社会不平等的起源和基础》《社会契约论》等著作中论述的关于民主、自由、公意和平等的观念对马克思和恩格斯都产生了重大的影响。这从《德意志意识形态》、《哥达纲领批判》（1875）和《反杜林论》（1876—1878）等著作中都清晰地体现出来。意大利学者德拉-沃尔佩出版的《卢梭和马克思》一书（1957）就深入地探讨了马克思思想中的卢梭因素。

平心而论，圣西门和傅立叶的空想社会主义理论也曾对马克思和恩格斯产生重大的影响，但与其说这种影响是哲学方面的，不如说是社会学方面的。孔德作为圣西门的学生，他创立的实证主义学说对19世纪思想界产生了巨大的影响，晚年恩格斯的思想在相当程度上受到他的影响，但马克思却始终与实证主义保持着应有的距离,当然他也没有专门批判实证主义的思潮。

三是英国哲学。在近代英国哲学中,对马克思的思想产生最大影响的是培根和洛克,他们的唯物主义学说和注重实验、注重经验的思想方法都在马克思心目中留下了深刻的印象。马克思后来关于政治经济学的研究就深受这种思想方法的影响。

综上所述,马克思之所以能够在19世纪40年代站在哲学的制高点上,创立历史唯物主义学说,并在这一学说的基础上发表《宣言》,因为他批判地综合了德国哲学、法国哲学和英国哲学的研究成果。

《宣言》发表150多年来西方哲学的演化

为了更清楚地展示西方哲学150多年来发展的轨迹,我们大致把这段时间划分为三个阶段。第一个阶段:从1848年至19世纪末,众所周知,马克思逝世于1883年,恩格斯逝世于1895年,我们大致可以把这个阶段理解为马克思和恩格斯在世的阶段;第二个阶段:从20世纪初至20世纪40年代,在这段时间里,社会主义国家作为一种新兴的力量崛起在世界上,二次世界大战的爆发迫使人们重新思考哲学基础问题;第三个阶段:从20世纪50年代初至20世纪末,西方科学技术的飞速发展、后现代主义思潮的兴起,对马克思主义哲学提出了新的挑战。

我们先来看第一个阶段。在这个阶段中,最大的理论事件如下:第一,黑格尔学派的解体与新黑格尔主义的诞生。在19世纪六七十年代,黑格尔成了"一条死狗",但马克思在1873年《资本论》第二版跋中谈到这一现象时却指出:"我要公开承认我是这位大思想家的学生,并且在关于价值理论的一章中,有些地方我甚至卖弄起黑格尔特有的表达方式。"从19世纪七八十年代起,以格林、布拉德雷为代表的英国新黑格尔主义和以罗伊斯为代表的美国新黑格尔主义随之兴起。这一思潮后来波及意大利、德国。第二，新康德主义的诞生。19世纪六七十年代，德国哲学家李普曼、朗格等提出了"回到康德去"的口号。随后，以柯亨为代表的马堡学派和以文德尔班为代表的弗莱堡学派进一步扩大了新康德主义的影响。第三，叔本华、尼采的唯意志主义学说开始产生重大的影响，西方理性主义的传统受到巨大的冲击。第四，法国哲学家孔德创立的实证主义，经过英国哲学家斯宾塞、奥地利哲学家马赫等人的推进，也对学术界产生了深远的影响。实证主义的主要口号是"拒斥形而上学"，拒绝对一切超验的、终极目的的研究，只崇尚实证科学和实证知识。这一思潮对恩格斯产生了一定的影响，恩格斯在《终结》中论述到黑格尔的包罗万象的哲学体系已经终结了传统哲学的时候指出："我们把沿着这个途径达不到而且任何单个人都无法达到的'绝对真理'撇在一边，而沿着实证科学和利用辩证思维对这些科学成果进行概括的途径去追求可以达到的相对真理。"

我们再来看第二个阶段。在这个阶段中，最重要的理论事件如下：第一，以詹姆士、杜威为代表的实用主义思潮在美国兴起。这一思潮强调"有用即真理"的观念，它通过杜威对中国哲学家胡适等人产生了重大的影响。第二，以德国哲学家狄尔泰和法国哲学家柏格森为代表的生命哲学的兴起，生命哲学主要从非理性的体验、直觉的角度出发来理解生命，从而也构成对理性主义传统的巨大冲击。第三，以克罗纳为代表的德国新黑格尔主义，在狄尔泰的生命哲学的影响下，把黑格尔解释为世界上最大的非理性主义者。这一思潮与生命哲学、尼采的唯意志主义结合起来，成了纳粹主义的思想基础。第四，以德国哲学家弗雷格、英国哲学家罗素、维特根斯坦为代表的分析哲学的兴起，该派强调哲学的主要功能是进行语言和逻辑上的分析和批判。早期维特根斯坦的思想影响了以卡尔纳普为代表的维也纳学派，晚期维特根斯坦的思想则影响了以赖尔为代表的牛津日常语言学派。第五，以胡塞尔为代表的现象学与以海德格尔为代表的存在主义的兴起。现象学的主要贡献是提供了一种反传统的彻底的思维方法,即现象学方法,海德格尔把这种方法运用到对存在问题的研究中,从而创立了存在主义的学说。存在主义后经法国哲学家萨特的弘扬而产生了广泛的影响。20世纪公认的最伟大的哲学家是海德格尔,但海氏加入过纳粹党,从而遭到许多学者的批评。第六,以霍克海默、哈贝马斯为代表的法兰克福学派,这一学派继承了康德和马克思的传统,创立了"社会批判理论",重点批判资本主义,同时也批判苏联模式的社会主义。

最后我们来看第三个阶段。在这个阶段中,最重要的理论事件如下:第一,以列维·斯特劳斯为代表的结构主义和以德里达为代表的解构主义在法国兴起。20世纪五六十年代,斯特劳斯把结构主义的方法运用到对人类学的研究中;阿尔都塞则用结构主义方法研究马克思思想的发展,其名著《保卫马克思》和《阅读资本论》产生了重大的影响。1968年法国爆发的"五月风暴"改变了法国哲学家的观念,从70年代起,德里达的一系列著作奠定了解构主义的基础。这种学说猛烈地抨击传统的逻各斯(理性)中心主义,用"延异""踪迹""播撒"等概念来表明语言、结构、思想的不确定性,从而为后现代主义思潮的兴起奠定了思想基础。第二,以德国哲学家伽达默尔为代表的哲学诠释学的兴起。诠释学是关于人们如何理解、解释文本的学说。这派学说受海德格尔的影响,把理解和解释视为人的生存活动的样式。第三,以波普尔为代表的科学哲学的兴起和发展。这派哲学主要探讨科学发现的逻辑和科学史发展的规律。第四,以法国哲学家马里坦为代表的新托马斯主义的兴起。这派学说主张在现代人的生活高度异化的背景下放弃以人类为中心的"人道主义",回归"神道主义"。第五,以法国哲学家利奥塔为代表的后现代主义的兴起。这派学说主张,现代性意义上的"大叙事"方式已经过时,现代性已经被颠覆,目的论已经被解构,大写的哲学已经衰微,起作用的是小写的哲学,是生活中的当下的、琐细的东西。

综上所述,20世纪西方哲学的变化是非常大的,特别是实用主义、现象学、存在主义、哲学诠释学、后现代主义、法兰克福学派等都对中国学术界产生了重大的影响。

马克思主义哲学如何回应现当代西方哲学

应当看到，现、当代西方哲学是在批判地思考西方资本主义社会的现实的基础上形成并发展起来的。我们应当在认真了解、研究现、当代西方哲学的基础上做出合理的回应，即摈弃错误的东西，汲取合理的因素。

（1）坚持马克思的历史唯物主义的哲学立场。当然，马克思主义是与时俱进的，在新的条件下应该获得新的表述方式，这正是当代中国理论工作者的首要的责任。

（2）从中国的具体国情出发，坚持现代性的价值观念和现代化的道路，但又充分重视后现代主义反思现代性的成果，借鉴这些成果，用以对现代性的观念和现代化的道路做出必要的修正。

（3）重视对一般哲学本体论和马克思主义的哲学本体论的研究，从而在变动不居的新时代中重新确立自己的思想基础。现、当代西方哲学发展的历史表明，没有对思想基础的深入反思，理论创新是不可能的。

（4）重视康德对理论理性（以自然界的现象作为研究对象）和实践理性（以人与人之间的关系作为研究的对象）的区别，积极推进实践理性，特别是政治哲学、法哲学、道德哲学和宗教哲学的研究，用以指导我们的现实生活。

（5）重视对存在主义思潮的研究，深入反思马克思主义和人道主义的关系，深刻认识马克思主义哲学的人文关怀的特征，在市场经济和科学技术高度发展的背景下具有特别重要的意义。

（6）重视对科学技术高度发展所产生的环境、生态、伦理等诸问题的研究。

马克思究竟从何时何处开始批判"抽象的人"的学说

——从恩格斯记忆上的一个纰漏说起

问题的提出

众所周知,在写于 1886 年初的《路德维希·费尔巴哈和德国古典哲学的终结》(以下简称《终结》)一书的第三部分的结尾处,恩格斯这样写道:

der Kultus des abstrakten Menschen, der den Kern der Feuerbachschen neuen Religion bildete, musste ersetzt werden durch die Wissenschaft von den wirklichen Menschen und ihrer geschichtlichen Entwicklung. Diese Fortenwicklung des Feuerbachschen Standpunkts ueber Feuerbach hinaus wurde eroeffnet 1845 durch Marx in der "Heiligen Familie". ①

这段话的中译文是：

> 对抽象的人的崇拜，即费尔巴哈的新宗教的核心，必定会由关于现实的人及其历史发展的科学来代替。这个超出费尔巴哈而进一步发展费尔巴哈观点的工作，是由马克思于1845年在《神圣家族》中开始的。②

这段文字基本上译出了恩格斯的原意。③ 我们从中可以引申出两点结论：第一，《神圣家族》写于1845年；第二，在《神圣家族》中，马克思已经开始批判费尔巴哈关于"抽象的人"的学说，并主张用"现实的人及其历史发展的科学"（die Wissenschaft von den wirklichen Menschen und ihrer geschichtlichen Entwicklung）来取代费尔巴哈"对抽象的人的崇拜"（der Kultus des abstrakten Menschen）。毋庸讳言，蕴含在恩格斯这段话中的这两个结论都是与事实有出入的。它们表明，晚年恩格斯在记忆上存在着纰漏，而纠正这一纰漏，确定马克思批判费尔巴哈关于"抽象的人"的学说的准确的起始点，对于马哲史的研究来说，无疑地具有十分重要的意义。

事实的澄清

在某种意义上可以说，在马哲史上，由马克思和恩格斯合著的《神

---

① Marx Engels, *Ausgewaehlte Werke*, Band Ⅵ, Berlin: Dietz Verlag, 1990, s. 294.
② 《马克思恩格斯选集》，第4卷，241页，北京，人民出版社，1995。
③ 但译文还可斟酌。如第一个德文句子中的第三人称动词 bildete 的意思未译出。按照拙见，此句应译为："对抽象的人的崇拜构成费尔巴哈的新宗教的核心。"

圣家族》一书的写作时间似乎从未引起过任何争论，即它写于 1844 年 9—11 月，1845 年以单行本的方式在美茵河畔的法兰克福出版，当时的署名方式是"弗里德里希·恩格斯、卡尔·马克思合著"。现收入《马克思恩格斯全集》第 2 卷中。

有人也许会申辩说：既然《神圣家族》出版于 1845 年，所以恩格斯在上面说的"这个超出费尔巴哈而进一步发展费尔巴哈观点的工作，是由马克思于 1845 年在《神圣家族》中开始的"似乎并不是记忆上的一个纰漏。乍看起来，《神圣家族》写于 1844 年，出版于 1845 年，恩格斯说 1844 年或 1845 年似乎都无碍大局。然而，我们必须注意到，1845 年正是马克思哲学立场发生根本性转折的时期。法国哲学家阿尔都塞甚至把马克思写于 1845 年的著作称为"断裂时的论著"。他指出：

> 我建议用断裂时的论著（the works of the Break）这个新的表述来称谓 1845 年断裂时的论著，即《关于费尔巴哈的提纲》和《德意志意识形态》，它们最先介绍了马克思的新的总问题，尽管这个总问题往往还带着部分否定、尖锐争论和批判的形式。①

尽管阿尔都塞的上述见解不一定为人们所普遍接受，但有一点却是可以肯定的，即 1845 年确实是马克思哲学思想发生根本性变化的时期，尤其是马克思对费尔巴哈的态度发生根本性转折的时期。事实上，在 1844 年撰写《神圣家族》时，马克思不但没有像恩格斯所说的那样，开始批判费尔巴哈"对抽象的人的崇拜"，并主张用"现实的人及其历史发展的科学"来取代费尔巴哈的学说，而且还对费尔巴哈的学说，特别是他关于人的学说做出高度的评价。

我们知道，在写于 1844 年 4—8 月的《1844 年经济学哲学手稿》（以下简称《手稿》）中，马克思多次对费尔巴哈的哲学思想做出高度的评

---

① Louis Althusser, *For Marx*, NLB, 1977, p. 34.

价。比如，他这样写道：

> 费尔巴哈是唯一对黑格尔的辩证法采取严肃的、批判的态度的人；只有他在这个领域内作出了真正的发现，总之他真正克服了旧哲学。①

在紧接着《手稿》撰写的《神圣家族》中，马克思同样以赞赏的口吻提到费尔巴哈的唯物主义，特别是他关于人的学说：

> 费尔巴哈在理论方面体现了和人道主义相吻合的唯物主义，而法国和英国的社会主义和共产主义则在实践方面体现了这种唯物主义。②

也就是说，在1844年撰写《神圣家族》时，马克思还没有对费尔巴哈的人的学说进行批判，事实上，他把费尔巴哈的唯物主义称作"和人道主义相吻合的唯物主义"，乃是对费尔巴哈的唯物主义和人的学说的充分肯定。我们在这里可以做一个有趣的比较，即马克思在谈到英国的机械唯物主义者霍布斯时曾经说过："唯物主义变得敌视人了。"③ 这就启示我们，当时的马克思并不赞成那种与人道主义相分离的唯物主义，这也是他在1844年撰写《神圣家族》时仍然继续认同费尔巴哈学说的一个重要的证明。

更值得注意的是，马克思在撰写《神圣家族》时非但没有以自己的"现实的人及其历史发展的科学"去取代费尔巴哈"对抽象的人的崇拜"，反而仍然肯定费尔巴哈所说的人是"现实的人"。在谈到施特劳斯和布·鲍威尔依然停留在黑格尔思辨哲学的范围内时，马克思写道：

> 只有费尔巴哈才是从黑格尔的观点出发而结束和批判了黑格尔

---

① 《马克思恩格斯全集》，第42卷，157~158页，北京，人民出版社，1979。
② 《马克思恩格斯全集》，第2卷，160页，北京，人民出版社，1957。
③ 《马克思恩格斯全集》，第2卷，164页，北京，人民出版社，1957。

的哲学。费尔巴哈把形而上学的绝对精神归结为"以自然为基础的现实的人"（den wirklichen Menschen auf der Grundlage der Natur），从而完成了对宗教的批判。同时也巧妙地拟定了对黑格尔的思辨以及一切形而上学的批判的基本要点。①

虽然马克思这里使用的概念是"以自然为基础的现实的人"，但在1844年，马克思仍然以为，当费尔巴哈从自然界出发来谈论人时，他所说的人已经是"现实的人"了。

综上所述，马克思在1844年撰写《神圣家族》一书时，他不但尚未开始批判费尔巴哈"对抽象的人的崇拜"，而且还肯定费尔巴哈所说的人是"以自然为基础的现实的人"。所有这些都表明，恩格斯在《终结》中的回忆存在着与事实不符的地方。

我们的看法

那么，马克思究竟是从何时何处（哪部论著）中开始以自己的"现实的人及其历史发展的科学"去取代费尔巴哈"对抽象的人的崇拜"的呢？如上所述，我们能够断定，时间是1845年，但论著绝不是《神圣家族》，而必须到马克思1845年撰写的其他论著中去寻找。

我们认为，马克思是在《关于费尔巴哈的提纲》（1845）中开始批判费尔巴哈的"抽象的人"的学说的，这尤其反映在第六、七两条提纲中：

六

费尔巴哈把宗教的本质归结于人的本质。但是，人的本质不是单个人所固有的抽象物（dem einzelnen Individuum inwohnendes Abstraktum），在其现实性上，它是一切社会关系的总和。

---

① 《马克思恩格斯全集》，第2卷，177页，北京，人民出版社，1957。参见 *Marx Engels Werke*，Band 2，Berlin：Dietz Verlag，1970，s. 147.

费尔巴哈没有对这种现实的本质进行批判，因此他不得不：

（1）撇开历史的进程，把宗教感情固定为独立的东西，并假定有一种抽象的——孤立的——人的个体（(ein abstract-isoliert-menschliches Individuum)。

（2）因此，本质只能被理解为"类"，理解为一种内在的、无声的、把许多个人自然地联系起来的普遍性。

七

因此，费尔巴哈没有看到，"宗教感情"本身是社会的产物，而他所分析的抽象的个人（das abstrakte Individuum），是属于一定的社会形式的。①

不用说，马克思这里提到的"单个人所固有的抽象物""一种抽象的—孤立的—人的个体"和"抽象的个人"等，无不都是在叙述费尔巴哈的"对抽象的人的崇拜"的学说；而马克思之所以强调人的本质"在其现实性上，它是一切社会关系的总和"；强调不能"撇开历史的进程"来谈论宗教情感；强调任何抽象的个人都是"属于一定的社会形式的"，其目的正是为了以自己的"现实的人及其历史发展的科学"去取代费尔巴哈"对抽象的人的崇拜"。

在《德意志意识形态》的第一卷第一部分中，马克思第一次明确地叙述了自己创立的历史唯物主义学说，并对费尔巴哈的"抽象的人"的见解提出了更明确的批判：

> 费尔巴哈从来没有看到真实存在着的、活动的人，而是停留在抽象的"人"（dem Abstraktum " Der Mensch"）上，并且仅仅限于在感情范围内承认"现实的、单独的、肉体的人"（den "wirklichen, individuellen, leibhaftigen Menschen），也就是说，除了爱与

---

① 《马克思恩格斯选集》，第1卷，56页，北京：人民出版社，1995。参见 *Marx Engels Werke*，Band 3, Berlin: Dietz Verlag, 1969, s. 6-7.

友情,而且是理想化了的爱与友情以外,他不知道"人与人之间"还有什么其他的"人的关系"。①

综上所述,恩格斯在《终结》中的那段话与历史事实是有出入的。其实,"这个超出费尔巴哈而进一步发展费尔巴哈观点的工作"不是在《神圣家族》,而是在《关于费尔巴哈的提纲》中开始的,而在《德意志意识形态》中得到了更明确的叙述。

---

① 《马克思恩格斯全集》,第3卷,50页,北京,人民出版社,1960。参见 *Marx Engels Werke*,Band 3,Berlin:Dietz Verlag,1969,s.44.

"自然历史过程"与主体性的界限

马克思关于社会经济形态的发展是一种自然历史过程的观点是其历史唯物主义学说中的一个根本性的、核心的观点。然而,长期以来,马克思哲学的解释史表明,研究者们或者把马克思所说的"自然历史过程"曲解为绝对的决定论,仿佛人们除了袖手旁观社会经济生活的演化外,再也无事可做了;或者完全忽视马克思的这一重要观点,似乎社会经济形态的发展完全可以以人们的主观意志为转移。第一种错误的解释主要出现在第二国际的理论家那里,按照他们的看法,革命阶级不需要做出任何努力,只要坐等经济规律发生作用,资本主义就会和平进入社会主义。第二种错误的解释主要出现在第三国际的理论家那里。由于俄国十月革命是在资本主义发展的落后地区获得成功的,于是,他们就产生了一种理论上的幻觉,似乎人们的主观意志可以脱离经济规律而发生作用。①

毋庸讳言，对马克思的"自然历史过程"理论的误解已经在理论生活和现实生活中造成了严重的后果。对于正处于社会转型过程中的中国人来说，重新反省并理解马克思的这一理论，具有巨大的理论意义和现实意义。

"自然历史过程"的含义

马克思的"自然历史过程"理论是在《资本论》的序言中提出来的。在《资本论》第一卷的第一版序言（1867）中，马克思这样写道："我的观点是：社会经济形态的发展是一种自然历史过程（einen naturgeschichtlichen Prozess）。"② 如何理解马克思的这一重要的论述呢？

首先，我们要弄清楚，马克思这里说的"社会经济形态"究竟是什么意思。按照列宁在《什么是"人民之友"以及他们是如何攻击社会民主党人？》（1894）中的说法，社会经济形态就是"一定生产关系总和"。③ 列宁还强调，马克思在这段话中所说的社会经济形态指的是"资本主义社会经济形态"。④ 从列宁的理解方式出发，我们发现，马克思所说的"社会经济形态"实际上也就是社会形态，因为在《雇佣劳动与资

---

① 这种唯意志主义的观点具有广泛的影响。比如，意大利学者葛兰西在1917年11月24日的《前进报》上发表了题为"反对《资本论》的革命"的文章。他在文章中这样写道："布尔什维克驳斥了卡尔·马克思，他们以明确的行动和成功的结果证实，历史唯物主义的法则并不像人们将认为或已经认为的那样是一成不变的。"参阅《青年葛兰西论历史、哲学和文化》，泰罗斯出版社1975年英文版，第123页。然而，葛氏没有想到，70多年后，俄国又从社会主义的国家退回到资本主义的国家。这一现象表明，马克思所说的"自然历史过程"并不是人们的意志可以轻易地加以改变的。中国人在"大跃进"的运动中提出"人有多大胆，地有多大产""不是做不到，而是想不到"等口号，也明显地具有这种唯意志主义的倾向。

② 马克思：《资本论》，第1卷，12页，北京，人民出版社，1975。

③ 《列宁选集》，第1卷，10页，北京，人民出版社，1995。

④ 《列宁选集》，第1卷，5页，北京，人民出版社，1995。

本》(1849)中,马克思已经指出:"生产关系总和起来就构成所谓社会关系,构成所谓社会,并且是构成一个处于一定历史发展阶段上的社会,具有独特的特征的社会。古典古代社会、封建社会和资产阶级社会都是这样的生产关系的总和,而其中每一个生产关系的总和同时又标志着人类历史发展中的一个特殊阶段。"① 当然,《资本论》是一部政治经济学研究的专著,所以马克思似乎不愿意泛泛地谈论"社会形态"而更偏重于从"社会经济形态"的角度出发来谈论社会,尤其是资本主义社会的运动规律。

其次,我们要弄清楚,马克思这里说的"自然历史过程"中的"自然……过程"的含义究竟是什么?其实,"自然……过程"这个表达式有两种主要的含义:一是指"自然而然",即一种自发性的、盲目性的倾向;二是指"自然界"或以自然界的方式发生作用的规律。稍加分析就会发现,马克思在这里使用的"自然"概念兼具上述两种含义。同样是在《资本论》第一卷的第一版序言中,马克思也提到了社会自身运动的"自然规律"(dem Naturgesetz)和社会经济运动的"自然的发展阶段"(naturgemaesse Entwicklungsphasen)。② 事实上,"自然规律"这个术语并不是马克思首创的,马克思本人也坦然承认,这个术语来自恩格斯早期的著作《政治经济学批判大纲》(1844)。正是在这部早期著作中,恩格斯指出:"我们应该怎样理解这个只有周期性的革命才能给它开辟道路的规律呢?这是一个以当事人的盲目活动为基础的自然规律。"③ 比如,当时的恩格斯也把市场经济中的供求规律称之为"纯自然的规律"。④ 恩格斯的这一见解可以说是一以贯之的。晚年恩格斯在为马克思的《路易·波拿巴政变记》所撰写的第三版序言(1885)中提到马克思所发现

---

① 《马克思恩格斯选集》,第1卷,345页,北京,人民出版社,1995。
② 马克思:《资本论》,第1卷,11页,北京,人民出版社,1975。
③ 《马克思恩格斯全集》,第1卷,614页,北京,人民出版社,1956。
④ 《马克思恩格斯全集》,第1卷,614页,北京,人民出版社,1956。

的历史运动规律时,也以同样的口吻写道:"这个规律对于历史,同能量转化定律对于自然科学具有同样的意义。"① 显然,恩格斯的上述见解对马克思产生了深刻的影响。

最后,我们要弄清楚,马克思这里说的"自然历史过程"究竟是什么意思?既然马克思像恩格斯一样,多次使用过"自然规律"的概念,为什么又要使用"自然历史过程"这一新概念呢?深入的考察表明,与"自然规律"这样的概念比较起来,"自然历史过程"是一个更为严格的表达。为什么这么说呢?因为从社会现象的实质和结果的角度进行考察,"自然规律"和"自然历史过程"应该是一样的,正是基于这样的原因,马克思也经常使用"自然规律"的概念。然而,从社会现象与自然现象在表现方式上的差异来看,"自然规律"的提法又不应该取代"自然历史过程"的提法,因为后一种提法肯定了社会现象与自然现象在表现方式上的差异。

正如恩格斯所指出的:"在自然界中(如果我们把人对自然界的反作用撇开不谈)全是没有意识的、盲目的动力,这些动力彼此发生作用,而一般规律就表现在这些动力的相互作用中。……相反地,在社会历史领域内进行活动的,是具有意识的、经过思虑或凭激情行动的、追求某种目的的人;任何事情的发生都不是没有自觉的意图,没有预期的目的的。"② 这段话清楚地表明,从表现方式上看,社会现象与自然现象之间存在着重大的差别。看不到这个差别,简单地把社会现象等同于自然现象,绝不是真正科学的态度。然而,恩格斯告诉我们,从实质和结果上看,社会现象与自然现象又具有某种同质性,它们在表现方式上的差别几乎可以略去不计。正是在这个意义上,恩格斯继续写道:"不管这个差别对历史研究,尤其是对各个历史时代和各个事变的历史研究如何重要,它丝毫不能改变这样一个事实:历史进程是受内在的一般规律支配的。

---

① 《马克思恩格斯选集》,第1卷,583页,北京,人民出版社,1995。
② 《马克思恩格斯选集》,第4卷,247页,北京,人民出版社,1995。

因为在这一领域内，尽管各个人都有自觉预期的目的，总的说来在表面上好像也是偶然性在支配着。人们所预期的东西很少如愿以偿，许多预期的目的在大多数场合都互相干扰，彼此冲突，或者是这些目的本身一开始就是实现不了的，或者是缺乏实现的手段的。这样，无数的单个愿望和单个行动的冲突，在历史领域内造成了一种同没有意识的自然界中占统治地位的状况完全相似的状况。"① 在恩格斯看来，尽管社会现象是由人的自觉的、有目的的活动构成的，但这些活动是相互冲突的，因而从实质和结果的角度看，社会现象就像自然现象一样是盲目的，但却是受隐蔽的内在规律的支配的。正因为社会现象与自然现象之间有着表现方式上的差异性和表现结果及实质上的相似性，所以，马克思把社会经济形态的发展称作为"自然历史过程"是最恰当不过的了。

列宁充分肯定了马克思的"自然历史过程"理论的重大意义。他写道："只有把社会关系归结于生产关系，把生产关系归结于生产力的水平，才能有可靠的根据把社会形态的发展看作自然历史过程。不言而喻，没有这种观点，也就不会有社会科学。（例如，主观主义者虽然承认历史现象的规律性，但不能把这些现象的演进看作自然历史过程，这是因为他们只限于指出人的社会思想和目的，而不善于把这些思想和目的归结于物质的社会关系。）"② 在列宁看来，马克思的"自然历史过程"理论正是其历史唯物主义学说的核心观点，正是这一观点使社会历史的研究从神话上升为科学。然而，遗憾的是，长期以来，人们忽略了对马克思的这一基本理论的研究，以致无论是在理论研究上，还是在现实生活中，都不知不觉地陷入了唯意志主义的泥淖。

---

① 《马克思恩格斯选集》，第 4 卷，247 页，北京，人民出版社，1995。
② 《列宁选集》，第 1 卷，8~9 页，北京，人民出版社，1995。

主体性的界限

马克思的"自然历史过程"理论极为严格地阐明了主体性作用的范围，换言之，规定了主体性的界限。

首先，马克思认为，作为主体的人不管主观上设想什么或幻想自己拥有多大的力量，实际上，他只是一定的社会关系的产物。马克思在《资本论》第一卷的第一版序中这样写道："……这里涉及的人，只是经济范畴的人格化，是一定的阶级关系和利益的承担者。……不管个人在主观上怎样超脱各种关系，他在社会意义上总是这些关系的产物。同其他任何观点比较起来，我的观点是更不能要个人对这些关系负责的。"① 在马克思看来，个人作为主体无例外地从属于一定的社会关系这一事实表明，主体性并不等于任意性，它永远只能在自己的界限内发生作用。乍看起来，达到这样的认识似乎是很容易的，然而，在错综复杂的历史事件面前，保持这种真知灼见绝不是一件轻而易举的事情。

众所周知，1851年12月2日，路易·波拿巴在法国发动了政变。如何看待这场仿佛是突如其来的政变呢？维克多·雨果把它描绘成晴天霹雳，似乎这一切都是政变主体的暴力行为所造成的。他的目的也许是批评政变者，结果却不知不觉地把他塑造成一个伟大的历史人物。相反地，蒲鲁东试图把政变描述成以往历史发展的结果，却陷入了那些所谓客观历史编纂学家所犯的错误，即不知不觉地为政变主体做了辩护。马克思则指出："我则是证明，法国阶级斗争怎样造成了一种局势和条件，使得一个平庸而可笑的人物有可能扮演了英雄的角色。"② 也就是说，马克思从其历史唯物主义的立场出发，努力根据当时的社会关系和阶级斗争的状况来叙述并评价路易·波拿巴，既不把他在历史事件中的主体作用加

---

① 马克思：《资本论》，第1卷，12页，北京，人民出版社，1975。
② 《马克思恩格斯选集》，第1卷，580页，北京，人民出版社，1995。

以夸大,使之神秘化,也不加以缩小,仿佛他从来就没有存在过似的。

在分析社会关系对主体的约束作用时,马克思特别提到了传统关系、传统观念对当代人的思想和行为的束缚:"人们自己创造自己的历史,但是他们并不是随心所欲地创造,并不是在他们自己选定的条件下创造,而是在直接碰到的、既定的、从过去承继下来的条件下创造。一切已死的先辈们的传统,像梦魇一样纠缠着活人的头脑。当人们好像刚好在忙于改造自己和周围的事物并创造前所未闻的事物时,恰好在这种革命危机时代,他们战战兢兢地请出亡灵来为他们效劳,借用它们的名词、战斗口号和衣服,以便穿着这种久受崇敬的服装,用这种借来的语言,演出世界历史的新的一幕。"① 比如,1789—1814 年的法国革命依次穿上了罗马共和国和罗马帝国的服装,1848 年的法国革命则时而模仿 1789 年,时而模仿 1793—1795 年。总之,不管人们如何夸大自己的主体性,这种主体性实际上总是受一定的社会关系的束缚的。

其次,马克思认为,人类作为行动主体只能提出自己有可能解决的任务。在《〈政治经济学批判〉序言》(1859)中,马克思这样写道:"无论哪一个社会形态,在它所能容纳的生产力全部发挥出来以前,是决不会灭亡的;而新的更高的生产关系,在它的物质存在条件在旧社会的胎胞里成熟以前,是决不会出现的。所以人类始终只提出自己能够解决的任务,因为只要仔细考察就可以发现,任务本身,只有在解决它的物质条件已经存在或者至少是在生成过程中的时候,才会产生。大体看来,亚细亚的、古代的、封建的和现代资产阶级的生产方式可以看作是经济的社会形态演进的几个时代。"② 无疑,这段重要的论述既是对马克思的"自然历史过程"理论的详尽的阐发,也是对主体性起作用的范围的明确的界定。

也就是说,在以自然方式演进的社会经济形态面前,人类发挥其主

---

① 《马克思恩格斯选集》,第 1 卷,585 页,北京,人民出版社,1995。
② 《马克思恩格斯选集》,第 2 卷,33 页,北京,人民出版社,1995。

体作用的范围也是极其有限的。比如,历史发展进程中出现的某个社会经济形态,哪怕从今天的眼光看来是极其野蛮、极其落后的,但在它所能容纳的生产力全部发挥出来之前,它是不会灭亡的。即使它被推翻了,它又会以某种方式实现复辟。同样地,那些由空想社会主义者和空想共产主义者设想出来的未来社会经济形态不管如何美好,如何合理,只要其物质条件还没有成熟,也是不可能出现的。因此,人类只能提出自己有可能完成的任务。这里说的"有可能完成的",也就是已具备相应的经济条件。事实上,没有这样的经济条件做基础,"任务"就只是空想或神话的代名词。

正是在这个意义上,马克思指出:"在以交换价值为基础的资产阶级社会内部,产生出一些交往关系和生产关系,它们同时又是炸毁这个社会的地雷。(有大量对立的社会统一形式,这些形式的对立性质绝不是通过平静的形态变化就能炸毁的。如果我们在现在这样的社会中没有发现隐蔽地存在着无阶级社会所必需的物质条件和与之相适应的交往关系,那么一切炸毁的尝试都是堂·吉诃德的荒唐行为。)"[①] 在马克思看来,在新的生产关系和交往关系在旧社会的胎胞里形成以前,以这些未来的关系为借口的种种所谓"革命"的行为都只是堂·吉诃德式的荒唐行为。比如,人们常常因为亚洲社会发生的频繁的农民起义和政局动荡而断言其社会形态在不断地变化,而马克思却对这一社会历史现象做出了完全不同的解释。他写道:"亚洲各国不断瓦解、不断重建和经常改朝换代,与此截然相反,亚洲的社会却没有变化。这种社会的基本经济要素的结构,不为政治领域中的风暴所触动。"[②] 在马克思看来,只要社会经济形态没有实质性的变化,那么改朝换代就只具有修辞学上的意义。

---

① 《马克思恩格斯全集》,第46卷(上),106页,北京,人民出版社,1979。
② 马克思:《资本论》,第1卷,397页,北京,人民出版社,1975。

最后，马克思认为，作为主体的社会①是无法跳过自身发展中的历史阶段的。在《资本论》第一卷的第一版序言中，马克思指出："一个社会即使探索到了本身运动的自然规律，——本书的最终目的就是揭示现代社会的经济运动规律，——它还是既不能跳过也不能用法令取消自然的发展阶段。但是它能缩短和减轻分娩的痛苦。"②马克思的这段论述经典性地阐明了作为"自然历史过程"的社会经济运动规律与社会的主体作用之间的关系。作为主体的社会至多只能通过个体主体、集体主体，甚至类主体的努力，缩短和减轻不同历史阶段更替中的"分娩的痛苦"，但却"既不能跳过也不能用法令取消自然的发展阶段"。

或许可以说，马克思在致俄国学者查苏利奇的信中提到的"跨过卡夫丁峡谷"的比喻最清楚不过地诠释了马克思的上述观点。众所周知，1881年2月16日，查苏利奇写信给马克思，就俄国农村公社的命运问题征求马克思的意见。马克思非常慎重地对待这封来信，在1881年3月8日的简短复信之前，他曾写下了三个复信草稿。

在第一个草稿中，马克思指出，俄国是在全国范围内把农村公社保存到今天的欧洲唯一的国家。一方面，农村公社实行土地公有制，并在此基础上造成了各种稳定的社会关系；另一方面，在西方资本主义的影响下，农村公社中的房屋、小块耕地和产品正在私有化，极有可能导致俄国农村公社的瓦解。当然，西方资本主义的发展也处于危机之中，于是，在马克思看来，就产生了一种可能性，即"使俄国可以不通过资本主义制度的卡夫丁峡谷，而把资本主义制度的一切肯定的成就用到公社中来。"③在第一个草稿中，下面这段被删去的话更完整地表达出马克思当时的想法："如果说土地公有制是俄国'农村公社'的集体占有制的基

---

① 要了解马克思关于"主体，即社会"的观点，请参见《马克思恩格斯全集》，第46卷（上），39页，北京，人民出版社，1979。
② 马克思：《资本论》，第1卷，11页，北京，人民出版社，1975。
③ 《马克思恩格斯全集》，第19卷，435~436页，北京，人民出版社，1963。

础,那么,它的历史环境,即资本主义生产和它的同时存在,给它提供了大规模地进行共同劳动的现成的物质条件。因此,它能够不通过资本主义制度的卡夫丁峡谷,而享用资本主义制度的一切肯定成果。"① 然而,马克思同时强调,"跨过卡夫丁峡谷"的前提是必须通过俄国革命来挽救俄国的农村公社。

在第二个草稿中,马克思不再使用"跨过卡夫丁峡谷"的比喻,而是更多地表现出对俄国农村公社可能瓦解的命运的担忧:"公社受国家勒索的压制、商人的劫掠、地主的剥削和高利贷者从内部的破坏,那它怎么能够抵抗得住呢!"②

在第三个草稿中,马克思在详尽地分析俄国农村公社的特殊性的基础上,又强调了他在第一个草稿中提到的想法:"因此,它可以不通过资本主义制度的卡夫丁峡谷,而吸取资本主义制度所取得的一切成果。"③

有趣的是,在1881年3月8日致查苏利奇的正式复信中,马克思的见解却非常谨慎,他不再提"跨过卡夫丁峡谷"的口号,而这样写道:"由此可见,在《资本论》中所做的分析,既不包括赞成俄国农村公社有生命力的论据,也不包括反对农村公社有生命力的论据,但是,从我根据自己找到的原始材料所进行的专门研究中,我深信,这种农村公社是俄国社会新生的支点;可是要使它能够发挥这种作用,首先必须肃清从各方面向它袭来的破坏性影响,然后保证它具备自由发展所必需的正常条件。"④ 马克思的这封谨慎的复信表明,尽管他并不否认社会主体、个人主体和集体主体的能动性,但他始终坚守着"自然历史过程"的理论,并从这一理论出发深刻地洞见了主体性的界限。

---

① 《马克思恩格斯全集》,第19卷,437页注①,北京,人民出版社,1963。
② 《马克思恩格斯全集》,第19卷,446页,北京,人民出版社,1963。
③ 《马克思恩格斯全集》,第19卷,451页,北京,人民出版社,1963。
④ 《马克思恩格斯全集》,第19卷,269页,北京,人民出版社,1963。

深刻的启示

马克思的"自然历史过程"理论及这一理论所蕴含的对主体性界限的认定，无论是对理论研究来说，还是对现实生活来说，都提供了极其深刻的启示。

一方面，它启示我们，应该重新认识历史唯物主义的核心思想。诚然，历史唯物主义告诉我们，生产力是最富于革命性的因素，然而，任何生产力只能借助于生产关系才能现实地展示出来。马克思指出："黑人就是黑人。只有在一定的关系下，他才成为奴隶。纺纱机是纺棉花的机器。只有在一定的关系下，它才成为资本。脱离了这种关系，它也就不是资本了，就像黄金本身并不是货币，砂糖并不是砂糖的价格一样。"[①] 也就是说，在社会历史生活中，一切存在物的规定性都是在社会生产关系的基础上显示出来的。在这个意义上可以说，历史唯物主义的本质就是社会生产关系本体论。[②] 而正如我们在前面已经指出过的那样，社会生产关系的总和也就是社会经济形态，而社会经济形态的发展则是一个"自然历史过程"。要言之，"自然历史过程"理论就是历史唯物主义的核心思想。历史和实践一再表明，无论是在理论研究中，还是在对现实生活的指导中，只有牢牢记住这一核心思想，才能对历史唯物主义学说做出准确的说明和合理的应用。

另一方面，它启示我们，应该重新厘定主体性起作用的范围和方式。由于传统的哲学教科书把主体性问题置于认识论范围，而把认识论又置于辩证唯物主义的框架中来讨论，这样一来，主体性问题就与历史唯物主义绝缘了，而马克思的本意却在于，主体性问题只有在历

---

① 《马克思恩格斯选集》，第 1 卷，344 页，北京，人民出版社，1995。
② 参见拙文《马克思哲学是社会生产关系本体论》，载《学术研究》，2001(10)。

史唯物主义所研究的社会历史中才能真正地加以阐明。显然，马克思从来不否认主体在历史上的作用和意义，但却严格地规定了主体在历史活动中发挥作用的范围和方式。实际上，正是历史唯物主义的核心思想——"自然历史过程"理论为我们准确地诠释主体性问题提供了一把钥匙。

首先，马克思告诉我们，主体，不管是以个人、集体，还是类的形式出现，其本质含义都是由社会生产关系来规定的。正是在这个意义上，马克思说："人的本质不是单个人所固有的抽象物，在其现实性上，它是一切社会关系的总和。"① 这就启示我们，主体的全部活动都是在它置身于其中的社会生产关系中展开的。马克思甚至在谈到作为主体的个人的权利时也写道："权利决不能超出社会的经济结构以及由经济结构制约的社会的文化发展。"② 以往探讨马克思主体理论的论著几乎都是撇开社会生产关系来谈论主体的能动性的，自然不可能对主体起作用的范围和方式做出合理的叙述。

其次，主体必须在遵循社会经济运动规律的前提下发挥自己的作用。正如我们在前面已经指出过的那样，长期以来理论界流行的唯意志主义论就是以漠视经济运动规律为前提的。目前，在中国式的市场经济模式的运行中，行政权力常常以与经济运动规律相冲突的方式发挥自己的作用，因而造成了一系列消极性的影响。事实上，不认识并清除这些消极性的因素，市场经济在中国是不可能得到健康的发展的。

最后，主体即使是诉诸社会革命的方式来解决自己所面临的社会冲突，主体发挥其作用的范围和方式也是有限的，即它既不能跳过也不能用法令取消社会历史阶段，而只能缩短和减轻社会转型过程中分娩的痛苦。在这方面，国际共产主义运动史为我们提供了极其惨痛的历史教训。早在20世纪30年代，斯大林就一厢情愿地宣布苏联进入了共产主义社

---

① 《马克思恩格斯选集》，第1卷，56页，北京，人民出版社，1995。
② 《马克思恩格斯选集》，第3卷，305页，北京，人民出版社，1995。

会，后来，勃列日涅夫在确定苏联社会的性质时，又退到"发达社会主义国家"，而今天，苏联已经解体，俄罗斯已经退回到资本主义社会。无独有偶，中国在 20 世纪 50 年代后期也曾宣布自己进入共产主义社会，但三年自然灾害的无情事实击碎了这种用主观意志创造出来的神话。所有这一切都表明，不以马克思的"自然历史过程"为前提的主体性只能是一种无根据的任意性。

如何翻译恩格斯文本中的 pragmatisch 一词

在写于 1886 年初的《路德维希·费尔巴哈和德国古典哲学的终结》一书中，恩格斯在论述旧唯物主义时，曾经写道："因此，它的历史观——如果它有某种历史观的话，——本质上也是实用主义的（pragmatisch），它按照行动的动机来判断一切，把历史人物分为君子和小人，并且照例认为君子是受骗者，而小人是得胜者。"① 在这段经常被人们引证的重要论述中，存在着翻译上的一个问题，即恩格斯使用的 pragmatisch 这个德语形容词能否被译为"实用主义的"。

众所周知，pragmatisch 这个词在康德的著作中已经出现了，康德晚年撰写的一部著作的名称是：*Anthropologie in pragmatischer Hnsicht*，意译为《实用人类学》，直译则为《实

---

① 《马克思恩格斯选集》，第 4 卷，248 页，北京，人民出版社，1995。参见 Marx Engels, *Ausgewaehlte Werke*, Band Ⅵ, Berlin: Dietz Verlag, 1990, s. 303.

用性视野中的人类学》。在德语中，pragmatisch 这个形容词的主要含义是"实用（性）的""实际的"。

然而，由于实用主义作为一股哲学思潮在当代社会中已经广为流传，所以，在当代德语词典中，pragmatisch 这个词也具有"实用主义的"含义。① 目前在国内流行的《德汉词典》也把"实用主义的"作为 pragmatisch 的主要含义之一。② 显而易见，问题的关键不是撇开时间观念，抽象地谈论是否可以把 pragmatisch 译为"实用主义的"，而在于：当恩格斯于 1886 年初使用 pragmatisch 这个词时，实用主义这一哲学思潮在世界上是否已经形成，并且是否已经为恩格斯所了解。这才是我们这里所要讨论的问题的症结之所在。

我们知道，美国哲学家皮尔士在 1878 年发表于《通俗科学月刊》的"怎样使我们的观念变得清楚"一文中，虽然还"没有使用'实用主义'这一术语，但提出了实用主义的原理。事实上，直到 1902 年，在为《鲍德温词典》撰写'实用主义'条目时，皮尔士才使用'实用主义'这个术语"③。按照这一见解，在 19 世纪 70 年代，皮尔士只是初步提出了关于实用主义观念的一些想法，但还没有直接使用"实用主义"（pragmatism）这个词来指称这些想法。

另一位著名学者威廉·詹姆士的陈述则略有差异。他认为，实用主义这个术语源于希腊词 πραγμα，意思是行动。"它最初被皮尔士于 1878 年引入到哲学中。"④ 然而，詹姆士继续写道，皮尔士所阐述的实用主义的原理"20 年来完全没有引起任何人的注意，直到我在加利福尼亚大学郝维森教授的哲学协会上做演讲时，才重新提起它，并把它应用到宗教

---

① 参见 *Wahrig Deutsches Woerterbuch*, Mosaik Verlag, 1986, s. 1008.
② 参见《德汉词典》，952 页，上海，上海译文出版社，1983。
③ M. K. Munitz, *Contemporary Analytic Philosophy*, New York: Macmillan Publishing CO., INC, 1981, p. 400.
④ W. James, *Pragmatism And Other Essays*, New York: Washington Square press, 1963, p. 23.

上去。直到那个时候（1898 年），接受这一原理的时代似乎已经成熟。于是，实用主义这个词就传播开来了，现在它在各种哲学杂志上占有相当多的篇幅"。[①] 根据詹姆士的看法，在 1878—1898 年这 20 年的时间内，几乎没有任何人注意到皮尔士提出的这方面的思想。

从上面的论述可知，关于实用主义的基本思想是在 19 世纪 70 年代末由美国哲学家皮尔士提出来的，但实用主义这个术语正式在学术界产生影响却是在 19 世纪 90 年代末到 20 世纪初。而 1886 年距离 1878 年只有 8 年时间，所以，我们可以推断出，恩格斯于 1886 年初撰写《路德维希·费尔巴哈和德国古典哲学的终结》一书时，实用主义还根本没有成为一股引人注目的哲学思潮，而恩格斯也完全不了解皮尔士在《通俗科学月刊》上发表的那篇文章。退一万步讲，即使恩格斯读过那篇文章，由于当时实用主义的思潮尚未形成，恩格斯也绝不可能在"实用主义的"这一含义的前提下来使用 pragmatisch 这个词。

由此可见，恩格斯上面那段话中出现的 pragmatisch 不应被译为"实用主义的"，而应被译为"实用性的"。于是，那段话就变成："因此，它的历史观——如果它有某种历史观的话，——本质上也是实用性的（pragmatisch），它按照行动的动机来判断一切，把历史人物分为君子和小人，并且照例认为君子是受骗者，而小人是得胜者。"

也许有人认为，在对恩格斯文本的翻译中，把 pragmatisch 这个德语形容词的翻译从"实用主义的"转变为"实用性的"似乎没有什么意义，因为这两种译法在含义上是十分接近的。但我们却坚持这两种译法之间存在着重大的差别，因为这里既有一个尊重历史事实的问题，又有一个尊重马克思主义经典作家思想本意的问题。无论如何，用现代社会中才流行起来的术语的某一种含义去译根本还不具备这种含义时的历史上的某个术语，是违反翻译学的宗旨的。

[①] W. James, *Pragmatism And Other Essays*, New York: Washington Square press, 1963, p. 24.

不断地超越自我

记得马克思的女儿曾以这样的方式询问她的父亲:"你的座右铭是什么?"马克思不假思索地回答道:"怀疑一切。"那么,马克思这里说的"怀疑一切"究竟是什么意思呢?按照我们的理解,马克思所倡导的"怀疑"乃是一种有理据的怀疑,而作为"怀疑"对象的"一切"也包含马克思自己的观念在内。一旦马克思发现,自己原有的观念存在偏差或与实践生活不相适应时,马克思就会毫不犹豫地通过自我怀疑和批判,修正自己的观念。在马克思的座右铭"怀疑一切"中,不仅蕴含着向外、向上(即自己的老师)的怀疑精神,而且蕴含着不断地超越自我的、自我批判和自我修正的精神。而这种精神在《关于费尔巴哈的提纲》一文中得到了充分的展示。

追随费尔巴哈

众所周知，在写于1845年的《关于费尔巴哈的提纲》中，马克思简要地批判了费尔巴哈的学说，而这一批判在写于1845—1846年的巨著《德意志意识形态》中才得以充分的展开。完全可以说，马克思对费尔巴哈的批判，同时也是对自己过去的信念的一种清算。晚年恩格斯在《路德维希·费尔巴哈和德国古典哲学的终结》一书中曾经提到19世纪40年代的往事：1841年，费尔巴哈出版了他的重要著作《基督教的本质》，这部著作直截了当地使唯物主义重新登上了王座。"——这部书的解放作用，只有亲身体验过的人才能想象得到。那时大家都很兴奋：我们一时都成为费尔巴哈派了。马克思曾经怎样热烈地欢迎这种新观点，而这种新观点又是如何强烈地影响了他（尽管还有种种批判性的保留意见），这可以从《神圣家族》中看出来。"① 恩格斯的这段论述表明，在19世纪40年代初，马克思的思想曾深受费尔巴哈的影响。

事实上，马克思自己的手稿和著作也向我们证明了这一点。在《1844年经济学哲学手稿》中，马克思这样写道："费尔巴哈是唯一对黑格尔辩证法采取严肃的、批判的态度的人；只有他在这个领域内做出了真正的发现，总之，他真正克服了旧哲学。"② 马克思不仅赞扬了费尔巴哈哲学的伟大贡献，而且也肯定了他质朴而又谦虚的治学态度。即使是在稍后撰写的《神圣家族》一书中，虽然马克思对费尔巴哈的某些哲学观点已持保留态度，但当他谈到黑格尔哲学体系的瓦解时，仍然对费尔巴哈的功绩做了高度的评价："然而，到底是谁揭露了'体系'的秘密呢？是费尔巴哈。是谁摧毁了概念的辩证法即仅仅为哲学家们所熟悉的诸神之战呢？是费尔巴哈。是谁不是用'人的意义'（好像人除了是人之

---

① 《马克思恩格斯选集》，第4卷，222页，北京，人民出版社，1995。
② 《马克思恩格斯全集》，第42卷，157~158页，北京，人民出版社，1979。

外还有什么其他的意义似的!)而是用'人'本身来代替包括'无限的自我意识'在内的破烂货呢?是费尔巴哈,而且仅仅是费尔巴哈。"① 这些论述表明,到1844年为止,马克思从总体上还是认同费尔巴哈的哲学的。换言之,在相当程度上,费尔巴哈的哲学信念也就是马克思的哲学信念。

超越费尔巴哈

然而,于无声处听惊雷。马克思与费尔巴哈在思想上的裂痕正在渐渐地扩大,或者说,马克思当下的观念与他以前的信念之间的分歧正在慢慢地增大。在这里,促使马克思对自己以前的哲学信念做出自我批判的一个重要的触媒是:1842—1843年间,马克思作为《莱茵报》的记者,第一次遇到要对所谓物质利益问题发表意见的难事。当时莱茵省议会关于林木盗窃和地产析分的讨论,特别是关于自由贸易和保护关税的辩论,成了马克思关注和研究经济问题的最初的动因。马克思退回书房后,进一步发现,法的关系根源于人们的物质生活关系,这种物质生活关系的总和即市民社会,而对市民社会的解剖只能诉诸政治经济学。从此以后,马克思开始潜心于政治经济学的研究。而这方面的研究和马克思所参与的实践斗争,使马克思的思想远远地超越了费尔巴哈,从而也远远地超越了自己以往的信念。

在写于1845年的《关于费尔巴哈的提纲》一文中,马克思以如椽之笔批判了费尔巴哈唯物主义的直观性、非历史性和单纯的解释性。在马克思看来,费尔巴哈不满意黑格尔式的抽象的思维而诉诸直观,但他并没有把人的感性活动理解为实践活动。事实上,他只是从卑污的犹太人的活动方式的意义上去理解实践活动。归根到底,费尔巴哈的唯物主义

---

① 《马克思恩格斯全集》,第1卷,118页,北京,人民出版社,1956。

只是一种静观的、单纯解释型的世界观，它并没有为改造现存世界指出一条明确的道路。马克思也深刻地揭露了费尔巴哈的人本主义学说的局限性："费尔巴哈把宗教的本质归结于人的本质。但是，人的本质不是单个人所固有的抽象物，在其现实性上，它是一切社会关系的总和。"① 这些论述表明，马克思不仅超越了外在的费尔巴哈，而且也超越了内在的费尔巴哈——马克思以前的信念。

马克思的启示

在这个意义上，《关于费尔巴哈的提纲》一文显示出另一种独特的理论内涵，即马克思不仅注重理论上的创新和变革，也注重理论上的自我修正和自我超越。记得黑格尔在《法哲学原理》一书中提到人有两种死亡；一是精神的死亡；二是肉体的死亡。在他看来，对于一个人来说，更可怕的是精神上的死亡。当一个人在精神上失去了超越自我和接受新观念的动力的时候，虽然他的肉体还在活动，但他真正的生命已经中止。而马克思的学说之所以显示出无限的生命力，正是因为它自始至终地保持着自我修正、自我超越和不断创新的伟大精神。

---

① 《马克思恩格斯选集》，第1卷，56页，北京，人民出版社，1995。

不在场的在场[1]

从20世纪80年代末到90年代初,随着苏联的解体,"马克思主义已经死亡""历史已经终结"这样的口号成了欧洲各种媒体上最醒目的口号。在这种一风吹的情况下,德里达为什么要冒天下之大不韪,于1993年出版《马克思的幽灵》一书呢?在这本书的一个注解中,德里达自己对这个问题做出了解答。在他看来,认为"马克思主义已经死亡"的看法早就存在了,而从解构理论出发来论述这一观点的论著可以追溯到简-玛丽·比努斯特于1970年出版的《已故的马克思》一书。德里达认为,尽管这本书的第一部分从标题上看是向马克思表示致敬,但实际上出具的却是马克思的死亡证明书。德里达并不同意比努斯特的观点,为此他做出了如下的说明:"本人的这部著作的标题可以看作

---

[1] 本文原载《文汇读书周报》,2000-05-20。

是对比努斯特的那本书的标题的回应,不论已经过去了多少时间或者说还剩下多少时间,它都可以说是对那一不幸的意外事件的回应——或者说是对那亡魂的回应。"① 原来,德里达通过自己的著作要向世人传达这样一个观点,即马克思已经去世了,他的形体已经不在场了,但他的观念、精神或幽灵却无处不在。所以,重要的不是停留在现象上,而是要看到事情的实质,即马克思的在场采取了一种特殊的方式——不在场的在场方式。

马克思活在我们的记忆中

马克思和马克思主义活在我们这代人的记忆中,不但活着,而且还牢牢地扎根于我们记忆的深处。德里达这样写道:"在我现在不得不加以抵制的所有各种诱惑中,有一种诱惑就是记忆的诱惑,即去叙述我以及我这代人在我们的整个一生中所共同享有的东西:马克思主义的经历,马克思在我们心目中的几乎慈父般的形象,以及我们用来和其他的理论分支、其他的阅读文本和阐释世界方式做斗争的方法,这一方法作为马克思主义的遗产曾经是——而且仍然是并永远是——绝对地和整个地确定的。……我们全都生活在同一个世界上,有些人享有的是同一种文化,这文化在一种不可估量的深度上仍然保留着这一遗产的标记,不论是以直接可见的方式还是以不可见的方式。"② 在德里达看来,凡是尊重客观事实的人,不论他是不是一个马克思主义者,都会承认马克思和马克思主义给予他的重要的影响。因为至少在某种意义上可以说,马克思以他那卓越的、原创性的思想改变了我们阅读文本和阐释世界的方式。

---

① 德里达:《马克思的幽灵》,134~135 页,北京,中国人民大学出版社,1999。
② 德里达:《马克思的幽灵》,21~22 页,北京,中国人民大学出版社,1999。

历史并没有终结

德里达确信，对于以福山为代表的"历史终结"学派来说，马克思和马克思主义的在场仍然没有被抹去，不如说，这一学派以一种特殊的方式确认了它们的在场。福山在 1992 年出版的《历史的终结和最后的人》中宣告了马克思主义的终结与自由资本主义的胜利。这本书出版后被西方传媒炒得沸沸扬扬。"我们最好还是问一问自己，"德里达写道，"这本书，连同它声称带来的福音一道，为什么成了媒体的时髦玩意儿，为什么它会在忧虑不安的西方世界的意识形态的超级市场上风靡一时，它在那里被抢购的情形，就像是战争爆发的谣传刚开始流行时，人们抢购当时货架上所有的食糖与黄油一样。"① 在德里达看来，福山的著作之所以一度变得洛阳纸贵，是因为它隐瞒了西方的自由资本主义在当今面临的种种灾难、危机，甚至是死亡的威胁。特别是福山意识到，马克思对自由资本主义进行过透彻的批判，所以通过对东欧的解体来宣告马克思和马克思主义的死亡，也就等于为自由资本主义撤销了一份最有力的死亡判决书。

然而，正如德里达所敏锐地指出的那样，"由于这样一种密谋今天在一片震耳欲聋的普遍赞成声中坚持认为它所说的确实已经死去的东西实际上将永远死去，因此就引起了人们对它的怀疑。它在想让我们入睡的地方将我们唤醒。因而要警惕：那尸体也许并不像那密谋力图哄骗我们相信的那样已经死去或完全死去。逝者好像还在那里，并且他的显形并不是虚无。它不是毫无作为。"② 在德里达看来，福山等人急急忙忙地出来宣告马克思和马克思主义的死亡，恰恰说明，马克思和马克思主义不但没有死亡，而且仍然是现实生活中在场的一种巨大的精神力量。正如

---

① 德里达：《马克思的幽灵》，97 页，北京，中国人民大学出版社，1999。
② 德里达：《马克思的幽灵》，138 页，北京，中国人民大学出版社，1999。

马克思和恩格斯在《共产党宣言》中所分析的那样,既然旧欧洲的一切势力都为驱逐共产主义的幽灵而结成了神圣同盟,那就表明:"共产主义已经被欧洲的一切势力公认为一种势力。"① 在德里达看来,福山的目的是想让人们入睡,但结果反倒是唤醒了人们,使他们清晰地意识到马克思和马克思主义的在场。

马克思无处不在

德里达强调,马克思的遗产并不仅仅是对这一代人来说才是有效的,它已像但丁、莎士比亚和歌德一样进入到人类文化的血液之中,即使从来不接触、阅读马克思文本的人实际上也是这一遗产的继承人。换言之,马克思和马克思主义对于所有的人来说都是在场的:"地球上所有的人,所有的男人和女人,不管他们愿意与否,知道与否,他们今天在某种程度上说都是马克思和马克思主义的继承人。"② 在"马克思主义已经死亡"的一片喧嚣声中,德里达敢于发出不同的声音,足见他具有惊人的理论勇气。

既然马克思和马克思主义的在场是不在场的在场或不可见的在场,那么其具体的表现方式又是什么呢?这个问题的解答还要从这本书的书名 *Specters of Marx* 着手。明眼人一看就知道,这里的 specters(幽灵)是以复数的形式出现的。遗憾的是,中文的"幽灵"是读不出单复数的,如果我们必须在中文的书名中体现出德里达的原意,那么它应该译为《马克思的幽灵们》或《马克思的诸幽灵》。③ 为什么德里达要用 specters 这一复数形式?因为在他看来,在场的并不只是一种马克思主义精神,

---

① 《马克思恩格斯选集》,第1卷,271页,北京,人民出版社,1995。
② 德里达:《马克思的幽灵》,127页,北京,中国人民大学出版社,1999。
③ 同样地,德里达的另一部著作 *Positions* 也是以复数的方式出现的,所以不应该译为"立场"或"观点",而应该译为"诸多立场"或"诸多观点",否则人们就有可能曲解德里达的本意。

而是各种不同的、异质的马克思主义精神。所以，人们不应该用自然主义的态度对待马克思和马克思主义的在场，人们必须在马克思留下的丰富的遗产中、在异质的马克思主义精神中做出自己的选择。就德里达来说，他作为一个解构主义者，认为最有价值的马克思主义的精神应该是它的批判精神。所以他这样写道："求助于某种马克思主义的批判精神仍然是当务之急，而且将必定是无限期地必要的。如果人们知道如何使马克思主义的批判适应新的条件，不论是新的生产方式、经济和科学技术的力量与知识的占有，还是国内法或国际法的话语与实践的司法程序，或公民资格和国籍的种种新问题等，那么这种马克思主义的批判就仍然能够结出硕果。"① 尽管德里达对马克思主义的诸精神或诸幽灵的理解存在着某种片面性，尽管德里达自恃解构主义包含着比马克思主义的批判精神更丰富的内涵，但他毕竟说出了某种重要的东西，值得我们在研究马克思和马克思主义时认真地加以借鉴。

最后，我们再引证德里达的一段话，以便加深我们对马克思和马克思主义的特殊在场方式——不在场的在场的理解："不能没有马克思，没有马克思，没有对马克思的记忆，没有马克思的遗产，也就没有将来。"②

---

① 德里达：《马克思的幽灵》，122页，北京，中国人民大学出版社，1999。
② 德里达：《马克思的幽灵》，21页，北京，中国人民大学出版社，1999。

对"马克思主义中国化"主体的反思

马克思主义中国化可以区分为两个不同的阶段：一个是前反思的阶段，另一个是反思的阶段。目前我们正处于反思的阶段。这个阶段要求我们对马克思主义中国化的经验教训做出自觉的反思。本文重点反思马克思主义中国化过程中的主体，其历史作用及其局限性。

从前反思阶段到反思阶段

按照我们的观点，关于马克思主义中国化问题的讨论，大致上可以划分为两个不同的阶段：第一个阶段是从马克思主义于19世纪末传入中国到20世纪80年代末。我们不妨把这个阶段称为"前反思阶段"（the pre-reflective period）。也就是说，在这个阶段中，中国人关注的是如何把马克思主义的普遍真理引入中国，使之与中国的具体国情相结合。显然，这个阶段的努力主要是纵身向外的，其关注的焦点是如何把马克思主义引入中国，因而可以把这个阶段称为"前反思的"（pre-reflective）。这个阶段的重要标志是：随着《马克思恩格斯全集》第一版（MEGA1）和《列宁全集》第一版的翻译和出版，从总体上完成了把马克思主义经典作家的思想引入中国社会的历史任务。第二个阶段始于20世纪90年代初，今天仍然处于这个阶段。我们不妨把它称为"反思阶段"（the reflective period）。也就是说，在这个阶段中，人们的主要任务已经转化为如何结合中国新民主主义革命和社会主义建设的经验教训，对马克思主义中国化的过程及其理论做出全面的反思和清理。显而易见，这个阶段的主要努力是反身向内的，因而是"反思的"（reflective），即把马克思主义中国化本身作为研究对象，通过反思和反省，总结这方面的经验教训，从而使今后马克思主义中国化的道路走得更好。实际上，"中国特色社会主义理论"的形成正是这个反思阶段的重要标志之一，而尽管始于20世纪90年代的《马克思恩格斯全集》第二版（MEGA2）和《列宁全集》第二版的翻译和出版工作仍然在进行之中，但也表明，当代中国人正站在时代的高度上，试图从总体上重新认识马克思主义及它在中国的传播过程。

谁是马克思主义中国化的主体

如果我们上面的见解被接受的话，就必须对马克思主义中国化的进程和理论做出认真的反思。本文的反思主要涉及下面这个问题：谁是马克思主义中国化的主体？人们在探讨全球化问题时，很少去追问究竟谁是推动全球化进程的主体，有趣的是，人们也很少去追问究竟谁是马克思主义中国化的主体。由于这方面反思的匮乏，人们常常习惯于以"匿名主体"的方式来讨论马克思主义的中国化问题，从而使这方面的讨论很难深入下去。毋庸讳言，为了弄清问题，人们是不可能把这方面的追问长期搁置起来的。事实上，只有认真反思马克思主义中国化的主体及其局限性，才能明白，尽管中国新民主主义革命和社会主义建设的道路都取得了伟大的胜利，但谁都不会否认，前进的道路是曲折的，在有些地方甚至付出了惨重的代价。

那么，究竟谁是马克思主义中国化的主体呢？我们的回答是：中国共产党党内从事理论研究的知识分子和积极拥护中国共产党路线和政策的党外知识分子。正是这些先进的知识分子构成了马克思主义中国化的主体。然而，这些先进的知识分子并不是从天而降的，他们无一例外地置身于当时中国社会的现实生活中。正是这种现实生活在他们身上留下了深刻的烙印，从而也间接地对马克思主义中国化的进程发生深刻的影响。只要深入分析，就会发现，马克思主义中国化主要包含以下两方面的工作。

其一，把马克思主义经典作家的重要著作翻译并介绍到中国来。众所周知，在蒋介石于1927年发动反革命的"四一二"政变后，不但中国共产党党员遭到搜捕和迫害，而且马克思主义著作的翻译、出版和传播也被视为非法。在如此困难的情况下，正是这些先进的知识分子，历尽艰难险阻，通过日本、苏联、中国香港等渠道，打通了马克思主义在中国的传播途径，不断地把马克思主义经典作家的重要著作译介进来，为马克思主义的中国化奠定了基础。

其二，把已经翻译或介绍进来的马克思主义经典作家的重要著作，尤其是其立场、观点和方法运用到中国革命的实践中，努力形成具有中国特色的、条理化的革命经验和理论，从而既在革命实践中丰富和发展了马克思主义理论，又运用马克思主义的普遍真理解决了中国革命中遭遇到的种种具体问题，为中国革命的胜利创造了条件。实际上，正是在把马克思主义的普遍真理运用于中国革命的具体实践的过程中，马克思主义被中国化了，马克思主义经典作家变得家喻户晓了，而他们的伟大思想则成了中国革命和建设事业的指导思想。

毋庸讳言，在马克思主义中国化的进程中，上述两方面的工作都是不可或缺的。没有第一方面的工作，马克思主义无法传播到中国，从而也无法对中国的革命和建设事业产生决定性的影响。反之，没有第二方面的工作，即使马克思主义进入了中国，也无法实现"中国化"，使之成为家喻户晓的真理。① 今天，当我们站在时代的高度上，重新反思中国社会曾经走过的历史道路时发现：从总体上看，这些先进的知识分子，即马克思主义中国化的主体，出色地完成了上述两方面的工作。然而，我们也必须清醒地意识到，这些知识分子的思想也深受当时中国特殊的历史条件和社会条件的影响。正如《毛泽东选集》中的《附录：关于若干历史问题的决议》（1945，以下简称《决议》）所指出的："半殖民地半封建的中国，是小资产阶级极其广大的国家。"② 在中国的具体国情下，由于小资产阶级无法建立自己的政党，因而其革命民主分子转而在中国共产党内寻找出路。其中的一部分经过改造转化为坚定的无产阶级革命者，但也有相当一部分"带着小资产阶级革命性的党员，虽然在组织上入了党，但在思想上却还没有入党，他们往往是以马克思列宁主义者的面貌出现的自由主义者、改良主义者、无政府主义者、布朗基主义者等"。③《决议》还细致地分析了小资产阶级在思想方法、政治倾向和组织生活上的具体表现及对中国共产党党内生活的严重影响。诚然，我们上面提到的这些致力于使马克思主义中国化的知识分子，大部分是优秀的，但其中一小部分人的思想还是或多或少地受到了小资产阶级思想的侵蚀，从而直接地或间接地对马克思主义中国化的进程产生了某些消极性的影响。

---

① 在《反对党八股》一文中，毛泽东指出："现在许多人在提倡民族化、科学化、大众化了，这很好。但是'化'者，彻头彻尾彻外之谓也；有些则连'少许'还没有实行，却在那里提倡'化'呢！所以我劝这些同志先办'少许'，再去办'化'。"参见《毛泽东选集》，第3卷，841页，北京，人民出版社，1991。
②《毛泽东选集》，第3卷，991页，北京，人民出版社，1991。
③《毛泽东选集》，第3卷，993页，北京，人民出版社，1991。

对马克思主义中国化进程中的历史教训的反思

就马克思主义中国化进程中第一个方面工作，即对马克思主义经典著作的翻译、介绍和传播来说，这些先进的知识分子中的大部分人发挥了积极的作用，但其中少数人受到了小资产阶级的激进主义思想倾向的感染，从而在对马克思主义思想的译介和传播中出现了一定的偏差。比如，在《黑格尔法哲学批判导言》（1844）中，马克思写下了两段十分重要的话。其中一段话的德语原文如下：Mit einem Worte：Ihr Koennt die Philosophie nicht aufheben, ohne sie zu verwirklichen.[1]《马克思恩格斯全集》新版第3卷中的译文如下："一句话，你们不使哲学成为现实，就不能够消灭哲学。"[2] 另一段话的德语原文如下：Die Philosophie kann sich nicht verwirklichen ohne die Aufhebung des proletariats, das Proletariat kann sich nicht aufheben ohne die Verwirklichung der Philosophie. 其译文则是："哲学不消灭无产阶级，就不能成为现实；无产阶级不把哲学变为现实，就不可能消灭自身"。[3] 我们注意到，德语动词 aufheben 竟然全部被译为"消灭"。

由于这样的译文的影响，理论界有不少人撰文探讨马克思如何"消灭哲学"。其实，这根本上就是一个伪问题。众所周知，马克思所使用的德语动词 aufheben 主要来自黑格尔，而在黑格尔哲学中，aufheben 是一个非常重要的动词，它的含义不是"消灭"，而是"扬弃"。正如黑格尔所说的："扬弃在这里表明它所包含的真正的双重意义，这种双重意义是

---

[1] *Marx Engels Werke*, Band 1, Berlin：Dietz Verlag, 1970, s. 384.
[2] 《马克思恩格斯全集》，第3卷，206页，北京，人民出版社，1995。
[3] 《马克思恩格斯全集》，第3卷，214页，北京，人民出版社，1995。

我们在否定物里所经常看见的，即扬弃是否定并且同时又是保存。"① 毋庸讳言，在深受黑格尔哲学影响的马克思那里，aufheben 无疑应该被译为"扬弃"，其含义是既有抛弃又有保留，而精通黑格尔哲学的马克思不可能不了解这一点。事实上，年仅 19 岁的马克思在写给父亲的信中就已经表明："在患病期间，我从头到尾读了黑格尔的著作，也读了他大部分弟子的著作。"② 何况，青年马克思在学习法学时对哲学产生了强烈的兴趣，这种兴趣的转移表明哲学对他的思想来说有多么重要。在我们上面提到的同一封信中，马克思在谈到法学研究中的感受时，毫不犹豫地写道："没有哲学我就不能前进。"③ 即使在《黑格尔法哲学批判导言》中，只要人们认真研读上下文，也会明白，马克思根本不可能说出"消灭哲学"这样的具有虚无主义倾向的话来。实际上，在我们前面引证的马克思的第两段德语原文之前，还有下面这样一段话：Die Emanzipation des Deutschen ist die Emanzipation des Menschen. Der Kopf dieser Emanzipation ist die Philosophie, ihr herz das Proletariat. 《马克思恩格斯全集》新版第 3 卷把它译为："德国人的解放就是人的解放。这个解放的头脑是哲学，它的心脏是无产阶级。"④ 从这段准确的译文中可以看出，既然马克思把人的解放的"头脑"理解为哲学，把人的解放的"心脏"理解为无产阶级，怎么可能去"消灭哲学"或"消灭"无产阶级呢？显然，auf-

---

① 黑格尔：《精神现象学》（上卷），75 页，北京，商务印书馆，1981。在《小逻辑》中，黑格尔又写道："说到这里，我们便须记取德文中的 Aufheben（扬弃）一字的双层意义。扬弃一词有时含有取消或舍弃之意，依此意义，譬如我们说，一条法律或一种制度被扬弃了。其次，扬弃又含有保持或保存之意。在这意义下，我们常说，某种东西是好好地被扬弃（保存起来）了。这个词的两种用法，便得这词具有积极的和消极的双重意义，实不可视为偶然之事，也不能因此便责斥语言产生混乱。反之，在这里我们必须承认德国语言具有思辨的精神，它超出了单纯理智的非此即彼的抽象方式。"参见黑格尔：《小逻辑》，213 页，北京，商务印书馆，1980。

② 《马克思恩格斯全集》，第 40 卷，16 页，北京，人民出版社，1982。
③ 《马克思恩格斯全集》，第 40 卷，13 页，北京，人民出版社，1982。
④ 《马克思恩格斯全集》，第 3 卷，214 页，北京，人民出版社，1995。

heben只能被译为"扬弃",而不能被译为"消灭"。

所以,上面提到的两段译文应该做如下的修改,第一段应改为:"一句话,你们不能使哲学成为现实,就不能够扬弃哲学。"第二段则应改为:"哲学不扬弃无产阶级,就不能成为现实;无产阶级不把哲学变为现实,就不可能扬弃哲学。"一旦翻译上的问题被纠正了,所谓"消灭哲学"也就成了一个子虚乌有的问题。当然,我们这里关注的焦点不是马克思的这段话如何翻译,而是作为翻译者的主体为什么要以这样的方式进行翻译?或者换一种提问的方式:在翻译中出现这样的现象是否纯属偶然?我们认为,这种在翻译的过程中把语词含义极端化的现象并不是偶然的,而是有其深层的原因。事实上,主体之所以把aufheben译为"消灭",因为他不知不觉地受到了小资产阶级激进主义思想倾向的驱动。这一个案表明,马克思主义中国化,并不像人们通常想象的那样,是一帆风顺的。

就第二个方面的工作,即在把已经翻译或介绍进来的马克思主义经典作家的重要著作,尤其是其立场、观点和方法运用到中国革命实践的过程中,也是充满坎坷的。众所周知,在中国共产党发展的历史上,曾经多次出现"左"、右倾思想路线的错误,而这些错误的思想路线也与小资产阶级的思想背景有着千丝万缕的联系。正如《决议》所指出的:"我们党内历次发生的思想上的主观主义,政治上的左、右倾,组织上的宗派主义等项现象,无论其是否形成了路线,掌握了领导,显然都是小资产阶级思想之反马克思列宁主义、反无产阶级的表现。"[①] 这就启示我们,在马克思主义中国化的过程中,一旦主体的思想观念受到小资产阶级或其他错误的思想倾向的影响,中国化就会出现严重的偏差。这一偏差的两种具体的表现形式就是教条主义和经验主义。

[①] 《毛泽东选集》,第3卷,996页,北京,人民出版社,1991。

就教条主义而言，其典型的表现形式是"本本主义"。早在1930年5月，毛泽东就写下了《反对本本主义》的小册子，严肃地指出："本本主义的社会科学研究方法也同样是最危险的，甚至可能走上反革命的道路，中国有许多专门从书本上讨生活的从事社会科学研究的共产党员，不是一批一批地成了反革命吗？就是明显的证据。我们说马克思主义是对的，绝不是因为马克思这个人是什么'先哲'，而是因为他的理论，在我们的实践中，在我们的斗争中，证明了是对的。我们的斗争需要马克思主义。我们欢迎这个理论，丝毫不存在'先哲'一类的形式的甚至神秘的念头在里面。读过马克思主义'本本'的许多人，成了革命叛徒，那些不识字的工人常常能够很好地掌握马克思主义。马克思主义的'本本'是要学习的，但是必须同我国的实际情况相结合。我们需要'本本'，但是一定要纠正脱离实际情况的本本主义。"① 针对当时中国共产党内流行的这种以本本主义为特征的教条主义思想倾向，毛泽东主张对中国社会的历史和现状进行系统的调查研究，以便在充分了解国情的基础上，形成正确的思想路线，制定合理的斗争策略。事实上，毛泽东本人就做了大量的调查研究工作，无论是他的《中国社会各阶级的分析》（1925），还是《湖南农民运动》(1927)，无论是《中国红色政权为什么能够存在？》(1928)，还是《中国革命和中国共产党》(1939)等著作，都是对中国社会进行深入的调查研究的结果。在《〈农村调查〉的序言和跋》(1941)中，毛泽东这样写道："要了解情况，唯一的方法是向社会做调查，调查社会各阶级的生动情况。对于担负指导工作的人来说，有计划地抓住几个城市、几个乡村，用马克思主义的基本观点，即阶级分析的方法，做几次周密的调查，乃是了解情况的最基本的方法。只有这样，才能使我们具有对中国社会问题的最基础的知识。"② 在毛泽东看来，在马克思主义

---

① 《毛泽东选集》，第1卷，111～112页，北京，人民出版社，1991。
② 《毛泽东选集》，第3卷，789页，北京，人民出版社，1991。

中国化的过程中，教条主义贻害无穷，只有彻底地抛弃这种错误的思想倾向，运用马克思主义的基本观点，对中国社会进行周密的调查，把马克思主义的普遍真理与中国的具体国情结合起来，才能使马克思主义的中国化沿着健康的轨道向前发展，才能保证中国革命取得胜利。

就经验主义而言，乍看上去，它与教条主义正好相反，其实，它们是殊途同归，都属于主观主义的范畴。在毛泽东看来，许多从事实际工作的人，经验很丰富，这些经验当然是十分可贵的。但如果以自己的经验为满足，也是十分危险的。在《整顿党的作风》一文（1942）中，毛泽东指出："有工作经验的人，要向理论方面学习，要认真读书，然后才可以使经验带上条理性、综合性，上升为理论，然后才可以不把局部经验误认为即是普遍真理，才可以不犯经验主义的错误。"[1] 毛泽东认为，克服经验主义的错误思想倾向，不但要认真阅读马克思主义的著作，而且要善于把实践生活中的重大现实问题提升到理论的层面上。比如，在经济理论方面，中国资本主义的发展，从鸦片战争到20世纪40年代，已经一百年了，但是还没有产生一本合乎中国经济发展实际的、真正科学的理论书。毛泽东强调说："我们所要的理论家是什么样的呢？是要这样的理论家，他们能够依据马克思列宁主义的立场、观点和方法，正确地解释历史中和革命中所发生的实际问题，能够在中国的经济、政治、军事、文化种种问题上给予科学的解释，给予理论的说明。"[2] 显而易见，朴素的经验主义不但是马克思主义中国化的障碍，也是不可能引导中国革命取得胜利的。

从上面的论述可以看出，尽管教条主义与经验主义的出发点是不同的，但它们在思想方法上却是一致的，它们都把马克思主义的普遍真理与中国革命的具体实践分割开来，把片面的、相对的真理夸大为普遍的、绝对的真理。在毛泽东看来，当时党内的情况表明，教条主义比经验主

---

[1] 《毛泽东选集》，第3卷，818~819页，北京，人民出版社，1991。
[2] 《毛泽东选集》，第3卷，814页，北京，人民出版社，1991。

义的危害更大，更值得警惕。事实上，只有坚持不懈地与教条主义和经验主义这两种错误的思想倾向展开积极的斗争，马克思主义的中国化才可能取得丰硕的成果。

综上所述，只要我们不泛泛地谈论马克思主义中国化问题，就应该对马克思主义中国化的主体做出深刻的反思，而这样的反思正是为了确保马克思主义的中国化始终沿着健康的轨道向前发展。

马克思主义的中国化和中国马克思主义的国际化

——兼论普遍性与特殊性的辩证关系

长期以来,在我国马克思主义研究领域里,存在着一个十分奇特的现象,即"马克思主义的中国化"和"中国马克思主义的国际化"这两个重要的领域常常是在相互分离、相互割裂的状态下得到研究的。也就是说,研究马克思主义中国化的学者始终关注的是如何把马克思主义的普遍真理与中国的具体国情紧密结合起来。在这里,关注的起点和重点主要落在中国社会和实践的特殊性上,但对理论上的普遍性,即应该把马克思主义的哪些普遍真理引入中国社会中来,却缺乏全面的、深入的反思。反之,研究中国马克思主义国际化的学者始终关注的则是如何把握国外马克思主义的一般理论。在这里,关注的起点和重点主要落在国外马克思主义理论的普遍性上,但对中国社会和实践的特殊性却缺乏兴趣,即使有兴趣,也缺乏认真的调查、考察和探究。我们发现，不光在这两个研究领域中存在着特殊性与普遍性之间的分离，而且这两个研究领域之间的隔绝状态也正是特殊性和普遍性分离的重要标志。事实上，从新增设的马克思主义理论一级学科下设的5个二级学科（马克思主义基本原理、马克思主义发展史、马克思主义中国化研究、国外马克思主义研究、思想政治教育）的分类来看，尽管"马克思主义中国化研究"与作为"中国马克思主义国际化"的出发点的"国外马克思主义研究"处于同一个一级学科之下，但实际上，它们之间的关系是疏远的，甚至是隔绝的。

本文认为，对"马克思主义的中国化"和"中国马克思主义的国际化"进行分门别类的研究是必要的，但仅仅停留在这种分门别类的研究方式上又是远远不够的。应该把这两个领域综合成一个领域，并从特殊性和普遍性的辩证关系中来考察这一领域，舍此，便无法对其中的任何一个主题进行深入的研究。

马克思主义的中国化

什么是"马克思主义的中国化"呢？如前所述，马克思主义的中国化就是把马克思主义的普遍真理与中国的具体国情相结合，走出富有自己特色的革命或建设的道路来。

众所周知，在新民主主义革命时期，以王明等人为代表的"左倾"机会主义路线试图模仿俄国十月革命，率先在大城市里发动武装暴动，结果使革命事业遭受了严重的挫折。正是毛泽东，通过对中国国情，尤其是农村情况的深入调查和考察，形成了率先在农村建立革命根据地，以农村包围城市，最后夺取城市，解放全中国的正确的思想路线。中国新民主主义革命的伟大胜利表明，毛泽东关于新民主主义革命的思想路线是完全正确的，而这一思想路线的正确性正是以毛泽东对中国新民主主义时期的具体国情（中国革命的特殊性）的正确把握为前提的。

在粉碎"四人帮"、结束"无产阶级文化大革命"后,直到1978年召开的中国共产党第十一届三中全会上,以邓小平为代表的正确的思想路线才得以确立。按照这条思想路线,在社会主义建设时期,中国共产党的中心工作不再是"以阶级斗争为纲",而是"以经济建设为中心",而贯彻这一新的思想路线的根本路径则是改革开放。改革开放三十多年来,中国经济社会发生了巨大的变化,而这一举世瞩目的变化表明,新的思想路线的正确性正是以邓小平等领导人对中国社会主义建设时期的具体国情(中国建设的特殊性)的正确把握为基础的。事实上,也正是基于对这种特殊性的认可和强调,以邓小平为代表的正确思想路线被称为"中国特色社会主义理论"。所谓"中国特色",强调的正是中国社会主义建设时期具体国情的特殊性。正如邓小平所说的:"马克思主义必须是同中国实际相结合的马克思主义,社会主义必须是切合中国实际的有中国特色的社会主义。"①

当我们回顾中国共产党及其中国社会在新民主主义革命时期和社会主义建设时期走过的坎坷历程时,深切地体会到,马克思主义中国化的要害在于,必须把马克思主义的普遍真理(理论上的普遍性)与中国革命或建设的具体国情(实践上的特殊性)密切结合起来。而在这一结合中,中国具体国情这一特殊性始终是我们思考的起点和重点。当我们说"马克思主义的活的灵魂就是对具体问题进行具体分析",或者说"一定要实事求是、从实际出发"时,我们强调的正是这种特殊性的优先地位。

无论如何,对于历史上的和当代的中国人来说,从中国社会和实践的特殊性出发来思索问题、探索解决问题的途径是正确的。但我们也要注意到,在特殊性与普遍性的关系中,存在着一个度的问题。实际上,在马克思主义中国化的过程中,经常出现以下两种错误的思想倾向:一是对中国社会和实践的特殊性估计不足。我们前面提到的新民主主义革

---

① 《邓小平文选》,第3卷,63页,北京,人民出版社,1993。

命时期的"左倾"机会主义错误和社会主义建设时期，尤其是在"文化大革命"中"左"的思想路线的肆虐表明，在很多情况下，人们对不同历史时期的中国社会和实践的特殊性缺乏认真思索和深入把握。二是对中国社会和实践的特殊性做了过度的诠释。什么是"过度的诠释"？所谓"过度的诠释"，就是把中国社会和实践的特殊性阐释成超越任何普遍理论制约的绝对的特殊性。比如，权力制衡，尤其是立法权、司法权和行政权之间的制衡，是现代文明社会普遍认可的政治法则，但中国的某些研究者竟然认为，中国社会政治生活的运作完全是特殊的，以至于可以超越权力制衡这一普遍的政治法则。显然，这样的见解就属于"过度诠释"的范围。按照辩证法的理论，任何特殊性都蕴含着普遍性，世界上并不存在与任何普遍性相分离的绝对的特殊性。

上述两种错误倾向都涉及一个共同的、值得引起我们高度重视的理论问题，即在马克思主义中国化的过程中，应该把马克思主义所蕴含的哪些普遍性的真理引进来并加以中国化。显然，这里涉及历史性意识，即对不同历史发展时期中国社会和实践的本质性理论需求的意识。毋庸讳言，在新民主主义革命时期，中国社会和实践的本质性的理论需求主要体现在以下各个方面，如民族独立和民族解放、阶级分析和阶级斗争、政治革命和统一战线、中国共产党的革命政策和策略等。这就要求我们把马克思主义理论中与上述理论需求相关的普遍性真理引进来并加以中国化。在社会主义建设时期，中国社会和实践的本质性的理论需求已不再是工人阶级与资产阶级的矛盾，而是人民对于经济文化迅速发展的需要同当前经济文化不能满足人民需要的状况之间的矛盾。在这种情况下，全国人民面对的主要任务是集中力量发展社会生产力，实现国家工业化，逐步满足人民日益增长的物质和文化需要。基于这样的历史性需求，正确的做法是把马克思主义理论中与这些理论需求相一致的普遍性真理引进来加以中国化。

这就深刻地启示我们，在马克思主义中国化的过程中，尽管中国社会和实践的特殊性是我们思考问题的起点和重点,但我们对这种特殊性的估计应该保持在适度性的范围之内。事实上,只有正确地理解特殊性和普遍性之间的辩证关系,即特殊性必定蕴含着普遍性,而普遍性必定在特殊性中显现自身,才能对中国社会和实践的特殊性保持适度的估计,并对马克思主义理论中蕴含的普遍性真理做出合乎历史性意识的正确的选择。

中国马克思主义的国际化

什么是"中国马克思主义的国际化"?其实,这个问题又可以进一步分解为以下两个问题:一是"什么是中国的马克思主义"?二是"什么是国际化"?就第一个问题来说,在当代中国社会的语境中,答案是不言而喻的,即中国的马克思主义就是中国特色社会主义理论体系。正如胡锦涛同志所说的:"在当代中国,坚持中国特色社会主义理论体系,就是真正坚持马克思主义。"[①] 就第二个问题来说,国际化意味着,当代中国的马克思主义研究者们对国外马克思主义的历史和现状有着全面的、透彻的了解;他们能与国外马克思主义者们进行学术上的全方位的、实质性的对话;他们也能把中国特色社会主义理论体系正确地介绍到世界各国去,使之成为国际上最有生命力和影响因子的理论思潮之一。其实,在全球化的背景下,中国不但成了"世界村"的一个成员,而且其马克思主义也成了国际马克思主义思潮中的一个有机的组成部分。也就是说,中国的马克思主义只有自觉地把自身国际化,才能健康地生存和发展下去。

我们发现,在作为"中国马克思主义的国际化"的出发点的"国外马克思主义研究"中,普遍地存在着一种错误的倾向,即研究者们通常

---

① 胡锦涛:《高举中国特色社会主义伟大理论,为夺取全面建设小康社会新胜利而奋斗》,12页,北京,人民出版社,2008。

会自觉地或不自觉地受到马克斯·韦伯所倡导的"价值中立说"的影响,即把客观地阐释国外马克思主义思潮中的普遍理论作为自己的根本目标。正如阿尔都塞所批评的,这种对"中立性"和"客观性"的崇拜体现出研究者们自身在理论上的麻木和立场上的无根基状态。与马克思主义中国化过程中经常出现的、对中国社会和实践的特殊性的倚重相反,在中国马克思主义国际化的过程中,研究者们通常推重的却是空疏的普遍性,即满足于对国外马克思主义者们所倡导的普遍理论观念的介绍和诠释。这些研究者们热衷于自己的专业,对国外马克思主义阵营中任何一位微不足道的小人物的言论、对他们撰写的任何一本肤浅的著作、对他们提出的任何一个荒谬的观念,都视若至宝,孜孜不倦地加以翻译、介绍和阐释。然而,他们对中国的历史和现状(中国社会和实践的特殊性)却不甚了了,对中国共产党几代领导人在社会主义革命和建设的实践中创造性地提出的中国特色社会主义理论体系所知甚少,也缺乏理论兴趣和关注的热情。仿佛只有国外的马克思主义才是真正的马克思主义,而中国的马克思主义却什么也不是,或者至多不过是一种意识形态!

  显而易见,这种完全漠视中国社会和实践的特殊性,满足于停留在空疏的理论普遍性中的思想倾向是完全错误的。凡是熟悉马克思主义思想发展史的人都知道,马克思生前就严厉地批判过类似的错误倾向。当俄国民粹主义思想家尼·康·米海洛夫斯基把马克思在《资本论》第一卷中对西欧资本主义原始积累状况的描述解释为世界上一切地区资本主义起源的方式时,马克思对这种懒汉式的思维方式予以无情的嘲弄:"他一定要把我关于西欧资本主义起源的历史概述彻底变成一般发展道路的历史哲学理论,一切民族,不管他们所处的历史环境如何,都注定要走这条道路,——以便最后都达到在保证社会劳动生产力极高度发展的同时又保证人类最全面的发展的这样一种经济形态。但是我要请他原谅。

他这样做，会给我过多的荣誉，同时也会给我过多的侮辱。"① 在马克思看来，停留在抽象理论的普遍性上，这种理论必然蜕化为教条，只有把理论的普遍性与实践的特殊性紧密地结合起来，理论的普遍性才能保持其生命的活力。

我们知道，在《改造我们的学习》一文中，毛泽东也透彻地批判过当时中国共产党内存在的类似的错误倾向。当时，许多党员学习马克思主义不是为了中国革命实践的需要，而是为了单纯的学习。他们在言谈中"言必称希腊"，但对中国的历史和现状却不甚了了，甚至是"漆黑一团"。针对这种错误的思想倾向，毛泽东大声疾呼："不单是懂得希腊就行了，还要懂得中国；不但要懂得外国革命史，还要懂得中国革命史；不但要懂得中国的今天，还要懂得中国的昨天和前天。"② 在毛泽东看来，这种夸夸其谈的、完全漠视中国社会特殊性的所谓"马克思主义"是不可能引导中国革命走向胜利的。毛泽东自己则努力结合中国社会和实践和特殊性来理解和阐释马克思主义，他的《中国革命和中国共产党》《新民主主义论》等都是这方面的典范之作，而晚年毛泽东之所以犯了严重的错误，因为他在理解马克思主义的普遍真理时，把它们与中国社会（社会主义建设时期）的特殊性完全割裂开来了。

我们也注意到，作为中国社会主义建设时期的总设计师，邓小平在理论上的伟大的原创性不是源于他对马克思主义的本本和普遍的理论观念的熟悉程度，而是因为他确信，只有坚持有的放矢，坚持理论联系实际，把国外马克思主义的普遍理论与中国社会主义建设时期的特殊国情紧密结合起来，才是对这些普遍理论的真正理解和把握。他反复告诫我们："实事求是是马克思主义的精髓。要提倡这个，不要提倡本本。我们改革开放的成功不是靠本本，而是靠实践，靠实事求是。"③ 比如，在农

---

① 《马克思恩格斯全集》，第19卷，130页，北京，人民出版社，1963。
② 《毛泽东选集》，第3卷，801页，北京，人民出版社，1991。
③ 《邓小平文选》，第3卷，382页，北京，人民出版社，1993。

村经济改革中,邓小平从当时的实际情况出发,倡导了"家庭联产承包制"的新措施;在城市经济改革中,他考虑到当时不少城市的自我封闭状态,提出了"办好经济特区,增加对外开放城市"的新思路;在解决香港回归这一棘手的历史问题时,他又从当时的政治格局出发,提出了"一国两制"的新方案。所有这些都表明,邓小平始终是立足于中国社会和实践的特殊性的基础上来解读并发展马克思主义的普遍理论观念的。

这就深刻地启示我们,中国马克思主义国际化的关键,主要不在于中国的马克思主义研究者们对国外马克思主义的文本和普遍观念的熟悉程度,而在于他们对当代中国的马克思主义,即中国特色社会主义理论体系的兴趣和理解程度。也就是说,只有全面地、深入地把握中国特色社会主义理论体系的内涵和实质,才能超越理论上的"中立性""客观性"和"麻木性",正确地理解和阐释国外马克思主义的理论观念和思想遗产,从而真正实现中国马克思主义的国际化:

这里是罗陀斯,就在这里跳跃吧!
这里有玫瑰花,就在这里跳跃吧!

中国化和国际化之间的张力

当我们不是把"马克思主义的中国化"和"中国马克思主义的国际化"作为两个各自分离的领域和主题来加以研究,而是把它们综合在一起的时候,不但问题的复杂性大大地增加了,而且它完全以新的方式呈现在我们的面前。

在这种新的呈现方式中,普遍性体现为当代中国社会对现代性的不懈的追求。正是这种追求促使当代中国的研究者们对经典马克思主义及其当代的表现形式之一——国外马克思主义的普遍理论做出了与现代性的价值取向相契合的理解和阐释。然而,当他们这样做的时候,常常忽略了问题的另一个侧面,即在经典马克思主义及其当代国外马克思主义理论中也蕴含着批判、反思和超越现代性价值取向的另一个维度。而这个维度正是通过对东方社会,尤其是中国社会与西方社会的差异的深入反思而展现出来的。也就是说,在这里特殊性体现为中国社会追求现代性的独特的社会背景、历史境遇和现实道路。我们认为,要在马克思主义的中国化和中国马克思主义的国际化之间建立必要的张力,关键在于透彻地理解并把握当代中国社会和实践的特殊性。这一特殊性主要通过以下三个方面表现出来。

一是社会背景。长期以来,对马克思主义理论来源的片面解读导致了当代中国研究者们对中国社会和实践的特殊性的漠视。众所周知,列宁在《启蒙》杂志1913年第3期上发表了一篇著名的文章《马克思主义的三个来源和三个组成部分》,肯定德国哲学、英国经济学和法国社会主义是马克思主义的三个理论来源。平心而论,列宁的这一见解大体上是合理的,但它包含着一种把马克思理论解释为欧洲中心主义理论的危险。事实上,马克思从19世纪50年代后期起就开始通过对人类学著作的大量阅读,深入研究欧洲之外的古代社会,如印度村社、斯拉夫公社、俄国土地制度、亚细亚生产方式等,而列宁生前当然没有见过马克思在这方面留下的大量笔记。因此,我们认为,要按照事实的真相,把马克思理解为世界主义者,而不是欧洲中心主义者,就应该超越列宁的观点,把以古代非欧社会作为主要研究对象的人类学理解为马克思主义的第四个理论来源。[①] 长期以来,由于马克思主义理论的人类学来源被边缘化,甚至完全被遮蔽起来了,因而马克思关于亚细亚生产方式的重要论述也被遮蔽起来了,现、当代的中国研究者,如历史学家郭沫若就完全根据欧洲社会演化的"五形态说"来解释中国社会,从而抹杀了中国社会历史背景的特殊性。马克思在1853年6月2日致恩格斯的信中写道:"东

[①] 俞吾金:《马克思主义的第四个来源与第四个组成部分》,见俞吾金:《寻找新的价值坐标》,320~333页,上海,复旦大学出版社,1995。

方一切现象的基础是不存在土地私有制。这甚至是了解东方天国的一把真正的钥匙。"① 四天后，恩格斯在致马克思的回信中也表明："不存在土地私有制，的确是了解整个东方的一把钥匙。这是东方全部政治史和宗教史的基础。"② 显然，马克思和恩格斯关于亚细亚生产方式的这些重要论述正是我们透彻地认识中国社会和实践的特殊性的思想武器。

二是历史境遇。作为发展中国家，中国与西方国家之间存在着巨大的历史落差。19世纪下半叶，中国的一批知识分子努力学习西方国家的先进技术，发展自己的民族资本主义，试图"师夷之长技以制夷"。然而，与此同时，在西方国家中，却掀起了一个批判资本主义制度的社会主义思潮。20世纪初，在资本主义思潮和社会主义思潮的双重夹击下，中国知识分子陷入了歧路亡羊的窘境，而在俄国十月革命的推动下，他们义无反顾地选择了社会主义的道路。20世纪70年代，当尚处于"文化大革命"冲击下的中国政府提出了"实现四个现代化"的宏伟目标时，西方国家又掀起了后现代思潮，开始对现代化和现代性所蕴含的价值系统进行全面的反省和批判。有趣的是，每当中国社会追求什么的时候，西方社会就开始抛弃什么。正是这种巨大的历史错位显示出当代中国社会和实践的特殊性。事实上，在当代中国社会中，前现代性、现代性和后现代性这三大价值系统是并存的，因此，当当代中国人追求现代性时，必须把现代性的价值系统与前现代、后现代的价值系统区分开来，既要坚持现代性的立场，又要批判地借鉴前现代、后现代价值系统中的合理因素，从而对现代性的价值系统做出必要的修正。换言之，当代中国社会所追求的，不是西方国家已经经历过的那种原初的现代性，而是反思的现代性。正是通过这种反思的现代性，中国社会和实践的特殊性得到了充分的展现。

三是现实道路。当代中国社会是从传统的宗法等级制社会和近代以来的殖民地、半殖民地社会中脱胎出来的。这一现实的发展道路蕴含着一个

---

① 《马克思恩格斯全集》，第28卷，256页，北京，人民出版社，1973。
② 《马克思恩格斯全集》，第28卷，260页，北京，人民出版社，1973。

明显的缺陷，我们不妨把它称为"启蒙的缺失"。比较起来，从14世纪到18世纪，欧洲社会经历了文艺复兴、宗教改革和启蒙这三大思想文化运动。从这三大运动内在精神的连贯性来看，不妨把它们统称为"启蒙运动"。众所周知，启蒙运动的主旨是肯定人性、理性和个性，维护人权、人格和自由。实际上，启蒙的主旨正是现代性价值系统中的基础性的部分。

然而，当我们把考察的目光转向中国社会时，看到的却完全是另一幅景象。传统中国社会是东方专制主义社会，黑格尔在历史哲学中曾经批评说，在传统中国社会中，人人都等于零，只有皇帝是自由的。其实，这个貌似深刻的批评仍然是肤浅的，因为连皇帝的自由也是十分有限的，甚至他们的废立也都完全处于皇族和大臣的操控中。从19世纪40年代起，由于西方国家的入侵和种种不平等条约的签订，中国传统社会沦为殖民地、半殖民地社会。在这样的态势下，对于中国当时的知识分子来说，争取民族独立和解放就成了压倒一切的重任。于是，在近、现代中国社会中萌发出来的启蒙思潮，在这个压倒一切的重任的支配下，完全处于边缘化的状态中。也就是说，当代中国人是在启蒙缺失的条件下接受并奉行社会主义价值系统的。然而，必须指出的是，社会主义价值系统是奠基于启蒙运动的价值系统之上的。这就启示我们，当当代中国人在社会主义制度的框架内追求现代性时，还必须补上启蒙这一课。事实上，当人们在伦理学领域里谈论所谓"普世性价值"（universal value）时，他们谈论的也正是蕴含在启蒙运动中的基本价值取向，而马克思在《经济学手稿（1857—1858）》中所说的"个人全面发展""自由个性"和《共产党宣言》中所说的"每个人的自由"实际上都是对启蒙运动的积极成果的认可和继承。

综上所述，在马克思主义中国化和中国马克思主义国际化的进程中，在当代中国社会追求现代化和现代性的道路上，我们必须从当代中国社会的具体国情出发，努力处理好特殊性和普遍性之间的关系，创造性地应用马克思主义的普遍真理，使中国经济社会和思想文化沿着健康的轨道向前发展。

外马—中哲偶得

国外马克思主义研究三十年

国外马克思主义研究是我国马克思主义整体研究的一个不可或缺的组成部分。改革开放三十多年来，这门学科取得了长足的发展。

就研究内容而言，20世纪80年代主要聚焦于西方马克思主义，即以卢卡奇为肇始人的西方左翼思想家的马克思主义理论上；90年代扩展到对东欧新马克思主义，如南斯拉夫的"实践派"、匈牙利的"布达佩斯学派"、波兰的"哲学人文学派"和捷克的"存在人类学派"的研究上。21世纪初以来，进一步扩展到对俄罗斯、古巴、越南、朝鲜，乃至澳大利亚、非洲、拉丁美洲等世界各国马克思主义理论的研究上。当然，在国外马克思主义的阵营中，最具思想上的原创性的仍然是西方马克思主义。

就学科发展而言，复旦大学于2000年建立了本研究领域中唯一的教育部重点研究基地，主编了《当代国外马克思主义评论》（已由人民出版社出版 6 辑，现为 CSSCI 系统刊物），2004 年复旦大学又建立了本研究领域中唯一的"985"国家级重点研究基地，同时设立了全国第一个自主招生的博士点，并于 2007 年开始编写《国外马克思主义研究年度报告》(2007、2008 年度报告已由人民出版社出版）。中国社科院马列主义学院和哲学所、北京大学、中国人民大学、南京大学、黑龙江大学等单位，也在国外马克思主义著作的译介和研究上做了大量工作。特别值得一提的是，2006 年，全国建立了 21 个马克思主义一级学科博士点，国外马克思主义研究升格为其中的二级学科。三十年来，国外马克思主义研究从一个边缘性的学术课题上升为一个重要的二级学科。这本身就表明，国外马克思主义研究已引起了理论界的普遍重视。下面，简要地叙述三十年来国外马克思主义研究中聚焦的一些重大理论问题。

马克思与黑格尔的关系

在国外马克思主义者的争论中，马克思与黑格尔的理论关系始终是一个无法回避的重大问题，它直接决定着人们对马克思主义实质的理解。以卢卡奇、柯尔施、葛兰西、马尔库塞等人为代表的国外马克思主义者，常被研究者们称为"黑格尔主义的马克思主义者"。按照他们的见解，马克思理论深受黑格尔的影响，甚至他本质上就是一个黑格尔主义者。与此相反，以德拉-沃尔佩、科莱蒂和阿尔都塞为代表的另一些马克思主义者，则被研究者们称为"新实证主义的马克思主义者"或"结构主义的马克思主义者"。按照他们的见解，马克思与黑格尔的理论见解是截然不同的，甚至是完全"断裂"的关系。这种见解肯定了马克思与黑格尔在理论上的根本差异，但又把这种差异无限地夸大了。它无法解释，在 19 世纪六七十年代，当黑格尔理论在德国成了"一条死狗"时，为什么马克思要公开宣称自己是"这位大思想家的学生"？

其实，真理性的结论正蕴藏在对上述两种对立见解的扬弃中。一方面，马克思的许多论述表明，他的理论和黑格尔的理论之间确实存在着千丝万缕的联系；另一方面，马克思的一系列论著，如《黑格尔法哲学批判》《黑格尔法哲学批判导言》《巴黎手稿》《神圣家族》《德意志意识形态》《哲学的贫困》等表明，马克思对黑格尔理论进行了透彻的批判。这些论著告诉我们，马克思和黑格尔之间的根本理论差异是：黑格尔主张，思维与现实生活是同质的，因而可以从思维推论出现实生活；而马克思则主张，思维与现实生活是异质的，应该从现实生活出发重新解释思维的全部活动。也就是说，前者的基本立场是历史唯心主义的，后者的基本立场则是历史唯物主义的。由此可见，正确的结论是：马克思与黑格尔在理论立场和见解上是根本对立的，但马克思所创立的历史唯物主义理论正是在批判地继承黑格尔和其他思想资源的基础上形成并发展起来的。

历史规律与革命实践的关系

众所周知，马克思通过对资本主义和前资本主义社会形态的研究，发现了人类社会发展的基本规律。本来，历史规律的发现应该为革命实践活动提供可靠的基础和依据，然而，在第二国际的理论家们那里，马克思所发现的历史规律被绝对化了，仿佛无产阶级没有必要去从事任何实践斗争和革命活动，只要坐在那里，等待历史规律自发地起作用就行了。研究者们通常把第二国际的理论家们所坚持的这种马克思主义称为"科学的马克思主义"，即无须诉诸任何革命实践，只要等待科学的历史规律自己发挥作用就可以了。显然，第二国际的理论家们阉割了马克思理论所蕴含的革命精神。

事实上，卢卡奇的《历史与阶级意识》正是在反对第二国际理论家们的这种错误思想倾向的过程中问世的。事实上，书名中的"历史"指的就是历史规律，而"阶级意识"指的就是无产阶级的对革命形势和实践活动的自我意识。在卢卡奇看来，资本主义社会是不会自行退出历史舞台的，无产阶级必须唤醒自己的阶级意识，通过革命实践活动推翻资本主义社会，以争取自己的解放。当然，革命实践活动必须遵循历史发展的客观规律，否则，就是堂·吉诃德式的无效努力。正是基于这样的认识，葛兰西把马克思哲学理解为"实践哲学"，并主张以"阵地战"取代"运动战"，以获取对市民社会乃至整个国家的领导权，而南斯拉夫的"实践派"则集中阐述了马克思关于革命实践的理论。

科学技术与意识形态的关系

众所周知，意识形态概念是由法国启蒙学者托拉西最早提出来的，他把意识形态理解为"科学的观念"，使之与传统社会的种种偏见对立起来。但以托拉西为代表的"意识形态家"当时就被拿破仑指责为"空想家"，因而人们常常把"意识形态"理解为一个贬义词。后来，马克思把统治阶级的总的思想体系称为意识形态，并强调意识形态总是以扭曲的，甚至颠倒的方式表现着现实生活。恩格斯则干脆把意识形态称为"虚假的意识"。到了列宁那里，意识形态的含义被中性化了，只用来表示某个阶级或某个社会的思想体系，如"资产阶级意识形态""无产阶级意识形态"等。

为了消解拉法格等人把马克思理论理解为"经济决定论"的错误倾向，卢卡奇以来的国外马克思主义者都十分注重对意识形态问题的研究。卢卡奇主张以无产阶级的"阶级意识"来对抗资产阶级的意识形态；葛兰西提出了"意识形态领导权"的著名学说，强调在西方国家中，如要发动革命，就应该先夺取资本主义社会在意识形态方面的领导权；阿尔都塞则把"科学（理论）"与"意识形态"尖锐地对立起来，并运用这一对立重新阐释了马克思的思想发展历程。

最引人瞩目的是，国外马克思主义者深入地探索了科学技术与意识形态在当代资本主义社会中的新颖关系。在这里，我们必须提到哈贝马斯。他在1968年出版的《技术与科学作为意识形态》一书中对这一关系做出了原创性的论述。在以往的马克思主义者那里，意识形态主要涉及政治、法律、哲学、宗教、道德、艺术等领域，并不包含关于科学技术方面的思想观念。而哈贝马斯则告诉我们，在当代资本主义社会中，科学技术不仅成了第一生产力，而且其观念形态也成了意识形态中最核心的部分。如果说，传统社会的意识形态必须借助于"君权神授"这样的神秘主义观念来为统治阶级的合法性辩护，那么，当代资本主义社会的意识形态则直截了当地从科学技术的观念形态中抽取出"合理性和有效性"的原则，把它们视为统治阶级合法性的依据。如果说，在托拉西那里，意识形态作为"科学的观念"与种种传统的偏见相对立，那么，具有讽刺意义的是，在当代资本主义社会中，科学技术的观念形态本身成了意识形态的核心内容。也就是说，在当代资本主义社会中，科学技术的物质形态成了第一生产力，而其观念形态则成了意识形态。哈贝马斯的观点启发我们，必须对马克思的意识形态学说与其整个理论架构的关系做出新的反思。

现代性与后现代性的关系

从20世纪六七十年代开始，西方兴起了一股强大的后现代理论思潮，其焦点集中在对现代性与后现代性关系的理解上。在这一研究中，国外马克思主义者扮演了重要的角色。哈贝马斯坚决反对在现代性和后现代性之间划出一条鸿沟。在他看来，现代性是一个未完成的方案，他主张通过自己的交往行动理论和商谈伦理来反思并修正现代性。韦梅尔大致认同哈贝马斯的见解，他呼吁坚持现代性，并通过对工具理性的超越和对新的伦理生活的倡导来纠正现代性的种种弊端。与他们的见解截然相反的是，利奥塔认为，后现代性与现代性处于尖锐的对立状态中。

在现代性语境中，起主导作用的是"宏大的叙事"，如黑格尔主义、马克思主义等；而在后现代语境中，"宏大的叙事"消失了，代之而起的则是"细小的叙事"。深受利奥塔影响的罗蒂也把哲学区分为"大写的哲学"和"小写的哲学"，而在他看来，后一种哲学则构成了所谓"后哲学文化"。被研究者们戏称为"后现代主义的牧师"的鲍德里亚，也通过对所谓"消费社会"和"符号交换"等新因素的强调，强调了后现代性与现代性之间的不可调和的断裂关系。

其实，全部问题的关键在于，现代性和后现代性都蕴含着两重性。就现代性而言，它注重的是人们在宏大叙事上如何达成共识，却忽略了他们在生态状态和诉求上的差异性。同样地，就后现代性而言，它注重的是人们在生存状态和诉求上的差异性，却忽略了宏大叙事存在的必要性。比如，"保护生态环境""反对国际恐怖主义"等就是后现代语境中的宏大叙事，人们对此必须达成相应的共识。由此可见，在后现代语境中，宏大叙事并没有消失，而是改变了自己的内涵。总之，应该运用马克思的辩证法思想来解读现代性和后现代性，不应该把它们割裂开来并抽象地对立起来。

新的社会运动和马克思主义的关系

从 20 世纪后半叶起，国外兴起了形形色色的社会运动，如全球化运动、生态保护运动、女性主义运动、反对种族歧视运动、后殖民主义批判运动、民主社会主义（所谓"第三条道路"）运动等。所有这些运动都在不同程度上对马克思主义理论提出了新的挑战。人所共知，在国外马克思主义研究中，甚至出现了以拉克劳和墨菲为代表的"后马克思主义"思潮。面对这些运动和挑战，当代国外马克思主义者以各种不同的方式做出了自己的回应，而这些回应本身也构成了国外马克思主义理论的最新发展。

试以生态保护运动的挑战为例。我们知道,马克思和恩格斯生活的时代乃是资本主义自由竞争的时代。在这样的时代条件下,虽然马克思和恩格斯在某些问题上意识到了资本主义生产对生态环境的负面影响,但在他们的著作中,这个问题还没有被主题化。事实上,马克思的历史唯物主义是在以下的理论预设的基础上被表述出来的,即环境和资源是可以无限地被开发并利用的,而生产规模也是可以无限地加以扩大的。到了20世纪70年代,罗马俱乐部的系列报告提出,人类的环境、资源和生产都有自己的限度,而生态学的马克思主义者,如高兹、本·阿格尔、莱易斯和佩珀等,也都主张把生态学的视野引入对马克思主义理论的当代表述中。也就是说,在马克思的历史唯物主义理论的当代表述中,必须植入生态学的理论预设乃至整个语境。比如,马克思和恩格斯所使用的"发展"概念将在当代通行的"可持续发展"的含义上重新得到阐释。

综上所述,三十多年来,国外马克思主义研究已在我国取得重大的发展,而大陆学者与港澳台学者之间的对话、与国外马克思主义者之间的直接沟通,又为这一发展提供了新的动力。我们相信,过不了多久,国内、国际马克思主义者进行实质性的、全方位的对话的可能性就将化为现实。

传统重估与思想移位

在我国,国外马克思主义思潮的研究滥觞于20世纪70年代末、80年代初的"西方马克思主义热"。近年来,随着改革开放的深入发展,除了西方马克思主义以外,俄罗斯和东欧的新马克思主义,越南、古巴、朝鲜等社会主义国家的马克思主义,非洲、拉丁美洲和南美洲的马克思主义也渐渐地进入了研究者们的视野。我们发现,国外马克思主义研究正在成为一门显学。

国外马克思主义的研究之所以引起学术界的高度重视,有各方面的原因。一是因为我国是以马克思主义作为指导思想的,当然需要以开放的心态去了解、研究国外马克思主义的各种思潮,包括它们的代表人物、代表性著作和原创性的理论,以及最新的发展态势,并以它们作为参照系来反思我们自己在马克思主义研究方面的得失,以便在实践中丰富和发展马克思主义。二是因为自马克思和恩格斯逝世以来，不但国际共产主义运动，而且整个国际社会都发生了一系列重大的变化，其中很多变化超出了马克思和恩格斯当时的预料，这就需要研究者们从新的时代和现实生活出发，对马克思主义做出新的探索和阐释，而这些尝试性的探索和阐释本身就构成了国外马克思主义发展的新的轨迹。我国是发展中的国家，发达国家在现代化道路上获得的经验、经历的挫折，高度集中地通过国外马克思主义者们的论著而展示出来，成了我国探索现代化道路的重要借鉴，也引起了我国的马克思主义研究者们越来越浓厚的兴趣。三是因为马克思主义作为对资本主义的诊断和批判、对社会主义的预期和实践，始终保持着顽强的生命力，始终是当代形形色色的社会政治思潮的源头活水之一。换言之，流逝的时间不仅没有磨损马克思主义的棱角，降低它的价值，耗尽它的资源，反而使它更具有吸引力，更富于解释力，更显得光彩夺目。总之，谁都不会否认，马克思仍然是我们的同时代人，马克思主义仍然是这个时代的思想理论的制高点。

显然，人们对国外马克思主义的了解越是深入，就越会认识到，西方马克思主义是整个国外马克思主义中最富有理论原创性的部分。事实上，以卢卡奇为肇始人的西方马克思主义思潮本身就是在对传统的反叛和重估中诞生出来的。一方面，以伯恩斯坦和考茨基为代表的第二国际理论家们，通过片面地强调马克思主义的"科学性"，即倡导所谓"科学的马克思主义"，把马克思主义曲解为绝对的决定论，曲解为对历史规律的盲目崇拜，完全忽视了马克思主义对人民群众的社会实践活动的倚重、对无产阶级巨大的历史创造作用的肯定。事实上，抽去马克思主义的实践性，片面地强调它的科学性，也就等于放弃革命，消极地等待历史规律本身发挥作用。正如古代诗人贺拉斯所描绘的：

乡下佬等候在河边，
企望河水流干；
而河水流啊、流啊，

永远流个没完。①

在这种情况下,西方马克思主义者如何重估传统、另辟蹊径?他们自然而然地把求助的目光转向列宁创办的第三国际,特别是转向列宁本人的思想,因为正是列宁复兴了马克思主义的"实践性",而他领导的俄国十月革命的胜利本身就是对第二国际理论家们的错误观念的证伪。可是,与此相对照的是,在十月革命的影响下爆发的中、南欧革命却相继失败了。不用说,成功的经验要总结,失败的教训要记取。事实上,西方马克思主义早期代表人物卢卡奇、柯尔施和葛兰西的理论思考正是从这样的经验教训中起步的。然而,思想的更替比人们预期的情况要复杂得多,问题的另一方面是,列宁缔造的世界上第一个社会主义国家刚诞生不久,目光敏锐的卢森堡就写下了《论俄国革命》的手稿(首次出版于1922年),就党的建设、党内民主、阶级关系、政权性质、国家关系等一系列重大理论问题,对俄国革命党提出了批评。尽管这些见解不乏粗糙之处,甚至也有错误的地方,但其中有些批评确实切中了俄国革命党的要害,并在俄国社会以后的发展中得到了印证。无疑地,卢森堡的见解对卢卡奇产生了深刻的影响。众所周知,卢卡奇早期的代表作《历史与阶级意识》是由八篇论文组成的,其中两篇论文《罗莎·卢森堡的马克思主义》(1921)和《对罗莎·卢森堡的"俄国革命"的批判性考察》(1922)都直截了当地探讨了卢森堡的思想,至于间接讨论的地方在书中就更多了。实际上,卢森堡关于俄国革命的批评性见解的影响是十分巨大的。柯尔施于1923年出版了其代表作《马克思主义和哲学》后,遭到了许多批评,1930年,他发表了著名的《反批评》,其中也包含着对苏联的政治社会生活的深刻的反省和批评。

总之,在对马克思主义传统的重估中,西方马克思主义者们既要批判第二国际的理论家们对马克思主义的曲解,又要警惕第三国际,尤其

---

① 康德:《未来形而上学导论》,5页,北京,商务印书馆,1982。

是苏联社会主义发展中出现的种种问题；既要总结俄国十月革命的伟大成就，又要反省中、南欧革命失败的经验教训；既要面对历史，又要向新发生的重大事件和新鲜经验敞开思绪。事实上，西方马克思主义的整个思潮也正是伴随着一系列重大的社会历史事件的发生而发展起来的。除了上面我们已经提到过的那些重大的社会历史事件外，20 世纪的二次世界大战、1929—1933 年的经济危机、马克思的《巴黎手稿》和《伦敦经济学手稿》分别于 1932、1939—1941 年问世、中国和东欧一系列社会主义国家的建立、1956 年举行的苏共二十大和匈牙利事变、1963 年的古巴导弹危机和延续多年的中苏论战、1968 年苏军占领捷克和 1979 年入侵阿富汗、1968 年法国的五月风暴、20 世纪后半叶中女性主义、生态主义、东方主义、晚期资本主义、后现代主义等思潮的兴起，直到 21 世纪初的"9·11"事件。所有这些都为西方马克思主义者们永不枯竭的原创性思维提供了现实基础和理论动力，也使他们的思想主题随着历史的发展而发生了重大的移位。

如果说，西方马克思主义的早期代表们关注的主要问题是历史运动、阶级斗争、市民社会、实践活动、意识形态领导权、社会批判理论、社会革命、性格分析等，那么，从 20 世纪五六十年代以来，西方马克思主义者们的思想发生了重大的移位。新出现的主题令人耳目一新，如全球化、现代性、种族冲突、生活政治、消费社会、景观社会、新帝国主义、符号经济学、资本与跨国公司、交往行动理论、技术拜物教、生态社会主义、女性主义、后现代主义、市场社会主义、国际恐怖主义等。

其实，西方马克思主义在发展进程中的思想移位正是其本质特征之一。我们知道，以卢卡奇、柯尔施和葛兰西为代表的早期西方马克思主义者们常常被研究者们称为"黑格尔主义的马克思主义者"，因为他们的思想都有一个共同的特征，即深受黑格尔思维方式的影响。黑格尔哲学作为"同一哲学"（philosophy of identity），其思维方式的本质特征是"思维与存在的同质性"（the homogeneity of thinking and being），这里的"同质性"的含义是：思维即存在，存在即思维。正是在思维与存在同质性的基础上，黑格尔提出了"思维与存在的同一性"（the identity of thinking and being）的学说，即思维可以转化为存在，存在也可以转化为思维。黑格尔思维方式的根本缺陷在其"同质性"理论中暴露无遗：一方面，存在中具备的东西在思维中也必定会具备；另一方面，思维中蕴含的观念性的东西完全能够在存在中化为现实性的东西。总之，思维与存在的关系是一而二、二而一的。正是这种思维方式严重地阻碍了西方马克思主义的早期代表们真正从现实世界出发去提出问题和思索问题。

于是，一个重大的理论问题被提出来了，即究竟如何理解马克思哲学与黑格尔哲学之间的关系？在思维方式上，这个问题进一步被转化为：究竟把"思维与存在的同一性"奠基于黑格尔的"思维与存在的同质性"之上，还是奠基于马克思的"思维与存在的异质性"（the hetergoneity of thinking and being）之上？敏锐地发现并提出这个问题的是意大利的新实证主义的马克思主义者科莱蒂。科莱蒂通过对康德哲学的返回而深刻地认识到黑格尔思维方式的荒谬性，在其代表作《马克思主义与哲学》（1969）中，他这样写道："这是一个真正的，基本的两难问题：或者是思维和存在的同一性，或者是思维和存在的异质性，这个选择把独断主义与批判的唯物主义区分开来了。"[1]在这里，科莱蒂把马克思主义的思维方式作为"批判的唯物主义"与黑格尔的思维方式——"独断主义"尖锐地对立起来了。在他看来，马克思的批判的唯物主义正是以承认思维与存在的异质性为前提的。所谓"异质性"，意指思维与存在（现实生活）完全是不同质的东西；思维是服从逻辑规则的，而存在是不受逻辑规则制约的；思维中蕴含的东西并不一定能够转化为存在的东西。正是对这种异质性的充分肯定促使马克思脱离了黑格尔的思辨唯心主义哲学的藩篱，积极地参与现实斗争，并通过对市民社会的解剖，揭示了资本

---

[1] L. Colletti, *Marxism and Hegel*, London, NLB, 1973, p. 97.

主义社会生活的全部奥秘。

科莱蒂的深刻之处是看到了马克思哲学与黑格尔哲学之间的根本性的对立，但他在表达上的不妥在于把"思维与存在的同一性"与"思维与存在的同质性"这两个不同的术语混淆起来了。其实，马克思也肯定了思维与存在的同一性，显而易见，要是这种同一性也不存在的话，那么人们根本就无法认识存在（现实生活），所以，问题的焦点不在于思维与存在之间是否具有同一性，显然，这种同一性是肯定存在的。问题的真正焦点在于：应该把"思维与存在的同一性"奠基于"思维与存在的同质性"之上，还是奠基于"思维与存在的异质性"之上？显然，假如把"思维与存在的同一性"奠基于"思维与存在的同质性"之上，人们就会满足于抽象的理论文本，以为自己只要熟读了文本，也就等于了解了存在（现实生活），从而走向独断主义，亦即教条主义的死胡同；假如把"思维与存在的同一性"奠基于"思维与存在的异质性"之上，就会记住歌德关于"理论是灰色的，而生活之树是常青的"的教诲，积极地关注并参与现实生活。毋庸讳言，当代中国的马克思主义者们对"解放思想、实事求是、从实际出发、理论联系实际"这一正确的思想路线的选择，也是以肯定"思维与存在的异质性"为前提的。事实上，当代中国社会自改革开放以来所取得的举世瞩目的成就表明，不从黑格尔式的独断主义的思维方式中解放出来，不批判本本主义，不面向现实生活，这样的成就是不可能取得的。

我们发现，正是通过对"思维与存在的异质性"的充分肯定，西方马克思主义者们的思想主题发生了重大的移位。他们不再满足于到马克思的文本中去找问题，而是在马克思主义理论的引导下，使自己的思想向丰富多彩的现实生活敞开。现实生活中的任何一个重大的事件、任何一个倾向性的问题都会引起他们的反思。有趣的是，这种思想的移位不但没有导致马克思主义研究的衰退，反而因为吸纳了新鲜的生活经验而使马克思主义的研究出现了新的复兴。国外马克思主义，尤其是西方马克思主义的发展历程深刻地启示我们,只有面向社会实践,不断地从现实生活中概括并提炼出重大的理论问题,才可能真正地推进并丰富马克思主义的思想,促使我国的现代化事业沿着健康的轨道向前发展。

西方马克思主义发展中的语言学转向

众所周知，在现代西方哲学的发展中出现了著名的"语言学转向"（the linguistic turn），这一转向是由大陆哲学家和英美哲学家共同促成的，表明人类思想史的发展达到了新的深度。有趣的是，这一转向也出现在西方马克思主义的发展史中，它主要是通过本雅明（Benjamin, Walter, 1892—1940）、詹明信（Jameson, Fredric, 1934— ）、哈贝马斯（Habermas, Juergen, 1929— ）、柯亨（Cohen, G. A., 1941— ）等人的思考和著述来完成的。下面，我们就对这一贯通于西方马克思主义发展史中的"语言学转向"做一个简要的考察。

本雅明：三种不同的语言

作为法兰克福学派的思想家，本雅明敏锐地意识到了语言问题在当代哲学文化思考中的重要性。在《论语言本身和人的语言》(1916)这篇早期文献中,他对语言问题做出了新的思考:"在这种或那种意义上,语言总是内在于人类思想表达的所有领域。然而,语言的存在不仅仅与所有领域的人类思想表达是共存的,而且与整个大千世界也是共存的。在有生命或无生命的自然界,没有任何事实或者事物不以某种方式参与着语言,因为任何一种事物在本质上就是传达其思想内容。"① 也就是说,本雅明并不赞成这样的做法,即把语言仅仅归结为人的语言,这从他的论文的标题《论语言本身和人的语言》中也可以看出来,因为他试图把"语言本身"和"人的语言"分离开来。

实际上,本雅明提出了"三种语言"的理论。

第一种语言是"上帝的语言"。上帝的语言也就是上帝的思想存在,它通过《圣经》表达出来,尤其通过上帝对人和万物的创造与命名及对人的启示而表达出来。本雅明写道:"上帝的思想存在是语言,创造发生于词语之中,而且上帝的语言存在就是词语。"② 上帝的语言的特征在于,它是直接的、内在的、原创性的和无条件的,它体现了语言之为语言的纯真的精神。

第二种语言是"人类的语言",这种语言是人类的始祖在伊甸园中偷尝禁果,从而堕落时产生出来的:"堕落标志着人类词语的诞生……语言精神真正的堕落存在于那个事实中。词语就是外在地传达一些事物,就像明显是对上帝直接的、创造性的词语——明显是通过间接的词语——的拙劣模仿,就像是处于人与词语之间的语言快乐的亚当精神的衰败。"③ 相对于上帝的语言来说,人类的语言是间接的、外在的、模仿的

---

① 陈永国、马海良编:《本雅明文选》,263页,北京,中国社会科学出版社,1999。
② 陈永国、马海良编:《本雅明文选》,271页,北京,中国社会科学出版社,1999。
③ 陈永国、马海良编:《本雅明文选》,274页,北京,中国社会科学出版社,1999。

和有限的。人类的语言靠词语来言说，因此人类通过命名所有的事物来传达自己的思想。然而，这种命名并不是没有基础的，而是以上帝创造万物为前提的。区别在于，上帝创造万物时，他的词语和万物是内在地相契合的，而人类在命名万物时，注重的却是外在的契合，所以难免会造成语言精神本身的堕落。与此同时，在人类堕落的过程中形成的人类的语言也是多元的，甚至是混乱的，正如本雅明所说："人的堕落在使语言间接化的过程中，为语言的多重性奠定了基础，此后，语言混乱就会只是咫尺之遥。"[1] 巴比伦塔建造的失败也印证了不同语言之间存在着的沟通上的困难。

第三种语言是"事物的语言"。上帝在创造万物时，也用不同的词语指称不同的事物，从而赋予事物以语言，在这个意义上，事物的语言存在也就是事物的语言。然而，在本雅明看来，"语言自身在诸事物自身中并未完全表达。这一命题有双重含义，比喻的和字面的含义：事物的语言是不完美的，它们是无声的。事物被语言的纯形式规则——声音——所否定"[2]。由此可见，事物的语言的特征是自然的、直接的、无声的、消极的。事物的语言与人类的语言之间的差异在于，人类的语言具有声音和言说的重要特征。然而，由于人类滥用名称于事物的做法，从而在相当程度上曲解了事物的语言，"因为上帝在其创造性的词语中将它们点化成形，以它们专有的名称称呼它们。然而，在人的语言中，它们被滥加名称。在人类语言与事物语言的关系中，存在着可以被粗略描述为'滥加名称'的事物——即所有感伤和（从该事物的角度而言）所有刻意哑言的最深刻的语言学原因"[3]。这充分表明，人类的语言并没有沿着原

---

[1] 陈永国、马海良编：《本雅明文选》，275页，北京，中国社会科学出版社，1999。

[2] 陈永国、马海良编：《本雅明文选》，269页，北京，中国社会科学出版社，1999。

[3] 陈永国、马海良编：《本雅明文选》，276页，北京，中国社会科学出版社，1999。

来上帝创造万物时的意图来译介事物的语言。

综上所述，本雅明对三种不同的语言的区分，尤其是把人类的语言理解为其堕落时的伴生物，其真正的意图并不是按照《圣经》的叙事方式来重述语言问题，而是蕴含着他对现代社会和现代性的深刻地批判。这种批判没有停留在对一些琐细的思想现象的抨击上，而是深入到了思想得以表达的语言的层面上。毋庸讳言，本雅明在这方面的思考拉开了西方马克思主义发展史上语言学转向的帷幕。然而，这一转向的最强音却是在20世纪80年代才爆发出来的。

詹明信：语言的牢笼

在《语言的牢笼》（1972）中，詹明信对在索绪尔语言理论的影响下发展起来的俄国形式主义和法国结构主义进行了系统的、批判性的考察。

詹明信清醒地认识到了运用语言学分析方法的紧迫性与重要性。他指出："强调意义抑或强调语言？诉诸逻辑学说还是诉诸语言学？这两项关键性的重大的选择构成了当今英国哲学和欧陆哲学之间的巨大的差异，也构成了分析语言学派或普通语言和几乎就在我们眼皮底下发展起来的结构主义之间的悬殊区别。"[①] 由于英美哲学忽视了欧陆哲学在语言学方向上的新的思考，因而也就失去了考察和分析问题的新的视角和方法，而在詹明信看来，这个新视角和新方法具有十分重要的意义。他这样写道："以语言为模式！按语言学的逻辑把一切从头再思考一遍！奇怪的倒是过去不曾有人想到这样做，因为在构成意识和社会生活的所有因素中，语言显然在本体意义上享有某种无与伦比的优先地位，尽管其性质尚待

---

① 弗雷德里克·詹姆逊：《语言的牢笼：马克思主义与形式》，1页，南昌，百花洲文艺出版社，1995。

确定。"① 显而易见，语言和语言学上的分析方法之所以具有本体论意义上的优先性，是因为任何思想、理论、学说都是通过语言表达出来的，如果对语言本身的性质不甚了解，表达出来的观念怎么可能是清晰的呢？正是基于这样的考虑，詹明信对索绪尔、俄国形式主义和法国结构主义的学说在语言学方面的贡献做了高度的评价和批评性的思考。

首先，他努力汲取索绪尔语言理论中的合理的因素。他肯定索绪尔的语言学理论不光是对传统语言学的某些教条的突破，而且也是思想上的一种大解放："索绪尔的创新就在于他坚持认为语言是一个有系统的整体，任何时刻都是完整的，不过其内部在片刻之前发生过什么变化。这就是说索绪尔提出的时间模式是一个一系列完整的系统顺时相继出现的模式，也就是说在索绪尔看来，语言永远是此时此刻的存在，每一时刻都存在着产生意义的一切可能。"② 在詹明信看来，这种视语言为系统或整体的见解正是索绪尔的新语言学理论的前提，它所蕴含的思想资源为俄国的形式主义和法国的结构主义的发展留下了广阔的理论空间。

当然，索绪尔的理论贡献并不限于这一前提性的层面，他还提出了语言和言语、能指和所指、历时与共时等新观点，尤其是历时与共时的关系在索绪尔的语言理论中发挥着基础和核心的作用。詹明信甚至指出："把共时和历时加以区分这一举动是索绪尔的理论首先能够成立的唯一的基础。毫无疑问，这一区分是不顾历史的，也是不符合辩证法的，因为它的基点是一种纯粹的对立，是一对永远不可能以任何形式调和在一起的绝对的对立面。然而，我们一旦承认它是一个新起点，一旦进入到共时系统本身之后，我们就会发现那里的情况大不相同。"③ 在詹明信看

---

① 弗雷德里克·詹姆逊：《语言的牢笼：马克思主义与形式》，序言第 2 页，南昌，百花洲文艺出版社，1995。
② 弗雷德里克·詹姆逊：《语言的牢笼：马克思主义与形式》，4 页，南昌，百花洲文艺出版社，1995。
③ 弗雷德里克·詹姆逊：《语言的牢笼：马克思主义与形式》，18 页，南昌，百花洲文艺出版社，1995。

来,从语言的共时性结构出发来考察语言,这是索绪尔的伟大创新之所在,但是,他不赞成索绪尔把共时性和历时性简单地分割开来并对立起来,"尽管索绪尔的理论中暗含的历时模式,突变的理论,能够对历史变化做出复杂的和有启发性的生动解释,但最终还是不能解决把历时和共时在同一个系统中重新结合起来这一根本问题"①。从马克思主义的思想背景出发,詹明信坚持主张把共时性和历时性辩证地统一起来。

其次,他努力汲取俄国形式主义文学理论中的合理因素。在詹明信看来,俄国形式主义者继承了索绪尔的思路,但他们主要不是在语言学,而是在文学的范围内推进了这一套思路,因此,他们把"文学性"作为他们关注的核心课题。詹明信认为,什克洛夫斯基的观点构成了俄国形式主义的出发点,他"把艺术定为陌生化(ostranenie),即使事物变得陌生,使感知重新变得敏锐。这个著名的定义是一条心理法则,但伦理含义深远"②。人们在生活中已经习以为常的、通常以无意识的方式在从事着的活动,在艺术作品中被陌生化,并被表现出来时,它们会重新唤起人们对这些活动的自觉的意识,从而给人们的心灵带来巨大的震撼。显然,俄国形式主义者把艺术理解为陌生化的观点具有重要的理论意义,至少什克洛夫斯基本人是这么看的。詹明信写道:"陌生化起到了把文学(即纯文学系统)与任何其他的语言使用形式区别开来的作用。因此,它首先是使文学理论得以建立起来的先决条件。"③

毋庸讳言,陌生化概念的提出蕴含着俄国形式主义者对文学本质的深入的反思,但一方面,他们没有严格地限定陌生化这个概念的内涵和它适用的范围,以致"陌生化既可应用于感知过程本身,也可应用于表

---

① 弗雷德里克·詹姆逊:《语言的牢笼:马克思主义与形式》,17页,南昌,百花洲文艺出版社,1995。
② 弗雷德里克·詹姆逊:《语言的牢笼:马克思主义与形式》,41页,南昌,百花洲文艺出版社,1995。
③ 弗雷德里克·詹姆逊:《语言的牢笼:马克思主义与形式》,42页,南昌,百花洲文艺出版社,1995。

现这种感知的艺术方式。即使假定艺术的本质就是陌生化，什克洛夫斯基在其著述中也从未清楚地说明被陌生化的究竟是内容还是形式"。[①] 另一方面，他们没有深入地思考内容和形式之间的辩证关系，"从形式主义的观点看，所有这些显而易见的内容，不论是从神学的还是从政治角度表达的，不过是文本自身那些独特的结构问题在文本的创作中不断得到解决时产生的一种视觉幻象"[②]。按照这样的观点，文学艺术的形式就成了一切，内容却变得无足轻重的了。这种极端性的观点显然是荒谬的。所以，俄国的形式主义理论虽然在文学和语言学的研究中产生过重大的影响，但在詹明信看来，它仍然没有达到马克思主义式的辩证的思考方式。

另外，他努力汲取法国结构主义语言理论中的合理因素。他不赞成美国学术界对结构主义所采取的那种意识形态式的冷漠："我个人认为，对结构主义的真正的批语需要我们钻进去对它进行深入透彻的研究，以便从另一头钻出来的时候，得出一种全然不同的、在理论上较为令人满意的哲学观点。"[③]

詹明信认为，与俄国的形式主义一样，法国的结构主义也滥觞于索绪尔的语言学理论，然而，它们在方法上存在着差别："形式主义者最终关心的是如何以整个文学系统（语言）为背景来区别看待每一部艺术作品（言语），而结构主义则将作为语言的部分表现形式的个别单位重新融入语言，以描述整个符号系统的结构为己任。"[④] 结构主义把马克思所说

[①] 弗雷德里克·詹姆逊：《语言的牢笼：马克思主义与形式》，63页，南昌，百花洲文艺出版社，1995。

[②] 弗雷德里克·詹姆逊：《语言的牢笼：马克思主义与形式》，74页，南昌，百花洲文艺出版社，1995。

[③] 弗雷德里克·詹姆逊：《语言的牢笼：马克思主义与形式》，序言第3页，南昌，百花洲文艺出版社，1995。

[④] 弗雷德里克·詹姆逊：《语言的牢笼：马克思主义与形式》，83页，南昌，百花洲文艺出版社，1995。

的整个上层建筑,尤其是意识形态和作为意识形态的载体的语言作为自己研究的对象,"作为一种方法,结构主义也许是人们为了建立一种(类似语言的)模式理论所做的最早的不懈和自觉的尝度之一,其前提是一切自觉的思维活动都是在特定的模式的范围之内进行的,并且从这一意义上来说,是由该模式决定的①"。结构主义的基本假定是,整个符号系统和它所意谓对象是同构的或者完全一致的,但对这个基本假定可能存在的问题却缺乏深入的反思。

在法国结构主义者中间,阿尔都塞的作用是无与伦比的,正如詹明信所指出的:"在建立新的结构主义模式论方面,阿尔都塞的作用比任何人都重要。"② 因为他对马克思提出的基础结构与上层建筑这对矛盾进行了新的思索,从而为思想史的研究,特别是不同历史阶段的思想结构之间的关系的研究打开了全新的思路。

然而,结构主义的局限性在于:一方面,它试图形成一种反人本主义的学说,从而引起了当代学者的普遍的反感;另一方面,它和俄国的形式主义一样把形式与内容分离开来,正如詹明信所批评的:"最好把结构主义理解为一种哲学上的形式主义,是现代哲学中无所不在的那种脱离具体内容,脱离各种能指理论的普遍趋势的极点。"③

从詹明信的上述论述可以看出,他既对索绪尔的语言学理论、俄国的形式主义和法国的结构主义保持着清醒的批判意识,又对这些思潮的合理方面做出了充分的评价。这种对欧陆语言学思潮的积极回应表明,涌动在西方马克思主义阵营中的语言学转向变得越来越明显了。

---

① 弗雷德里克·詹姆逊:《语言的牢笼:马克思主义与形式》,83页,南昌,百花洲文艺出版社,1995。
② 弗雷德里克·詹姆逊:《语言的牢笼:马克思主义与形式》,111~112页,南昌,百花洲文艺出版社,1995。
③ 弗雷德里克·詹姆逊:《语言的牢笼:马克思主义与形式》,163页,南昌,百花洲文艺出版社,1995。

哈贝马斯：普遍语用学

在《交往与社会进化》一书（1976）中，哈贝马斯通过对当时的语言学研究的积极回应和深入思考，提出了建立普遍语用学的新设想，该书的第一章"什么是普遍语用学"充分体现出哈贝马斯在这方面的独创性思考。

哈贝马斯认为："普遍语用学的任务是确定并重建关于可能理解（verstaendigung）的普遍条件（在其他场合，也被称之为'交往的一般假设前提'），而我更喜欢用'交往行为的一般假设前提'这个说法，因为我把达到理解为目的的行为看作是最根本的东西。"① 众所周知，哈贝马斯把交往看作是一种符号化的相互作用，如果说交往以理解为前提的话，那么理解又以语言这种符号为媒介，所以，对交往行为的理论的深入探索必定会触及语言学这块基础性的领地。

为了便于读者理解起见，哈贝马斯区分了语言学和语用学这两个不同的研究领域。在他看来，这一区分是实质性的，"一旦存在于句子的语言学分析与话语的语用学分析间的区别依稀难辨，普遍语用学的对象领域就将面临崩溃危险"②。他告诉我们，语言学有四个分支领域：一是语法学，二是语音学，三是句法学，四是语义学。语用学可以划分为以下两个领域：一是经验语用学，研究某一种具体语言中的言语行为；二是普遍语用学，研究一般话语中的句子的规则，而普遍语用学主要是由以下三个方面构成的："三项基本的语用学功能（借助于语句显示世界中的某种东西、表达言说者的意向、建立合法的人际关系）乃是话语在特定关联域中可能具有的全部特殊功能的基础。这些一般性功能的实现要依据真实性、真诚性和正确性等有效性条件来衡量。因此，每一个言语行

---

① 哈贝马斯：《交往与社会进化》，1页，重庆，重庆出版社，1989。
② 哈贝马斯：《交往与社会进化》，27~28页，重庆，重庆出版社，1989。

为都可以从相应的分析角度加以研讨。"① 基于这样的考虑,哈贝马斯把人们的交往模式分为三种:一是认识型的,在言语行为上突出的是断言性,强调的是陈述内容的真实性;二是作用型的,在言语行为上突出的是调整性,强调的是人际关系的适宜性和正确性;三是表达型的,突出的是言语行为的表白性,强调的是言说者意向的真诚性。

这样一来,通过普遍语用学概念的提出,哈贝马斯在整个大语言学的研究中开辟出一个崭新的方向。正如托玛斯·默伽塞所评论的:"从这种语用学观点出发,可以得出这样的结论,言语必然(尽管常常是隐含地)被提出、认可,乃至兑现'有效性要求'的任务所缠绕。"②

柯亨:建立分析的马克思主义

在《卡尔·马克思的历史理论:一个辩护》一书(1978)中,柯亨引入了当代语言分析哲学的方法来研究马克思主义,从而不但对马克思主义的一系列基本理论做出了新的说明,也在总体上实现了西方马克思主义发展史上的语言学转向,因为在以柯亨为代表的分析的马克思主义中,语言分析、概念分析已经成为研究马克思主义的根本性的方法。下面,我们简要地考察一下柯亨语言分析的三个著名的观点。

一是区分社会现象的"质料性"(即自然存在方面的特性)和"社会性"(即社会存在方面的特性)。柯亨举例说:"假定我主持一个委员会,那么,在进行一个被任命的社会过程后,我就成了主席,然而,我之所以成为主席,不是根据我的生物学特征。人们能够说,我之所以适宜于担任'主席'是从社会的角度看问题的结果。但是这并不意味着我的有机体不是主席,它当然是。问题在于,我们需要从社会的观点出发来辨

---

① 哈贝马斯:《交往与社会进化》,33页,重庆,重庆出版社,1989年。
② 哈贝马斯:《交往与社会进化》,13页,重庆,重庆出版社,1989,英译本序。

明生产资料的资本状态或一个人的奴隶状态。这并不意味着这一生产资料不是资本或这一个人不是奴隶。每一个视角揭示出物的一个特殊的性质，但是物具有所有这些性质。"① 这段论述表明，作为委员会主席的人，既具有质料性（有机体），又具有社会性（主席职位体现的是社会关系）。在柯亨看来，马克思的历史理论的一个核心的观念就是要我们在观察社会现象时，不停留在现象的质料性上，而是要注重现象的社会性。比如，商品拜物教尽管要以商品的质料性作为承担者，但它并不源自这种质料性，而是源自商品的社会性。

二是澄清生产力、生产关系和经济结构这三个概念之间的逻辑关系。人们常常认为生产力是经济结构的组成部分，柯亨写道："马克思这里说的经济结构（或'现实的基础'）是由生产关系构成的。马克思没有说任何其他的因素参与了经济结构的构成。毋庸讳言，我们能够引申出这样的结论，单单生产关系就足以构成经济结构。这意味着，生产力并不是经济结构的一部分。"② 柯亨还进一步区分了马克思所使用的"人"的概念和"生产力"的概念。由于马克思说过"人本身是首要的生产力"，这句话常常引起人们的误解，以至于人们直接地把人当作生产力或生产力中的根本性要素。柯亨强调，只要当人进入生产劳动的状态时他才是生产力，而当他处于非生产劳动状态时，他并不是生产力。因此，对马克思的上述表述应当准确地被理解为："人的劳动力是首要的生产力。"③

三是提出了"功能解释"的新观念。在解释马克思关于生产力与生产关系、经济基础与上层建筑的关系时，为了表明这种关系是辩证的，人们总是习惯于把它们解释为"相互作用"或"相互决定"关系。久而

---

① G. A. 柯亨：《卡尔·马克思的历史理论：一个辩护》，91 页，克兰雷登出版社，1978 年英文版。

② G. A. 柯亨：《卡尔·马克思的历史理论：一个辩护》，28 页，克兰雷登出版社，1978 年英文版。

③ G. A. 柯亨：《卡尔·马克思的历史理论：一个辩护》，44 页，克兰雷登出版社，1978 年英文版。

久之，这两者之中哪个是实体性的，哪个是功能性的，就显得不清楚了。为了恢复马克思历史理论的真实面目，柯亨指出："马克思的核心解释是功能解释，它的粗略的意思是：被解释的东西的特征是由它对解释它的东西的作用决定的。这样解释马克思主义的一个理由是，如果解释关系的方向像已经确定的那样，那么对这种关系的本性的最好的说明就是：它是一种功能性的解释。"① 也就是说，在生产力与生产关系的关系中，生产力永远是实体性的因素，生产关系则永远是功能性的因素；而在经济基础与上层建筑的关系中，经济基础永远是实体性的因素，而上层建筑则永远是功能性的因素。这种功能解释的观念维护了马克思历史理论的唯物主义本质。

综上所述，在西方马克思主义的发展历史上，从本雅明对语言问题的重视到柯亨创立分析的马克思主义的学派，清晰地显示出一条语言学转向的弧线。当然，如果我们能对卢卡奇、霍克海默、阿多诺、阿尔都塞等人的思想进行深入的研究的话，我们还能以更具体的方式描绘出这条弧线。此外，必须指出，西方马克思主义发展史上的语言学转向并不仅仅是对现代西方哲学中的语言学转向的简单的模仿，而是一种创造性的推进，这尤其表现在哈贝马斯的普遍语用学理论和以柯亨为代表的分析的马克思主义学派中。总之，我们应该从新的视角出发来研究西方马克思主义了。

---

① G. A. 柯亨：《卡尔·马克思的历史理论：一个辩护》，278 页，克兰雷登出版社，1978 年英文版。

简述"分析的马克思主义"

一般认为,"分析的马克思主义"(analytical Marxism)思潮是在一些杰出的英美社会科学家和哲学家中形成并发展起来的。这些学者差不多都在 20 世纪 60 年代接受研究生教育,他们与过去世代的英美的马克思主义者不同,传统的共产党组织及其思想观念对他们几乎没有任何影响。他们自己也不构成一个严密的团体或学派。与此相应的是,他们在研究主题和观念上也互有差异。然而,在他们的论著中却反映出一种共同的思想倾向,即运用分析哲学的方法,重新解读马克思的经典文本。

正如任何一种思潮的发展都有其起点一样,"分析的马克思主义"思潮的发展也有自己的起点。作为这一思潮的重要代表人物之一的 J. E. 罗默在其主编的《分析的马克思主义的基础》(1994)一书的"导论"中曾经指出:"分析的马克思主义学派是在 1978 年诞生的,其标志是

G. A. 柯亨的《卡尔·马克思的历史理论：一个辩护》和乔恩·埃尔斯特的《逻辑和社会》这两本书的出版。"① 在罗默看来，虽然埃尔斯特的《逻辑和社会》没有像柯亨的《卡尔·马克思的历史理论：一个辩护》那样聚焦于马克思的基本著作和理论，但它在社会分析中所运用的严格的演绎的方法却成了"分析的马克思主义"的一个重要标志。不管如何，这一活跃在英美理论界的"分析的马克思主义"思潮，发展至今不过二十余年的历史，它完全可以说是西方马克思主义阵营中最年轻的、最有发展潜力的思潮之一。② 那么，与"传统的马克思主义"（conventional Marxism）比较起来，"分析的马克思主义"究竟有哪些特点呢？同样是 J. E. 罗默，在其主编的另一部著作《分析的马克思主义》（1986）一书的"导论"中，对"分析的马克思主义"的基本特点做出了经典性的说明。

罗默认为，"分析的马克思主义"的第一个特点是"对抽象观念的必要性有一种泰然的承诺（an unabashed commitment to the necessity for abstraction）"。③ 罗默这里说的"抽象观念"究竟是什么意思呢？意思就是："分析的马克思主义"十分注重对马克思的经典文本的解读。事实上，马克思的经典文本是由一系列抽象观念组成的，这些抽象观念，特别是马克思常用的、基本的抽象观念，如生产力、生产关系、生产方式、经济基础、上层建筑、意识形态等，其确切的含义究竟是什么？当马克思在不同的场合下使用同一个抽象观念时，其含义是否存在着差异？马克思又是如何界定不同的抽象观念相互之间的关系的？按照"分析的马

---

① J. E. 罗默主编：《分析的马克思主义的基础》，第一卷，ix 页，爱德华·埃尔加出版公司，1994 年英文版。

② 余文烈先生撰写的《分析学派的马克思主义》（重庆出版社 1993 年版）是国内第一部比较系统地介绍这一思潮的基本观点的著作。书后还附有"主要参考书目"，从而为读者进一步了解这一思潮的本质和发展趋向提供了有益的帮助。

③ J. E. 罗默主编：《分析的马克思主义》，1 页，剑桥大学出版社，1986 年英文版。

克思主义"者的看法，在人们对马克思的经典文本中的抽象观念获得清晰的把握之前，他们是不可能准确地理解马克思学说的。然而，在"传统的马克思主义"者那里，却存在着一种普遍的倾向，即对抽象观念和文本分析的忽视。这种普遍的倾向似乎又根源于一种普遍的误解，似乎对马克思的经典文本和抽象观念的任何探索都必定会导致经院哲学式的烦琐论证，似乎只要强调理论联系实际也就永远封闭了对马克思的经典文本的纯理论分析的必要性。正是基于这样的误解，"传统的马克思主义"者唯一重视的工作就是把马克思的基本理论与历史和现实生活结合起来，换言之，用马克思的基本理论去解释历史和现实生活中的各种现象。这样一来，就走向另一个极端，即对马克思的基本理论的信仰取代了对其基本理论的考察和分析。于是，对马克思经典文本和抽象观念的研究反而成了一块无人问津的飞地。长期以来，由于"传统的马克思主义"者不重视这方面的研究，造成了对马克思的经典文本和抽象观念的普遍误解，而这种普遍误解又导致实践活动中的偏差，从而给现实生活带来了灾难性的影响。有人也许会辩解说：并不是所有的"传统的马克思主义"者都是忽视文本解读和观念分析的，如法国的结构主义的马克思主义者阿尔都塞的《阅读〈资本论〉》（1965）就是这方面的代表作。在我们看来，这种辩解可能是有一定的道理的，但在"分析的马克思主义"者看来，这却是一种无效的辩解。比如，G.A.柯亨虽然承认，阿尔都塞的《保卫马克思》曾经对自己产生过重大的影响，"但是当我阅读阿尔都塞和其他人一起撰写的论文集——《阅读〈资本论〉》时，我却大失所望。"① 为什么柯亨会大失所望呢？因为阿尔都塞的法语虽然是优雅的，但他对《资本论》的解读是不清晰的，对马克思的抽象观念的分析也通常是不准确的。因而，从总体上看，"传统的马克思主义"者对抽象观念的分析确实是不够重视的，而"分析的马克思主义"恰恰通过对

---

① G.A.柯亨：《卡尔·马克思的历史理论：一个辩护》，x 页，克兰雷登出版社，1978 年英文版。

"抽象观念的必要性"的认可，确立起自己的特色。

罗默认为，"分析的马克思主义"的第二个特点是"探寻基础"（the search for foundations）。① 这里说的"探寻基础"究竟是什么意思呢？也就是说，在阅读马克思的经典文本时，应该有一种刨根究底的精神，而这种精神在"传统的马克思主义"者那里是最为匮乏的。他们总是以一个或一些问题作为切入点，来研究马克思的经典文本。但在这样的研究过程中，或就事论事，或浅尝辄止，对马克思的基本理论缺乏认真的、深入的探索。比如，他们几乎从来不去思考下面这样的问题：为什么阶级是作为重要的集体的行动者而出现的，或阶级是作为重要的集体的行动者出现的吗？为什么说剥削作为剩余劳动的系统的转移是错误的，或剥削就是剩余劳动的系统的转移吗？在现代资本主义中，社会主义切合工人们的利益吗？社会主义的革命或社会主义的转变是否可能？无产阶级是不自由的吗？马克思的伦理学的目标是平等吗？在"分析的马克思主义"者看来，不但应该询问并深思这样的问题，而且应该进一步探索马克思在解答这些问题时所显露出来的更为始源性的、前提性的理论基础，并通过对这些基础的把握，创造性地理解和推进马克思的思想。如果说，"传统的马克思主义"者更注重从实践活动中的结果来检验马克思的基本理论的话，那么，"分析的马克思主义"则更注重从理论上的分析来考察马克思的基本理论。

罗默认为，"分析的马克思主义"的第三个特点是"以非教条主义的方式探讨马克思主义（a non-dogmatic approach to Marxism）"。② 一般说来，"传统的马克思主义"者是在设定马克思写过的东西和说过的话都是正确的前提下来研究马克思的思想的。这种理论上的预设必然导致对马

---

① J.E. 罗默主编：《分析的马克思主义》，1页，剑桥大学出版社，1986年英文版。

② J.E. 罗默主编：《分析的马克思主义》，2页，剑桥大学出版社，1986年英文版。

克思思想的教条主义的理解。与此相反,"分析的马克思主义"者却拒绝做出这样的承诺和设定,他们只是把马克思的思想作为科学研究的对象,他们只服从理论推演自身的严格性和融洽性,哪怕理论研究引申出对马克思思想极为不利的结论。有人也许会提出这样的疑问:既然"分析的马克思主义"者并不一定同时也是马克思主义的信仰者,那么,为什么要用"分析的马克思主义"这一概念来命名这些学者所从事的工作呢?罗默写道:"为什么这类工作能够被称为马克思主义的呢?我不能确定它应该是怎样的;但是分析的马克思主义这个标记至少告诉我们,它的某些基本的洞见都来自马克思。"① 事实上,"分析的马克思主义"所涉及的历史唯物主义、阶级、剥削等问题都是马克思思想中的核心问题。更何况,像罗默这样的"分析的马克思主义"者还自觉地或不自觉地继承了马克思的历史使命感,所以,他满怀激情地写道:"确实,今天的马克思主义的最伟大的使命恐怕就是建构一种现代的社会主义理论。这样的理论必须包括对现代资本主义的无效性和不公正性的解释,也必须包括一套能在可行的社会主义社会中消除这些缺陷的理论蓝图。我认为,分析的马克思主义的方法和工具就是为这样的理论的诞生提供必需的东西。"②

如前所述,"分析的马克思主义"诞生至今不过二十多年的历史,它之所以会在国际学术界会产生广泛的影响,并不是偶然的。从 19 世纪末、20 世纪初以来,以弗雷格、罗素、维特根斯坦等人为代表的分析哲学诞生以来,取得了长足的发展,并成了 20 世纪英美的主导性哲学思潮。美国哲学家 M. 怀特于 1955 年出版了《分析的时代》一书,在国际学术界产生了广泛的影响。另一位美国哲学家 M. K. 穆尼茨在 1981 年出

---

① J. E. 罗默主编:《分析的马克思主义》,2 页,剑桥大学出版社,1986 年英文版。

② J. E. 罗默主编:《分析的马克思主义》,2 页,剑桥大学出版社,1986 年英文版。

版的《当代分析哲学》一书中指出:"有时候人们把我们的哲学时代描述为'一个分析的时代'。尽管这种描述过于简单,但它促使人们注意到这样一个事实:当代哲学的一个显著的特点是占统治地位的分析哲学的出现。"① 在分析哲学不断发展和扩张的过程中,也出现了这样一些学者:一方面,他们在分析方面有深厚的学养和造诣;另一方面,他们对马克思主义的学说又保持着强烈的兴趣。于是,在他们的研究中,就自然而然地把分析哲学的方法和对马克思主义的研究结合起来了。G. A. 柯亨在《卡尔·马克思的历史理论:一个辩护》一书的"序言"中就这么说过:"我在这部著作中的论述受到两方面的约束:一方面是马克思所写下的东西;另一方面是 20 世纪的分析哲学据以为特征的清晰性和严格性的标准。"② 也就是说,英美分析哲学所倡导的精湛的、严密的分析方法为"分析的马克思主义"思潮的诞生提供了现实的条件。

"分析的马克思主义"应运而生的另一个重要的因素是"传统的马克思主义"者在研读、解释马克思的经典文本时所持的那种粗疏的、肤浅的、浮躁的作风。正是这种作风使得马克思的基本思想长期以来处在被曲解,甚至被遮蔽的状态之下。记得马克思在世的时候,就已经严厉地批评过那些追随马克思、但又曲解马克思的基本思想的所谓"法国的马克思主义者":"我只知道我自己不是马克思主义者。"③ 19 世纪 70 年代,当德国社会民主党的领导人背着马克思和恩格斯,与拉萨尔派制定《哥达纲领》时,马克思写下了著名的《哥达纲领批判》(1875),对哥达纲领逐条进行批驳。马克思的最后一句话是:"我已经说了,我已经拯救了

---

① M. K. 穆尼茨:《当代分析哲学》,3 页,麦克米兰出版公司,1981 年英文版。
② G. A. 柯亨:《卡尔·马克思的历史理论:一个辩护》,iv 页,克兰雷登出版社,1978 年英文版。
③ 《马克思恩格斯选集》,第 4 卷,691 页,北京,人民出版社,1995。众所周知,就是马克思比较赞赏的拉法格居然也把马克思的学说阐发为"经济决定论"。

自己的灵魂。"[1] 马克思逝世后，有些以"正统的马克思主义者"自诩的人更是肆无惮地篡改并曲解马克思的基本思想。在这样的情况下，准确地诠释马克思的基本思想就上升为一个重大的问题。在某种意义上可以说，"分析的马克思主义"正是对"传统的马克思主义"在解读马克思的经典文本时的粗疏的作风的一种反驳。尤其是在20世纪以后，对马克思的经典文本的准确解读显得越来越重要。这也向我们预示："分析的马克思主义"将会在西方马克思主义的未来发展中充当越来越重要的角色。

在西方马克思主义的研究中，认真地探讨"分析的马克思主义"思潮和著作无疑是有益的。首先，这一思潮为我们深入研究马克思主义的学说提供了新的视角和方法。事实上，这一视角和方法与我们历来倡导的"理论联系实际"的研究方法并不矛盾。一方面，马克思的理论确实要联系实际；另一方面，我们对马克思的理论也必须获得准确的理解。如果没有后一条，前一条就会谬以千里。[2] 现实生活中的无数的例子已经向我们证实了这一点。其次，一般说来，深受中国传统文化熏陶的当代研究者，特别是从事马克思主义专业的研究者，大多缺乏分析哲学和逻辑研究方面的严格训练，这从他们对英美分析哲学的冷漠态度中也可见端倪。与此相反的是，他们对欧洲大陆哲学家的那种模糊的语言风格却情有独钟。这就使我国的马克思主义的研究老是纠缠在枝节上，在一些重大的、基本的理论上缺乏突破性的进展。在"分析的马克思主义"的研究成果的冲击下，相信我们这里的研究作风也会渐渐地得到端正和提升。最后，我国哲学界近年来出现了一股重新返回去解读马克思的经

---

[1] 《马克思恩格斯选集》，第3卷，319页，北京，人民出版社，1995。
[2] 我国在马克思主义研究上的浮躁是显而易见的。要说明这个问题，或许只要指出一点就行了。研究马克思和恩格斯的专家有多少是懂德文的呢？研究列宁和斯大林的专家又有多少是懂俄文的呢？又有多少译者对相关的专业知识有精确的了解呢？如果连语言上的障碍还没有完全消除，怎么可能对马克思的经典文本做出准确的诠释呢？

典文本的思潮。① 这种解读要成为可能，就一定要认真地借鉴"分析的马克思主义"者的研究成果，当然，也要总结他们的偏失与教训。舍此，马克思主义的研究便无法真正地向前迈进。

在"分析的马克思主义"思潮的发展中，已有一大批学者脱颖而出。我们在这里主要考察其代表人物 G. A. 柯亨、J. E. 罗默、J. 埃尔斯特的一些重要论著，从而揭示这一思潮的思想振幅和发展线索。

历史唯物主义的命运

历史唯物主义是马克思的全部学说的基础和核心，是马克思的划时代的哲学创造的本质之所在。如果说，第二国际的庸俗马克思主义者把历史唯物主义曲解为机械的经济决定论，那么，列宁逝世后，历史唯物主义面临的主要危险则是来自历史唯心主义的种种挑战。要把握历史唯物主义的真精神，就要理解总体决定，阶段决定和经济关系决定这三个层面之间的辩证关系，并把经济关系，即现实生活的生产和再生产看作透视其他一切历史现象的最根本的参照系。

马克思的划时代的哲学创造——历史唯物主义是在 19 世纪 40 年代中期形成并发展起来的。将近一个半世纪以来，这一崭新的哲学观在世界范围内产生了无与伦比的重大影响，但它的发展绝不是一帆风顺的，而是充满了坎坷和曲折。对历史唯物主义的真精神以及它在马克思的整个哲学体系中的地位和作用的认识迄今为止仍然存在着种种错误的见解。

今天，社会主义事业在一些国家遭受了巨大的挫折。应该如何看待近几年来发生的一系列重大的历史事件？应该如何总结社会主义事业遭受挫折的经验教训？我们的回答是：必须回到马克思的历史唯物主义的真精神上去。也就是说，只有澄明马克思的唯物史观的基本立场，排除

---

① 参见拙文《向经典马克思主义回归》，载《马克思主义与现实》，1995（2）。

机械决定论特别是历史唯心论的种种谬见的影响，才能促使社会主义事业沿着马克思所指明的理论轨道健康地向前发展。所以，重温马克思的历史唯物主义的基本理论和历史命运，深刻认识我们面临着的紧迫的历史使命，具有特别重要的理论意义和现实意义。

马克思哲学就是历史唯物主义

人们通常说马克思哲学就是辩证唯物主义，但究竟什么是辩证唯物主义？辩证唯物主义与历史唯物主义的关系究竟如何？对这两个问题的回答一般又依据斯大林在《联共（布）党史简明教程》中撰写的《辩证唯物主义和历史唯物主义》一文。斯大林写道："它所以叫作辩证唯物主义，是因为它对自然界现象的看法、它研究自然界现象的方法、它认识这些现象的方法是辩证的，而它对自然界现象的解释、它对自然界现象的了解、它的理论是唯物主义的。""历史唯物主义就是把辩证唯物主义的原理推广去研究社会生活，把辩证唯物主义的原理应用于社会生活现象，应用于研究社会，应用于研究社会历史"。[①]

斯大林的上述论断蕴含着以下三层意思：第一，马克思先从哲学上研究自然，创立辩证唯物主义，然后，在运用辩证唯物主义研究社会时，才创立了历史唯物主义；第二，辩证唯物主义是以自然界或物质世界[②]作为研究对象的，自然界或物质世界乃是辩证法的载体；第三，辩证唯物主义不同于历史唯物主义，后者是在前者的基础上"推广"出来的。这三层意思是否符合马克思哲学的本意和真实的思想历程呢？显然是值得商榷的。

---

① 《联共（布）党史简明教程》，115~116 页，北京，人民出版社，1975。
② 接受斯大林上述论断的艾思奇认为，"世界是物质的世界，永远按照自己固有的规律运动着、发展着。这是辩证唯物主义世界观的出发点。"参见艾思奇主编：《辩证唯物主义　历史唯物主义》，29 页，北京，人民出版社，1978。

诚然，青年马克思对自然和自然哲学怀有一定的兴趣，他的博士论文就是研究德谟克利特的自然哲学和伊壁鸠鲁的自然哲学的差别的。但是，我们绝不能由此得出结论说，马克思是先研究自然，然后才去研究社会的。首先，马克思在撰写博士论文前两年，即1837年给父亲的信中，已强调过："没有哲学我就不能前进。"① 但他当时主要关心的并不是自然哲学，而是黑格尔和青年黑格尔派的法哲学、宗教哲学和政治哲学。如果再往前追溯到马克思于1835年写下的中学毕业论文——《青年在选择职业时的考虑》的话，就会更清楚地发现，马克思的理论兴趣一开始就集中在社会历史而不是自然和自然科学方面。其次，马克思的博士论文并不是为自然哲学而研究自然哲学，而是通过对伊壁鸠鲁的原子偏斜说的肯定，弘扬自我意识、自由意志在社会历史中的作用。所以，虽然马克思研究的是自然问题，其着眼点却是社会问题。最后，马克思本人也表明，他当时的主要兴趣并不在自然哲学方面，在1841年年底至1842年年初为博士论文撰写的新序言草稿中，马克思强调："由于从事更能引起直接兴趣的政治和哲学方面的著作，现在还不允许我完成对这些哲学体系的综述，由于我不知道何时才有机会重新回到这一题目上来。"② 最后，马克思在1859年的《政治经济学批判》序言中回顾自己青年时期思想发展的历程时，根本就没有提到自己早年对自然和自然哲学的研究。在马克思看来，他是通过从对法的关系的研究到对市民社会的解剖，而不是通过从对自然的研究到对社会的探索来创立历史唯物主义理论的。

诚然，除了博士论文之外，马克思在《巴黎手稿》《神圣家族》《德意志意识形态》等著作中对自然问题做了不少论述，但他的论述恰恰强调了以下的结论，即理解自然不是理解社会的前提，相反，理解社会才是理解自然的真正前提。马克思在批判费尔巴哈的直观的、抽象的自然

---

① 《马克思恩格斯全集》，第40卷，13页，北京，人民出版社，1982。
② 《马克思恩格斯全集》，第40卷，286页，北京，人民出版社，1982。

观时指出:"他没有看到,他周围的感性世界决不是某种开天辟地以来就已存在的、始终如一的东西,而是工业和社会状况的产物,是历史的产物,是世世代代活动的结果。"又说:"如果没有工业和商业,自然科学会成为什么样子呢?甚至这个'纯粹的'自然科学也只是由于商业和工业,由于人们的感性活动才达到自己的目的和获得材料的。"① 也就是说,只有先理解工业、商业和社会状况,才能真正认识自然和自然的变化。这充分表明,马克思哲学观形成的真实的路线不是由自然到社会,而是由社会到自然。

那么,马克思哲学作为辩证唯物主义,其辩证法的载体是不是如斯大林所说的,是与人和社会生活相分离的自然或物质世界呢?回答同样是否定的。在《巴黎手稿》中,马克思批判了那种"抽象物质的或者不如说是唯心主义的方向",指出:"被抽象地孤立地理解的、被固定为与人分离的自然界,对人说来也是无。"② 在《德意志意识形态》中,马克思进一步指出:"这种先于人类历史的自然界,不是费尔巴哈在其中生活的那个自然界,也不是那个除去澳洲新出现的一些珊瑚岛以外今天在任何地方都不再存在的、因而对于费尔巴哈说来也是不存在的自然界。"③ 由此可见,马克思理论视野中的自然始终是被实践和工业充分人化的、处在资本主义历史形态中的自然,而不是抽象的、与人类社会分离的自然。所以在马克思那里,辩证法的载体既不是抽象的精神性的东西,也不是抽象的物质性的东西,而是人的实践活动,从根本上看,就是人的生产劳动。

在《巴黎手稿》中,马克思写道:"黑格尔的《现象学》及其最后成果——作为推动原则和创造原则的否定性的辩证法——的伟大之处首先在于,黑格尔把人的自我产生看作一个过程,把对象化看作失去对象,

---

① 《马克思恩格斯全集》,第3卷,49~50页,北京,人民出版社,1960。
② 《马克思恩格斯全集》,第42卷,128页,北京,人民出版社,1979。
③ 《马克思恩格斯全集》,第3卷,50页,北京,人民出版社,1960。

看作外化和这种外化的扬弃；因而他抓住了劳动的本质，把对象性的人、现实的因而是真正的人理解为他自己劳动的结果。"① 也就是说，黑格尔辩证法的载体是劳动，但他理解的劳动只是抽象的精神劳动，因而归根到底其辩证法的载体是精神性的东西，即绝对精神。在《神圣家族》中，马克思指出，在黑格尔的体系中有三个要素：一是斯宾诺莎的实体，二是费希特的自我意识，三是黑格尔的绝对精神。施特劳斯和鲍威尔各自拘执于"实体"和"自我意识"，只有"费尔巴哈把形而上学的绝对精神归结为'以自然为基础的现实的人'"，从而完成了对宗教的批判。同时也巧妙地拟定了对黑格尔的思辨以及一切形而上学的批判的基本要点。②但是，费尔巴哈所谓"现实的人"仍然是抽象的、直观的、主要体现自然属性的人，所以，归根到底，费尔巴哈在批判黑格尔的唯心主义的辩证法时，仍未对辩证法的载体做革命性的改造。只有马克思才从历史唯物主义的基本立场出发，把黑格尔的绝对精神理解为现实生活中从事物质生产的个人，从而使人的生产劳动成了辩证法的真正的载体。这充分表明，马克思哲学，尤其是其辩证法的基础不是脱离人的自然或物质世界，而是人的实践活动，特别是人的生产劳动。

至于斯大林从辩证唯物主义"推广"出历史唯物主义的论断能否成立的问题，如果由马克思本人来回答，答案也会是否定的。马克思说："那种排除历史过程的、抽象的自然科学的唯物主义的缺点，每当它的代表越出自己的专业范围时，就在他们的抽象的和唯心主义的观念中立刻显露出来。"③ 也就是说，以脱离人类历史和社会的自然或物质世界为基础的唯物主义，一进入其他领域，尤其是历史的领域，就会变成唯心主义。在这方面，费尔巴哈是一个最典型的例子。马克思批评说，"当费尔巴哈是一个唯物主义者的时候，历史在他的视野之外；当他去探讨历史

---

① 《马克思恩格斯全集》，第42卷，163页，北京，人民出版社，1979。
② 《马克思恩格斯全集》，第2卷，177页，北京，人民出版社，1957。
③ 马克思：《资本论》，第1卷，447页，北京，人民出版社，2004。

的时候，他决不是一个唯物主义者。在他那里，唯物主义和历史是彼此完全脱离的。"① 马克思的这段重要论述不仅告诉我们，从一般的唯物主义（包括斯大林意义上的辩证唯物主义）"推广"不出历史唯物主义，而且从反面告诉我们，唯物主义与历史结合，即历史唯物主义才是其哲学的基础和出发点。

研究自然史不能撇开人类史，那么，先行地研究人类史。会不会出现撇开自然史的情形呢？如果按照黑格尔的思辨哲学来理解人类史，人类史就会蜕变为脱离自然史的、形而上学地改了装的精神的历史；相反，根据马克思的历史唯物主义来研究人类史，不但不会撇开自然史，反而为自然史的研究奠定了科学的基础。如果说，在资本主义以前的社会形式，尤其是原始社会形式中，自然是作为一种强大的、异己的力量与人相对峙，那么，在资本主义社会中，自然则仅仅是作为人的有用物，作为使用价值出现的。也就是说，在资本主义的历史状态中，自然已被工业和商业充分人化，成了马克思在《巴黎手稿》中说的"人化了的自然"或"人类学的自然"。那种在近代，甚至在当代哲学中仍然保留着的对抽象实体、自然和物质世界的崇拜乃是马克思早就批判过的原始人的自然崇拜观念的遗迹。正因为自然已被充分人化，所以，离开人类史，离开人与人之间的社会的、历史的联系，就不可能真正懂得自然史。需要的不是从抽象的自然推导出现实的人的社会历史，而是倒过来，从现实的人的社会历史推导出以人的生产劳动为中介的历史的自然。马克思的唯物主义之所以被称为历史唯物主义，其根本出发点和前提正体现在对社会历史观的革命性改变上。

马克思说："对现实的描绘会使独立的哲学失去生存环境，能够取而代之的充其量不过是从人类历史发展的观察中抽象出来的最一般的结果的综合。这些抽象本身离开了现实的历史就没有任何价值。"② 也就是

---

① 《马克思恩格斯全集》，第3卷，51页，北京，人民出版社，1960。
② 《马克思恩格斯全集》，第3卷，31页，北京，人民出版社，1960。

说，旧哲学（包括各种历史哲学在内）都已经终结了，代之而起的是唯物史观，即辩证地描述社会历史活动基础和内在联系的新的唯物主义的学说。

从上面的分析和论述中我们完全可以得出这样的结论：马克思哲学是历史唯物主义，历史唯物主义是马克思划时代的哲学创造之所在，成熟时期的马克思并没有创立过历史唯物主义之外的任何其他的哲学。在马克思的整个学说中，历史唯物主义绝不是第二性的，被"推广"出来，而是其他一切学说的基础、前提和出发点。掌握马克思哲学的真精神，就要回到历史唯物主义这个基点上去。唯有历史唯物主义才是我们正确地分析、理解一切社会历史现象的指导性线索。

总体决定、阶段决定和经济关系决定

在《德意志意识形态》中，马克思对历史唯物主义的基本原理作了初步的表述，尽管马克思采用了"物质生产""交往关系"等新术语，但这些术语的内涵及其与旧术语之间的关系还不是十分清晰的。在《政治经济学批判》序言中，马克思则完全运用自己的范畴体系对历史唯物主义作了经典性的论述。马克思说，"物质生活的生产方式制约着整个社会生活、政治生活和精神生活的过程。不是人们的意识决定人们的存在，相反，是人们的社会存在决定人们的意识。"① 马克思的上述论断是历史唯物主义的核心思想，但正如恩格斯在 1893 年致弗·梅林的信中所说的那样，由于当时探讨的重点是从作为基础的经济事实中引申出政治观念、法权观念和其他意识形式，在一定程度上忽视了对观念之间的相互联系及观念对现实的反作用问题的论述，以致马克思学说的某些追随者把历史唯物主义理解为"经济唯物主义"或"经济决定论"。比如，拉法格在

---

① 《马克思恩格斯选集》，第 2 卷，82 页，北京，人民出版社，1995。

《卡尔·马克思的经济唯物主义》(1883)一文中认为:"人类社会的民事的和政治的制度、宗教、哲学体系和文学都是植根于经济环境里。它们在经济的土壤里获得自己盛衰的因素。历史哲学家应当在经济的环境里——也只有在这中间——找出社会进化和革命的基本原因。"[1] 这里明显地具有把历史唯物主义简单化、机械化的倾向。正是针对这种不断增长着的错误倾向,恩格斯在1890年致约·布洛赫的信中对历史唯物主义的基本理论做出了新的表述。他这样写道:"……根据唯物史观,历史过程中的决定性因素归根到底是现实生活的生产和再生产。无论马克思或我都从来没有肯定过比这更多的东西。如果有人在这里加以歪曲,说经济因素是唯一决定性的因素,那么他就是把这个命题变成毫无内容的、抽象的、荒诞无稽的空话。经济状况是基础,但是对历史斗争的进程发生影响并且在许多情况下主要是决定着这一斗争的形式的,还有上层建筑的各种因素……"[2] 恩格斯还认为,历史是许多单个意志相互冲突的产物,"每个意志都对合力有所贡献,因而是包括在这个合力里面的"。[3]

恩格斯的上述论断表明,要避免把历史唯物主义理解为机械决定论,就必须明白,历史唯物主义也就是辩证唯物主义。就是说,只有用辩证的眼光去看待整个历史过程,才可把握马克思的唯物史观的基本精神。问题的关键在于,第二国际、第三国际,甚至迄今为止的许多理论家都认为恩格斯的上述论断就是对历史唯物主义理论的完整表述,这就使辨明这个问题成为正确理解历史唯物主义的关键。

我们认为,恩格斯的上述论断主要是针对那种把历史唯物主义变形为机械决定论的错误倾向而发的,而并不是对历史唯物主义的完整表述。应该说,恩格斯在这里论述的还只是观察、分析一般历史进程的两个层

---

[1] 拉法格:《唯心史观和唯物史观》,39页,北京,生活·读书·新知三联书店,1965。
[2] 《马克思恩格斯选集》,第4卷,696页,北京,人民出版社,1995。
[3] 《马克思恩格斯选集》,第4卷,697页,北京,人民出版社,1995。

面。第一个层面是总体决定的层面，即所有相互作用、相互冲突着的因素共同决定历史事变和进程；第二个层面是经济关系决定的层面，即不管历史现象如何错综复杂，经济关系总是在归根到底的层面上发生作用。在这里，恩格斯并未涉及他和马克思对具体的历史事变的分析。众所周知，马克思分析具体历史事变的最经典的著作是《路易·波拿巴的雾月十八日》。恩格斯在1885年为马克思这部著作的第三版所写的序言中指出，马克思"对当前的活的历史的这种卓越的理解，他在事变刚刚发生时对事变有这种透彻的洞察，的确是无与伦比"。① 具体的历史事变总是瞬息万变的，在历史事变的不同发展阶段上，来自历史总体的不同要素会相继跃居主导地位，所以，光凭上面我们提到的分析一般历史过程的两个层面，碰到活的具体的历史事件时我们仍然会茫然失措，"否则把理论应用于任何历史时期，就会比解一个最简单的一次方程式更容易了。"② 在对具体的历史事变的分析中，每一发展阶段的决定性因素的发现和把握，构成历史唯物主义的基本环节之一，也构成历史辩证法的活的灵魂。所以列宁说："马克思辩证法要求对每一特殊的历史情况进行具体的分析。"③ 毛泽东在《矛盾论》中关于主要矛盾和矛盾的主要方面的论述，乃是对历史唯物主义的这一基本环节的卓越论述和创造性的发展。

由此看来，被完整地、正确地理解的马克思的历史唯物主义应是由以下三个层面组成的综合性理论。第一个层面是总体决定。这一层面要求人们看到各种因素在历史事变和进程中的交互作用，从而具有一种高于局部和各个因素的总体性的、全局性的眼光；但是若仅仅停留在这个层面上，说所有的因素都在历史事变和进程中发生作用，就等于什么也没有说，因为那些在历史事变和进程中起主导作用的因素尚未被抽绎出来，所以必须进入第二个层面，即阶段决定的层面。也就是说，要从历

---

① 《马克思恩格斯选集》，第1卷，618页，北京，人民出版社，1995。
② 《马克思恩格斯选集》，第4卷，696页，北京，人民出版社，1995。
③ 《列宁选集》，第2卷，726页，北京，人民出版社，1995。

史事变和进程的各个发展阶段中找出决定不同阶段的基本发展方向的主导性因素，即通过对历史事变和进程的具体分析，比较深入地把握各发展阶段的主要矛盾和主要问题。但光停留在这个层面上容易被错综复杂的偶然性所迷惑，失去对历史事变和进程的最深刻的基础的领悟，所以还必须由此进入到第三个层面，即经济关系决定的最基本的层面。在某些情况下，经济关系的因素也会直接出现在第二个层面上，作为历史事变和进程中的某一阶段的主导性因素显现出来。在这种情况下，经济关系同时在第二、第三个层面上发挥作用。但在更多的情况下，经济关系则在第三个层面上发挥着间接的、归根到底的作用。

因此，只有辩证地把握这三个层面的关系，才谈得上完整地、准确地理解马克思的历史唯物主义，才谈得上把握马克思主义哲学的真精神。在分析活生生的历史事变时，如果只坚持第三个层面，那是机械的经济决定论的观点，如果不承认第三个层面，那是历史唯心论的观点；如果只坚持第二个层面，就有可能陷入偶因论的观点，如果完全撇开第二个层面，那至多只能成为一个公式主义者，活的历史完全在他的视野之外；如果只坚持第一个层面，那还仅仅停留在对历史的初步的、整体的知觉上，如果完全撇开第一个层面，就会陷入因素论的观点中。这充分表明，历史唯物主义同时也就是辩证唯物主义，只有把上述三个层面辩证地综合起来，才能真正通达历史唯物主义的境界。

马克思和恩格斯相继去世后，在第二国际的理论家那里，历史唯物主义面临的最根本的危险是被曲解为机械的经济决定论。这种理论只从第三个层面上来观察和分析历史事变和进程，完全不顾其他因素，如政治斗争、观念意识、人的活动的作用等，使人成了客观经济法则的盲目崇拜者和消极的旁观者。这一错误的理论曾受到了第二国际著名理论家拉布里奥拉、普列汉诺夫等人的批判。拉布里奥拉指出："问题不在于只是发现和确定社会基础，然后把人变成已经不是由天意，而是受经济范畴操纵的傀儡。……简单说来，要写的是历史，而不是历史的骨架子，要叙述历史事件的过程,而不要抽象化,要记叙和解释整个的历史,而不是把它仅仅分解为一些单个因素并分析这些因素。"① 普列汉诺夫也批判了民粹派的经济唯物主义观点,主张"用社会生活的综合观点来代替因素论这一社会分析的成果"。② 这表明,像拉布里奥拉、普列汉诺夫这样的理论家,力图综合第三层面和第一层面来理解历史唯物主义。他们既肯定了经济因素在归根到底的层面上的决定作用,又主张从总体决定的层面上来把握历史事变和进程。然而,遗憾的是,他们都停留在对历史进程和事变的抽象的分析上,忽略了对具体的历史事变的具体分析,即忽略了我们上面提到的第二个层面。所以,像普列汉诺夫、考茨基这样的理论家,一遇到第一次世界大战这样活生生的历史事变,立刻丧失了理论上的洞察力,堕落为机会主义者和沙文主义者。与他们不同,列宁不仅把握着第一、第三个层面,而且也以卓越的政治家和哲学家的敏感牢牢地把握着第二个层面,即对具体的历史事变的本质和各发展阶段的主导性因素能迅速而准确地加以理解和掌握。列宁一再强调:"他忽略了马克思主义的精髓,马克思主义的活的灵魂:对具体情况作具体分析。"③ 所以,列宁不但没有在当时俄国的异常复杂的历史事件中迷失方向,反而不失时机地把帝国主义国家之间的不义战争转化为国内战争,领导布尔什维克和工人群众取得了十月革命的伟大胜利。实践表明,列宁是马克思的历史唯物主义理论的真正继承者。

列宁逝世以后,历史唯物主义的发展又面临着新的路向和新的挑战。第一个路向是以斯大林为代表的东方社会主义国家的理论家对历史唯物主义的研究。如前所述,斯大林把历史唯物主义理解为辩证唯物主义"推广"到社会领域的结果,而斯大林所谓辩证唯物主义又是以抽象的、

---

① 拉布里奥拉:《关于历史唯物主义》,136~137页,北京,人民出版社,1984。
② 拉布里奥拉:《关于历史唯物主义》,136~137页,北京,人民出版社,1984。
③ 《列宁选集》,第4卷,213页,北京,人民出版社,1995。

与人和社会分离的自然或物质世界为对象的,正如我们在前面已经分析过的那样,从这样的见解出发,不但"推广"不出历史唯物主义,反而会不可避免地陷入历史唯心主义的泥淖之中。长期以来,苏联对经济建设和人民物质文化生活需要的漠视,亦即对历史唯物主义的第三层面的基础性作用的漠视表明,斯大林并没有把握历史唯物主义的真正精神。斯大林的理论失误也给其他社会主义国家造成了严重的影响。

第二个路向是以卢卡奇、柯尔施、葛兰西及法兰克福学派的成员为代表的西方马克思主义者对历史唯物主义的研究。卢卡奇、葛兰西和柯尔施作为西方马克思主义的早期代表,在总结中、西欧革命失败的经验教训时,主要批判了第二国际的庸俗马克思主义者仅仅拘泥于历史唯物主义的第三个层面的经济宿命论的错误观念,提倡历史唯物主义的第一个层面,即总体决定层面的重要性。卢卡奇说:"总体性的范畴,整体对部分的无所不在的优先性,是马克思从黑格尔那里接受过来,而又卓越地把它转化为一个全新的科学的基础方法论的实质。"尽管肯定历史唯物主义的第一层面是必要的,但在这样做的时候,"左"的政治倾向又导致了他们理论上的失误。一方面,他们把第一层面看作比第三层面更根本的、更优先的层面;另一方面,在总体范畴的背后,他们主要强调的是"阶级意识"或"意识形态"的因素。这两方面合起来,必然导致以意识和意志的作用为基础的历史唯心主义。卢卡奇等人的思想对法兰克福学派产生了重要的影响。到了哈贝马斯那里,竟以晚期资本主义社会的重要特征——国家干预经济和社会生活为主要的理由,宣称马克思的历史唯物主义的基本理论已经过时,主张"重建历史唯物主义"。哈贝马斯显然忽略了马克思下面这段重要的论述:"在存在国家(在原始公社等之后)——即政治上组织起来的社会——的地方,国家决不是第一性的;它不过看来如此。"[①] 也就是说,即使在晚期资本主义社会中,国家也不

---

① 《马克思恩格斯全集》,第45卷,645页,北京,人民出版社,1985。

是第一性的，它对社会生活及经济生活的干预方式和干预程度归根到底仍然是由经济关系的实际状况和需要决定的。夸大国家权力的作用正是以意志和意识为中心的历史唯心主义发展的逻辑结果。

第三个路向是以卡尔·波普为代表的实证主义的理论家对历史唯物主义的研究。波普在《历史决定论的贫困》（1944—1945）、《开放社会及其敌人》（1945）、《猜想与反驳》（1963）等著作中对马克思的历史唯物主义提出了全面的批评和挑战。波普认为，马克思强调观念发生和发展的社会条件，特别是经济条件是对的，但又认为"马克思的经济主义——他强调经济背景是任何一种发展的最终基础——是错误的，事实是站不住脚的。我认为社会经济清楚地表明，在某些情况下观念的影响（也许得到宣传的支持）可能超过并取代经济力量。何况，即使说不了解经济背景就无法充分了解精神发展，那么，如果不了解例如科学或宗教观念的发展，至少也同样无法了解经济发展。"[1] 波普试图以历史发展进程中各种因素都处在相互影响和相互作用中为理由，把经济因素和其他各种因素等量齐观，从而消除掉经济因素的基础性的、归根到底层面上的作用。[2] 波普显然忘记了马克思的历史唯物主义所揭示的一个简单的事实，即人们首先必须吃、喝、住、穿，然后才能从事政治、科学、艺术、宗教等活动。在马克思和恩格斯看来，历史进程中的各个因素之间的相互作用是不言而喻的，全部问题在于，这种相互作用并不是无条件的，漫无边际的，而是"在归根到底不断为自己开辟道路的经济必然性基础上的互相作用"。抽掉历史唯物主义的第三个层面，把历史进程中的一切因素等量齐观，必然导致偶因论，导致对历史运动法则的否定。

从上面的论述可以看出，在俄国十月革命之前，历史唯物主义遭受的主要危险是被曲解为机械的经济决定论；在十月革命之后直到当代，

---

[1] 卡尔·波普：《猜想与反驳》，473页，上海，上海译文出版社，1986。
[2] 结构主义的马克思主义者阿尔都塞的"多元决定论"也具有同样的错误倾向。

历史唯物主义遭受的主要危险则是被曲解为历史唯心主义。历史唯物主义的命运启示我们，在当前，维护马克思的历史唯物主义的基本理论，批判历史唯心主义的种种错误观念，乃是理论工作者面临的重要任务之一。

历史唯物主义在中国的命运

历史唯物主义在中国的命运同样是坎坷曲折的。俄国十月革命的一声炮响给中国送来了马克思列宁主义。当时李大钊、陈独秀等人都撰文讴歌历史唯物主义在俄国取得的伟大胜利。中国共产党成立之后，其早期领导人对历史唯物主义的理解还不深，而斯大林哲学思想中的机械唯物论倾向也对一些领导人产生了不良的影响，这是中国共产党的早期革命活动屡受挫折的理论原因之一。在长征途中确立了毛泽东的领导地位，才使情况发生了根本性的变化。毛泽东不仅有丰富的革命实践斗争的经验，而且有极高的理论天赋。他撰写的一系列论著，尤其是《矛盾论》《新民主主义论》等，显示出他对马克思的历史唯物主义基本理论的卓越的理解和创造性的把握。

在《矛盾论》中，毛泽东批判了机械唯物论的观点、指出："诚然，生产力、实践、经济基础，一般地表现为主要的决定的作用，谁不承认这一点，谁就不是唯物论者。然而，生产关系、理论、上层建筑的这些方面，在一定条件之下，又转过来表现其为主要的决定的作用，这也是必须承认的。"[①] 这就是说，绝不能用一种固定的公式去套社会历史过程。这一过程是活生生的，瞬息万变的、是由诸多矛盾构成的复杂总体。在过程发展的每一阶段上，都会有某一历史因素、某一矛盾跃居到主导地位上，对其他因素、其他矛盾产生决定性的影响。所以，毛泽东反复

---

① 《毛泽东选集》，300页，北京，人民出版社，1991。

强调:"离开具体的分析,就不能认识任何矛盾的特性。我们必须时刻记得列宁的话:对于具体的事物作具体的分析。"① 这些思想表明,毛泽东和列宁一样,完整地把握了马克思的历史唯物主义的真精神,亦即正确地把握了唯物历史唯物主义三个层面之间的活生生的辩证关系。在毛泽东那里,历史唯物主义同时就是辩证唯物主义,是对活生生的社会历史过程的深刻洞察和把握。中国革命的胜利表明,毛泽东是马克思和列宁的历史唯物主义的基本理论的卓越继承者。

在对生产资料私有制的社会主义改造基本完成后,中国进入了全面建设社会主义的新时期。1956年9月通过的"八大"政治报告明确指出:社会主义在我国已经基本上建立起来。国内的主要矛盾已经不再是无产阶级与资产阶级的矛盾,而是人民对于经济文化迅速发展的需要同当前经济文化不能满足人民需要的状况之间的矛盾。从这一新时期所面临的主要矛盾出发,党的中心工作无疑是领导全国人民集中力量搞经济建设,实现国家工业化,满足人民日益增长的物质文化需要。"八大"制定的政治路线是完全正确的,它体现中国共产党对马克思的历史唯物主义基本理论的深刻领悟。遗憾的是,这一政治路线在实践中并没有得到认真的贯彻。从20世纪50年代后期起,由于毛泽东对国际国内的阶级斗争状况做了扩大化的估计,党的工作中心一直停留在上层建筑,特别是意识形态的领域里历史唯心主义的谬论肆意泛滥,完全支配了理论舞台。

谬论之一是"意识形态中心论"。"四人帮"批判所谓"唯生产力论",鼓吹"宁要贫穷的社会主义,不要富裕的资本主义",把观念看作是全部历史活动的基础,并从观念的所谓正确与否出发去评判一切、裁决一切,完全背弃了列宁下面的重要论断:"劳动生产率,归根到底是使新社会制度取得胜利的最重要最主要的东西。"② 他们鼓吹所谓"斗私批修,在灵魂深处闹革命",用"左"的言辞掩饰对历史唯物主义基本理论

---

① 《毛泽东选集》,292页,北京,人民出版社,1991。
② 《列宁选集》,第4卷,16页,北京,人民出版社,1995。

的无知；从根本上颠倒了经济基础和意识形态、现实和观念之间的关系。马克思早就告诫我们："意识的一切形式和产物不是可以用精神的批判来消灭的，也不是可以通过把它们消融在'自我意识'中或化为'幽灵''怪影''怪想'等等来消灭的，而只有实际地推翻这一切唯心主义谬论所由产生的现实的社会关系，才能把它们消灭；历史的动力以及宗教、哲学和任何其他理论的动力是革命，而不是批判。"[1] 这就是说，仅仅停留在灵魂深处的"革命"或精神的批判上，既不可能消除旧的传统观念，也不可能形成正确的先进观念。只有在大力发展生产力的基础上，加强思想政治教育，才能从根本上消灭旧观念，形成新观念。

谬论之二是"政治权力决定论"。"文化大革命"把政治权力看成决定一切的最重要的原因，似乎只要有了权，什么人间奇迹都可以创造出来。林彪大谈所谓"政变经"，尤其显露出对政治权力的迷信。马克思在批判梅恩的历史唯心主义观点时指出，梅恩的基本错误在于"把政治优势——不管它们的具体形式如何或者它的各种因素的总和如何——当作某种凌驾于社会之上的，以自身为基础的东西"。[2] 这就是说，在全部社会生活中，政治权力绝不是第一性的、独立的因素。政治不过是经济的集中表现，政治权力归根到底是在生产方式和交往方式的现实基础上形成起来的，所以，"这些现实的关系决不是国家政权创造出来的，相反地，它们本身就是创造国家政权的力量"。[3] 诚然，政治权力在历史进程中的重要作用不能否认，但是它的结构、力量和行使的方式与限度归根到底是受经济关系制约的。马克思说，"归根到底，小农的政治影响表现为行政权力支配社会"。[4] 马克思的这一论断深刻地揭示了"政治权力决定论"这一历史唯心主义见解的社会根源与经济根源。这充分表明，要

---

[1] 《马克思恩格斯全集》，第3卷，43页，北京，人民出版社，1960。
[2] 《马克思恩格斯全集》，第45卷，647页，北京，人民出版社，1985。
[3] 《马克思恩格斯全集》，第3卷，377~378页，北京，人民出版社，1960。
[4] 《马克思恩格斯选集》，第1卷，714页，北京，人民出版社，1995。

巩固和发展社会主义社会的政治领导权，最根本的还是要解决好经济建设的问题。撇开经济基础，抽象地谈论政治权力的重要性，甚至不顾客观规律，只凭权力意志办事，必然会在现实生活中碰壁。

谬论之三是"天才创造历史论"。众所周知，关于个人崇拜和天才的错误的见解既是"文化大革命"的产物，又是"文化大革命"发生和发展的重要的酵素之一。林彪就是个人崇拜和"天才创造历史论"最积极的鼓吹者。根据这样的理论，伟大人物或天才的动机、性格、气质和才能对历史进程起着根本性的决定作用。这当然不是什么新观点。帕斯卡尔在《思想录》里就提出过一个著名的见解：假如克莉奥佩特拉的鼻子生得短一点的话，全部世界历史将会重写。在马克思主义者看来，伟大人物在历史上的重要作用是不容忽视的，但那种把世界历史视为伟大人物手中的玩物的见解显然是错误的。假如克拉利佩奥是个丑八怪，世界历史发展的根本方向也是不会改观的；假如哥伦布在摇篮里夭折，美洲大陆最终还是会被发现的。伟大人物的历史活动并不是随心所欲的，归根到底是在社会物质生活条件的基础上展开的。马克思在谈到天才的艺术家拉斐尔时说："和其他任何一个艺术家一样，拉斐尔也受到他以前的艺术所达到的技术成就、社会组织、当地的分工以及与当地有交往的世界各国的分工等条件的制约。像拉斐尔这样的个人是否能顺利地发展他的天才，这就完全取决于需要，而这种需要又取决于分工以及由分工产生的人们所受教育的条件。"① 天才的艺术家是如此，伟大的政治家也是如此，"他们个人的权力的基础就是他们的生活条件"。② 也就是说，伟大人物或天才在历史上发挥作用的方式和限度归根到底取决于他们置身于其中的物质生活条件。历史唯物主义既然把现实生活的生产和再生产看作全部历史的基础，因而也必然把现实生活的生产和再生产的个体——人民群众看作历史的真正的创造者。也正是在这个意义上，恩格

---

① 《马克思恩格斯全集》，第3卷，459页，北京，人民出版社，1960。
② 《马克思恩格斯全集》，第3卷，378页，北京，人民出版社，1960。

斯指出："如果要去探究那些隐藏在——自觉地或不自觉地，而且往往是不自觉地——历史人物的动机背后并且构成历史的真正的最后动力的动力，那么问题涉及的，与其说是个别人物、即使非常杰出的人物的动机，不如说是使广大群众、使整个整个的民族，并且在每一民族中间又是使整个整个阶级行动起来的动机。"① 显然，离开恩格斯在这里所指出的历史唯物主义的研究轨道，势必把历史看作伟人、天才和国家元首的活动场所，而人民群众只能在历史事变中充当消极的舞台台柱。这种"天才创造历史论"归根到底是小农经济的心态的一种反映。

在1978年召开的十一届三中全会上，中国共产党从理论上清算了"文化大革命"中的种种历史唯心主义的谬见，做出了把全党工作的中心转移到社会主义经济建设中去的重大战略决策。这不仅表明我们党重新恢复并确认了八大的政治路线，而且在指导思想上又回到了历史唯物主义轨道上。在这方面，邓小平的伟大理论贡献是不可磨灭的。

邓小平说："按照历史唯物主义的观点来讲，正确的政治领导的成果，归根到底要表现在社会生产力的发展上，人民物质文化生活的改善上。"② 这里有两层意思，第一层意思是，社会生产力的发展，人民物质文化生活的改善，乃是巩固并发展社会主义事业的根本前提；第二层意思是，正确的政治领导绝不与这一根本前提相对立或相脱离。换言之，社会主义现代化建设就是我们当前的最大政治。所以邓小平反复重申："离开了经济建设这个中心，就有丧失物质基础的危险，其他一切任务都要服从这个中心，围绕这个中心，决不能干扰它。"③

回顾历史唯物主义在其发展进程中的遭际和命运，我们深切地感受到：

第一，坚持马克思的历史唯物主义的基本理论乃是繁荣并发展科学

---

① 《马克思恩格斯选集》，第4卷，249页，北京，人民出版社，1995。
② 《邓小平文选》(1975—1982)，123页，北京，人民出版社，1983。
③ 《邓小平文选》(1975—1982)，214页，北京，人民出版社，1983。

社会主义事业的根本保证。历史一再昭示我们,当我们沿着历史唯物主义的理论轨道前进时,我们的事业就欣欣向荣,当我们偏离历史唯物主义的理论轨道时,我们的事业就会遭受挫折。如果说,1978年开始的实践标准问题的大讨论是马克思的历史唯物主义在中国复兴的一个先兆,那么,在社会主义事业在某些国家遭受巨大的挫折的今天,全面地理解并把握历史唯物主义的基本精神,认真地总结经验教训、看清前进的道路,就具有特别重要和紧迫的意义。

第二,坚持以经济建设为中心,不断改善人民群众的物质文化生活,乃是历史唯物主义在社会主义历史时期的最根本的体现。在马克思看来,物质生产的领域乃是一个必然王国,不管人类社会发展到怎样的新阶段,"这个领域始终是一个必然王国。在这个必然王国的彼岸,作为目的本身的人类能力的发展,真正的自由王国,就开始了,但是,这个自由王国只有建立在必然王国的基础上,才能繁荣起来"。[①] 这就是说,即使在未来的共产主义社会中,真正的自由也不是任性,而是在遵循经济运动的客观规律、巩固和发展这一必然王国的基础上达到的。所以,坚持以经济建设为中心(除了爆发大规模的战争外)绝不是权宜之计,而是贯穿整个社会主义历史时期的根本任务。

第三,只有同时把历史唯物主义理解为辩证唯物主义,才能真正把握它的三个分析层面之间的活生生的、辩证的关系;才不会把它当作教条和公式到处搬用,而是把它当作分析各种活生生的、错综复杂的历史现象的指南。也就是说,历史辩证法并不是某种和历史唯物主义相分离的东西,而是历史唯物主义的生命和灵魂。坚持具体问题具体分析乃是马克思的全部学说的活力之所在。

[①] 马克思:《资本论》,第3卷,945页,北京,人民出版社,2004。

后现代视野中的马克思

正如古代的"智者"不构成一个确定性的哲学派别一样,活跃在当代思想界的所谓"后现代理论家"也不从属于任何一个确定的哲学派别。也许我们只能把他们理解为一些具有类似理论倾向的学者。显而易见,不管这些学者在思想上是多么偏激或怪异,他们都无法绕过下面这个话题,即他们和马克思的关系问题。正如法国哲学家德里达所说的:"地球上所有的人,所有的男人和女人,不管他们愿意与否,知道与否,他们今天在某种程度上说都是马克思和马克思主义的继承人。"① 这充分表明了马克思遗产的普遍性和其无所不在的特征。

在通常的情况下,人们习惯于把后现代理论与马克思的思想尖锐地对立起来。正如美国哲学家詹明信所批评的:"马克思主义与后现代

---

① 德里达:《马克思的幽灵》,127页,北京,中国人民大学出版社,1999。

主义：人们往往感到这是一种罕见的或悖论的结合，是缺乏牢固基础的，以致有些人认为，当我现在'成为'后现代主义者时，一定不再是任何含义（即用其他一些传统字眼）上的马克思主义者了。"① 其实，这是一种很肤浅的看法。诚然，后现代理论与马克思的思想之间存在着重大的差异，但人们并不能因此而否定这两者之间存在着某些相似点，乃至共同点。

事实上，那些富于原创性的后现代理论家总是沿着以下两个不同的方向来反思他们与马克思之间的关系的：一方面，他们激烈地批判马克思思想中存在的、与现代性的主导性价值相契合的观念；另一方面，他们又热情地肯定马克思思想中存在的、与后现代的价值取向相一致的见解。这两个方面的内容构成了他们和马克思之间的错综复杂的关系。全面地探索并理解这些关系，不但能加深我们对后现代理论的本质特征的把握，而且也能使我们更深刻地领悟马克思思想的当代意义和价值。

肯定性的叙事与否定性的叙事

众所周知，在马克思的理论陈述中，包含着两种不同的叙事方式：一种是"肯定性的叙事"，即马克思对自己的新理论的陈述，如历史唯物主义、剩余价值理论、共产主义学说等；另一种是否定性的陈述，如意识形态批判、资本主义批判、政治经济学批判等。当然，这两种叙事方式并不是截然可分的，而是相互贯通、相互渗透的。但当人们从分析的理性的角度出发进行探讨的时候，还是可以区分出这两种不同的叙事方式。后现代理论家常常拒斥蕴含在马克思的理论陈述中肯定性的、宏大的叙事方式，而对其否定性的、批判性的叙事方式则大加赞赏。在这方面，法国哲学家利奥塔是一个典型的代表。

利奥塔把传统的、肯定性的大叙事分为两个主要的派别：一派倾向

---

① 弗雷德里克·詹姆逊：《马克思主义与后现代主义》，载《马克思主义与现实》56 页，2002（2）。

于政治；另一派则倾向于哲学。然后这样写道："我们可以很简便地指出，马克思主义在以上两种叙事合法化的模式中，左右摇摆。共产党统御了大学制度，无产阶级取代了全民或人性，辩证唯物主义取代了思辨理性理想主义等。马克思主义与科学自身有其特殊的关系，而斯大林主义或许正是它的终结。在斯大林主义中，科学仅扮演着从后设论述中寻绎或引证的角色，而'社会主义'则成了精神生活的替代词。"① 在他看来，马克思既继承西方传统政治和哲学中的宏大叙事，又以自己的方式对传统的叙事方式进行了改造。然而，马克思只是改造了传统叙事方式的内涵，却没有触动它的形式。也就是说，马克思自己的学说也构成一种新的宏大的叙事，而在这种新的叙事方式中，"共产党""无产阶级""辩证唯物主义""社会主义"成了基本概念，而"解放""救赎"则成了核心的观念。利奥塔明确表示，他对蕴含在马克思学说中的这些肯定性叙事表示怀疑，尤其是当斯大林主义成为马克思主义思想的一个结果的时候，这种疑虑进一步增强了。"不过，我们所以质疑，是因为我们不再像马克思那样，相信人类可以在矛盾斗争中得到救赎。"②

利奥塔对马克思的肯定性叙事的拒斥在后现代理论家那里引起了广泛的共鸣。比如，詹明信认为，"陈旧的马克思主义文化范式已经起不了什么作用了"③。他主张，必须站在新的时代高度上，对马克思当时的叙事方式和阐释方式进行必要的改造。英国哲学家吉登斯在探讨现代性问题时也强调，尽管马克思十分关注现代性的断裂的特征，但仍然未摆脱达尔文的进化论这一宏大叙事的影响。他写道："即使是那些强调断裂变革之重要性的理论（如马克思的理论），也把人类历史看作有一个总的发

---

① 利奥塔：《后现代状况：关于知识的报告》，117页，长沙，湖南美术出版社，1996。
② 利奥塔：《后现代状况：关于知识的报告》，30页，长沙，湖南美术出版社，1996。
③ Fredric Jameson，*The Political Unconscious*，Cornell University Press，1985，p.11.

展方向,并受着某种具有普遍性的动力原则所支配的过程。进化论的确表述了这种'宏大叙事',尽管它不一定属于受宇宙目的论影响的理论。"① 在吉登斯看来,人们应当在解析现代性问题时,超越这种单线性的进化论的宏大叙事方式,更多地注意到现代社会与传统社会之间的鸿沟,同时更多地检讨现代性蕴含的风险和种种不确定性。美国哲学家凯尔纳和贝斯特在谈到利奥塔的后现代理论时,也写道:"从这一点看,后现代应该被界定为'对元叙事的怀疑',对形而上学哲学、历史哲学以及任何形式的总体化思想——不管是黑格尔主义、自由主义、马克思主义还是实证主义——的拒斥。"② 总之,后现代理论家对马克思思想中所蕴含的肯定性的、宏大的叙事采取排斥的态度。

然而,有趣的是,他们对马克思思想中显露出来的批判性的、否定性的叙事方式却表现出真诚的认同。这一点甚至连利奥塔都不例外。他在批评马克思的宏大叙事的同时,也指出:"马克思主义也能够发展成一种批判性的知识形式,认为社会主义就是由自治主体所组成的,而科学存在的唯一理由是要让经验主体(无产阶级)从异化与压迫中获得解放。"③ 利奥塔认为,法兰克福学派所发展和推进的正是蕴含在马克思的学说中的这种否定性的、批判性的叙事方式。詹明信认为,在马克思的否定性叙事方式中,最有价值的学说就是他对意识形态的整体性批判。这一批判深刻地揭示了一切文本或观念与意识形态之间的内在联系。也正是在这个意义上,他把马克思的学说称之为"否定的诠释学"。他这样写道:"这就是一般的理论构架,我总是愿意在这一理论架构中,阐明我自己的、可以概括如下的方

---

① 吉登斯:《现代性的后果》,4～5页,南京,译林出版社,2000。
② 凯尔纳、贝斯特:《后现代理论:批判性的质疑》,216页,北京,中央编译出版社,2001。罗蒂也认为,"在重要的法国哲学家和社会批评家利奥塔的后期著作中,马克思主义成了关于'人性'和'人类历史'的伟大的'元叙事'之一。利奥塔认为,在尼采、海德格尔和福柯以后,我们再也不能相信这样的元叙事了。"罗蒂:《后哲学文化》,137页,上海,上海译文出版社,1992。
③ 利奥塔:《后现代状况:关于知识的报告》,117页,长沙,湖南美术出版社,1996。

法论的命题：一个马克思主义的否定的诠释学（a Marxist negative hermeneutic），一种准确的马克思主义式的意识形态分析的实践，在阅读和解释的实际工作中，必须与一种马克思主义的肯定的诠释学（a Marxist positive hermeneutic）或对相同的意识形态的文化的文本中的乌托邦的冲动的破译同时进行。"① 在詹明信看来，一旦人们抛弃了这种否定性的叙事方式的视角，也就不可能全面把握马克思思想的意义。事实上，詹明信更感兴趣的是马克思学说中的否定性的叙事方式。按照法国哲学家德勒兹的看法，在马克思的否定性叙事方式中，最有价值的应当是他对资本主义的分析和批判。他写道："我认为费利克斯·加达里和我一直都是马克思主义者，也许方式不同，但是我们俩都是。我们不相信那种不以分析资本主义及其发展为中心的政治哲学。马克思著作中最令我们感兴趣的是将资本主义作为内在的体系加以分析。"② 这里所说的"内在的体系"也就是把资本主义作为一个有机的整体加以解剖和反思，而马克思的否定性的叙事方式正是通过这样的解剖和反思展现出来的。

每一个不存偏见的研究者都会发现，马克思是康德所肇始的批判精神的伟大的继承者，他的主要著作的正标题或副标题几乎都有"批判"这个词。实际上，早在1843年致卢格的信中，马克思已经指出："新思潮的优点就恰恰在于我们不想教条式地预料未来，而只是希望在批判旧世界中发现新世界。"③ 正是这种大无畏的批判性的、否定性的精神和叙事方式成了后现代理论家抨击现代性的重要的思想资源。

权力化的话语与反权力化的话语

正如诸多西方马克思主义者所指出的那样，马克思思想在被他的追

---

① Fredric Jameson, *The Political Unconscious*, Cornell University Press, 1985, p. 296。
② 德勒兹：《哲学与权力的谈判：德勒兹访谈录》，195页，北京，商务印书馆，2000。
③ 《马克思恩格斯全集》，第1卷，416页，北京，人民出版社，1956。

随者意识形态化的过程中，已经转化为一种权力化的话语。西方马克思主义的早期代表人物之一、德国哲学家柯尔施早已注意到这种把马克思思想权力化的倾向，并发出了警告。① 但这种警告在当时并没有引起充分的重视。事实上，一旦人们把马克思思想意识形态化或权力化，并把它作为判断一切是非的标准，马克思思想本身也就从一种批判性的意识转化为被批判的意识。特别是在后现代理论家那里，被权力话语化的马克思和马克思主义遭到了广泛的批评。

众所周知，在后现代理论家中，法国哲学家福柯对权力化的知识和话语的抵制最烈。他指出："1968 年以前，至少在法国，你如果要做一个哲学家的话，就必须是一个马克思主义者，或是现象学家，或是结构主义者。可我不是这些学派的信徒……1968 年以后，第一个变化就是马克思主义在学界一统天下的局面结束了，新的关心个人兴趣的政治文化倾向开始产生。正是这个原因，我的著作在 1968 年以前除了在很小的圈子以外，几乎毫无反响。"② 在这里，福柯以 1968 年划界，表明了自己的思想与已经在某种程度上被权力化和意识形态化了的马克思思想之间的差距。事实上，作为法国结构主义的马克思主义者阿尔都塞的学生，福柯并没有简单地认同他的老师的学说，而是试图通过对尼采的解读，超出已被权力化的马克思主义的话语系统。这样的话语系统的批评也见于其他的后现代理论家。德里达就说过："对于我们中的许多人而言，某种（我在此强调的是某种）共产主义的马克思主义的终结并不需要等到苏联以及全世界完全依赖于苏联的所有一切的最近解体。所有的一切在 50 年代初就已经开始——所有的一切甚至在那时就已经不容置疑的是'可见的'了。因此，使我们今晚聚集在一起的这个问题——'马克思主

---

① 俞吾金、陈学明：《国外马克思主义哲学流派》，73 页，上海，复旦大学出版社，1990。
② 包亚明主编：《权力的眼睛：福柯访谈录》，6 页，上海，上海人民出版社，1997。

义向何处去'——其实是一个重复已久的话题的回声。"[1] 德里达在这里说的早已解体了的马克思主义，实际上也就是斯大林主义化的、权力话语化的马克思主义，而他真正关心的乃是马克思主义的本真精神的恢复，而"马克思主义向何处去"所要解答的也正是这样的一个问题。

后现代理论家拒斥已经以某种方式被意识形态化或权力话语化的马克思主义，并不等于他们对蕴含在马克思学说中的反权力话语的见解采取漠视的态度。事实上，马克思在历史唯物主义的基础上阐述出来的权力理论至今仍然是无法超越的。一方面，马克思指出，无论是国家，还是权力，都不是第一性的东西，"那些决不依个人'意志'为转移的个人的物质生活，即他们的相互制约的生产方式和交往方式，是国家的现实基础，而且在一切还必须有分工和私有制的阶段上，都是完全不依个人的意志为转移的。这些现实的关系决不是国家政权创造出来的，相反地，它们本身就是创造国家政权的力量"[2]。这段重要的论述从根本上消除了笼罩在政治权力上的灵光圈，把它化为日常生活中可以理解的一个问题，从而为关于政治权力问题的任何讨论澄明了前提。另一方面，马克思也告诉我们："一个阶级是社会上占统治地位的物质力量，同时也是社会上占统治地位的精神力量。支配着物质生产资料的阶级，同时也支配着精神生产的资料，因此，那些没有精神生产资料的人的思想，一般地是受统治阶级的支配的。"[3] 马克思的这一重要的研究结论启示我们：统治阶级在物质资料生产上的领导权决定着其相应的精神生产上的领导权。这一点决定了：不管人们是否意识到，精神生产总是在无所不在的宏观政治权力的支配下进行的。换言之，占支配地位或主流地位的话语本质上就是权力话语。正是在这个意义上，我们可以说，真正现实的诠释学乃

---

[1] 德里达：《马克思的幽灵》，22~23页，北京，中国人民大学出版社，1999。
[2] 《马克思恩格斯全集》，第3卷，377~378页，北京，人民出版社，1960。
[3] 《马克思恩格斯全集》，第3卷，30页，北京，人民出版社，1960。

是权力诠释学。① 毋庸讳言,马克思关于权力问题的批判性观点对当代学者产生了深刻的影响。无论是尼采的"权力意志"的理论,还是葛兰西的"文化领导权"理论,无论是阿多诺的"否定的辩证法"的构想,还是马尔库塞关于"大拒绝"的呼吁,都在一定的意义上回应了马克思的宏观政治权力理论。正如许多研究者已经意识到的那样:"马克思对权力之经济关系的重要性的强调,被尼采对权力和统治形式之多样性的强调所取代。"②

当然,后现代理论家仍然以怀疑的目光来看待马克思对宏观政治权力的倚重。利奥塔并不否认,马克思通过对剩余价值的揭露,对现代性进行了深入的批判,然而,他写道:"今天我们知道,在马克思主义的庇护之下'十月革命'只是成功地再次打开了同一个伤口。问题的确定和诊断可以变化,但在这一重写中同一疾病又再次出现。马克思主义者认为他们在努力清除异化,但人的异化几乎以毫无变化的形式被重复了。"③ 显然,在利奥塔看来,仅仅从宏观上改变权力的形式和构成,并不能从根本上消除宏观权力造成的异化。众所周知,福柯对马克思的宏观政治权力理论同样抱着一种疑虑的态度。事实上,他更关注的是在生活中到处显现出来的、多元的、微观政治权力。正如凯尔纳和贝斯特所指出的:"为替代马克思主义有关对立阶级之间的阶级斗争的二元模式,福柯呼唤一种在社会的所有的微观层面上,在监狱、精神病院、医院和学校中发展起来的多元的自主斗争。他用后现代微观政治概念取代了现代的宏观政治概念,因为在现代宏观政治概念中,冲突力量之间争夺的是对扎根于经济和国家中的中心化权力之源的控制权,而在后现代微观政治概念中,无数的局部群体争夺的是散布于整个社会中的分散的、非

---

① 参见拙文《马克思的权力诠释学及其当代意义》,载《天津社会科学》,17~21 页,2001(5)。
② 凯尔纳、贝斯特:《后现代理论:批判性的质疑》,31 页,北京,中央编译出版社,2001。
③ 包亚明主编:《后现代性与公正游戏》,158 页,上海,上海人民出版社,1997。

中心化的权力形式。"① 按照福柯的理解,微观政治权力起着比宏观政治权力更为重要的、基础性的作用。

无疑地,以福柯为代表的后现代理论家提出的微观权力的理论,是一种极富创发性的、政治文化批判的理论。然而,只要人们公正地对待马克思的宏观权力理论的话,就会发现,单纯的微观权力的批判,与单纯的宏观权力批判一样是有自己的限度的。这里会出现循环论证,即宏观权力的有效的改变有赖于微观权力的改变;反之,微观权力的彻底改变也有赖于宏观权力的改变。因此,对于后现代理论家来说,对马克思的宏观权力批判理论采取简单的态度是不行的,应当在两种权力的辩证关系中来把握微观权力批判的作用和局限性。

确定性的偶像化与对偶像化的确定性的消解

人所共知,在对确定性与非确定性之间的关系的思考上,马克思留下了极为丰富的思想遗产。然而,在他的后继者那里,情况又发生了重大的变化。一方面,马克思视之为确定性的内容在他的追随者那里被简单地、无条件地夸大了,甚至可以说,确定性已经被偶像化了;另一方面,马克思对历史上的某些确定性的结论的消解却没有引起人们的充分重视,直到后现代理论家那里,这方面的思想资源才引起他们的巨大的兴趣。

就马克思学说的前一个方面而言,最广为人知的一个例子是:马克思对经济关系在社会生活中的基础性作用的确定被偶像化为所谓"经济决定论"。恩格斯为此而写道:"……根据唯物史观,历史过程中的决定性因素归根到底是现实生活的生产和再生产。无论马克思或我都从来没有肯定过比这更多的东西。如果有人在这里加以歪曲,说经济因素是唯一决定性的因素,那么他就是把这个命题变成毫无内容的、抽象的、荒谬无稽的空

---

① 凯尔纳、贝斯特:《后现代理论:批判性的质疑》,72~73页,北京,中央编译出版社,2001。

话。"① 显然，在恩格斯看来，他和马克思所强调的不过是经济关系在社会历史现象中的基础性的、归根到底层面上的作用。正如马克思在别处所指出的："例如只要对罗马共和国的历史稍微有点了解，就会知道，地产的历史构成罗马共和国的秘史。"② 在这里，马克思只是强调地产的问题在罗马共和国的历史的演化中起着基础性的作用，但并没有把它理解为决定罗马共和国演化的唯一的因素。同样地，也不能把马克思的历史唯物主义曲解为"经济决定论"。然而，遗憾的是，恩格斯对马克思的追随者在理论上曲解马克思的做法的强烈的抗议却在以后愈演愈烈的曲解活动中被湮没了。

后现代理论家们感兴趣的正是马克思对传统中的、已经被统治阶级偶像化了的确定性的东西的消解。在《共产党宣言》中，马克思在论述资产阶级的历史作用时，充分强调了这一历史作用中所蕴含的、对传统的确定性的消解。他写道："生产的不断变革，一切社会状况不停的动荡，永远的不安定和变动，这就是资产阶级时代不同于过去一切时代的地方。一切固定的僵化的关系以及与之相应的素被尊崇的观念和见解都被消除了，一切新形成的关系等不到固定下来就陈旧了。一切等级的和固定的东西都烟消云散了，一切神圣的东西都被亵渎了。人们终于不得不用冷静的眼光来看他们的生活地位、他们的相互关系。"③ 马克思甚至指出，资产阶级在反对封建主义的过程中，也锻造了最后埋葬自己的武器——无产阶级。总之，资产阶级以一种变动不居的方式摧毁了传统社会中确定不移的东西，同时也为否定关于自己的确定性神话奠定了基础。加拿大哲学家泰勒对马克思的上述见解做了进一步的诠释："大约在150年前，马克思在《共产党宣言》中写道，资本主义发展的结果之一就是'一切固定的东西都烟消云散了'。该断言是指，过去服务于我们的那些可靠的、持久的、总是意味深长的东西，正在让位给那些堆积在我们周

---

① 《马克思恩格斯选集》，第4卷，695~696页，北京，人民出版社，1995。
② 马克思：《资本论》，第1卷，99页注33，北京，人民出版社，1975。
③ 《马克思恩格斯选集》，第1卷，275页，北京，人民出版社，1995。

围的快捷的、廉价的、可替换的商品。"① 泰勒在这里强调的、由人的行为方式引起的不确定性，在吉登斯那里则表现为"人造的不确定性"（manufactured uncertainty）。他认为，随着科学技术的发展，这种"人造的不确定性"几乎无处不在："核战争的可能性，生态灾难，不可遏制的人口爆炸，全球经济交流的崩溃，以及其他潜在的全球性灾难，对我们每一个人都勾画出了一幅令人不安的危险前景。"② 在某种意义上，人们可以说，切尔诺贝利无处不在，面对着全球性的风险和不确定性，即使一个人拥有特权也无法幸免。后现代理论家对风险和不确定性的认同，在自然科学家那里也引起了共鸣。耗散结构理论的创始人普利高津认为，从古希腊至今，对确定性的认可和追求一直是西方思想的主脉。然而，在当今，这种确定性正面临着挑战："人类正处于一个转折点，正处于一种新理性的开端。在这种新理性中，科学不再等同于确定性，概率不再等同于无知。"③ 无疑地，在后现代理论家关于不确定性的论述中，马克思的某些反确定性的话语也是重要的思想来源之一。

综上所述，后现代理论家从自己的视角和理解的前结构出发，对马克思思想做出了修正和选择。诠释学启示我们，任何历史的文本，在被以后的世代不断地进行诠释的过程中，其意义总是开放的。马克思的文本和思想也面临着同样的命运。只有充分地认识到这一点，我们才不会沉湎于"回到马克思"的幻梦中。我们所要做的，不是抽空自己，返回到纯粹的、不受任何认识"污染"的马克思那里去，而是自觉地运用马克思的话语和思想，回应当今世界中引发我们兴趣的、有待解决的问题，从而阐明马克思思想的当代意义。事实上，我们对马克思和后现代理论之间的关系的反思也正从属于这一根本性的任务。

---

① 泰勒：《现代性之隐忧》，7~8页，北京，中央编译出版社，2001。
② 吉登斯：《现代性的后果》，110页，南京，译林出版社，2000。
③ 普利高津：《确定性的终结》，5页，上海，上海科技教育出版社，1998。

破解詹明信的思想悖论

在当代国际思想界和文化界,美国杜克大学教授詹明信是一个知名度很高的人物。当代另一位著名的英国左翼思想家佩里·安德森在为詹明信的著作《文化转向》所写的"前言"中曾经说过:"詹明信的著作,犹如夜晚天空中升起的镁光照明弹,照亮了后现代被遮蔽的风景。后现代的阴暗和朦胧霎时变成一片奇异和灿烂。"[1] 尽管安德森的评价主要是就詹明信在《文化转向》一书中提出的后现代理论来说的,而詹明信本人的理论兴趣又远远地超越了后现代文化这一主题,但这一评价仍然从一个侧面展示出詹明信的理论形象。

然而,当安德森赞扬詹明信的著作使"后现代的阴暗和朦胧霎时变成一片奇异和灿烂"时,他看到的却只是问题的一个方面。事实上,

---

[1] 弗雷德里克·詹姆逊:《文化转向》,1页,北京,中国社会科学出版社,2000。

在另一些批评家看来，詹明信在欧内斯特·曼德尔的著作《晚期资本主义》提出的资本主义发展三阶段（自由资本主义、垄断资本主义、晚期资本主义）理论的启发下提出的、相应的文化发展三阶段（现实主义、现代主义、后现代主义）的学说乃是"詹明信自我认可的神话"。① 史蒂文·康纳在谈到詹明信时还指出："或许，他的著述的最能够说明问题的、最具特点的策略——或者说外征——是该书所用时态的不确定性。大量的条件从句和将来完成时态用法使我们一直无法明白我们读到的是过去发生的，正在进行的，还是将要出现的事情。"② 有趣的是，康纳对詹明信的后现代文化理论做出了与安德森完全不同的评价。在安德森认为詹明信已经驱散"后现代的阴暗和朦胧"的地方，康纳感受到的恰恰是更多的模糊性与不确定性。

毋庸讳言，初读詹明信著作的人，常常会迷惑于他所遭遇到的这类毁誉参半、大起大落的评价。可是，随着阅读和思考的深入，人们渐渐发现，在詹明信文化理论的深处，蕴藏着一系列他自己无法摆脱的思想悖论。事实上，正是这些思想悖论构成了詹明信文化理论的创造性的动力，也形成了他的独特的文风。至于批评家们之所以对他的文化理论做出了迥然各异的评价，是因为他们通常各执詹明信思想的某个片面，以"瞎子摸象"的方式，对其思想做出总体评价。不用说，这类评价的结果不但没有使我们走近詹明信，反而使他离我们更远了。这就启示我们，只有通过对隐藏在詹明信文化理论深处的思想悖论的探寻和发现，使它们从无意识层面上升到意识层面上来，才能全面地认识并准确地评价詹明信的文化理论。那么，在詹明信的文化理论中，究竟蕴含着哪些思想悖论呢？

---

① 史蒂文·康纳：《后现代主义文化：当代理论导引》，66页，北京，商务印书馆，2004。

② 史蒂文·康纳：《后现代主义文化：当代理论导引》，71页，北京，商务印书馆，2004。

第一个思想悖论是：任何文化理论都只能通过语言而表达出来，而语言既是一个"牢笼"（the prison house），又隐藏着开启自身的钥匙。众所周知，詹明信的思想深受结构主义思潮，尤其是 T. S. 库恩的结构主义思想的影响。在《语言的牢笼》（1972）这部著作中，他这样写道："这种结构主义模式论的最好的阐释之一是 T. S. 库恩的《科学革命的结构》一书。这是独立提出的一套理论，因此本身就证明存在着一个建立结构或模式的问题结构，这一问题结构以一种与正规的结构主义或潮流的影响没有多少关系的方式决定了我们这一代人的思维方式。"①詹明信不仅坦承自己的思维方式深受库恩的影响，而且他的《语言的牢笼》、《马克思主义与形式》（1974）等著作都印证了这一影响的强烈和持久的程度。在《语言的牢笼》中，詹明信开宗明义地指出，思想史是思维模式的历史，而任何一种模式都有其形成、发展、衰弱，最后被新的模式所取代的历史。詹明信认为，语言也可以被理解为一种结构、一个模式。瑞士语言学家索绪尔开启了以结构主义的方式解读语言模式的新思潮。通过对历时态/共时态（diachronie/synchronie）、语言/言语（language/parole）、能指/所指（significant/signifié）这三大关系的区分和分析，一方面，索绪尔构建了新的语言模式或新的语言牢笼；另一方面，他又为打开这一牢笼提供了新的钥匙。

正如詹明信所指出的，在后索绪尔时代中，"语言学家已经把索绪尔的整个体系推向其必然的结果，到了乔姆斯基，就把它完全颠倒过来了，提出了一个全新的语言模式。而我们从现在开始则要研究这一原始理论后来在其他知识领域的情况，特别是它作为一种模式和比喻在文学批评、人类学以及最终在哲学本身这些领域中所产生的解放思想的巨大影

---

① 弗雷德里克·詹姆逊：《语言的牢笼：马克思主义与形式》，113 页，南昌，百花洲文艺出版社，1995。

响"①。詹明信着重分析了索绪尔的结构主义语言理论对俄国形式主义和法国结构主义所产生的巨大影响。尤其是在文学理论上,一方面,俄国的形式主义和法国的结构主义都自觉地置身于索绪尔创制的新语言"牢笼"之内;另一方面,它们又通过对隐藏在这一"牢笼"内的钥匙的寻觅,在某些点上突破,甚至整个地超越了索绪尔的语言理论模式。在俄国形式主义者中,什克洛夫斯基把艺术的本质解读为"陌生化"(ostranenie);而在法国结构主义者中,列维-斯特劳斯提出的"能指过剩"(surplus of signifier)、雅克·拉康在婴儿心理发展中设定的"镜像阶段"(Le stage du miroire)、A. J. 格雷马斯和罗兰·巴特对"情节语法"(grammar of plot)的分析、罗歇·阿尔都塞和雅克·德里达创制的"问题框架"(problematique)和"延异"(différance)概念,既是对索绪尔所开创的结构主义语言模式的追随和认同,也是对它的改写和解构。其实,当人们像詹明信那样把语言理解为思维模式时,就会发现,任何一种有影响力的文化理论,既是对某种旧有的语言模式或牢笼的顺从,又是对它的新的修正或突破。

第二个思想悖论是:任何文化理论都蕴含着"意识形态素"(ideologeme),而它们的要旨又是识别并分析意识形态素。在《政治无意识》(1981)这部重要的著作中,詹明信这样写道:"我们认为,每一既定时期的文化或'客观精神'都是一种环境,那里栖居的不仅是沿袭下来的词语和幸存的观念,还有那些社会象征类型的各种叙事单元,我们称为意识形态素。"② 也就是说,在文化作品(包括文化理论)中本身就潜藏着意识形态素。然而,任何文化理论的要旨又恰恰是要把潜藏在文化作品中的意识形态素识别出来,加以批判性的考察。

---

① 弗雷德里克·詹姆逊:《语言的牢笼:马克思主义与形式》,33页,南昌,百花洲文艺出版社,1995。
② Fredric Jameson, *The Political Unconsciousness*, New York: Cornell University Press, 1985, p. 185.

在这里假定存在着文化理论 A 和文化理论 B。在詹明信看来，文化理论 A 对文化理论 B 中所隐藏的意识形态素的识别还是相对地容易的。比如，他认为，在 19 世纪的文化作品中就普遍地蕴含着一种关于"愤懑"（ressentiment）的意识形态素。① 而难度较高的是文化理论 A 或文化理论 B 各自对自己内部所所蕴含的意识形态素的识别和分析。比如，马克思主义作为一种文化理论，视意识形态为"虚假的意识"，它是人们用来识别蕴含在其他文化理论中的意识形态素的锐利的思想武器，但马克思主义能否识别出自身中蕴含着的意识形态素呢？詹明信认为，"马克思主义的否定解释学、马克思主义意识形态分析的专门的实践，在对实际作品的解读和阐释中，必须与马克思主义的肯定的解释学，或对相同的意识形态文化文本的乌托邦冲动的破译同时进行"②。詹明信这里所说的"马克思主义的肯定的解释学"指的是马克思主义关于未来社会的乌托邦思想，而"相同的意识形态文化文本的乌托邦冲动"指的则是马克思主义对那些有着与自己类似的乌托邦目标的意识形态文本的认同。在詹明信看来，这些因素实际上正是蕴含在马克思主义中的意识形态素。实际上，"唯有以此为代价——同时承认艺术文本的意识形态和乌托邦功能——马克思主义的文化研究才有希望在政治实践中发挥作用，当然，这种实践正是马克思主义的全部意义之所在"③。按照詹明信的观点，马克思主义文化理论的研究者不但没有必要回避马克思主义文化理论本身所蕴含的意识形态素，而且这种意识形态性素体现出来的正是马克思主义的当代意义。

第三个思想悖论是：后现代主义文化必须从资本主义发展的三个

---

① Fredric Jameson, *The Political Unconsciousness*, New York: Cornell University Press, 1985, p. 88.
② Fredric Jameson, *The Political Unconsciousness*, New York: Cornell University Press, 1985, p. 296.
③ Fredric Jameson, *The Political Unconsciousness*, New York: Cornell University Press, 1985, p. 299.

总体性的历史阶段上进行确定，而后现代主义文化又是以反总体性的"戏仿/拼贴"（parody/pastiche）作为自己的本质特征的。正如我们在前面已经指出过的那样，詹明信不仅把现实主义与自由资本主义、现代主义与垄断资本主义、后现代主义与晚期资本主义，从总体上一一对应起来，而且断言："后现代主义的叙事及其同晚期资本主义的关系是全部问题之所在。无论在世界的哪一个角落，人们都无法逃避晚期资本主义的引力场。"① 然而，这种以总体化的思维方式来规范后现代主义的做法却引起了不少人的异议。正如詹明信自己坦然承认的那样，"引人注目的是我对后现代主义的研究所采用的总体化的方式，今天令人感兴趣的问题不是我为什么采用这一视角，而是为什么激起了这么多人的反感（听说很反感）"②。其实，詹明信没有意识到，这种普遍的反感正是与人们对后现代主义文化的根本特征的理解关联在一起的。因为在后现代主义文化的本质特征中包含着对现代性所认同的总体性的颠覆，自然也蕴含着对总体化的思维方式的颠覆，而詹明信在探讨后现代主义文化时，恰恰是以这种总体化的思维方式作为出发点的。事实上，詹明信自己也已感受到后现代主义文化所具有的强烈的反总体化思维方式的特征，因为他把后现代主义文化的根本特征确定为"戏仿"和"拼贴"。

那么，什么是"戏仿"呢？詹明信在谈到现代文学艺术呈现出来的不同风格时指出："戏仿利用这些风格的独特性，占用它们的独特和怪异之处，制造一种嘲弄原作的模仿……还有，戏仿通常的效果——无论是同情的还是恶意的——都是对人们通常说话或写作的方式中的文体癖性以及过分和怪异之处的私人性质报以嘲笑。"③ 至于"拼贴"，像戏仿一

---

① 弗雷德里克·詹姆逊：《晚期资本主义的文化逻辑》，26页，北京，生活·读书·新知三联书店，2013。
② 弗雷德里克·詹姆逊：《文化转向》，34页，北京，中国社会科学出版社，2000。
③ 弗雷德里克·詹姆逊：《文化转向》，4页，北京，中国社会科学出版社，2000。

样，是对特殊风格的模仿，"但是它是一种中性的模仿方式，没有戏仿的隐秘动机，没有讽刺的冲动，没有笑声，甚至没有那种潜在的可与很滑稽的模仿对象相对照的某些'标准'东西存在的感觉。拼贴是空洞的戏仿，是推动了幽默感的戏仿：拼贴就是戏仿那些古怪的东西，一种空洞反讽的现代实践"。① 虽然詹明信没有深入地分析蕴含在戏仿和拼贴中的思维倾向，但明眼人一看就知道，无论是戏仿，还是拼贴，认同的都是碎片式的思维方式。总之，在詹明信那里，一方面，后现代文化是从总体上加以认定的；另一方面，这种文化又是以颠覆总体化的碎片式思维方式作为自己的本质特征的。正如詹明信在《后现代主义与文化理论》一书（1986）中所说的："总之，在后现代主义的零散化中，一切都变得把握不住了，而且也没有可能将诸种相异的碎片统一并协调起来。"② 显然，詹明信没有明确地告诉我们，后现代主义文化究竟是一堆相互之间没有任何关联的思想的碎片，还是一个有机的整体。实际上，在不同的文本或不同的场合下，他的思想往往在两个相反的端点上滑动。正如康纳在解读詹明信的后现代主义文化理论时所指出的："在这个模式的中心有一个没有表达出来的矛盾：一方面后现代消费资本主义代表了物化逻辑的最后阶段（异化、区分、能指与所指的分裂）；另一方面，随着文化领域和社会—经济领域的同一化，将会出现区分的绝对瓦解。"③

综观詹明信的整个文化理论，都会或隐或现地感受到内蕴于他思想深处的上述悖论，而正是这些悖论，构成了他的文化理论的独特的表述

---

① 弗雷德里克·詹姆逊：《文化转向》，5页，北京，中国社会科学出版社，2000。
② 弗雷德里克·詹姆逊：《后现代主义与文化理论》，237页，北京，北京大学出版社，1997。在该书中，詹明信谈到自我时，也指出："在后现代主义中，一旦你感到非爆发出来不可的时候，那是因为你无法忍受自己变成无数的碎片。"参见该书，196页。
③ 史蒂文·康纳：《后现代主义文化：当代理论导引》，66页，北京，商务印书馆，2004。

方式。事实上，詹明信自己也或多或少地意识到这些悖论，因而特别推崇马克思主义的辩证法，尤其是阿尔都塞的辩证法，并认定："阿尔都塞的结构的马克思主义必须被理解为辩证法传统内部的一次改造，而不是同辩证法的完全的决裂，它是一种生成性的突变，从而使一种与辩证哲学曾经隐含其中的那些经典范畴丝毫没有关系的全新的马克思主义从中脱颖而出。"① 那么，阿尔都塞的结构主义辩证法能否消解蕴含在詹明信文本中的上述悖论呢？我们的回答是否定的。尽管在阿尔都塞的结构主义辩证法中蕴含着某些有价值的思想资源，如"多元决定""结构因果性"等，但他对"总体性"和"认识论断裂"的倚重，仍然无法使詹明信获得走出弥诺斯迷宫的爱丽阿德涅线。

张艳芬的博士论文《詹明信文化理论探析》从文化理论的语言之维、文化理论的意识形态之维、文化理论的后现代主义之维和文化理论的全球化之维这四个不同的维度出发，全方位地探索了詹明信的文化理论。完全可以说，这篇博士论文是迄今为止在国内理论界对詹明信的文化理论做出最全面、最深入探讨的理论著作。作者不仅对詹明信于不同时期出版的文化理论著作做出了细致的分析，而且始终紧紧地扣住他思想发展的脉络来展示其文化理论的各个侧面及这些不同侧面之间的内在联系。在充分肯定詹明信文化理论所拥有的创见和价值的同时，作者也对他理论中存在的问题做出了剀切的批判。在第五章中，作者指出："詹明信的文化理论在很多方面显得过于模糊和简单。我们看到，詹明信尽管提出了一些看起来比较新颖的概念，但实际上他并没有对概念本身做出清晰而充分的解释说明。"其实，詹明信文本中的种种不明晰之处正是其文化理论内蕴的思想悖论的显现。

当人们沿着这样的线索追问下去时，就会遭遇到与外观上的机智敏捷、无所不知、旁征博引、侃侃而谈的詹明信完全不同的另一个詹

---

① Fredric Jameson, *The Political Unconsciousness*, New York: Cornell University Press, 1985, p. 49.

明信，即思想跳跃、浅论辄止、困惑重重，而又无力运用英美哲学传统对其基本概念做出明确阐释的詹明信。在这个意义上，理解詹明信无异于一次地狱之行，需要记住的是但丁在《神曲·地狱篇》中的告诫：

你们走进这里的，把一切希望都捐弃吧。

走出传统哲学观的藩篱

——重写中国哲学史的前提性反思

近年来,"重写"之风席卷整个学术界,中国哲学史研究的领域自然也不能免俗。问题是,"重写"(rewrite)这个词的含义究竟是什么?显然,"重写"不同于"重复"(repeat),也许每一个打算"重写"中国哲学史的人主观上都不会希望自己的研究成果只是对前人研究成果的低水平的重复。这样看来,"重写"的意图是拿出与前人有重大差别的中国哲学史著作来。然而,这里说的"重大差别"的含义又是什么呢?究竟是单纯术语上的翻新,还是总体写作思路上的实质性变化?不用说,人们一般都倾向于把"重写"理解为"总体写作思路上的实质性变化"。

这样一来,重写中国哲学史的问题就转化为如下的问题,即如何实现中国哲学史"总体写作思路的实质性变化"?毋庸讳言,我们这里说的"总体思路"涉及哲学观。换言之，对于任何一个有志于重写中国哲学史的人来说，如果他还没有确立起新的哲学观，那么，"重写"就只是一个修辞学意义上的口号。要言之，没有新的哲学观，就不可能有新的中国哲学史。然而，任何一个研究者要确立起新的哲学观，就必须对传统哲学观的弊端有深刻的认识。事实上，不了解哪些哲学观是旧的，又如何知道另一些哲学观是新的呢？众所周知，哲学作为学科是唯一的，但哲学观却是多元的。所以，我们不能说："张三有张三的哲学，李四有李四的哲学"；而只能说："张三有张三的哲学观，李四有李四的哲学观"。既然哲学观是多元的，那么从不同的哲学观出发撰写的中国哲学史就会在总体思路上呈现出不同的面貌。

当然，所有对中国哲学史的有效的"重写"都蕴含着一个前提，那就是对传统的中国哲学史著作所蕴含的哲学观的批判性反思。事实上，没有这样的前提，"重写"根本就是不可能的。那么，在传统的哲学观中，哪些哲学观至今仍然具有重大的影响呢？我们认为，主要有以下三种哲学观：一是把哲学理解为唯物主义与唯心主义的斗争；二是把哲学理解为对自然知识、社会知识和思维知识的概括与总结；三是把哲学理解为关于世界观的学问。下面，我们逐一批判这三种传统的、影响深远的哲学观。

哲学是唯物主义与唯心主义的斗争吗？

把哲学理解为唯物主义与唯心主义之间的斗争，把哲学史理解为唯物主义与唯心主义之间的斗争史，进而简单地把唯物主义与进步、唯心主义与反动等同起来，构成了一种简单化的、但又极有影响力的哲学观。不少治中国哲学史的学者深受这一哲学观的影响。比如，张岱年先生在《中国唯物主义思想简史》（1957）中就这样写道："中国哲学的历史和别的国家的哲学一样，是唯物主义的发生发展的历史，也就是唯物主义和唯心主义斗争的历史。"① 在这样的表述方式中，唯物主义与唯心主义之间的斗争几乎成了哲学的代名词。

其实，马克思主义的经典作家从未把唯物主义与唯心主义作为正价值与负价值简单地对立起来。在《黑格尔法哲学批判》（1843）中，马克思指责那种撇开社会历史、奢谈抽象物质概念的唯物主义是"抽象的唯物主义"，它与同样撇开社会历史、奢谈心灵作用的"抽象的唯灵论"实际上是同一个东西："抽象的唯灵论是抽象的唯物主义；抽象的唯物主义是物质的抽象的唯灵论。"② 在《神圣家族》（1844）中，马克思进一步深化了对"抽象的唯物主义"的批判。他在批评霍布斯把几何学家的抽象感性取代日常生活中的感性时，气愤地写道："唯物主义变得敌视人了。"③ 在《关于费尔巴哈的提纲》（1845）中，马克思在批评旧唯物主义的被动性时指出："和唯物主义相反，能动的方面却被唯心主义抽象地发展了，当然，唯心主义是不知道现实的、感性的活动本身的。"④ 这些论述表明，马克思并没有把唯物主义的一切形式都作为正价值而与唯心主义对立起来。事实上，在唯物主义的所有形式中，他肯定的只是"实践唯物主义"，而对其他形式所具有的共性——抽象性进行了不懈的批判，同时也对唯心主义的能动性做了高度的评价。众所周知，列宁也在《哲学笔记》（1895—1911）中写道："聪明的唯心主义比愚蠢的唯物主义更接近于聪明的唯物主义。"⑤ 这段重要的论述实际上消解了唯物主义与唯心主义之间的那种被夸张的、简单化的、绝对的对立。

从上面的论述可以看出，把唯物主义和唯心主义抽象地对立起来，作为哲学研究的核心内容，不但把哲学研究简单化了，而且也把唯物主义、唯心主义这两种不同见解抽象地对立起来了。而哲学和哲学史研究

---

① 张岱年：《中国唯物主义思想简史》，11页，北京，中国青年出版社，1957。
② 《马克思恩格斯全集》，第1卷，355页，北京，人民出版社，1956。
③ 《马克思恩格斯全集》，第2卷，164页，北京，人民出版社，1957。
④ 《马克思恩格斯选集》，第1卷，54页，北京，人民出版社，1995。
⑤ 列宁：《哲学笔记》，305页，北京，人民出版社，1956。

的丰富性则表明,这种黑白两分的、贴标签式的做法是毫无意义的。比如,就老子学说是唯物论,还是唯心论来说,任继愈先生在其哲学史著作中先后有过两种不同的见解。但仅仅满足于给历史上的哲学家贴标签,又有什么意义呢?事实上,如果把这样简单的思路引入中国哲学史领域中,中国哲学史研究必定会走进死胡同。历史已经证明了这一点。

哲学是对具体知识的概括与总结吗

把哲学理解为对自然知识、社会知识和思维知识的概括和总结,也是一种广有影响的哲学观,至今仍然被许多研究者所认同。肖前等人主编的《辩证唯物主义原理》(1981)主张:"哲学则是关于自然知识、社会知识以及思维(认识)知识的概括和总结。"① 毋庸讳言,这一传统的哲学观也为中国哲学史的研究者们所认同。肖萐父等主编的《中国哲学史》也肯定:"这种哲学认识,来自人类在不同发展阶段的历史实践中对各种具体科学知识的概括、总结和反思。"② 毫无疑问,这种哲学观也制约着人们对中国哲学史的看法。然而,这种哲学观至少存在着以下三个缺陷。

其一,"自然知识、社会知识和思维知识"这样的提法并不能涵盖哲学与之打交道的全部知识。比如,数学知识就既不属于自然知识、社会知识,也不属于思维知识的范围内;同样,语言学、修辞学、音韵学等方面的知识,也既不从属于自然知识、社会知识,也不从属于思维知识。何况,"知识"这一表达方式也是不严格的。比如,宗教是与信仰相关的,我们当然不能说信仰也是一种知识。记得康德在《纯粹理性批判》(1781)的第二版序言中曾经说过:"我必须扬弃知识,为信仰开拓地

---

① 肖前等主编:《辩证唯物主义原理》,4页,北京,人民出版社,1981。
② 肖萐父等主编:《中国哲学史》(上卷),4页,北京,人民出版社,1982。

盘。"① 十分明确地把信仰与知识分离开来。所以,"自然知识、社会知识和思维知识"这样的提法不仅是不完整的,而且也是不严谨的。

其二,就"概括"这个术语而言,它关涉的是形式逻辑中的归纳方法。比如,在与自然界打交道的过程中,我们发现:金属 A 是导电的,金属 B 也是导电的,金属 C 也是导电的……于是,我们就"概括"出如下的结论:一切金属都是能够导电的。然而,用归纳法获得的真理是否具有普遍必然性呢?答案显然是否定的。当代科学哲学家波普尔倡导的"反归纳主义"就指出了这种以"概括"为特征的归纳方法的局限性。在他看来,即使人们发现 10 万只天鹅是白的,也不能合理地"概括"出如下的结论:一切天鹅都是白的。因为说"一切天鹅都是白的"意味着说话者必须担保今后还没有出生的全部天鹅也必须是白的。事实上,在经验生活中,谁都无法来担保这种普遍必然性。前面提到的命题"一切金属都是能够导电的"同样缺乏普遍必然性,因为除非你能担保将来可能发现出来的金属也都是能够导电的,否则你就无权做出"一切金属都是能够导电的"这样的全称肯定判断,而至多只能这样说:"迄今为止发现的金属都是能够导电的。"问题还在于,像"概括"这样的表达方式限制了哲学所能采纳的逻辑方法,仿佛哲学只承认归纳方法,而完全不考虑演绎方法。事实上,演绎方法在哲学研究中起着十分重要的作用。如果说,归纳方法只能导出偶然真理,亦即缺乏普遍必然性的真理,那么,演绎方法才蕴含着对必然真理,亦即具有普遍必然性的真理的认同。举例说来,假如我们接受这样的大前提:"一切人都会死的";又接受了这样的小前提:"×××是人";那就一定会引申出一个必然性的结论:"×××会死的。"不管"×××"是什么人,其结论都具有普遍必然性。可见,只承认"概括"功能的哲学在逻辑上是不完整的。

其三,就"总结"这个术语而言,它关涉的只是对以往已经发生的

---

① I. Kant, *Kritik der Reinen Vernunft*, Suhrkamp Verlag, 1988, s. Bxxx.

事实和观念的回顾。这使我们很自然地联想起黑格尔的哲学观:"哲学作为有关世界的思想,要直到现实结束其形成过程并完成其自身之后,才会出现。……密纳瓦的猫头鹰要等黄昏到来,才会起飞。"① 按照这样的哲学观,哲学只能面对和"总结"过去,无法面对和预期将来。换言之,哲学只能做黄昏到来时才起飞的猫头鹰,却不能成为早晨啼鸣、面向白天的雄鸡。然而,我们知道,马克思在《黑格尔法哲学批判导言》(1844)中强调的正是哲学的预期功能:"一切内在条件一旦成熟,德国的复活日就会由高卢雄鸡的高鸣来宣布。"② 显然,只肯定哲学的"总结"功能,必定会忽略它的"预期"功能。

要言之,把哲学理解为对自然知识、社会知识和思维知识的概括和总结的观点显然是成问题的。把这样的哲学观引入对中国哲学史的研究中,全部哲学命题就只能在偶然真理的框架中挣扎。

哲学是关于世界观的学问吗

把哲学理解为关于世界观的学问,也是一种传统的、影响深远的哲学观。什么是世界观呢?肖前等主编的《辩证唯物主义原理》认为:"所谓世界观(亦称宇宙观),就是人们对于整个世界、整个宇宙,包括自然界、社会历史和人的思想统统在内的根本观点。"③ 只要认真加以考察,就会发现,这种哲学观也有着本质性的缺陷。

首先,这里使用的"世界"概念就是成问题的。一方面,把作为认识者的人和作为认识对象的"世界"分离开来并对立起来了。其实,海德格尔早就告诉我们,作为人之存在的"此在"乃是"在世之存在"(in-der-Welt-sein),四个德文词都是用连字符号联系起来的,意在表明,人

---

① 黑格尔:《法哲学原理》,14 页,北京,商务印书馆,1979。
② 《马克思恩格斯全集》,第 1 卷,467 页,北京,人民出版社,1956。
③ 肖前等主编:《辩证唯物主义原理》,2 页,北京,人民出版社,1981。

与世界是不可分离的。世界就是由人的生存活动构成的。换言之，人的生存活动的展开就是世界。另一方面，把世界理解为"自然界、社会历史和人的思想"这三个层面的总和，也是成问题的。因为在这里体现出来的只是时间在先的观点，也就是说，最先存在的是自然界，接着是社会历史，最后才是人的思想。而被忽略的正是逻辑在先的观点。按照这种观点，逻辑上具有先在性的恰恰是人的思想和社会历史，而自然界只是在这样的逻辑先在性的基础上才能得到合理的说明。比如，在对老子研究中，有的学者认为，老子的重大贡献是揭示了自然界、社会历史中的辩证法。这样的见解就蕴含着对老子思想的根本性误解。其实，老子的思想本质上是政治哲学，其逻辑起点是如何治理好一个国家。如果他谈到自然界的某些辩证的现象，目的也只是为了以更形象的方式阐明自己的治道，即政治哲学的观点。所以，必须重新反思"世界"这一哲学研究中的基础性的概念。

其次，这里使用的"世界观"概念也是成问题的。一方面，按照康德的看法，"世界"乃是一个超验的物自体，而物自体是不可知的。当人们运用知性范畴，试图去认识作为物自体的"世界"时，就会陷入二律背反。在维特根斯坦看来，世界的整体意义必定在世界之外，所以人们是无法把握的："6.44. 神秘的不是世界是怎样的，而是世界是这样的。"[①] 既然整体世界是不可认识的，人们的"世界观"又是如何形成的呢？它们的可靠性又在什么地方呢？另一方面，海德格尔认为，"世界观"的概念是在18世纪末出现的，虽然其含义不无变化，"不过，'世界观'一词仍然保持自身为表示人在存在者中间的地位的名称，这个情况给出了一个证明，说明一旦人已经把他的生命当作主体带到了关系中心的优先地位上，世界如何决定性地成了图像。"[②] 在海氏看来，"世界观"

[①] 维特根斯坦：《逻辑哲学论》，96 页，北京，商务印书馆，1985。
[②] 孙周兴选编：《海德格尔选集》下，903 页，北京，生活·读书·新知三联书店，1996。

走出传统哲学观的藩篱 | 413

这个术语正是近代主体形而上学形成的一个标志，人们不但不应该以价值中立的方式来谈论它，而且应该对它进行深刻的反省和批判。海氏还指出："世界观虽然需要并且利用哲学的博学，但它不需要任何一种哲学，因为它作为世界观已经接受了某种特有的对存在者的解说和构形。"① 这就使无批判地使用"世界观"的概念成为哲学上的不合法的行为。

最后，"学问"这个术语也暗含着一种倾向，即哲学与实践活动的分离，仿佛它只是人们关于世界的一种看法、一种观点，而并没有把蕴含在哲学内部的根本要求——"知行合一"凸现出来。

上面的分析表明，把哲学理解为关于世界观的学问也是站不住脚的，而把这样的哲学观引入对中国哲学史的研究中，也是不可能对它做出原创性的说明的。

综上所述，没有新的哲学观，便不可能有新的中国哲学史。也就是说，"重写中国哲学史"要成为真正有效的口号，就必须确立新的哲学观，而确立新哲学观的前提则是走出传统哲学观的藩篱。本文限于题旨和篇幅，主要致力于"破"的方面。

---

① 孙周兴选编：《海德格尔选集》下，910页，北京，生活·读书·新知三联书店，1996。

一个虚假而有意义的问题

——对"中国哲学学科合法性问题"的解读

近年来,学术界就"中国哲学学科是否具有合法性的问题"展开了深入的讨论。不管这一讨论是否可能引申出大家共同认可的结论,但至少有一点是清楚的,即学者们对中国哲学研究的现状普遍地感到不满,这种不满是如此之强烈,以致对它的合法性也提出了疑问。我们认为,这种情绪是可以理解的,然而,从语言分析的角度看,关于中国哲学学科是否具有合法性的问题却是一个假问题。

当然,如果人们把这个问题的实质转换为如何使中国哲学这门学科在形式上规范化,它就变得有意义了。我们这里说的中国哲学学科"在形式上的规范化",不仅包含着它对国际公认的学术规范的认同和遵守,也包含着它对自己的传统思维方式的反省和对当代哲学所蕴含的研究方法和叙述方法的借鉴。总之,中国哲学学科合法性问题的实质不在于它异于人们常常作为参照系的西方哲学，相反，这种相异性正是它存在的合法性的理由。合法性问题的实质在于，必须从形式上来改变和提升中国哲学，否则它在当今世界中就会失去继续存在下去的权利。

合法性问题所蕴含的理论前提

不管人们承认与否，当他们怀疑中国哲学学科是否具有合法性的时候，总是自觉地或不自觉地预设了两个前提：一是以西方哲学作为参照系来质询中国哲学；二是认定哲学这一学科的存在方式不应该是多元的，而应该是单一的。

我们先来看第一个前提。众所周知，"合法性"（legality）这个术语本身就来自西方。作为名词，它大致上有两种含义：一是基本含义，通常在法律和法哲学中被使用，表示一个存在物或一种活动是否为法律所许可；二是引申含义，通常在其他学科的语境中被使用，它表示一个存在物或一种活动是否是正当的，这里所说的"正当"与前面提到的"法律"无关，它只是表示一个存在物或一种活动是否符合其概念或其所从属的概念本身。如果符合，就是合法的或正当的，反之，则是不合法的或不正当的。

毋庸讳言，关于中国哲学学科是否具有合法性的讨论所指涉的只是引申含义上的"合法性"，也就是说，人们实际上提出的是如下的问题，即"中国哲学"的内容是否符合它所从属的"哲学"这一更高的概念所应当具有的内容？对这一问题的解答将决定中国哲学是否合法或是否正当。问题的关键在于，人们在判定中国哲学是否具有合法性的时候，他们是以什么样的哲学概念作为自己的判定标准的。明眼人一看就知道，人们引以为判定标准的哲学概念和前面提到的"合法性"概念一样来自于西方。

这里有一个经常可以见到的"能指游戏"（game of signifiant），即人们是从"中国哲学"是否符合它所从属的"哲学"概念出发来论证它是否具有合法性或正当性的，然而，人们用"哲学"这一能指所指涉的真正对象却是"西方哲学"。这种"能指"（significant）大于"所指"（signified）的现象在日常语言中比比皆是。① 也就是说，乍看起来，人们是从"中国哲学"是否切合它所从属的"哲学"概念来探讨其合法性或正当性的，实际上，他们往往是从"中国哲学"是否切合西方哲学的内容来判定其是否具有合法性的。这不仅因为经日本学者西周所翻译的"哲学"这个词来自西文 philosophy②，而且他们也深受那些认为中国无哲学的西方思想家，尤其是黑格尔的影响。

黑格尔认为，"当我们说中国哲学，说孔子的哲学，并加以夸羡时，则我们须了解所说的和所夸羡的只是这种道德。"③ 也就是说，孔子的学说只是一种君臣之间、父子之间、兄弟之间的道德说教，而不是真正意义上的哲学。至于道家的学说，在黑格尔看来，由于它把抽象的思辨和感性的材料混合在一起，也不是真正的哲学思想。黑格尔还进一步否定了东方哲学在哲学史上的实质性含义，他写道："我们所叫作东方哲学的，更适当地说，是一种一般东方人的宗教思想方式——一种宗教的世

---

① 比如，在西雅图的游行以后，出现了"反全球化"的术语，这也是"能指"大于"所指"的游戏。事实上，没有一个人会真正反对全球化的，比如，INTERNET、国际通信、国际航班、国际旅游、国际体育比赛等都属于全球化的范围，有谁会加以反对呢？在这个意义上可以说，"反全球化"这个概念是"有概念而无对象"，即有这个概念，却没有这个概念可以指称的、合适的对象。事实上，人们用"反全球化"这个能指真正指涉的对象却是：全球化进程中存在的那些有损于这些反对者利益的举措、现象和结果。又如，某所大学的某个大学生成了犯罪分子，媒体报道的标题赫然如下："大学生犯罪"，仿佛全世界的大学生都成了犯罪分子。实际上，标题中的能指——"大学生"真正指涉的对象却是一个体，即"某所大学的某个大学生"。

② 李博：《汉语中的马克思主义术语的起源与作用》，47页，北京，中国社会科学出版社，2003。

③ 黑格尔：《哲学史讲演录》，第1卷，125页，北京，商务印书馆，1981。

界观"。① 那么，什么是真正的哲学呢？黑格尔的回答很清楚："真正的哲学是自西方开始。"② 显而易见，在像黑格尔这样的西方话语中心主义者的心目中，始自希腊的"西方哲学"也就是"哲学"的代名词。

从上面的论述可以看出，人们之所以怀疑中国哲学具有合法性，是因为他们已经自觉地或不自觉地置身于西方哲学的视角中。换言之，他们通常是以西方哲学作为参照系来怀疑中国哲学学科的合法性的。

我们再来看第二个前提。正如"水果"这个概念可以包含苹果、橘子、香蕉、菠萝等不同的果实一样，"哲学"这个概念也可以包含西方哲学、中国哲学、印度哲学、日本哲学、阿拉伯哲学、犹太哲学等不同的类型。如果人们认为哲学的存在方式和水果的存在方式一样，应该是多元的，他们就不可能对中国哲学学科的合法性问题产生怀疑；反之，如果他们认为哲学的存在方式应该是单一的，亦即西方哲学是哲学唯一合法的存在方式，那么，他们必然会推论出中国哲学不具有合法性的结论，扩而言之，他们也可能追随黑格尔的思路，把哲学的其他存在方式，如印度哲学、日本哲学、阿拉伯哲学、犹太哲学等通通斥之为不合法的。

不管怀疑中国哲学学科合法性的人是否意识到这一点，他们通常是站在单一性的立场上，即站在唯有西方哲学才是哲学学科合法的存在方式的立场上来提出问题和思考问题的。然而，他们却忽略了一个重要的事实，即他们如此信赖的西方哲学本身仍然是一个不确定的存在物！

众所周知，西方哲学在其发展进程中显现为西方哲学史，而西方哲学史是由许许多多在哲学观点上有差异的，甚至根本对立的哲学家或哲学学派构成的。每个哲学家或每个哲学学派都以自己的方式回答着同一个问题："什么是哲学？"而他们的解答往往是迥然各异的。在西方哲学史上，既有理性主义者，又有非理性主义者；既有经验主义者，又有先验主义者；既有实在论者，又有唯名论者；既有唯心主义者，又有唯物

---

① 黑格尔：《哲学史讲演录》，第1卷，115页，北京，商务印书馆，1981。
② 黑格尔：《哲学史讲演录》，第1卷，98页，北京，商务印书馆，1981。

主义者；既有体系主义者，又有反体系主义者；等等。这样一来，自然而然就产生了一个问题，即在整个西方哲学史上，究竟哪一种哲学观点有资格合法地代表西方哲学呢？显然，对于不同的研究者来说，他们的回答将是大相径庭的。在这种"仁者见仁、智者见智"的情况下，"西方哲学"这一抽象的概念将失去任何确定性，变成一堆模糊不清的东西。

总而言之，当我们深入地反思人们怀疑中国哲学学科的合法性所赖以出发的两个理论前提时，发现它们都是缺乏理据的。

换一个角度解答"什么是哲学？"的问题

如前所述，人们对"什么是哲学？"的问题的解答是迥然各异的，正是这一点使蕴含着无数有差异的，甚至对立的观点的西方哲学成为一个缺乏明确内容和确定性的存在物，因而以一个不确定的存在物作为参照系，试图对中国哲学学科的合法性问题做出确定性的结论，并不是明智的。然而，当我们试着换一个角度去理解"什么是哲学？"时，中国哲学学科的合法性问题之谜却能轻而易举地得到解答。

为了说明换一个角度去理解"什么是哲学？"究竟意味着什么，我们不妨从古希腊哲学中的一个有趣的命题谈起。众所周知，在赫拉克利特残篇 D91 中有这样一个有趣的命题："人不能两次踏进同一条河流。"[1] 据亚里士多德的记载，赫氏的学生克拉底鲁进一步把他老师的观点推向极端，他批评了赫氏"关于人不能两次踏进同一条河流的说法；并认为，人连一次走进同一条河流也不可能"。[2]

显然，欲判断赫氏和他的学生的见解是否正确，就先要搞清楚下面

---

[1] 北大哲学系外哲史教研室编译：《古希腊罗马哲学》，27 页，北京，生活·读书·新知三联书店，1957。

[2] R. McKeon edited, *The Basic Works of Aristotle*, New York: Random House, 1941, 1010a 12-14.

这个问题，即"什么是河流？"不用说，赫氏和他的学生都是从河中流水的角度去理解和解答"什么是河流？"这一问题的。既然河中的流水不断地更新，所以河流也就不断地更新。按照这样的理解和解答方式，我们完全可以说，克拉底鲁的观点比他老师的观点更为彻底，也更有道理，因为既然河中的流水不断地更新，而人们又是以流水来判断河流的变化的，所以"人连一次走进同一条河流也不可能"。

其实，仔细地思考下去，就会发现，连克拉底鲁的见解也是不彻底的，因为如果用不断更新的流水来解答"什么是河流？"的做法是合法的话，那么，我们完全可以采取更极端的说法，即人还没有踏进某条河流，这条河流已经不是原来意义上的那条河流了。我们甚至可以说，连"同一条河流"这样的称谓也是不可能的。假如我们以同样的方式去理解身体细胞不断地更新着的"人"，那么我们在这个世界上无论如何也找不到"同一个人"，因而也找不到赫氏和他的学生。既然他们身上的细胞不断地更新，那么根本不可能有同一个赫拉克利特或同一个克拉底鲁！也就是说，既不存在着能够踏进一条河流的同一个人，也不存在着可供人踏进去的同一条河流！

如果我们试着换一个角度去理解和解答"什么是河流？"这一问题，那么赫氏和他的学生的上述命题的虚假性就会立即显现出来。事实上，在日常生活中，人们从来就不是从河中流水，而总是从两边河岸的角度去理解和解答"什么是河流？"这一问题的。也就是说，只要两边的河岸不变①，这就是同一条河流。换言之，**一条河流只意味着被两边相对确定的河岸固定起来的一片流水的领域**。如果这个理解和解答的角度能够

---

① 当然，我们这里说的"不变"只具有相对的意义，事实上，同一条河流的河岸在枯水期或洪水期，或在其他偶然因素的影响下，也可能发生相应的变化，甚至局部河岸改道，但我们称呼一条河流，如"黄河""长江"时，这些因素常常可以略去不计。此外，在不同的历史时期，虽然人们也可以用不同的名称去指同一条河流，但不同的名称并没有改变问题的实质，即这条河始终是这条河，就像一个人可以改变自己的名字，但却无法完全改变自己的身体一样。

成立的话，那么，我们就能提出与赫氏师生完全相反的见解，即人可能无数次地踏进同一条河流。①

不用说，我们花了那么多的篇幅来谈论哲学史上的有趣命题，目的是为了从中受到启发，以便从新的角度理解和解答"什么是哲学？"的问题。如同"什么是河流？"的问题一样，"什么是哲学？"的问题也可以从两个不同的角度去理解。

人们通常是从自己对哲学应该具有的内容的理解的角度出发去解答"什么是哲学？"的问题的。比如，黑格尔认为，"概括讲来，哲学可以定义为对于事物的思维着的考察。"② 而维特根斯坦则确信："全部哲学就是语言批判（Sprachkritik）。"③ 显而易见，只要人们是从哲学所应有的内容出发去理解和解答"什么是哲学？"的问题，答案就会有无数个。这些答案就会像不断更新着的流水一样，使我们的思维陷入无穷追溯中。也就是说，关于"什么是哲学？"的问题，根本引申不出一个统一的答案。毋庸讳言，如果人们把对哲学的这种通常的理解角度与中国哲学学科是否具有合法性的问题关联起来，那么他们永远也引申不出任何确定性的结论来。

我们必须改弦易辙，从新的角度出发来考量"什么是哲学？"的问题。这个新的角度究竟是什么呢？其实，说起来也很简单，即我们不再从哲学应该具有何种内容的角度去理解哲学，而是从哲学所应该关涉的领域的角度去理解哲学。正如我们可以把一条河流理解为"被两边相对确定的河岸固定起来的一片流水的领域"，**我们也可以把哲学理解为一个**

---

① 如果我们这里提到的"人"是复数，那么他们可能无数次地踏进同一条河流的推测是不言自明的；如果是单数，即指某一个具体的人，那么他只能在他的生命长度允许的范围之内，多次踏进同一条河流。也就是说，在这种情况下，"无数次"只具有夸张的、修辞学上的意义。
② 黑格尔：《小逻辑》，38页，北京，商务印书馆，1980。
③ 维特根斯坦：《逻辑哲学论》，38页，北京，商务印书馆，1986。

介于科学[①]、宗教和艺术之间的领域。

在这方面，罗素下面的论述给我们提供了有益的启发："哲学，就我对这个词的理解来说，乃是某种介乎神学与科学之间的东西。它和神学一样，包含着人类对于那些迄今仍为确切的知识所不能肯定的事物的思考；但是它又像科学一样是诉之于人类的理性而不是诉之于权威的，不管是传统的权威还是启示的权威。一切确切的知识——我是这样主张的——都属于科学，一切涉及超乎确切知识之外的教条都属于神学。但是介乎神学与科学之间还有一片受到双方攻击的无人之域；这片无人之域就是哲学。"[②] 也许我们可以批评罗素的论述忽略了既非宗教，也非科学，也非哲学的艺术的存在，但无论如何，罗素表达出一个重要的思想，即在人类的精神世界中，存在着一个介于科学和宗教之间，而科学和宗教又无法取代的领域，这个"无人之域"就是哲学的领域。打个不怎么确切的比喻，科学和宗教就像两边的"河岸"，而哲学则是被两边河岸固定起来的"一片流水的领域"。

显然，如果我们从哲学所指涉的领域的角度出发去理解并解答"什么是哲学？"的问题，那么中国哲学学科合法性的问题也就成了一个庸人自扰的假问题。何以见得呢？因为在不同文明中，都无例外地存在着一个科学、宗教和艺术所无法取代的领域，至于人们愿意把研究这个领域的学科像西方人一样称为"philosophy"，还是像日本人一样称为"哲学"，还是按中国人的方式称为"元学""理学""道学"或"哲学"，都无关紧要。关键是这个介于科学、宗教和艺术之间的领域是否存在，只要它是存在的，那么不同文明中的人如何称呼它就只是一个能指的问题，

---

① "科学"（science）概念有广义和狭义的区分：在广义的使用方式中，德国人甚至经常把哲学也称为"科学"（Wissenschaft），但我们这里的使用乃是狭义上的使用，即指一切实证科学。

② 罗素：《西方哲学史》上卷，11页，北京，商务印书馆，1981。《易·系辞上》云："形而上者谓之道，形而下者谓之器。"此说也有类似的、划分领域的倾向。尽管这样的划分是很不充分的，但古代人有这样的意识也是难能可贵的。

与所谓的"合法性"问题毫不相干。如果人们一定要使用"合法性"这个大字眼的话,那么我们完全可以说,在不同的文明(当然也包括中华文明在内)中,人们用不同的能指来指称这个领域都是合法的。就像汉语中的"水",德国人称为"Wasser",英国人称为"water",法国人称为"eau",我们有必要去讨论"水"这种汉语表达形式是否具有合法性吗?如果把这样一个根本不是问题的问题视为问题,我们不是显得过于谦卑了吗?这或许表明,迄今为止,中国哲学界对西方话语中心主义的批判还停留在意识的层面上,而在无意识的层面上,不少学者仍然是这一主义的虔诚的崇拜者。

对"合法性问题"的实质性转换

如前所述,当人们从自己对哲学所应具有的内容的理解出发去解答"什么是哲学?"的问题,并把西方哲学理解为哲学的同名词时,由此而引发出来的关于中国哲学学科是否具有合法性的问题完全是一个假问题。那么,这个假问题是否具有它自己的意义呢?我们的回答是:只有当人们从另一个维度出发去探索这个问题时,它才可能获得实质性的意义。

我们这里说的"另一个维度"究竟是什么意思呢?在通常的情况下,人们是从中国哲学应该具有什么样的内容的维度出发去询问它的合法性问题的,而这种询问通常又是以对西方哲学的认同做背景的。而我们在这里强调的"另一个维度"则是指从中国哲学作为一门学科应该具有什么样的形式的维度出发去询问它的合法性问题。这里的"形式"主要包含以下三层意思。

第一层意思是:中国哲学学科的研究工作已经达到普遍地、自觉地遵守国际哲学界公认的学术规范的水平,还是仍然在学术规范不健全的情况下运作?

众所周知,任何真正的哲学论著都应该对前人和同时代人的相关研究成果做出认真的研究和积极的回应,而在中国哲学研究中出现的那些从不关注前人和同时代人相关研究成果,只满足于低水平重复的论著,究竟是哲学垃圾,还是哲学成果?我们也知道,中国哲学论著的发表迄今仍未普遍地采用匿名评审制度,即使在采用这项制度的地方,也多半没有得到认真执行。学术上的公正又如何得到保证呢?此外,在当代中国哲学的研究者中,普遍地存在着下面这样的怪现象:研究中国古代哲学的人不谙古文,研究马克思哲学的人不懂德语,研究当代分析哲学的人不懂数理逻辑,研究科技哲学的人不懂自然科学,等等。显然,这种普遍存在的、研究者知识结构的缺陷使当代中国哲学的研究难以深入下去,也难以形成真正能在国际学术界产生持久影响的学派和相应的学术成果。

从当今中国哲学界的情况来看,不要说我们上面提到的这些学术规范的执行情况不甚理想,甚至连抄袭、剽窃、常识性的"硬伤"、胡编乱造这样的低级错误也层出不穷。在一个浮躁情绪普遍蔓延的社会里,中国哲学学科要在形式上获得自己的合法性,就首先应当向自己提出这样的最低要求,即在中国哲学界中发生的一切学术行为、形成的一切学术研究成果都应该无条件地遵循国际哲学界公认的学术规范。

第二层意思是:中国哲学学科已经从传统思维方式的负面因素中摆脱出来了,还是仍然沾沾自喜地陶醉于这些负面因素,甚至在当代中国哲学的研究中依然故我?我们这里所说的"传统思维方式的负面因素"主要是指以下三种因素。

其一,经验主义因素。众所周知,休谟把知识分为两类:一类是"观念的关系"(Relations of Ideas),涉及数学知识;另一类是"实际的事情"(Matters of Fact),即人们在经验生活中获得的、以因果观为基础的知识。① 第一类知识与感觉经验无涉，因而是先天的、普遍必然的；第二类知识与感觉经验有关，因而只具有偶然性。康德批评休谟忽略了第一类知识，而他自己则从这类知识中受到启发，进而提出"先天综合判断何以可能？"的问题，从而建立了先验唯心论哲学。中国哲学学科的研究路向与休谟的经验主义有某种类似，即注重对第二类知识的研究，而忽略对与数学、逻辑②相关的第一类知识的研究，因而不但缺乏像康德、胡塞尔这样运思深邃的先验哲学家，而且至今仍然满足于在各种偶然性的命题中打滚，并大言不惭地把这些命题吹捧为具有普遍必然性的真理。

其二，心理主义因素。这种因素集中地表现在中国哲学研究中经常出现的"推己及人"的运思方式中。孔子的"己所不欲，勿施于人"③的命题可以说是这种运思方式的范本，也被不少人称为道德学说中的"黄金律"。然而，人们并没有注意到，这个命题只强调自己不愿意做的事情不能加到别人的身上去，但它完全可能蕴含着另一个相洽的命题，即"己所欲，施于人"。事实上，孔子也说过这样的话："夫仁者，己欲立而立人，己欲达而达人。"④但"仁者"之"己"仍然是一个具有心理主义倾向的、不确定的东西。比如，孔子主张，"仁者"或"君子"有时候也会犯错误，所以要"过则勿惮改"。⑤我们假定某个"仁者"或"君子"正好在自己犯错误的状态下"推己及人"，那么他能引申出确定无误的结论来吗？不用说，这种在中国哲学的研究中到处泛滥的心理主义因素，几乎使任何研究结论都带有或然性的印记。

---

① 参见休谟：《人类理解研究》，26页，北京，商务印书馆，1981。
② 维特根斯坦更强调逻辑的先天性或必然性。他这样写道："逻辑中没有偶然的东西。""逻辑之外一切都是偶然的。"参见《逻辑哲学论》，22、90页，北京，商务印书馆，1985。
③ 《论语·颜渊》。
④ 《论语·雍也》。
⑤ 《论语·学而》。

其三，穴居主义因素。我们这里借用柏拉图的"洞穴比喻"和培根的"洞穴偶像"而提出"穴居主义"的新概念，旨在表明某些哲学家习惯于从自己穴居生活的先入之见出发去思考哲学问题。在中国哲学的研究中，到处充斥着这种"穴居主义"的运思方式。比如，中国哲学家 A 会像家庭妇女 A 一样立论："我晾衣服的时候天总是晴的"；而中国哲学家 B 则可能会像家庭妇女 B 一样立论："我晾衣服的时候天总是阴的"。无论如何，A 和 B 的立论都是从自己的一得之见出发的，都带有信口开河的味道。其实，明眼人一看就知道，一个家庭妇女在晾衣服的时候，天气可能出现下面各种情况：晴、阴、下雨、晴转阴、阴转晴、雨转阴、阴转雨、雨转晴、晴转雨、边出太阳边下雨等，甚至也可能遭遇到雾、雪、冰雹、龙卷风、日食等各种可能的天象。所以，这种到处蔓延的"穴居主义"式的哲学立论实际上是毫无意义的。但迄今仍有不少中国人在研究哲学时，只收集与自己的见解相一致的资料，对不利于自己见解的资料则视而不见。以这样粗糙的运思方式来 do philosophy，难道不是对哲学这门学科的亵渎吗？

图书在版编目(CIP)数据

哲学随想录/俞吾金著.—北京：北京师范大学出版社，2016.7
（2017.9重印）
（俞吾金哲学随笔）
ISBN 978-7-303-19947-1

Ⅰ.①哲… Ⅱ.①俞… Ⅲ.①哲学－文集
Ⅳ.①B-53

中国版本图书馆CIP数据核字（2015）第311302号

营 销 中 心 电 话：010-58805072 58807651
北师大出版社学术著作与大众读物分社　http://xueda.bnup.com

ZHEXUE SUIXIANGLU
出版发行：北京师范大学出版社　www.bnup.com
　　　　　北京市海淀区新街口外大街19号
　　　　　邮政编码：100875

印　　刷：	北京京师印务有限公司
经　　销：	全国新华书店
开　　本：	730 mm×980 mm　1/16
印　　张：	27.75
字　　数：	370千字
版　　次：	2016年7月第1版
印　　次：	2017年9月第2次印刷
定　　价：	70.00元

策划编辑：饶　涛　杜松石	责任编辑：刘松弢　韩　拓
美术编辑：王齐云	装帧设计：王齐云
责任校对：陈　民	责任印制：马　洁

版权所有　侵权必究

反盗版、侵权举报电话：010-58800697
北京读者服务部电话：010-58808104
外埠邮购电话：010-58808083
本书如有印装质量问题，请与印制管理部联系调换。
印制管理部电话：010-58805079